学科理解视域下的初中平面几何研究

徐　伟　著

东北大学出版社
·沈　阳·

图书在版编目（CIP）数据

学科理解视域下的初中平面几何研究 / 徐伟著. —
沈阳 ： 东北大学出版社，2023. 11
ISBN 978-7-5517-3430-1

Ⅰ. ①学… Ⅱ. ①徐… Ⅲ. ①几何课－教学研究－初中 Ⅳ. ①G633. 632

中国国家版本馆 CIP 数据核字(2023)第 221343 号

出 版 者：东北大学出版社
地址：沈阳市和平区文化路三号巷 11 号
邮编：110819
电话：024-83683655（总编室）
024-83687331（营销部）
网址：http://press.neu.edu.cn
印 刷 者：辽宁一诺广告印务有限公司
发 行 者：东北大学出版社
幅面尺寸：185 mm×260 mm
印 张：15. 5
字 数：386 千字
出版时间：2023 年 11 月第 1 版
印刷时间：2023 年 11 月第 1 次印刷
策划编辑：周文婷
责任编辑：郎 坤
责任校对：刘新宇
封面设计：潘正一
责任出版：初 茗

ISBN 978-7-5517-3430-1 定 价：60. 00 元

目　录

第 1 章　平面几何的学科理解

1.1　教学意义下的平面几何学科理解

最近几年，“学科理解”问题已成为数学教师进行教育研究的热点问题. 张奠宙先生(2011)指出，目前中小学学科教学中存在的最关键的现实问题，并不是教师不知道什么是先进的教育理念、什么是有效的教法，而是不知道如何深刻理解和把握学科知识内容，以及如何具体地将这些理念落实到课堂上.

韩继伟(2015)认为，中学数学教师在学科知识中的问题，强在问题图式，弱在数学理解. Ball 等(2002)提出了一个综合性的术语概念——“面向教学的数学知识”.“面向教学目的的学科内容”包括：数学教学的目的，学习给定主题的充分理由，教授给定主题的重要思想，理解给定课题先行概念及思想和典型的学校数学问题.

国内外众多学者都认为，数学教师的知识结构核心是数学知识的理解. 数学教师的学科理解应包括以下几个方面：一是对数学基础理论知识的理解；二是对数学理论的结构性理解；三是关于数学的理解，即基于对数学史、数学哲学的理解，理解数学内部各领域的联系及数学与外部自然科学的联系.

从数学课程与教学设计和评价的视角看，提高教师的学科理解能力，具体要从学科特征、学科内容体系及价值理解的视角帮助教师整体理解课程，认识学科核心素养，理解学科课程的教学内容与素材的选取和编写思想. 按照古德莱德(Goodlad)提出的课程层次理论，教师在教学设计的过程中，要以“正式的课程”(formal curriculum)为基础，经过加工逐步形成并获得个人的“理解课程”(perceived curriculum). 教师在教学设计过程中表现出来的理解通常会受到多个方面的影响：教师的数学专业知识影响教师如何看待相关知识的发生和发展，教师的学科知识影响教师对教学内容的理解和处理，教师对教学对象认知过程的考虑影响教学行为的设计与知识的展开方式，同时认知的历史维度将对相关内容的理解发挥重要作用，尤其对平面几何这样一个传统学科内容的理解更是如此.

章建跃(2010)提出三个理解：“理解数学，理解学生，理解教学”. 可以认为，“理解数学”和“理解学生”是“理解教学”的前提条件.

认知的历史维度和文化价值已成为当前教学研究中的重要内容，社会的历史文化视角既产生了新的认知观念，也产生了新的知识观和认知主体观. 从社会的历史文化视角，主要认为知识是通过认知主体产生的，是这些主体的知识加工活动被纳入历史上形成的思维传统. 以数学知识发展的历史视角观察，平面几何学科理论经历了较长时间的发展，其中包括几何概念的产生，几何命题发展的动因、过程、对应的文化价值和教育价值. 徐章韬(2013)认为，(师范院校)应开设一些有关学科历史与学科哲学方面的课程，加大数学专业课程之间的联系，使学习者对所学数学有一个整体的了解，在文化的视野里了解数学是怎样“做”出来的.

教师将自己对知识的理解和价值判断以何种恰当的教学方式传递给学生是需要慎重考虑的. 由于几何学科的特点，在对几何学科内容进行分析和处理的过程中，教师往往需要用系统的数学专业理论知识和严密的数学逻辑基础来看待知识的发生和发展，并且要把这种具有数学逻辑关系的发生和发展过程处理成为学生能够接受的逻辑体系，处理后的内容要符合学生的认知规律，满足学生的学习需求.

初中教材中的“图形与几何”的主要内容取自欧几里得平面几何学.

欧几里得(Euclid，古希腊数学家，约前330—前275)，早年曾在柏拉图学园受过教育. 约在公元前300年应托勒密一世的邀请，到亚历山大里亚大学从事研究和教学. 欧几里得治学严谨，那句流芳百世的名言“几何学中没有王者之路”表达了欧几里得尊重科学而不折服于帝王的学者风度.

欧几里得以其《原本》(*Elements*)著称于世，这本书使欧几里得之前撰写的数学书都相形见绌.《原本》有“数学家的圣经”的美誉.

《原本》包括平面几何、立体几何、数论、比例论和代数等内容. 1603年我国明代数学家徐光启(1562—1633)和意大利传教士利玛窦取《原本》前6卷的平面几何部分将其翻译为《几何原本》.“几何”的英文写法是geometry，geo是由古希腊盖娅神Gaia演变来的,是“大地”的意思，而metry是测量的意思，即geometry有大地测量的意思. 中文的“几何”有“多少”之意，且“几何”的发音与“geo”接近，用“几何”译“geometry”，音义兼顾，确是神来之笔. 几何学中最基本的一些术语，如点、线段、直线、平行线、角、三角形和四边形等中文译名，都是由徐光启这个译本定下来的.《原本》后9卷由清代李善兰和英国传教士伟烈亚力合译出版.

《原本》在很大程度上是对前人论述的汇编，虽然有一些命题和证明是欧几里得本人的创作，但《原本》的主要功绩在于对命题的精心选择且依照亚里士多德的形式逻辑给出的推理论证规则证明，并把它们以初始定义和公理(公设)为基础进行编排整理，使之成为一个公理体系，从而成为西方思想文献中最有影响力的经典著作之一. 从古代直至19世纪，它不仅是几何学的标准教科书，而且被看作科学思维所应仿效的典范.

几何教师的“平面几何学科理解”，其内涵应包括对中学数学教学内容中的几何知识与方法及理论整体架构的理解，以及在欧氏几何理论知识的历史发展过程和相应的现代数学背景知识及思想方法的作用下所得到的理解，同时，需从一般意义上的教育学、哲学及自然科学等文化背景去理解几何学. 特别是，教师个体的几何学习经验是教师获得几何学科理解最为重要的基础条件. 这些知识以历史的、纯粹理论的、个体经验的以及对学生学习数学的认知过程的概括等不同的形态存在于教师的认知结构中，并能在教学过程中使其各个侧面以适当的形式得以运用、呈现.

进一步的分析应从课程理论入手，研究国内外几何课程的发展历史、初中教材和教学理论，了解几何教学内容的选择和编排方式，特别是，要研究《义务教育课程标准》，这些研究活动都有利于提升教师对平面几何“学科理解”的认知水平.

在此，尝试从数学发展的历史、现代数学对中学数学理解的影响和学生学习数学的认知过程以及教师个体的几何学习经验等角度去分析教师的“平面几何学科理解”，如图 1-1-1 所示.

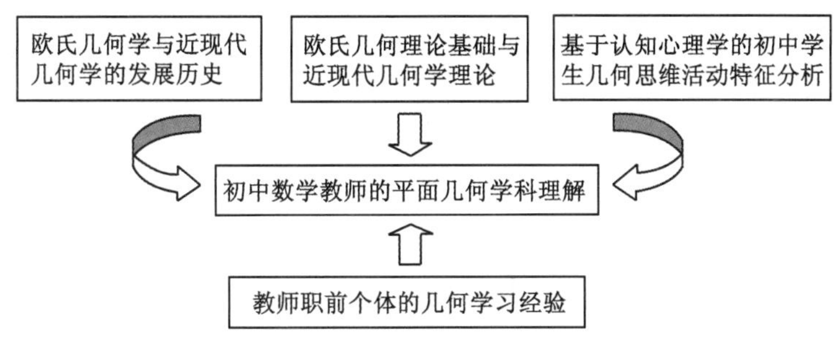

图 1-1-1　初中数学教师几何学科理解结构图

1.1.1　基于几何学发展历史的理解

初中平面几何教学内容是平面几何的概念、命题等大致按照理论体系内在的秩序次第展开的，其中自然蕴含着理论研究所运用的思想方法. 教学内容的选择与编排是数学教育工作者的事，而主要的理论知识是历史上众多数学家的研究成果，其中不仅有知识和方法的创造，而且有数学家提出问题，研究问题的时机、方式和方法，解决问题所付出的辛勤劳作以及爆发的智慧和勇气. 特别地，数学发展的历史会揭示数学理论形成与发展的社会历史背景，其中伴随着自然科学、哲学及宗教发展的影响，更有战争、朝代更迭所产生的社会变迁对数学发展的冲击.

“累积性”是数学理论发展的一个重要特征，是相对于“证伪性”(波普尔)而言的. 数学命题的证明是依据先前已确认的初始概念、公理和命题以及形式逻辑的，一旦被证明就不会被推翻，就会成为数学理论发展的一个组成部分. 因此，数学命题常被称为“定理”，而自然科学的为实践(实验)所检验的被称为“定律”. 例如，托勒密的“地心说”为哥白尼的“日心说”所“证伪”. 自欧几里得几何学诞生以来，几何学经历了仿射几何、射影几何的发展，特别是出现了罗巴切夫斯基几何学和黎曼几何学. 这些几何学的蓬勃发展带来新的研究对象，获得新的理论，但其发展却与欧氏几何并行不悖，由此可见，几何学的发展是“累积性”的. 虽然各理论之间相对应的命题是矛盾的，但各自理论系统内部命题之间是无矛盾的. 因此说，不了解数学史，就不可能全面了解数学科学及数学发展的历史性、累积性特征(李文林). 中学数学教材的编写与数学教学自然要注重数学知识发展的“累积性特征”，即数学理论的呈现大体上要反映理论依据逻辑循序渐进的发展过程，不可逾越理论发展链条中的关键环节. 数学发展的“历史性”要求中学数学教学要按照历史上数学知识发生发展的“逻辑”去引导学生再发现或“再创造”(弗赖登塔尔)出数学知识. 这不是课堂上讲不讲数学史知识的问题，而是教师与学生的教与学活动是否尊重数学研究的传统价值观，选择恰当的问题，并按照在问题情境中提出问题、解决问题，将新获得的知识纳入原有的知识结构中这一行为方式和价值判断进行“理性重建”(Kuhn)的问题.

几何理论是有应用价值的，是工具，还是刻画了现实世界的空间形式，抑或是纯粹理论的构造？只有将欧几里得创立的平面几何学置于宏大的数学乃至科学技术发展的历史背景中，才能对中学所教授的平面几何理论体系的理论价值和应用价值拥有较为客观的认识. 古希腊数学发展的历史显示，“不可公度问题”的出现使得几何学走向了研究纯粹几何理论的方向，这对于最终形成具有较为完善的公理体系的几何学是有积极意义的. 还需注意欧氏几何学所代表的古希腊数学最终也因其没有较大的实用性而失去了发展的动力. 据此，需要思考几何教学中如何既重视几何理论的逻辑架构，又能兼顾知识的有用性问题.

学习数学史，有助于了解数学家创造数学知识的过程. 国内外许多著名的数学大师都具有深厚的数学史修养或者兼及数学史研究，并善于从历史素材中汲取养分，做到古为今用，推陈出新. 需要思考数学问题是怎样提出的，解决问题的方式方法如何，论证是否严格，其研究成果在理论上有多大的价值等问题. 这些知识、方法与数学研究的传统价值对于数学教学的启示是巨大的. 数学发展的历史是中学数学教育教学研究的重要源泉. 按照博物学家海克尔(Haeckel)的说法：生物的个体发育简短而迅速地重演系统演化的过程. 把这句话类比到数学教学中就是，学生个体的思维活动和学习过程是历史上数学家从事数学研究活动的缩影.

泰勒斯(Thalēs，古希腊哲学家、数学家，约前624—前547)、毕达哥拉斯(Pythagoras，古希腊数学家，约前580—前500)开了“论证几何”之先河. 泰勒斯证明了“对顶角相等”“等腰三角形性质定理”等命题. 从几何教学角度看，学生接受“对顶角相等”的含义和证明过程并不难. 然而，我们从历史的角度看，这么简单的事实为什么唯独被古希腊哲学家泰勒斯所发现？泰勒斯为什么要对这么“显然”的事实给出论证？古今中外的先哲都意识到这个世界是一个变化的世界，中国先哲采取“随遇而安”的“采菊东篱下，悠然见南山”态度与这个世界“天人合一”，而古希腊哲学家在考问这个世界在变化过程中是否存在“不变”的事实或规则. 对“不变”的追求体现在古希腊哲学对“永恒”的追求上，也正是这样的哲学传统孕育了对几何图形追求在变化过程中保持“不变性”和“不变量”学问的欧几里得几何学. 同时，古希腊哲学的思辨传统带来的抽象思维方式，如果没有这一哲学背景的深刻影响，泰勒斯发现“对顶角相等”这个命题并给出证明这一活动是不可想象的.

柏拉图的“理念论”和亚里士多德(Aristotle，古希腊哲学家，前384—前322)的“形式逻辑”是催生欧氏几何学的重要思想源泉. 欧几里得证明毕达哥拉斯定理(勾股定理)时，用到了三角形、正方形、矩形及全等三角形等概念及其性质等知识，并依据逻辑展开推理. 我国古代的赵爽“弦图”则体现出“寓理于算”的“算法”精神. 东西方的数学传统不同，呈现出的方法和理论范式也不同，因此，对欧氏几何的教学要特别地反映出古希腊的数学传统.

从平面几何近现代发展的角度看，欧氏平面几何理论中概念、命题的表述也是逐步严格化的. 最初的欧几里得《原本》中的初始概念的定义是不严格的，借助了大量的直观经验，特别是其公理系统不是独立的，更不是完备的. 随着希尔伯特(Hilbert，德国数学家，1862—1943)在《几何基础》中给出了严格的公理系统，欧氏平面几何理论才得以建立在严格的理论基础之上.

对于几何命题系统，后来的数学家也增添了许多内容，如欧拉线定理、莫雷定理等. 在尺规作图方面，法国数学家旺泽尔(1837)和德国数学家林德曼(1882)严格回答了三大几何作图问题. 了解这些数学发展历史有助于教师用动态的生成的视角去看待理论的发展过程，可以防止在教学中把几何理论讲成僵化的概念与命题的理论堆砌.

了解数学史上关于平行公理(第五公设)认识的发展历程，特别是试图对其给出证明的探索过程并导致与欧氏几何并行不悖的非欧几何的创立，就会更加深刻地理解平行公理的理论价值，理解欧几里得用同旁内角互补来刻画两直线平行的无奈和手段的高超. 这样，在教学中就会给学生尝试的机会，因为数学真理的获得过程就是如此！也就是说，不仅要教结论，也要教结论的证明方法，尤其要注意的是还要教问题提出的方式方法.

古希腊数学家追求根据初始概念、公理和已知命题及依据形式逻辑对几何命题进行严谨的论证，并将已获得的几何概念、命题组织出系统的公理体系. 他们不关心这些成果的实用性，认为平面几何是对现实世界空间形式的刻画，这里有超越世俗之用的关注世界本身的追求. 通过数学史的学习，可以使数学教师和学生在理解数学知识获得方法的同时，获得人文科学方面的启迪.

学习数学史可以促进对数学的理解. 当学习过数学史后，自然会有这样的感觉，数学的发展并不符合数学理论展开的逻辑，数学发展的实际情况与我们今日所学的数学教科书中概念、命题的表述方式及呈现顺序也很不一致. 现在中学所学的平面几何内容大多来自古希腊《原本》，而几何变换属于 19 世纪的研究成果，其严格的公理体系是 19 世纪末德国数学家希尔伯特写的《几何基础》中给出的. 这些几何内容也已经过千锤百炼，形成了严密的逻辑体系. 如何在学科理论的严格性和系统性与教育要求相结合的原则指导下将历史上的几何文献材料按照一定的逻辑结构和教学要求加以取舍编撰成恰当的知识体系，以及如何展现已经被舍弃了许多几何概念和方法后的几何理论的问题背景、理论背景、演化历程，是值得数学教师思索的问题. 教师要了解几何的发展历史，以历史的视角去审视几何教学内容，根据需要创设理论展开的问题情境，补充那些被历史淘汰掉的但对现实学习或许有用的数学材料与方法，这是一个很重要也很有难度的研究课题. 从教师个人知识的建构角度讲，可以用"理性重建"的方式建构起可供教学用的几何理论发展样式.

16—17 世纪，对于几何学的发展，数学家已开辟出仿射几何、射影几何等新的研究方向. 17 世纪法国数学家笛卡儿、费马创立了解析几何，实现了数与形的结合. 特别地，对欧几里得"第五公设"的讨论激发出罗巴切夫斯基几何(1826)和黎曼几何(1854).

德国数学家克莱因(F. Klein，1849—1925)于 1872 年在埃尔兰根大学就任教授时所作的题为《近代几何学研究的比较评述》的演说中论述了变换群在几何中的主导作用，把当时已发现的多数几何学统一在变换群论观点之下，明确给出了几何的一种新定义，把几何概括为研究在某种变换群下保持不变性质的学科，该演说稿又称《埃尔兰根计划书》(*Erlangen Program*). 变换群的观点对近代几何学的发展产生了深远的影响，支配了近半个世纪的几何学的研究. 因此说，不了解数学史，就不可能全面了解数学科学的整体性、统一性(李文林).

公元前 4 世纪末，托勒密一世继承亚历山大的遗愿，在亚历山大里亚城建造了规模宏大的亚历山大大学(艺术宫)和一个大图书馆，邀请当时最有名望的学者包括优秀的数学家到那里从事研究工作. 亚历山大里亚城成了数学研究的中心，从此开创了希腊数学最为辉煌的亚历山大里亚时期. 亚历山大时期(前 322—前 415)的数学研究主要沿着两个方向发展：其一是继续致力于纯粹数学理论的研究和整理，代表人物是欧几里得和阿波罗尼奥斯(Apollonius，古希腊数学家，约前262—前190)；其二是数学与科学、工程相结合，把几何研究的重点转移到那些对计算长度、面积和体积有用的问题上，在计算中自由应用无理数，杰出代表人物是阿基米德. 数学与科学以及工程的结合有力地开拓了数学研究的新领域，使数学的范围扩大到算术(数论)、几何、力学、天文学以及实用算术等方面.

从公元前6世纪起，希腊人历经300年终于在几何学上形成定型的公理演绎系统，欧几里得《原本》的诞生可视为古希腊数学的最大成就之一.

《原本》注重理论，轻视应用，这也是欧氏几何后期发展停滞的一个原因.

《原本》前六卷主要讲平面几何，共173个命题. 卷Ⅰ内容比较丰富，命题1~26主要讨论三角形和垂线. 其中命题4就是现在初中几何中的三角形全等公理：两条边及其夹角对应相等的两个三角形全等. 欧几里得把它作为定理，并依据叠合公理，用古老的叠合法予以证明. 卷Ⅱ研究多边形的等积问题. 卷Ⅲ、卷Ⅳ系来自后期毕氏学派和智人学派的工作，智人学派的学者安提丰利用“穷竭原理”对圆的内接、外切多边形作了详尽的讨论，并据此试图解决“化圆为方问题”，甚至还谈到正十五边形的尺规作图. 卷Ⅴ对欧多克斯的“比例论”作了十分精彩的阐述，被视为古代数学文献中的一件上乘之作. 卷Ⅵ是比例论的应用，主要研究相似形，但也涉及几何式代数，包括通过几何作图解一元二次方程等.

欧多克斯(Eudoxus，古希腊数学家，约前400—前347)创立了“比例论”，给出了线段成比例问题的理论基础，意在解决“不可公度问题”出现后的几何量度量问题. 他引入几何的“量”的概念，指出它代表线段、角、时间、面积、体积等能够连续变化的东西，而不是具体的数. 由此出发，定义了两个量的比，这样就用几何量的“比”从表面上绕过了由于没有相应的“数”所造成的几何量的度量困境. 事实上，该“比例论”把可公度比与不可公度比统一了起来，这样就处理了无理量的问题，解决了因毕达哥拉斯学派发现了不可通约量而造成的第一次数学危机. 这些理论构成了欧几里得《原本》第Ⅴ卷的主要内容. 几何度量问题的彻底解决需要建立在严格的实数理论之上，而实数理论的建立是在19世纪后期由德国数学家康托尔、魏尔斯特拉斯和戴德金等人完成的.

《原本》卷Ⅵ中命题Ⅰ的内容是：等高的三角形面积之比等于它们的底的比.

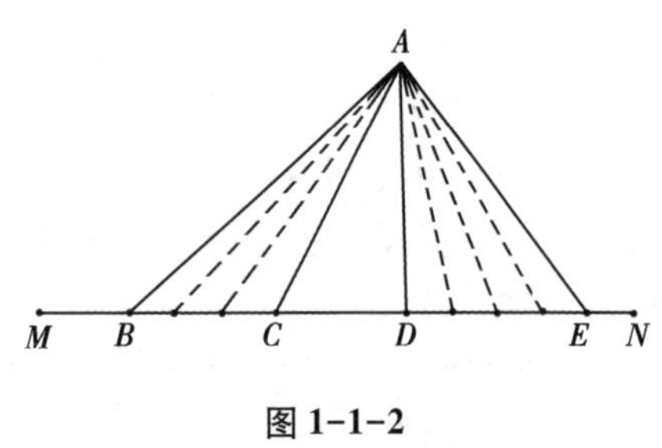

图 1-1-2

设两个三角形为$\triangle ABC$和$\triangle ADE$，其底BC和DE在同一直线MN上，如图1-1-2所示. 毕达哥拉斯学派在发现不可公度问题之前，不加说明地假定任何两条线段是可公度的，即可表示为整数之比. 于是假定线段BC和DE具有共同的度量单位，也就是说，BC为其p倍，DE为其q倍. 在BC和DE上将这些分点标出，并将它们与顶点A连接. 这样，$\triangle ABC$和$\triangle ADE$分别被分成p个和q个较小的三角形(根据《原本》第Ⅰ卷命题38可知这些小三角形面积相等). 由此得出$S_{\triangle ABC} : S_{\triangle ADE} = p : q = BC : DE$，于是命题得证.

由于“不可公度问题”的发现，即不可通约量的发现，上述证明便不妥当了，即出现了“逻辑”上的困难.

欧多克斯给出了“比例”的定义，从而巧妙地绕过了上述证明的缺陷.

比例的定义：设 A，B，C，D 是任意四个量，其中 A 和 B 同类(即均为线段、角或面积等)，C 和 D 同类. 如果对于任何两个正整数 m 和 n，关系 $mA \overset{\geq}{\underset{<}{=}} nB$ 是否成立相应地取决于关系 $mC \overset{\geq}{\underset{<}{=}} nD$ 是否成立，则称 A 与 B 之比等于 C 与 D 之比，即四个量 A，B，C，D 成比例.

下面给出《原本》卷Ⅵ中命题Ⅰ的证明：

如图 1-1-3 所示，在线段 CB 的延长线上，接着 B，标出 $m-1$ 条等于 CB 的线段，并将这些分点 B_2，B_3，…，B_m 与顶点 A 连接. 同样地，在线段 DE 的延长线上，接着 E，标出 $n-1$ 条等于 DE 的线段，并将这些分点 E_2，E_3，…，E_n 与顶点 A 连接.

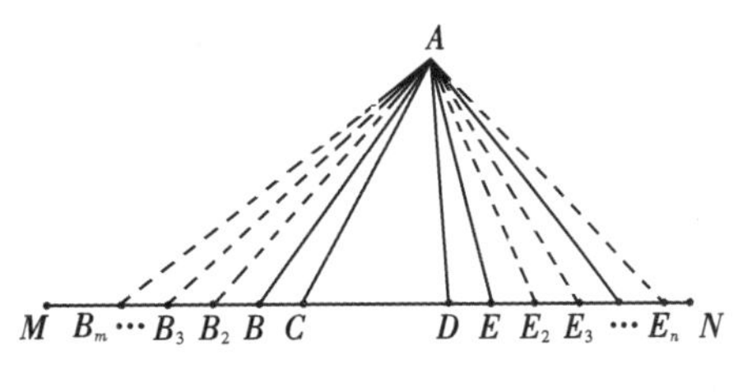

图 1-1-3

于是 $B_mC=m(BC)$，$S_{\triangle AB_mC}=m(S_{\triangle ABC})$，$DE_n=n(DE)$，$S_{\triangle ADE_n}=n(S_{\triangle ADE})$.

即相应于 $m(BC) \overset{\geq}{\underset{<}{=}} n(DE)$，有 $m(S_{\triangle ABC}) \overset{\geq}{\underset{<}{=}} n(S_{\triangle ADE})$. 从而根据欧多克斯的比例定义，得到 $S_{\triangle ABC} : S_{\triangle ADE}=BC : DE$. 这不涉及可公度与不可公度问题，因为欧多克斯的定义对于这两种场合都适用.

欧多克斯“比例论”的有效性在于它虽然刻画的是几何量，但几何量前面的系数及其双向的不等关系事实上给出了几何量所对应的实数，即用“不足近似”和“过剩近似”两边夹的方式且由于系数的任意性使得它们最终“夹住”了一个确定的几何量(实数).

具体说，由于正整数 m 和 n 的任意性，对于 $mA\geq$(或$\leq$)nB，等同于$\frac{m}{n}\leq\frac{B}{A}\leq\frac{m+1}{n}$，所以，比例定义的含义是：对于任意的正整数 m，n，如果$\frac{m}{n}\leq\frac{B}{A}\leq\frac{m+1}{n}$等价于$\frac{m}{n}\leq\frac{D}{C}\leq\frac{m+1}{n}$，则有$\frac{B}{A}=\frac{D}{C}$，即 A，B，C，D 成比例.

平行线分线段成比例定理：两条线被一组平行线所截，所得的对应线段成比例.

如图 1-1-4 所示，已知 $a /\!/ b /\!/ c$，求证：$\frac{AB}{BC}=\frac{DE}{EF}$.

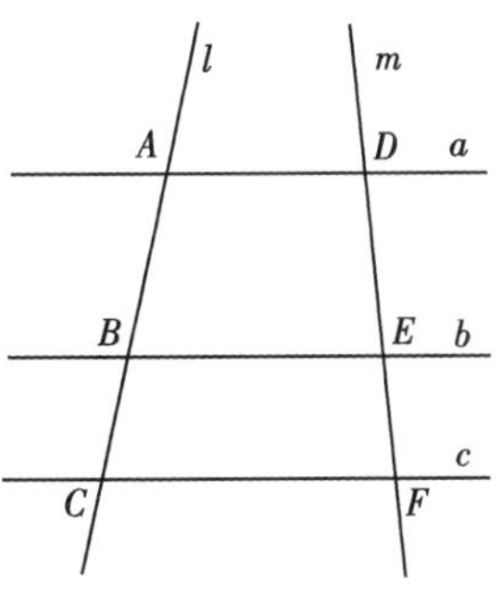

图 1-1-4

由于所截线段也同样存在不可公度问题，所以该定理的严格证明需要用到实数理论. 具体的做法是，如果线段 AB 和 BC 可公度，即存在公共的度量单位 e 使得 $AB=me$，$BC=ne$，利用简单的几何知识即可得到$\frac{AB}{BC}=\frac{m}{n}=\frac{DE}{EF}$. 如果线段 AB 和 BC 不可公度，利用实数理论，可采用以 $BC=e$ 为单位去度量 AB. 如量 p_0(整数)次，若不能恰好量尽，则可采用$\frac{1}{10}e$ 去度量剩余部分；如量得 p_1 次仍不能恰好量尽，则继续对余量采用$\frac{1}{10^2}e$进行度量，得 p_2 次……如此得实数. $p=p_0+\frac{p_1}{10}+\frac{p_2}{10^2}+\cdots+\frac{p_n}{10^n}+\cdots(p_n\in\{0, 1, 2, \cdots, 9\}, n\in\mathbf{N})$可作为 AB 和 BC 的比值，即可得到$\frac{AB}{BC}=p=\frac{DE}{EF}$.

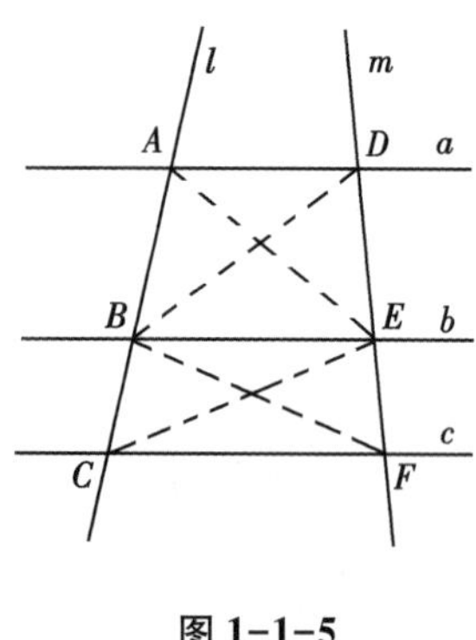

图 1-1-5

现在的人教版数学九年级下册教材中，利用“探究”的方式，把平行线分线段成比例的结论当作“基本事实”(公理)，并没给出成立的理由. 在过去的教科书中通常采用将分出的线段看作“可公度”的情形予以接受或采用面积法进行说明，如图 1-1-5 所示，$\frac{AB}{BC}=\frac{S_{\triangle ABE}}{S_{\triangle CBE}}=\frac{S_{\triangle DEB}}{S_{\triangle EFB}}=\frac{DE}{EF}$. 值得注意的是，这两种方法都是不严谨的，都存在一个共同的问题，即存在着分出的线段(如 AB 与 BC，DE 与 EF)这两个几何量是否可公度的问题，教学中不妨用面积法对特例进行分析，从而用直观归纳的方法得出结论.

从数学发展历史角度看，希帕苏斯发现线段的“不可公度问题”在先，随后欧多克斯创立“比例论”使得“线段比”被表示为线段比或面积比等其他几何量的比，从而带来了平行线分线段成比例的结论，进而引出三角形相似问题. 从现代数学理论看，数学家通过建立起实数理论，从而彻底解决了线段、面积等几何量的度量问题.

需要引起注意的是我国古代数学受社会组织形态和一般的文化传统制约和影响，数学研究在我国文化系统中缺乏地位，传统数学研究的理论范式属于“术”的形态，即采用“寓理于算”的算法而不是用概念、命题依据逻辑展开理论研究、论证和表达. 特别是，传统的以博取功名为目的的科举考试所带来的学习目的和应试方法在当代教育领域仍有市场，为众多师生和家长所认同. 具体地说，从应试的角度出发，几何教学关注题型和解题方法，而题型的概括缺乏对题型中蕴含的几何命题意义的关注，即对题型的认识大多是根据问题之间的构成条件和结论以及解法的类似性进行概括的，而不是从几何研究中命题的发展演变作为出发点，即没能将题型概括归结到几何原理(命题)及其发展上. 特别地，几何题型的概括过程没有经过学生参与就更是问题了.

仔细想想，上述做法与我国传统教育目的和数学研究方法是契合的，这是需要我们警惕的. 义务教育阶段的几何教育教学，其教学目标的设计离不开平面几何的学科特征，如果不强调几何学科的逻辑(公理化)特征，不强调基于平面几何理论研究的传统价值观而提出问题和解决问题，我们教师教的几何还是欧几里得几何吗？至少，对于几何教师而言上述问题是值得思考的，也就是说，几何教师的平面几何学科理解也即作为教师的学科专业素养是需要得到古希腊欧氏几何研究传统浸润的，基于此，再结合课程标准和教学理论来思考初中几何教学才是可靠的.

1.1.2　基于近现代几何理论的理解

《原本》的可贵之处是建立了公理化的演绎体系，从而在数学史上树起一座崇高的丰碑. 从少数几个公理出发由简到繁地推演出 465 个定理，给人的印象是何等深刻！公理演绎结构后来不仅成为一种数学理论陈述模式，而且被移植到其他学科，牛顿的不朽著作《自然哲学的数学原理》就是一个典型例证.

《原本》的逻辑体系也是在毕达哥拉斯和柏拉图的数学哲学思想指导下创作实践的产物. 欧几里得本人无疑是一位柏拉图主义者，他在《原本》中贯彻了柏拉图的数学哲学和亚里士多德的逻辑纲领.《原本》从几个抽象命题出发推演出的数百个各种各样的命题竟然无一例外地和客观事实完全符合，这从一个方面体现了毕达哥拉斯、柏拉图所倡导的“自然界数学设计说”的合理因素，成为后来两千多年内鼓舞数学家、科学家们献身科学事业的动力源泉.

当然，在高度评价《原本》的伟大意义的同时，也不要无视它的局限性. 从 19 世纪中叶起，随着数学严密化运动的深入，数学家们重新审视了《原本》，发现其中的公理系统不够严密，无意中使用了不少未曾明确的假定，利用了从图形上看是显然的事实作为证明的前提，如不加证明地把直线和圆都看作具有连续性的图形. 在卷 I 命题 I 的证明里肯定了相交两圆有一个公共点，但假如它们不连续，就可能没有公共点了. 过分依赖叠合法证明，使它失去了纯粹逻辑证明的严谨性. 叠合的判断求助于感官经验，而叠合之所以可能是建立在图形可移动上的，图形的移动(运动)是未加说明的. 例如，对有些定义的叙述欠妥或显得含糊其词，刻画不当. 此外，全书在组织上也未一气呵成，某些部分有重复或堆砌之弊，个别命题的证明有遗漏或错误等，以上缺点应归因于时代的局限性.

希尔伯特在他的《几何基础》一书中，将欧几里得《原本》中具有直观性的公理中的几何初始概念舍弃，先给出纯粹逻辑意义上的公理，在公理中隐性地确定点线面的含义，并且加入了“顺序公理”“结合公理”“连续公理”，完善了“合同公理”，第一次提出了一个简明、完整、逻辑严谨的形式化公理系统. 从此公理化方法不仅成为数学中的一种重要方法，而且被其他学科领域所采用，所以，人们称欧氏几何是公理化方法发展史上的一座里程碑.

希尔伯特在《几何基础》中提出了包含 20 条公理的公理体系，并将它们分为五个组别，同时，提出了选择和组织公理系统的原则为相容性(无矛盾性)、独立性和完备性. 这样组织的公理系统中，通过否定或者替换其中一条或者几条公理，就能构造出某一种几何学. 这种公理系统能够透彻地阐述几何学内在的逻辑关系.

几何学的群论观点是由德国数学家克莱因首先提出来的，这种变换群观点对近现代几何学的发展产生了深远的影响，支配了从他以来近半个世纪的几何学的研究.

初中几何教学内容相对于过去老的教材版本一个重大的变化是增加了几何变换，使得几何题的问题结构和解题方法发生了很大改变，这是有积极意义的. 教师只有从高站位即变换群的视角出发领会几何研究的对象是变换群下图形的不变性和不变量，才能准确理解中学教材中的几何理论和几何题的配置、编拟及解决问题的方法、策略.

关于克莱因的群论观点，我们在第 2 章有较为详细的论述.

初中教师对平面几何学科的理解，其现代教学背景如下：最“邻近”的理论是希尔伯特的《几何基础》中的欧氏几何公理系统和克莱因的变换群理论；《高等几何》中的仿射几何、射影几何对欧氏几何的理解也有助益，如研究视角的转变，包括不再关心“角度”、图形的“面积”而研究“简单比”和“交比”等；了解罗巴切夫斯基几何和黎曼几何对于理解欧氏几何中的“直线”“平行线”“三角形内角和”提供了高层次理论视角；若能理解微分几何中曲面的“内蕴”性质以及拓扑学中的“不变性”和“不变量”，会有助于教师超越欧氏几何知识而感受到几何理论与世界空间形式的丰富性和契合性.

其实，大学数学与应用数学(师范)专业的课程体系就是这样设计的. 在此，从教师教育的视角看师范生的学习结果，关注的不是理论知识的简单增长和各理论学科的解题能力，也不是一般的数学思想方法，而是从各学科的研究对象、研究方法、主要结论及其在相关理论中的应用价值和自身理论的发展方式等全局视角展开理解. 初等数学知识与近现代数学理论对于教师而言存在一个“双重理解”(改自张奠宙先生的“双重遗忘”)的问题，即用初等数学去理解相应的近现代数学理论；反之，也只有借助近现代数学理论去“观照”初等数学才能实现对初等数学的理解.“不谋全局者，不足谋一域”，对欧氏几何的学科特性，若不借助对后继其他几何理论发展的认识，也不可能得到深刻的理解.

1.1.3　基于学生几何思维特征的理解

平面几何是初中数学教学的重点和难点，在初中数学教学中占有重要地位. 平面几何是研究平面上几何图形的性质(如形状、位置、大小关系等)的数学学科，要想顺利地解决一个几何问题，不仅要正确认识一些基本平面图形及其性质，还要能从复杂问题中挖掘出基本图形，并运用所学基本图形的性质去解决问题.

数学学习最重要的是对概念和命题的理解，最难教和最难学的就是概念和命题. 一般地，受考试题样式的影响，师生教与学的心理在指向考试时极易把数学的教与学指向题型和解题思路、方法. 另外，几何的概念、命题大多以文字形式出现，学生易将几何知识表征为命题(语义)形式，而忽视对图形的带有知觉的表象表征.

几何学是关于空间形式的刻画，因此，几何概念、命题的理解必须建立在知觉水平上，通过问题中图形(基本形及其组合)的变式训练，让学生充分感知变化的图形中附着其上的不变的命题语义. 这是几何概念、命题理解的基础性活动，是相关信息建立恰当的心理表征和压缩成知识组块进而形成图式的关键步骤，是为进一步解题活动中获得相应的数学思想方法(策略性知识)所做的准备.

美国著名教育心理学家安德森(Anderson)提出的知识表征理论，将知识在学习者心里的表征分为陈述性知识表征和程序性知识表征. 表征(representation)又称心理表征或知识表征，是认知心理学的核心概念之一，指信息或知识在心理活动中的表现和记载的方式. 从单词 representation 上看，有再次表示之意，是指外部事物在心理活动中的内部再现. 因此，在心理上，表征有对外界事物重新表示之意，即将外在的肢体操作内化为表象操作形成表象表征，它一方面反映客观事物，代表客观事物，另一方面又是心理活动进一步加工的对象. 所谓陈述性知识表征，指的是一个概念、命题语句以整体的方式进行表征，即将一个语句看作描述、刻画数学对象及其关系的一个静态的描述，是一件事、一个事实、一个判断的记录. 陈述性知识表征方式有命题、表象、线性排序和图式. 程序性知识是指概念、命题以“如果…，那么…”的形式进行表征，一旦受到刺激即与条件“如果…”相应，则在心理或外在动作上会做出反应，即做出“那么…”的行动，这个行动可能是心理动作(智慧技能)，也可能是外在肢体动作(动作技能). 如“对顶角相等”，将其视作整体性的一个语句，则说明该命题表征为陈述性知识表征. 如果“对顶角相等”这一命题表征为“如果两个角是对顶角，那么这两个角相等”的形式，则说明该命题的表征是程序性知识表征. 需要强调的是上述两种知识的划分是对心理表征意义下知识存储的形态而言的，不是指教材中呈现的数学知识. 恰当的知识表征是以陈述性知识和程序性知识两种方式共存的表征.

对于“同位角相等，两直线平行”这个命题，如果教师要求学生简单记忆，学生就会获得具有静态性质的陈述性知识表征. 仅获得这样表征的知识会使学生在解决问题过程中对于解题推理活动和解题思路的探寻缺乏有力的支持. 在实际教学中经常出现的一种现象是学生自己不能独立完成解题活动，而经教师点拨、提示，学生就会了. 该现象产生的原因之一在于学生对该知识的心理表征是陈述性的，外在问题的刺激情境中已出现的“同位角相等”，未能在认知结构中相应激起“两直线平行”这一“动作”，而教师的点拨在此恰恰起着一个点火装置的作用，激发出这个命题的结论. 程序性知识表征，是将命题分为两部分，前提是“如果…”，结论是“那么…”，前提是点火装置，遇到相应的刺激就激发出“那么…”在心里出现. 其他的原因可能是几何知识缺乏表象表征，也可能缺少策略性知识的运用.

教师要帮助学生将几何概念、命题表征为产生式，并进一步将若干命题组织起来形成产生式组以及逆向产生式(组). 例如，“如果已知等腰三角形，那么能告诉我们什么?”“要想证明两条线段相等，我们需要知道什么?”等.

与数学教学中刻画学生知识与能力的常规用语进行比较，可以这样认为，所谓基础知识对应陈述性知识表征，基本技能是指运行自动化的程序性知识，而能力即数学思想方法的运用是属于特殊领域的不能自动化的程序性知识即策略性知识. 自动化的程序性知识是对外输出的，策略性知识是对内起调控作用的.

在审题环节，学生对题中已知条件的把握、图形的理解分析，具体如已知条件背后隐藏了哪些相关联的几何性质，题中所给图形是基本形还是由若干基本形构成的组合图形结构，如此分析问题可以有效提高学生几何性质与图形结构清晰的表征水平，避免学生无法抓住关键信息而导致问题表征的模糊. 在解题思路的确立和辅助线引入的教学过程中，教师要引导学生将之前所学的几何知识、获得的图形结构与当前待解决问题建立联系，特别是在结论的引导下确定辅助线和解题思路. 学生在教师的帮助下建构起稳定的带有图形结构(表象表征)的平面几何知识体系之后，教师通过启发式教学引导学生独立自主探究多种解题方法，使学生从多个侧面认识问题的基本图形结构及其图形组合的关联关系，获得问题解决的多个思路产生的各种可能性. 引导学生对典型问题的结论进行有益的推广，或变更问题的已知条件，这对学生来说，无论是题型知识的获得，还是几何性质与复杂图形构成的表征能力，特别是在模式识别意义下解题思路的多角度、多层次思维能力的获得，均有很大的助益.

在平面几何解题教学过程中，教师传授给学生的不仅仅是数学知识(性质、定理等)，更重要的是让学生拥有获得知识的能力，特别是，获得独立解决此类几何问题的能力，即教会学生数学思想方法. 平面几何解题教学的难点就在于是否能让学生掌握策略性知识.

数学思想方法即所谓策略性知识，如学生头脑中运行数学思想方法的产生式程序，其外在表现被称为该生具有数学能力. 策略性知识的含义和构成又不限于数学思想方法，其功能还包括解题策略的选取、解题时的自我监控和调节等.

策略性知识在本质上是程序性知识，但有其自身的特殊规定性，包括以下两点：其一，策略性知识的作用方向不是“对外办事”，而主要是“对内监控”，即策略性知识的作用对象不是客观现实世界，而是主体的主观内部世界中的信息加工过程；其二，策略性知识的基本功能是解决“怎么办”的问题，即如何做才最好、最有效的问题. 基于策略性知识本身的特殊规定性，可以认为，策略性知识是指以提高效率与效果为目的直接作用于主体认知过程(或信息加工过程)的程序性知识.

在几何问题解决过程中，思考“已知条件告诉我什么?”“这个条件和结论有什么关系?”“要想得到结论需要知道什么?”“这道题和我以前做过的哪道题像?”“解决这道题关键在什么地方?”时，用这些自我提问唤起的审视、监控问题解决过程中的推理论证过程，调整解题路线等心理活动所运行的程序即策略性知识.

通俗地说，在解题思维活动中，解题者需要有两个“心眼儿”同时在工作：一个负责画图、计算、推理，只要遇到与解题分析等有关的困难就转化为第二个“心眼儿”工作；第二个“心眼儿”负责监督第一个“心眼儿”的活动是否顺畅、进行模式识别、决定此刻调用什么知识去工作，以及“盯住目标”确定解题路线并防止解题方向的偏离等.

获取策略性知识的根本目的在于提高活动的效率与效果，要用最少的时间与精力获得最大收获. 策略性知识种类繁多，不同类型的策略性知识的抽象性水平是不同的. 抽象性水平越低，策略性知识的适用范围就越窄，获得这类策略性知识就较容易；抽象性水平越高，策略性知识的适用范围就越广，获取此类策略性知识的难度则较大.

策略性知识的教学受到策略性知识学习特点的制约. 无论是策略性知识教学内容的确定、教材的选择还是教学方法的设计，都必须适应策略性知识学习的特点，而不是简单地将其等同于一般知识的教学. 策略性知识的教学受其自身的特殊性及具体策略的适用性所制约.

策略性知识是哲学家波兰尼所说的“默会知识”，是嵌入在问题情境中的，不宜脱离“情境”抽取出来，以口头语言和文字的方式呈现给学生的. 哲学家维特根斯坦说，“不可言说之物”不可言说，只能被“显示”. 就策略性知识的教学而言，策略性知识不能(不宜)对学生进行对象性的言说，只能将其通过教师的教学行为体现出来，这就是“显示”. 教师讲课过程中呈现出“说”“什么”、怎样“说”、为什么“说”什么及为什么这么“说”等内容、方式及价值观，简单地说，任何进行数学运算、推理思维活动同时都伴随有数学思想方法等策略性知识的运用，即总存在“问题是什么”“从哪儿来”“到哪儿去”“怎么办”“这样做好不好”等关乎问题情境、数学思想方法的运用及价值判断等只能“显示”的部分. 学生听到教师讲的“什么”的同时“看到”教师思想行为全息的“显示”是学生学习水平产生差异的最主要原因. 如教师讲授“圆”，在给出圆概念的定义之后，可问学生接下来研究什么。研究圆的性质和判定，如同学习平行线、等腰三角形、平行四边形等一样，都是从性质(必要条件)和判定(充分条件)两个角度展开对概念的研究. 再问从哪些角度入手. 关于线段，从半径、弦、直径着手，关于角，主要是圆心和圆周，因此，可从圆心角和圆周角着手进行研究. 受这样的启发引导，学生易进入教师指定的问题领域展开活动，但学生难以领悟到教师在上述启发引导的话语中同时“显示”出数学研究问题的方式方法以及其中的价值判断(如什么样的问题是值得研究的). 再如几何中关于直线、线段公理、平行公理、垂线段、几何不等式、几何最值等概念、命题等，其中都蕴含“唯一性”的特点，这是几何理论研究的价值追求，如同代数中不允许 0 作分母一样，这是不易为学生所察觉的.

优秀的学生是能够看到教师“显示”出的策略性知识的，而学习能力一般的学生是难以看到这样的“显示”的，这也是“讲授法”被专家诟病而倡导“互动”和强调“过程性学习”的原因了. 与一些数学水平高的学生交流时发现，他们对于自己在解题活动中能够突破难点的“原因”并不能恰当地表述出来，即突破难点时的思路是忽然“降临”的，与自己先前所思所想并不构成明确的因果关系. 一名数学成绩非常好的初中生肯定地说自己说不清楚这件事，并认为可用言语描述的解题方法和策略对于解决复杂问题是不够的！可否这样说，学生拥有自己可描述的策略性知识其水平在智力上属于“聪明”层次，而达到“智慧”层次一定是拥有不可描述的策略性知识？这样说对数学教学会有这样的启示，对于当前所学的学生还未拥有的策略性知识，教师是不能够用讲授的方式传递给学生的，板书的呈现、教辅书关于数学思想方法的归纳总结、学生笔记本上所记录的内容对于学生而言是难以“显示”出策略性知识的!

由于与数学学习活动密不可分的策略性知识的表征方式和运用方式具有内隐性和情境性，因此，教师不宜对学生进行对象性的言说而只能“显示”. 在此，强调策略性知识的“不可言说”是特指教师的教对学生的学而言的. 从学生的策略性知识获得的角度看就构成了教学上的困难. 学生在学习过程中易关注概念的定义而不易关注概念本身，易关注命题的内容和证明的逻辑连锁关系而不易关注命题的提出及其理论价值的判断，易关注例题、习题的题型和解法而不易关注其数学意义及思考方法等. 总之，学生易关注可对象化言说的部分而不易关注教师“显示”的部分. 因此，平面几何的解题教学中关于策略性知识的示范性使用和有意识的渗透与培养常常是教学难点，需要数学教师具备较高的学科理解水平.

根据上述分析可知，数学思想方法的教学只能采用隐蔽的方式“显示”在数学活动中并运用“元认知提示语”帮助学生获得，经过学生充分“活动”、长期“酝酿”后才能明确，而更为一般的策略性知识更是难以教授. 教师首先要明确策略性知识包括数学思想方法和一般的起监督、调控作用的策略性知识两个部分，并具备在教学活动中对于自己和学生的思维活动有充分“体察”的能力，再研究策略性知识的教学方式.

在数学教学中，策略性知识只能通过教师的数学思维活动的“暴露”才能得以“显示”. 由于思维活动是一个内隐的心理过程，教师要将审题、探寻解题思路、论证直至得出结论甚至在这一过程中可能发生的错误倾向都“暴露”给学生，此时的“暴露”是在数学活动中自然呈现的，不是明确地向学生交代自己的思考方式以及其中的自我监控、调节. 因此，有效的策略性知识的教学需要教师善于将自己内隐思维活动的展开、调节和控制过程“显示”出来供学生“参考”，使学生体验并对比自己的思维过程，再逐步“内化”“领悟”，从而形成属于自己的思维方式方法和获得自我监控、调节自己思维的能力.

策略性知识表征包括陈述性表征和程序性表征，值得注意的是，陌生情境中的解题过程能够有效运用的是程序性表征的策略性知识. 教师在学生面前有部分数学思维活动可以通过语言和板书及肢体语言确切地呈现出来，如基础知识、基本技能和先前已经获得的方法等，而内隐的策略性知识的运用是通过“显示”的方式呈现的. 教师语言说出的策略性知识易为学生表征为陈述性知识，有部分解题者存有过多的陈述性表征的策略性知识，受“工作记忆”容量的限制，过多地表征为“言语信息”的“想法”会导致心理活动与外在问题的关联方式具有多种可能，使得解题思路的选择较为困难，并且选择好解题思路后又易动摇. 据观察，优秀的解题者即使解后反思也往往不能说清楚自己是怎么突破解决难题中的关键点(“关键的细节”)的. 特别地，从教学评价的角度考虑，难题的解决尤其能够反映解题者策略性知识的表征方式是否合理及其运用水平.

教师常采用“元认知提示语”引导学生进行数学思维活动，这样做显然有助于学生获得策略性知识.“元认知提示语”是为了引起学生适当的思维活动并借此内化为启发学生自己思维活动的“元认知提示语”. 但也需警惕“元认知提示语”仅是具有一定启发性的语句，本身不是数学学科的策略性知识，也不是一般领域的策略性知识，同样受“工作记忆”容量的限制，拥有过多的“元认知提示语”并运用于解题思维中也可能成为思维的负担.

从上述几何概念、命题表征的角度分析，初中生的几何解题活动相对于代数解题活动而言较为困难，多数师生会有这样的感受. 数学概念和命题都含有运算、推理的特性或者说是操作性，这是程序性知识的特点，即表征为一个产生式(组). 但同时，数学概念、命题本身还有另外一种表示功能，即概念、命题总是在刻画了什么、沟通了什么和揭示了什么，即其本身具有表达数学意义的功能，这是不易为学生所注意的. 初中代数学科的概念特别是命题(公式、法则)本身具有运演(操作)性，即其中各要素之间的联系方式是运算性或说是演绎性的. 代数命题蕴含的操作性规则是明确的且易被学生接受和执行，学生通过训练可以容易地将其表征为自动化的程序性知识. 也就是说，学生面临代数表达式的条件刺激即使不能理解表达式的整体意义，也总能基于代数运算规则的考虑而有所作为. 相较于代数的概念、命题，几何学的概念、命题自然也涉及对几何对象的刻画等意义，如“平行四边形对角线互相平分”，其意义是刻画了平行四边形的内部结构，这不易为学生所关注. 再如勾股定理表达的不仅是直角三角形三边数量上的关系，它也含有用“直角边”表示“斜边”的含义，直角坐标系中线段长度的计算都是通过“改斜归正”转化为勾股定理计算就是勾股定理本身蕴含的思想方法的体现. 要防止运算、推理等命题应用的“技术”遮蔽了数学命题的数学意义的本真！(套用哲学家海德格尔的话)特别地，几何命题表征含有表象表征，几何推理活动涉及几何命题与几何问题局部结构情境的匹配，因此说，几何命题中的前提条件和结论之间的连锁关系大多是推演性(演绎推理)的而不是运算性的，在转化为产生式表征后也难以自动化运行. 特别地，几何命题中蕴含的各要素之间的推理性连锁关系因其运行不能自动化而极易脱落，导致学生对其表征又退回到陈述性表征方式.

如图 1-1-6 所示，在等边$\triangle ABC$的边 BC 上取点 D，使 $CD=2BD$，作 $CH\perp AD$，H 为垂足，连接 BH. 求证：$\angle DBH=\angle DAB$.

解决本题的思维活动中几何知识、方法和策略的运用大致是这样的：首先，对问题整体进行模式识别，解题者可能熟悉问题的图形结构框架，但可能对“关键的细节” $BD^2=DH\cdot DA$ 如何能够实现不清楚. 利用逆向加工策略，从结论入手展开思维活动. 欲证 $\angle DBH=\angle DAB$，根据基本形子母图及附着其上的产生式表征的命题，只需证得 $BD^2=DH\cdot DA$，显然，这是一个知识组块. 根据工作(短时)记忆理论，此时的子母图结构需要解题者一眼可见. 若要得到 $BD^2=DH\cdot DA$，需要复杂的思维活动，首先，对于 $\triangle ABD$(含 $\triangle BDH$)已经用过了. 此时，从宏观上考虑，需要将 $BD^2=DH\cdot DA$ 转化至 $\triangle ACD$(含 $CH\perp AD$)上，从微观局部技术运用的角度看，表达式 $BD^2=DH\cdot DA$ 中的未知信息的关键在 H 点，而 H 点是由 $CH\perp AD$ 产生的，这样思考是数学思想方法的运用. 其次，再进一步分析，如何将 $DH\cdot DA$ 表示出来，且还要与 BD^2 相关联，这是思考的两个出发点，根据已知条件 $CD=2BD$ 和 BD^2 可以注意到线段 CD，观察图形 $\triangle ACD$(含 $CH\perp AD$)结构，再联想一个基本形结构，如图 1-1-7 所示，这是基本形的识别和一个“完形”动作. 特别地，一个“高级的”思维活动是将“空中的” $DH\cdot DA$ 转化到初始条件等边 $\triangle ABC$ 中的“地平线” CD 上，这是数学方法的运用，更是对几何的认识问题的体现，是解题者几何素养的体现. 于是，得到 $DH\cdot DA=DM\cdot DC=BD^2$. 如果解题者将问题中的结论 $\angle DBH=\angle DAB$ 等价表示为 $\angle BHD=\angle ABD=60°$，进一步的动作是延长 BH 与 AC 交于 N，则转化为另外的解题路径了. 如果解题者能够评价两种解题思路的优劣并能做出调整，则说明其运用了策略性知识.

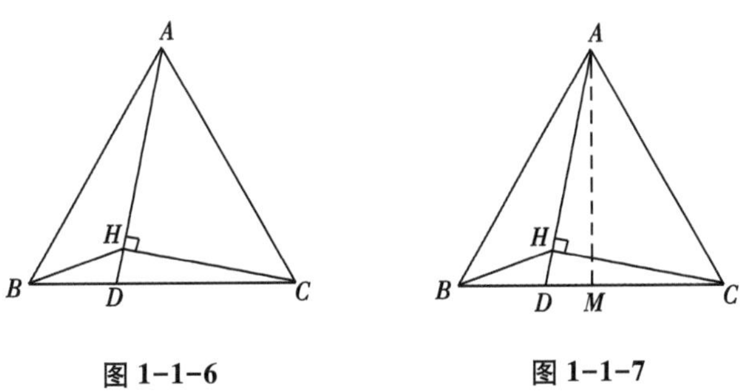

图 1-1-6　　　　图 1-1-7

代数学习容易择取运算性规则而忽视表达式所表达的数学意义，而平面几何中的概念、命题对于学生而言可能不仅缺乏几何意义的理解，就连操作意义的“如果…，那么…”这样的产生式表征也不易取得. 几何命题多是假言命题，只有形成产生式(组)表征才能在分析解决几何问题时进行“假言推理”. 如果学生失去对命题的产生式(组)及几何意义的表征和理解，就剩下几何概念、命题干巴巴的文字带来的静态的陈述性知识的命题(语义)表征了，这样的知识表征在解决问题时是难以运用的.

解代数题与解几何题在基础知识、基本技能和策略性知识的运用上是没有实质性区别的. 但是比较而言，解代数题的思维活动虽然也包括部分自动化运行的程序性知识(技能)，也需要使用策略性知识，但由于初中代数的教学要求不高，与几何解题活动相比各种性质的知识使用的频率存在较大的差异，这里主要是指策略性知识运用的差异. 相对于代数解题活动，解几何题过程中几何命题的操作性表现为“如果…，那么…”的活动方式，命题间的前因后果的联系方式是推理. 几何概念和命题如果对其所作的表征是程序性知识表征自然会有助于进行推理活动，但相对于代数运行规则而言，几何命题间的推理会显得更复杂一些，几乎是不能自动化运行的，每一步的推理活动都需要策略性知识的参与. 如在代数中，利用一元一次方程解应用题的解题过程可简单地分成两部分，一是设和列，二是解和答，其中列方程属于策略性知识的运用，而解一元一次方程其解题程序是一系列连贯的动作，这一系列动作经训练可压缩为几个关键动作，其运行是可以达到自动化的. 几何推理活动，哪怕仅仅是由一个已知条件出发就面临多种可能性，如已知两条线段相等，由于在不同的问题中相等的两条线段可能存在多种位置关系，可能在一个三角形中(这与等腰三角形性质有关，也可能以腰为基础在这个等腰三角形的内外存在两个全等三角形)，可能是角平分线上的点到角两边的距离相等，可能是一条线段被分成的两条相等线段(这可能与平行四边形对角线互相平分有关)，可能是四边形的对边，也可能是圆中的两条弦(对应相等的圆心角和圆心距)，等等，这都会深刻地影响推理活动的展开. 还存在两个已知条件同时使用的情况，这会涉及两个条件使用的问题情境. 另外，几何推理的每一步完成后都不能自动地引出下一个动作，原因是几何命题只是一个前提条件"如果"和一个结论"那么"，这个结论作为推理活动中下一个命题运用的条件，因此，前一个结论和后一个条件有个匹配问题，而此匹配关系的确定还需要有意识地注意到问题空间的转换情况及问题解决的发展方向. 当然，对于某些特定的问题结构也可能形成局部定型的技术，但这种情况是不多见的，而且这种定型的技术动作在运用时容易导致思维的僵化而适得其反. 几何推理活动因其不能自动化运行，故而必须伴随策略性知识的使用，使其不断基于问题情境中的前提条件和目标来展开推理活动.

解平面几何题有困难的学生，其几何知识表征和思维活动常具有如下特点：

① 几何命题作为陈述性知识的表征不恰当. 几何命题恰当的表征应含有表象表征，解题有困难的学生，他们的命题的表象表征要么不清晰，要么只有与几何命题相应的教材中所示的标准图形，而较复杂问题的图形往往与定理的"标准图形"有一定差异. 学生未能注意到待解决问题残缺的图形与标准图形的差异，故不能采用"完形"动作去添加辅助线补全图形.

学生对几何命题的抽象语义与基本图形的匹配关系表征不紧密、不清晰，导致对问题中关键的已知条件与已学过的若干几何命题的条件在几何意义上辨别不明确、匹配不合理，因此对已知条件在题中的作用把握不准，影响局部与前后关系的解题思维指向性. 特别地，对复杂图形的组合关系认识不清晰，观察没能负载清晰的理论知识，难以对图形的组合关系进行深入分析，即使偶然接触到了关键信息，也不能通过信息加工形成有价值的反馈信息.

特别地，几何概念、命题的表征要建立在知觉水平上，以表象和语义结合的方式存储起来. 也就是说，对于学习者而言，几何概念、命题要通过自身的包括作图、思维、引辅助线、论证等充分的思维活动和外部操作活动再进行反思才能内化为恰当的心理表征. 这一知觉活动对于学习水平不同的同学皆不可逾越.

② 许多命题没有形成与图形相应的产生式(组)的表征形式. 例如，一个命题作为整体通常被表征为陈述性知识. 把命题分成两部分，前一部分是条件，后一部分是结论，表征为"如果(前提)，那么(结论)"的形式，这样的表征称为产生式表征. 解题者未能将命题作产生式表征会导致其在解题时面对局部条件的刺激不能及时唤醒相关的知识，这

是一个特别值得重视的问题. 如让学生记忆命题的文辞并用提问的方式强化文字形态的命题语句，对于解题思维是没有益处的. 从方法论角度分析，几何命题大多是假言命题，使用的推理多是假言推理，所以命题知识表征为产生式(组)是与逻辑推理活动规则相对应的.

③ 知识缺乏有效组织. 几何概念、命题的学习过程是次第进行的，经过一个章节的学习后是需要将其组织起来的，可以按等腰三角形、等边三角形、等腰直角三角形或“旋转+相似”等知识主题去组织知识，也可以按证明“两线段相等”、证明“线段成比例”的方法去组织知识，还可按问题类型去组织知识.

④ 题型知识(问题图式)积累不够丰富导致模式识别能力有所欠缺. 在几何解题过程中无法有效调用题型知识导致解决问题的思路不清晰，不能根据当前问题新的条件进行模式识别从而迅速确定解题方向，即不能将当前图形结构与之前所学图形建立实质性联系，无法应用所学解题策略展开分析和论证. 或者表现为简单地记住几个所谓“模型”，这些失去与基础理论知识实质联系的模型在解题活动中是难以运用的.

⑤“引辅助线”的困难. 对于一些较为复杂的几何题，需要添加恰当的辅助线，才能解决问题. 造成“引辅助线”困难的原因很多，首先是基础知识的心理表征不够充分，在问题识别时没有发现完整的或残缺的基本形结构；其次是缺少问题图式，对先前解决过的问题缺少概括；最后是没有通过使用策略性知识获得成功解题的经验，特别是，缺乏简单问题成功解决经验的积累.

学科理解水平不高的教师引入辅助线的呈现方式常会出现“帽子里的鸽子”的情形，常说“如果把这两点连上，是不是问题就解决了?”等缺乏启发性的话语，这对学生引辅助线能力的形成自然会产生消极的影响.

⑥ 缺乏元认知策略的合理运用. 学生解题活动的自我监控和解题思维的调节能力明显不足. 学生由于思维的指向单一，在结合已知条件分析图形、剖析图形结构、探求解题策略的过程中思维较为固着，不能有效运用解题策略调整解题思路而使解题活动受阻中断.

在平面几何解题活动中，问题的正确解答需要基本概念、基本命题、一定的解题方法和策略作为前提条件. 具体落实到平面几何问题的解决，解题者往往需要通过对问题整体情境的认知、基本形的识别才能初步拟订合理的解题计划. 执行解题计划过程中，对于简单问题通常都能够顺利解答；而对于较难问题，解题活动往往涉及知识与方法的综合运用，这就需要学生有能力捕捉到推理活动中存在的推理活动受阻的情况并分析问题出现的原因，即执行计划的同时需要有效地使用监控策略. 推理活动受阻这一情况的顺利解决通常来源于学生已有的基本图式与当前问题的合理匹配和识别，即察觉异常后能够根据当前问题的情境开辟新的解题路径.

计划策略作为引导解题活动的方向和解题步骤的开始阶段，能够受到学生学习和教师教学的充分重视，但解题活动中有效地运用监控策略和调节策略是困难的，甚至解题后的反思过程中关于策略的使用仍然难以被学生当作解题能力的重要组成部分而被忽视. 这就说明在日常的学习和教学活动中，元认知策略的使用不被重视. 针对这一现象，在学生的学习和教师的教学中应当加强监控策略和调节策略的学习和培养. 概括地说，几何解题不仅关系到基础知识、基本方法，还要包括自我监控策略、计划策略和调节策略的运用，即离不开元认知策略的使用.

总之，借助数学教育心理学理论可以改善教师对于学生数学思维过程的理解.

1.1.4 基于教师个人数学(几何)学习经验的理解

教师的数学知识大部分来自自己入职前所受教育，也与工作后与同事的交流及职业培训有关. 就数学学科理解而言，这不仅涉及教师拥有的数学理论知识，也关乎对数学知识学习过程的领悟. 对数学知识的理解过程伴随教师自身职前的数学学习全过程.

对平面几何的学科理解问题与教师职前的几何学习经验密切相关，经观察，很多初中几何教师在备课时没有主动运用变换群思想去审视八年级上册几何题的图形特征，很多数学(师范)专业的学生在分析此类问题时，全然没有谈及几何变换的思想方法及问题的构成. 在学习“全等三角形”过程中，问题设计的背景是基于合同变换的，平移、翻折和旋转变换是以隐性的方式存在的，而分析问题及进行论证是着眼于两个三角形全等的，特别是关注其中的边与角. 待学完“反射变换”和“旋转变换”后，对几何问题观察的视角是基于合同变换的，特别是旋转变换及其性质是显性的知识与方法，而论证的书写过程表现为用三角形全等和相似的方法. 在讲授过程中考查动态几何“三角形共点”(两个三角形“手拉手”)问题时，教师未能将“旋转+相似(全等)”这一主题思想方法贯彻解题分析和论证的全过程. 具体来说，教师只是在辨别题型时指出这是“手拉手”模型，接下来的分析就落在了全等和相似证明的找边和找角活动中了，未能指出该问题模型中同时蕴含两组三角形因旋转所带来的相似或全等，特别地，把线段所在三角形的旋转动作说成“截取”，使得思维活动的“层级”降低导致思维的工作记忆负荷增加.

对于学生而言，方法的获得离不开“过程”，教师也如此. 教师在职前的学习过程中如果没有获得相应层次的初等数学的思想方法及更高层次的现代数学思想方法，那么，在教学中也不易抓住理论知识和几何问题的本质. 特别地，教师的知识理解还存在一个学与教身份转换后以反省抽象的方式实现对中学几何知识深层次理解的问题，而反省抽象是以个人的学习经验为基础的. 理想的情况是，教师职后的学科理解与职前的学科理解是不同的，教师在受教育过程中知识是次第接受的，只有在领悟中才能将知识发展的次第展开的逻辑转化为融会贯通的一体性理解，进一步还需要在教学活动中将知识以合适的途径次第展开. 在教学意义下，教师对学科知识的理解蕴含教学时理论知识展开方式的诸多可能性，这样的可能性依赖于对先前学科领悟为基础的反思活动.

少部分初中数学(几何)教师的中学几何知识与所受高等教育的现代数学(几何)理论很难实现“双重理解”，教师的学科理解难以表现出现代数学理论对初等数学理论的“观照”. 这些教师在谈论初等数学时多表现为就事论事，使用数学史料多是介绍故事作宣传之用，很难有机地运用于自己的学科理解和教学设计活动之中.

通过对大学数学与应用数学专业(师范)高年级学生课堂教学训练的观察可以发现，学生对中学数学的学科理解带有明显的中学数学学习经验特征，在理论知识的方法论和认识论方面没有体现出学习现代数学理论的积极影响. 对教育硕士(学科数学)的观察，情况也是大抵如此. 也就是说，教师职前的几何学习经验及其所获得的思想方法，特别是对几何研究对象和研究方法等形成的认识会表现得十分“执着”，没有随着大学期间所学新的几何学的知识实现认识上的“超越”.

如学习了“高等代数”，能否理解 n 维欧氏空间？其中有“共线”“正交”但没有一般的“角度”了。学习了“抽象代数学”，可否理解克莱因的变换群思想，并借此视角审视初中几何教学的几何变换内容和整体的变换群结构？只有伴随学科的发展，如从欧氏几何到仿射几何、射影几何，相应地，学习者实现认识上的“超越”，才意味着对相关学科如欧氏几何的恰当理解.

中学几何知识的理解还要得到高中数学知识的“观照”，反过来说，教师要知道初中几何教学对学生学习高中数学（及物理等学科）会产生怎样的影响. 不能笼统地说初中几何教学对学生高中阶段形成几何直观能力和逻辑推理能力等核心素养会产生积极影响，还应具体落实到对具体理论知识获得的影响上，即了解平面几何知识在高中数学中的运用情况，如函数的奇偶性在图像上的反映是关于中心对称和轴对称的，三角形全等与解三角形中正余弦定理之间是定性与数量化的关系，等等.

张奠宙先生曾指出师范生的“双重遗忘”问题，这是值得深思的，无论对于师范生的培养还是教师的专业培训都是值得研究的问题.

一个粗略的判断，数学理解水平高的教师容易理解数学优秀生的思维方式，也有可能理解数学学困生的数学学习障碍所在. 数学理解水平较低的教师很难理解数学优秀生的思考方式和价值取向，也很难理解数学学困生的思维方式.

教师的学科理解是为教学服务的，教师教育意义下的学科理解应含有学习方法和教学方法的性质. “所有内容知识，无论其为学者或教师所拥有，都有一个教学法的维度”，或者说，“所有学科知识都是教学法的”. 教师的数学专业知识含有教育学因素，教师接受数学专业教育时，他的老师教授其数学知识的过程自然是数学教学的过程，自然蕴含数学教学的方式方法. 相应地，学习者学习数学知识的过程自然含有通常的学习方法.

优秀的教师通过反观自身的数学学习经历就会在一定程度上了解数学教与学合适的方式方法.

有名初中生是这样考虑三角形内角和定理的证明的：因为长方形的四个角都是直角，画条线（对角线），得到每个直角三角形的内角和都是 180°. 将一个三角形用垂线段分成两个三角形，因为每个直角三角形内角和都是 180°，这一共是 360°，再减去那两个直角，就说明一个三角形内角和是 180°.

这个学生的想法十分有趣，他只是按照在小学获得的长方形的认识步步有据地陈述他的想法就“证明”了三角形内角和定理，但他的推理连锁关系与公认的推理连锁关系不一致. 纯几何的理论体系是先有三角形内角和定理，后有四边形内角和定理，再具体指出长方形四个角都是直角. 如何评价这个学生证明的理论根据是否恰当，关乎教师的几何理论和几何教学经验及几何教育的价值判断，但无论如何不能以认为学生错了作为展开议论的开场白！

特别地，欧几里得为什么会提出三角形内角和等于 180°这样一个命题？其背景、动机是什么？或者说，欧几里得为什么不研究三个角的其他关系？

两直线平行的定义很特别，通常人们利用反证法来使用这个定义，但不能正面使用，因为定义无法验证，即无法操作性地验证两条无穷直线的相交问题，因此，必须寻找到一种可操作的方法. 设想欧几里得是这样考虑的，两直线就像河两岸，可用一座桥来沟通彼此，于是，派第三条直线上去与两条直线取得联系，将关乎无穷远的两直线平行问题转化为局部图形的同旁内角互补、同位角相等问题. 欧几里得发现，当上面的直线若不平行而向右下倾斜时，同旁内角和必然变小，而两直线相交又形成一个新的角，这样，这个新产生的三角形的内角和自然就是同旁内角和了，即等于一个平角了.

教师的教学评价发生在多种场合，可以运用多种评价方式，如作业批改、考试评价等. 教师评价的对象是以文本的方式呈现学生思维活动的，这时，教师有足够的时间进行分析，且评价的方式可能是依据数据说话，得到的往往是学生思维能力间接的、“平均的”认识. 特别地，课堂上教师要对师生互动中学生的数学思维活动作出及时的评价. 对学生思维活动的观察与判断具有“当下性”，师生的对话充满“时机性”，此时，教师的话语既有与学生作为“同行”进入研讨的语境以推进问题解决的作用，又有“抽身反观”作为学生思维活动的旁观者对学生思维活动及时作出评价的功能. 这两种话语方式彼此交融，要求教师对自己和学生的思维活动的过程、结果及其教育价值判断都非常清楚. 这时，教师需要运用自己的学科素养仿佛真切地“看到”了学生真实的思维的“显示”，并不时地转化话语方式对学生的思维活动给出“直接”的评价.

数学专业水平较高的非师范出身的教师虽然不能用言语方式对象性地明确策略性知识及其教学方式，但他们会在教学活动中不自觉地将策略性知识“显示”出来. 从策略性知识只能“显示”这一角度看，数学教师只有将策略性知识“内化”，或说只有自身拥有策略性知识，才能实现“显示”！因此，数学教师的专业发展必须从提高教师的数学学科理解水平入手！也就是说，教师培训活动只能在帮助教师对数学学科理解的“内化”的基础上，才能帮助其研究如何“显示”的问题！如教师的提问(问题串)能够充分地“显示”出其具有的学科理解水平，水平一般的教师即使采用优秀教师的教学设计也不能够“显示”出优秀教师的策略性知识，而仍然“显示”的是自身的学科素养，因为“显示”(的内容)是在变化的教学情境中“显示”的.

1.2　作为初中平面几何教师的 MPCK

1986 年美国学者舒尔曼(Shulman)提出了“缺失的范式”，给出了“PCK”(pedagogical content knowledge)的概念. PCK 是指导西方教育改革与教学实践的理论基础. PCK 指如何将所教的学科知识和教育知识有机地融合，进一步应用所融合的数学知识针对具体的教学问题进行组织、表达和调整，以适应不同学生的能力和兴趣. 我国香港学者黄毅英先生在 PCK 的基础上提出了 MPCK 的概念. 从教学的角度理解，数学教师从事专业教学所应具备的核心知识称为 MPCK，有学者将其理解为针对特定数学内容的教学知识；从中国学科教学传统的角度理解，有学者认为 MPCK 是关于教授某一具体内容的方式或方法的知识. 至今，MPCK 已成为数学教师知识研究的最核心内容，越来越多的数学教育工作者将他们的研究和 MPCK 相结合. 有学者将 MPCK 分为两要素：其一，特定数学内容与教学联合的知识，即怎样按有意义的顺序来组织或呈现教学内容，为了促进学生的理解应该提供哪种或哪些形式的表达方式；其二，特定数学内容与学生联合的知识，即在特定数学内容的学习中学生会遇到什么困难，学生有哪些看法或误解，教师所使用的教学方法是怎样处理学生困难和误解的.

数学教师的 MPCK 是教师的核心知识，极大地影响着教师的教学行为、教学策略，并最终影响到教学效果和教师的专业化发展. 有学者认为，数学教师开展常规教学所具备的知识有三类：数学学科知识(mathematics knowledge，MK)、一般教学法知识(pedagogical knowledge，PK)、有关数学学习的知识(content knowledge，CK，这里，把学习对象——学生、学习背景、学习环境、教育宗旨等方面的知识全部归入这类知识). 在开展教学活动时，教师往往会综合运用这三类知识，以此将学术形态的数学知识转化成便于学生理解与学习的教育形态的数学知识. 数学教学内容知识(MPCK)就是这三类知识的综合与融合. MPCK 结构图见图 1-2-1.

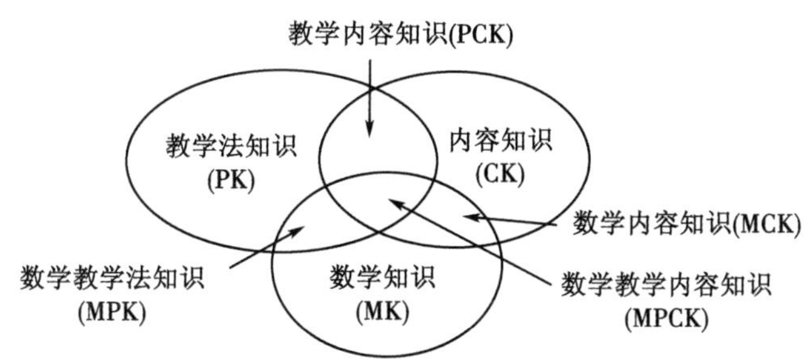

图 1-2-1　黄毅英、许世红(2009)构建的 MPCK 结构图

几何教师的 MK 应包括以下知识：教学内容中的概念、命题和方法性知识；相关知识的拓展，如射影定理、内外角平分线性质与判定定理、切割线定理和消点法、三角法等知识与方法；在数学史和现代数学背景下理解教学内容知识，如在严格公理系统视角下理解三角形全等的判定方法和在变换群思想指导下理解合同变换和相似变换等，以及了解非欧几何学等；理解关于数学的知识，如数学哲学等.

几何教师的 MPK 应包括以下知识：几何概念、命题的教学理论和解题教学方法.

平面几何解题教学是数学教学的重要组成部分. 几何解题教学应注重引导学生探究解题的方向和策略，帮助学生在解题过程中不断总结经验，积累解题的思维方法；对问题所涉及的知识点、数学思想和方法予以适当提炼，帮助学生构建知识网络，深化学生的理性认识，提高学生的思维水平. 解题教学还应注重探究性教学，在师生积极互动、共同发展的过程中，分析解题思路，探究解决问题的方向和策略以及解题过程，探究问题的变式、延伸与拓展，积极进行解题反思，在一个动态发展的过程中使学生达到对认知过程和结果的最优化.

在进行平面几何解题教学活动时，不同的教师有不同的教学价值取向. 由于对相关几何知识的理解不同、对教学目标的理解及学情的了解程度不同、教学经验的积累程度不同，特别是不同教师的 MPCK 亦不同，教师在教学活动中所表现出的教学策略与方法便会产生很大差异.

一般的中学数学教研活动，特别是公开课教学，教师大多关心教学设计和教学方法问题. 进行教学设计需要教师对学科知识有一定认识，具体来说，教师需要从数学史的视角和基于现代数学背景对中学数学进行分析，当然，也需要从教育心理的角度理解学生的知识获得过程，在此基础上的教学分析与教学设计才是有根据的. 教学设计与教学方法的选择也存在教学理论指导的问题，教师更多是依据个人的经验和同事的共有经验. 教学经验在学校的教学氛围中是容易得到分享的，而学科专业知识及其学科理解反倒不易交流，因此，教师更要关注自己对学科知识的理解问题.

教师的平面几何学科知识大多来自师范院校读书期间所学的“初等几何研究”“高等几何”“抽象代数学”“数学史”等课程，还有“微分几何”“拓扑学”等课程对于理解欧氏几何也有所助益. 一般来说，没有中学几何学科理解这一教学中的现实需要，师范生很难有意愿将上述课程中的专业知识进行融会贯通的理解. 通过对初中几何教师的观察发现，他们在教学研究中很难自觉寻求所授学科知识的“上位的”学科理论支持.

1.3 平面几何的教育价值

几何的教育价值主要表现在：几何有利于形成科学世界观和理性精神，几何有助于培养良好的思维习惯，几何有助于发展演绎推理和逻辑思维，几何是一种理解、描述和联系现实空间的工具，几何能为各种水平的创造活动提供丰富的素材，几何可以作为各种抽象数学结构的模型.

1.3.1 感知空间形式，提高几何直观能力

数学是研究数量关系与空间形式的科学，空间形式最主要的表现就是图形. 在数学研究、学习、讲授中，不仅需要关注研究图形的方法、研究图形的结果，还需要感悟图形给人们带来的好处.

《义务教育数学课程标准》(2011 版)是这样解读“几何直观”的：几何直观主要是指利用图形描述和分析问题. 借助几何直观可以把复杂的数学问题变得简明、形象，有助于探索解决问题的思路、预测结果. 几何直观可以帮助学生直观地理解数学，在整个数学学习过程中都发挥着重要作用.

几何直观所指有两点：一是几何，这里主要是指图形；二是直观，哲学中常把直观看作无间的直接的觉察. 在数学教育的语境里，直观一词所表达的是含有知识的观察，并且这种观察也包含有想象的成分，即不仅仅是指直接看到的东西，更重要的是依托现在看到的东西和以前看到的东西所成的表象进行思考、想象、综合. 简言之，几何直观就是依托、利用图形(表象)进行数学的思考和想象的思维形式.

孔凡哲、史宁中(2014)认为，几何直观是指借助于见到的(或想象出来的)几何图形的形象关系，对数学的研究对象(空间形式和数量关系)进行直接感知、整体把握的能力.

数学家总是力求把他们研究的问题变成可借用的几何直观问题，使它们成为数学发现的向导. 有位数学家说，无论数学多么抽象，如果不能在头脑中形象地呈现就表明他还没有理解. 几何直观、几何解释，能启迪思路，帮助理解和接受抽象的内容和方法. 抽象观念、形式化语言的直观背景和几何形象，创设不同的数学情境，可以使学生从洞察和想象的内部源泉入手，通过自主探索、发现和再创造，经历反思性循环，体验和感受数学发现的过程，可以使学生从非形式化的、算法的直觉相互作用与矛盾中形成数学观.

几何直观是借助表象的变化与重组实现对数学对象的思维活动. 因此，几何直观是具有高度概括性的思维方式. 借助几何直观，揭示研究对象的性质和关系，能使思维很容易转向更高级更抽象的空间形式，使学生体验数学创造性工作历程，形成良好的思维品质. 几何直观已经成为数学界和数学教育界关注的问题，那么如何培养学生的几何直

观能力，如何更好地发挥几何直观性的教学价值，是每位数学教育工作者都应该深思的问题.

培养学生的几何直观能力的几点做法：

① 重视几何作图，以作图的方式理解和表达几何问题. 几何作图是有特定含义的，是用无刻度直尺和圆规按照作图规则完成的作图，作图的结果是可以证明的. 通常的作图，指的是解几何题时根据已知条件所画的图形. 画好的图形能较为准确地反映题设有关线段和角的几何关系. 教师要提倡在数学课上无论是理解数学还是解数学题都尽可能准确画出图形(草图). 此时，解题者已将已知条件和结论汇总并附着在图形上，自然地，也将对问题的理解和想象注入到图形上了. 教师可以通过多种途径和方式使学生真正体会到画图对理解概念、寻求解题思路所带来的便利. 在教学中应有这样的导向：能画图时尽量画，其实质是将相对抽象的思考对象“可视化”，有助于把解题思路的探寻、计算与证明等论证过程变得直观，有利于将解题活动概括化，便于把握整体的解题路径.

从解几何题的角度讲，只有通过几何作图才能真切地感知图形中点、线的次第呈现，反映基本图形产生的过程及其组合关系，从而把问题所示的图形(包含语义)以生成的动态方式加以理解，理解其中的点与点、点与线、线与线的相互作用关系. 从“消点法”的角度看，几何问题的解决过程是问题中的图形生成过程的逆过程，如果说问题中的图形是建构性的，那么解决问题的思考方式就是“解构性”的.

② 重视几何变换，以几何变换的视角建立起对图形的动态的心理表征. 几何变换或说图形的运动既是学习的对象，也是认识数学的思想和方法. 一方面，在数学中接触的最基本的图形都是对称图形，例如等边三角形、正方形、圆等；另一方面，在认识、学习、研究非对称图形时，又往往是以这些对称图形为工具的. 变换又可以看作运动，让图形动起来是指在认识这些图形时，在头脑中让图形动起来. 例如，$\triangle ABC$ 的“中线(AD)倍长”，可以理解为 $\triangle ABD$ 绕中点 D 旋转 $180°$ 生成的中心对称图形，是平行四边形的“完形”，这种认识、理解几何图形的方法是建立几何直观的好办法.

③ 学会从“数”与“形”两个角度认识数学. 数形结合首先是对知识、技能的贯通式认识和理解，以后逐渐发展成一种对数与形之间的化归与转化的意识. 这种对数学的认识和运用的能力，应该是形成正确的数学态度所必需的.

④ 掌握、运用一些基本图形解决问题. 把让学生掌握一些重要的图形作为教学任务，贯穿在义务教育阶段数学教学、学习的始终，例如，除了前面指出的图形，还有数轴、方格纸、直角坐标系等. 在教学中要有意识地强化对基本图形的运用，不断地运用这些基本图形去发现、描述问题，理解、记忆结果，这应该成为教学中关注的目标.

几何直观凭借图形的直观性特点将抽象的数学语言转化成直观的图形，让学生由形象思维慢慢过渡到抽象思维.

让学生感受图形的变换，比如基本图形组合成组合图形，组合图形分解成基本图形，还有基本图形通过平移或者旋转变成新的图形，这里主要体现的是图形的“运动”.

在中学数学解题意义中，平面几何解题思维区别于代数类题目的解题思维，二者的显著不同，主要在于对图形的(视觉)思维和方法运用的层面. 斯法德(A. Sfard)认为，代数概念具有二重性，它的发展要经历由“过程”到“对象”两个阶段. 代数的表达式一方面具有所表达对象的整体意义，同时也具有代数操作意义，由于操作性意义体现在代数运算规则上，学生在进行代数问题推演过程中即使无视问题情境的整体意义，也不妨碍从代数式的运算意义着手进行推演. 如求证$(a+b)(a^2-ab+b^2)=a^3+b^3$，学生即使没有认识到这是立方和公式，也不妨碍从左往右进行计算和推理. 几何解题活动则不然，面对已知条件和结论，倘若学生无法识别或无法加工题设条件与图形的结合关系，则极有可能出现无法做出更多解题推演动作的情形，即使根据一个或两个条件做出一步或两步推理，也会因其解题方向不明而中断，甚至一步推理活动也不能进行. 几何解题的思维特征关乎对问题情境特别是对图形的整体感知，解题路线常常面临调整的问题. 从根本上说，几何思维是一种对图形结构的视觉思维，不能像代数规则那样自动化地运行，时刻伴随着知识与图形的匹配关系的调整，而这种调整工作需要思想方法的参与. 因此，通常意义下的几何解题思维需要时常回到对问题情境的整体感知上去，所以会较多地使用直观能力. 可以说，几何思维的教育价值是培养学生对问题进行整体感知的“对象性”思维方式.

几何直观素养不仅与几何知识的学习与应用有关，也与代数类知识的学习与应用密切相关. 历史上，在负数产生之前，古希腊和阿拉伯数学家都是用几何方法来研究方程的，这在初中教材中有所体现. 在后继的高中数学学习中，与几何密切相关的部分包括“立体几何”“解析几何”“平面向量”“空间向量”“解三角形”等，解决这些相关问题都存在欧氏几何知识和方法的直接应用. 还有“函数的奇偶性”“函数的图象”“不等式”“函数中的不等式”问题的解决都需要把握其几何意义. 即使纯代数知识的理解与应用都需要对其几何直观的把握，阿达玛在其著作《数学领域中的发明心理学》中对此有详细的描述.

一般地，对一个概念、命题、解题方法乃至一个理论的理解如果落实到弄清楚其本质的几何意义上就会使学习者感到放心. 现代数学大都建立在集合理论上，而集合之间的关系可用韦恩图表示，这与几何直观思维有关，这说明数学是可以形象理解的. 历史上，西方数学家对负数和复数的理解都是建立在数轴和复平面的基础上的.

几何直观素养对学习物理等自然科学和工程技术等的积极影响是巨大的.

不能把“几何直观”理解为学习几何模型所获得的对几何模型的初步感知能力. 随着对几何的学习，学习者可以获得多层次的“几何直观”能力直至直觉能力，提高学习者的想象力和洞察力，培养学生具有“倾听数学内部声音”的能力.

1.3.2 领会“平面几何是研究不变性和不变量的学科”

史宁中先生(2011)对《义务教育数学课程标准》(2011 版)中的核心素养的理解与解读是：“会用数学的眼光观察现实世界，会用数学的思维思考现实世界，会用数学的语言表达现实世界. ”下面尝试将这“三会”转译到平面几何课程对学生核心素养的培养方面：能够利用几何的眼光观察世界(事物)的空间形式(结构)，从现实世界中抽象出几何研究对象，利用逻辑论证的方式刻画几何对象的内在结构关系，并将所获结果用于说明现实世界(事物)空间形式.

欧几里得的《原本》反映了古希腊哲学对永恒的追求，即在这个变化的世界里寻找不变的规律，这个不变的规律在几何中表现为“不变量”和“不变性”. 几何中之所以存在“不变量”和“不变性”，其深刻的原因在于几何理论剔除了时间而只保留了所谓空间形式. 所以，几何理论形态以及具体反映在问题中的样态就具有建筑的构造感.

如欧氏几何中的三角形内角和定理，其结论的一般性和不变性反映了欧氏几何研究的价值追求. 等腰三角形的性质与判定及“三线合一”的结论不依赖于等腰三角形边长的长短和内角的大小而具有一般性和不变性、不变量. 三角形三条中线共点、三条角平分线共点、三条高线共点等“巧合点”问题也同样反映了上述追求.

平面几何中的定理均反映或说是刻画了一类图形结构特征的不变性和不变量，要借此视角来审视例题和习题的教学价值. 如果一道几何题的结论依赖于条件中线段的特定长度或特定角度，这样的问题不算是好的问题. 将几何研究追求一类图形结构特征的不变性和不变量的传统价值观贯彻于教学的始终，这其中蕴含有解题方法(方法论)之外的认识论. 教学中体现“平面几何是研究不变性和不变量的学科”这一价值判断可提高师生对几何的理解能力并获得一般的文化价值的熏陶，这是落实数学核心素养的关键所在.

对于学生的平面几何学习而言，平面几何知识的“理解”有助于解题过程中对知识的“应用”，同样，知识的“应用”有助于对理论知识的深入“理解”. 应试教学的不足之处在于过分强调知识的“应用”(甚至是对若干类型题的反复操练)而导致对知识深度“理解”的教学缺失.

著名物理学家费曼说：“我们的主要精力不是用来讨论我们人类多么聪明发现了这个定律，而是自然母亲多么聪明去遵守了这条定律!”这对几何教学又有什么启示呢?

1.3.3　培养学生的合情推理能力和演绎推理能力及理性精神

波利亚(Polya)提出的合情推理是指人们根据已有的知识经验即原有的认知结构在问题情境驱动下运用观察、实验、归纳、类比、联想、直觉等非演绎的或非完全演绎的思维形式，构造出关于待解决问题的合乎情理的认知过程. 合情推理作出的认知结论的正确性是有待证明的. 虽然论证推理更具有说服力，自然会引起教与学双方的重视，但由于对问题整体解决路线的设计和判断需要超越局部的逻辑推理而不得不使用合情推理，所以合情推理也是解题活动中很常用的思维方法. 波利亚认为合情推理与演绎推理同样重要，它是数学发现的方法和逻辑，同时它又是一种“证明的逻辑”，是根据条件和证据的情况大致判定命题或猜想成立的可能性大小的逻辑.

合情推理是带有心理学、哲学意味的思维形式，是知识方法的概括性运用，富含想象力和创造力.

几何问题解决思路探寻的思维过程与逻辑论证的思维过程显然是不同性质的两种思维过程，更具体的，解题者对解题思路的探求与书写论证是两个不同的过程. 几何解题思路的探寻是以几何图形结构(语义和表象)为思考对象的，已知条件与结论的互动，条件、结论信息与图形的互动涉及的信息量要求解题者必须对问题图形结构进行整体的、概括性思维. 逻辑论证过程，解题者采用的是逻辑思维，遵循演绎推理规则. 由于二者在思维方式上有着实质性的不同，这就要求教师能够明确区分解题教学时的板书是关乎解题思路的还是解题论证的，反映在教学语言上也是如此.

几何问题解题思路的探索活动是培养学生合情推理能力的重要途径.

依据定义、命题使用形式逻辑进行论证解决几何问题，这种逻辑论证能力的培养是几何教育难以被替代的价值所在，这一点是被数学教育界普遍接受的. 逻辑推理能力对其他学科的学习具有基础性的价值和辐射作用，特别地，初中几何教学属于义务教育范畴，培养学生依据事实、概念和命题进行说理、论证的能力，这是学生今后在社会生活中进行交流沟通所应具备的能力.

李忠认为，在青少年时期，欧氏几何的学习对于一个人推理能力的训练与严谨的科学精神的养成，是必不可少的.

几何思维中的推理包括逻辑推理和合情推理，推理活动运用的场合包括解题的论证过程和解题思路的探寻过程，论证过程当然需要用逻辑推理，但解题思路的探寻需要综合使用逻辑推理和合情推理.

哲学家陈嘉映先生认为，东西方的先哲看待这个世界都是理性的. 西方先哲将他们的理性“逻各斯(logos)”用更可执行的规则“逻辑(logic)”表现出来. 欧几里得遵循亚里士多德创立的形式逻辑构建起平面几何理论体系，因此，几何教育自然具有培养学生逻辑思维能力和理性精神的巨大价值.

徐光启对《原本》的评价是：“此书有四不必：不必疑，不必揣，不必试，不必改.”

学生学完平面几何是否也会发出类似的感叹呢?

1.3.4 渗透公理化方法，形成对学科理论范式的初步认知

几何证明训练有利于让学生体验图形性质的探索过程，同时也在一定程度上培养学生的逻辑思维能力，还能帮助学生寻找新旧知识之间的内在联系，使学生获得的知识系统化. 这种知识系统是以不定义(初始)概念和公理系统作为逻辑论证展开出发点的，理解这点尤为重要. 目前，初中几何教学内容弱化了“公理”的地位，将“公理”表述成“基本事实”，教材编者可能是考虑初中教育属于义务教育范畴，基于“大众教育”的理念，降低了“公理化”的教学要求，但这样做的结果是使得欧几里得平面几何的公理体系作为一门学科的理论范式不易为学生所感受到. 把“公理”转述成“基本事实”是否合适，是需要讨论的.

欧几里得《原本》中的公理化方法是朴素的，是由不定义的初始概念出发，再给出公理来展开其理论，而现代公理化方法是由希尔伯特《几何基础》给出的，其主要特点是先给出公理系统，将点、线等概念蕴含其中. 欧氏几何学是运用公理化方法建立起的几何体系，是西方数学及自然科学等学科表达理论体系的典型范式，同时，论证几何命题的主要方法是演绎法，这与我国传统数学的“算法精神”是不同的. 我国传统数学的“算法精神”在当下几何教学特别是应试教学中突出地表现为关注“题型”与“解法”，而对几何概念、命题产生的初始阶段所面临的“为什么会提出这个概念和命题”，其“功能、意义是什么”等问题关注不够. 如，对直线的刻画，如何刻画直线的“直”? 只有认真思考才能理解“直线公理”的来之不易!“线段公理”中的两点之间除了线段和圆弧外其他线是否有长度(的定义)都是问题. 再如，教师重点强调“手拉手”模型而不揭示其背后是“旋转+相似(全等)”这一原理，这都是舍本逐末的具体表现. 关注“题型”“解法”这都没错，关键是“平面几何”作为特定学科的教育价值究竟是什么? 如果不能有力地反映《原本》运用公理化方法建构理论的精神及其理论研究的价值取向，那么平面几何的教育价值是否有缺失呢? 如果不体现出几何是研究“不变性”与“不变量”的学科，就剩下干巴巴的逻辑推理能力的培养，这至少对于数学(或理科)优秀学生的教育来

说损失就太大了.

《原本》的伟大意义之一是为后来的各学科的理论体系构建提供了一个范本，历史上，牛顿的《自然哲学的数学原理》就是一个典型. 希望学生能够感受到欧氏几何理论的结构范式，至少要感受到该理论是一个系统化的理论体系，再降低一些要求就是要让学生感受到几何研究对象的由简单结构到复杂结构的发展性. 学生对知识的掌握一旦是系统性的，其心理表征的图式内部会产生新的推论，这是知识系统化所带来的利益，特别地，唯有几何学科能够胜任实现知识系统化这一使命.

1.3.5　培养学生追求几何真理的非功利之心和创新意识

欧几里得《原本》出自古希腊，源于当时的社会政治形态和一般哲学的影响，如毕达哥拉斯学派信奉的“万物皆数”、柏拉图哲学的“理念论”和亚里士多德的逻辑学等对追求认识世界、逻辑推理及理论体系构建等方面产生了积极的影响，这使得《原本》表现出较强的非功利性. 近现代数学和科学技术的发展深刻地说明了基础数学的研究具有基础性的地位，而众多基础数学研究的实例反映了数学家自由地思考才有可能孕育具有创造性的研究成果. 法国数学家格罗腾迪克和俄罗斯数学家佩雷尔曼卓越的研究成果和特立独行的行为方式启示了数学教与学需要一种超然的非功利的精神，至少要含有相当的非功利成分. 很多几何性质的研究，如研究三角形中的“巧合点”问题等属于对几何结构认知的追求. 至于几何研究的结果是否有用的问题也是值得用心思考的，所谓“有用”，包括在数学理论内部的承接作用和直接应用于数学其他理论或物理等自然科学两个方面. 一般来说，研究成果发表的初期，其理论价值和应用价值是很难判断的，这需要看其将来对数学理论的发展和科学技术的发展贡献，也可以说需要经过时间的检验. 当然，现代数学理论成果的评价是有标准的，数学的发展一再表明，数学研究的成果如阿波罗尼奥斯的《圆锥曲线论》在当时也是被认可的，尽管没有实际的应用价值，但却为约 1800 年后的开普勒(1609)发现行星运动三定律做好了准备. 这样的事例有很多，是令人惊异的. 因此，在几何的教与学中如何体现欧氏几何的理论研究的特征，如何展现几何研究提出问题的方法和对研究结果的价值判断是需要认真对待的，特别地，如何体现出几何理论研究的非功利性的教育价值是需要认真思考的. 如研究平行四边形的性质，是从平行四边形概念的必要条件来展开研究的，是对平行四边形概念认识的深化. 再具体说，研究平行四边形“外框”中的对边是否相等(度量关系)、对边是否平行(位置关系)、对角是否相等，从内部结构看对角线是否互相平分等. 这样思考问题是数学传统价值观的体现.

几何解题活动往往着眼于技术的训练，常常是对某一典型问题进行各种变式训练，教学的价值取向着眼于题型和方法，当然，这有合理的成分，但更有基于应试考虑的意味. 探索一个问题的各种变式是常见的解题教学活动，在此，在解题意义中“变式”训练容易遮掩解题活动背后的意义，即在探索特定的问题结构中线段、角之间的不变性和不变量关系. 需要时常提醒自己的是，解决几何问题时的师生探索活动是数学家从事数学研究活动的方式方法及其价值观在课堂教学活动中的投射，也只有基于数学研究活动的传统才能有机地体现数学教学活动的数学文化意义，也才能在数学本源意义上真实地体现数学思想方法，而不至于沦为题海战术中的题型与技巧的训练. 要时刻注意勿将数学传统的研究行为方式和价值观的“淮南之橘”变成应试意义下解题技术训练的“淮北之枳”.

几何概念不是几何定义，几何概念是几何的研究对象. 对几何概念研究的价值取向是对概念内涵本质的认识与刻画，其外在表现是追求概念的等价命题. 理想的几何命题与概念是互为充要条件的，若得不到充要条件，或为表达的方便，而采取从必要条件和充分条件两个角度展开研究. 实际上，如果得不到充要条件，则分别寻找必要条件和充分条件也是退而求其次的做法. 因此，上述几何研究的追求可直接作为教学活动展开的动力之源，而不必非要创设一个伪应用的问题情境.

创新思维活动不仅指解题活动时应用知识、方法方面思维的灵活性，也包括几何概念的性质与判定条件探索中的思维活动. 因此，在教学中，可直接给出教与学的主题和任务，如探究“等腰三角形的性质”等. 学生除了找到两底角相等之外还可能找到两腰上的高相等、两腰上的中线相等和两腰上的角平分线相等，等等，寻求判定条件也是如此. 待解题时遇到“等腰三角形底边上的点到两腰的距离之和为定值”这样的问题时，可将该题视为对等腰三角形性质认识的深化，即把等腰三角形概念看作学习的“固着点”(奥苏贝尔).

教材中的概念、命题无论是刻画的角度还是对一个确定内容的表述方式，都是教材编者选择的结果. 历史上，关于某个特定几何概念、命题会有多种刻画角度，这就为几何教学提供了探索空间，这一探究活动不仅含有在解题意义下知识的运用和方法的获得及思维的灵活性等训练价值，更含有数学理论研究的认识论和方法论，教育价值极大.

历史上，三角函数和差倍半公式都是通过几何图形用综合法证明的，可以尝试让学生研究这些公式，如推导正切的二倍角公式，这与角平分线性质和相似等知识有关.

从课堂教学及作业、测试等实际出发，加涅的提法似乎更有参考价值. 加涅认为，创造就是学习者在解决问题过程中心理上建立起新的规则(命题). 可以这样理解，创新思维是学习者心中已有规则的逆用或重组后的运用. 几何教学的主旋律是帮助学生获得知识和形成分析问题、解决问题的能力，不应夸大几何教学所担负的培养学生创新能力的教育功能. 也就是说，教师应尽可能利用教材中已有素材设置合理的研究课题，不应游离教材过远. 教师首要的是有课题研究的经历，了解创新的方法，特别地，要了解提出问题的方法及解决问题的方法以及对研究结果的评价标准.

历史的经验告诉我们，数学研究的起点是数学问题的提出，而数学问题可来自数学理论内部和现实生活及其他自然科学. 从数学应用的角度看，数学有数学理论内部的应用与数学学科外部的应用. 在教学意义中，强调数学的“研究”与“应用”应考虑问题的性质，特别地，要考虑几何问题的性质，分析“问题”是理论问题还是应用性问题，是对内应用还是对外应用，防止教学行为的简单化.

教材中几何知识的呈现表现为依据一定的几何“逻辑”呈线性展开，教学活动对学生有牵引作用，学生难以感受到宏观意义下的几何研究动机和研究方式. 开展研究性学习活动，需要学生对某一局部的知识领域有个概括性的认识，需要有一段时间驻足其中，如此，才能“偶遇”可供研究的问题，这是展开研究活动的逻辑起点.

胡典顺认为，今天，数学教育中的种种困惑与迷茫，都与数学意义的缺失密切相关. 数学意义蕴含在运算和推理中，蕴含在每一个数学概念的学习中，蕴含在每一个数学定理的探究中，蕴含在每一个问题的探究中.

教学意义下的数学(几何)意义有多个层次，包括学科内部单个概念、命题的几何意义及局部的乃至整体上结构关系的意义，数学对于其他自然科学的工具性意义，数学之于文化的意义. 教师要将“数学意义”落实在日常教学中，如突出几何是刻画世界的空间形式的学科，突出几何是研究“不变性”和“不变量”的学科，突出几何问题与几何理论体系的构造感和理论系统化表达的范式，等等. 如“海伦问题”，从几何知识的掌握与几何内部应用角度看，海伦问题与轴对称有关，属于“几何不等式”问题；“费马点问题”可看成“海伦问题”的发展. 从外部应用的角度说，该问题与物理学的“光的反射”问题有关. 费马将“海伦问题”等类似问题提炼出“最小作用原理”，在物理学中有着广泛的应用.

数学理论的产生与发展是数学家卓越智慧的结晶，是数学家苦心孤诣之作. 数学家的故事蕴含数学理论背后的思想方法、价值判断和时代背景下各种学科理论的因缘际会. 数学家身上载负着数学的历史，体现着活的数学，这是学数学和教数学的人最值得珍惜的财富.

“表彰前贤，激励来者”，数学家研究数学的故事可以激发学生学习数学的兴趣，提高学生学习动机和水平，培养学生追求几何真理的非功利之心与创新意识和创新精神.

数学家恽之玮说过这样一段话：“比如黑板上就抄着一个定理，也不用管它的证明，那能不能就这个定理问一些问题？这个定理一定要去欣赏，很多时候写了一个定理，然后开始证明，证明完了，课也结束了. 其实证明是其次的，如果真正感兴趣了，再去看证明，但首先需要欣赏，这个定理漂亮在哪里？有用在哪里？要花甚至比看证明更多的时间来想这个问题. 当然，我现在是这么说，但我学的时候也不是这样，自学的时候也是看看定理的叙述，有时候自己再想一想，有时候想不出来就看看人家怎么做的. 其实这些都是中学的学习方法，是不对的，真正学数学不应该这么学.”

恽之玮作为职业数学家学习数学、研究数学的体会对于培养学生的创新意识有什么启示呢？

大体来说，数学思维活动水平存在三个层次(类似于解题思维三层次说)：一个层次属于“道”的范畴，在此，可认为是“关于数学”的思想认识层面的理解，关乎研究对象的整体情境的认识和价值判断，解题活动有难以言说的策略性知识的参与，思维充满想象力和创造力；中间层次是数学思想方法的运用；第三层次的思维活动方式属于“术”的范畴，思维活动遵循逻辑规则. 这三个思维层次反映的是“全体的自由性”和“环节的必然性”(康德). 逻辑思维(即计算和推理)训练易为教师重视和实践，而想象力和创造力的培养及对“关于数学”的认识在教学活动中是不易实践的.

第 2 章　平面几何基础理论

2.1　平面几何度量理论

最早的几何学从度量开始. 通常说，尼罗河泛滥产生了几何学.

中国古代的几何学也是从几何度量开始的，《九章算术》第一章“方田”的内容就是土地面积的测量. 此外，埃及、巴比伦和中国都先后发现了有关直角三角形三边之长平方关系的定理，我国称为勾股定理，这是几何度量的光辉成就.

2.1.1　线段的度量

2.1.1.1　不可公度问题

毕达哥拉斯的数学哲学主张“万物皆数”，这个“数”指的是“正整数比”，如两个线段比可表示为正整数比. 即对于线段 AB 和 CD 而言，总可以找到一个线段 e 去分别度量线段 AB 和 CD，且存在 m 和 n 两个正整数使得度量恰好量尽，得 $\frac{AB}{CD}=\frac{me}{ne}=\frac{m}{n}$. 见图 2-1-1.

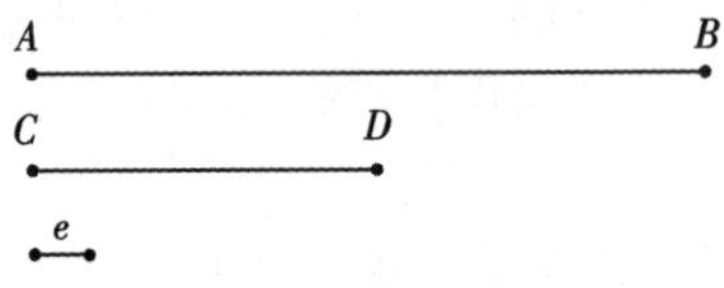

图 2-1-1

毕氏学派成员希帕苏斯(Hippasus，古希腊，生于约前 500 年)发现几何图形中的两个线段存在“不可公度”的现象，即图形中两个线段不能表示成整数比. 这一现象的出现，史称“第一次数学危机”. 该危机涉及实数理论(无理数)，在当时并没有得到解决，由此导致一个严重后果——几何关系的描述脱离了代数. 随后，欧多克斯创立了“比例论”，具体的方法是将两个几何量的比表示成另两个几何量的比，再具体地说，两个线段比等于另两个线段比，或两个三角形的面积比表示成线段比(这事实上引出了平行线分线段成比例及三角形相似理论)等. 由此几何学走向了独立，催生了欧几里得几何学. 几何与代数的分野，使得几何学的发展失去了代数的支持，再一次的结合是笛卡儿、费马创立解析几何的事儿了.

项武义先生认为希帕苏斯通过正五边形的边长与对角线的几何关系说明了线段间“不可公度”现象的存在. 在此，不妨采用正方形的边长与对角线之间的关系来显示希帕苏斯发现的线段 AB 和 AC 不可公度的事实.

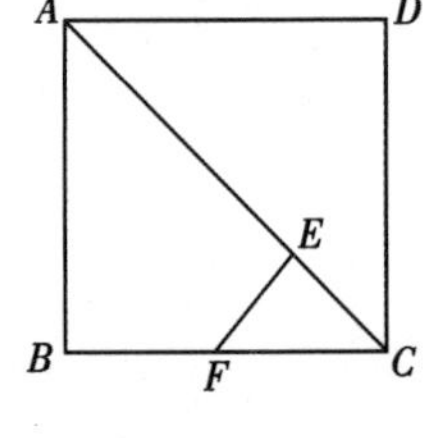

图 2-1-2

如图 2-1-2，用线段 AB 去量线段 AC，余下 EC，再用 EC 去量 AB，即用 EC 去量 BC，由于 $EC=EF=BF$，故剩余 FC. 而再用 EC

去量 FC 相当于用 AB 去量 AC，故而可知两条线段 AB 和 AC 辗转度量不能穷尽（相当于用辗转相除法求两个整数的公约数而不得），故说线段 AB 和 AC 没有公共的度量单位，称为线段 AB 和 AC 不可公度.

用代数方法也可以证明$\sqrt{2}$不能表示成“整数比$\frac{m}{n}$”.

证明　假设$\sqrt{2}=\frac{m}{n}$，m，n 是正整数，且$(m, n)=1$. 两边平方并整理得 $2n^2=m^2$，可知 $2|m^2$，进一步得 $2|m$. 设 $m=2k$，于是有 $n^2=2k^2$，同理得 $2|n$，于是 $2|(m, n)$，这与已知条件中的$(m, n)=1$ 矛盾. 故说明$\sqrt{2}$不能表示成“整数比$\frac{m}{n}$”，即$\sqrt{2}$不是有理数.

“不可公度”问题的出现，表明仅用“整数比”（正有理数）刻画两个几何量的关系是不够用的！这表明古希腊数学家对几何度量的操作活动已经从肢体操作提升至思维操作水平，且这一思维操作中蕴含的“理性精神”及其所达到的高度令人惊叹！

2.1.1.2　线段长度的度量

解决几何量的度量问题需要在严格地建立实数理论之后才能实现，以下是在承认实数理论基础上将几何量与正实数建立一个映射，从而实现几何量的度量.

（1）线段度量问题所要实现的目标

线段度量问题所要实现的目标：用长度单位线段 e 去度量任一线段 AB，总可以得到一个唯一确定的量数（正实数）；如果预先选定长度单位线段 e，那么对于任一正实数 x，总对应着一条线段，它的长度的量数为 x.

如果实现上述目标，那么，可以用数来表示线段这个几何量，从而使几何问题代数化.

要测量一个几何量（如线段、角、面积）须取一同类量为单位，即研究此量含单位量的多少倍，这倍数（不限为整数）便称为该几何量对于这个单位的量数（或度量）.

度量线段长度，总要选定一个长度单位.

例如：度量线段 AB，选取线段 e 作为长度单位，以 e 去截取 AB，若刚好可截取 3 次，即 $AB=3e$，则称 AB 的量数为 3，或 AB 的长度为 $3e$；若截取 3 次后，还剩下比 e 短的一段，即 $3e<AB<4e$，那么，准确到单位，AB 的不足近似值为 3，过剩近似值为 4.

度量的精确化. 进一步度量 AB，可先将 e 分为 10 等份，以其一份再来度量所剩余的部分. 若它恰好含这一份的 1 倍，则 AB 的量数为 3. 1，或说 AB 的长度为 $3.1e$；若这剩余部分截取一份的 1 倍后还剩下小于一份的一部分，即 $3.1e<AB<3.2e$，准确到单位的十分之一，AB 的不足近似值为 3. 1，过剩近似值为 3. 2.

如果想更精确地度量 AB，可将 e 分为 100 等份，以其一份再来度量第二次剩余的部分，依此类推. 这样，得到的度量结果是

$$\left(3+\frac{1}{10^1}+\frac{4}{10^2}+\frac{1}{10^3}+\frac{5}{10^4}\right)e<AB<\left(3+\frac{1}{10^1}+\frac{4}{10^2}+\frac{1}{10^3}+\frac{6}{10^4}\right)e$$

一般地，度量至取得等号为止，或永无尽头，这时，需要抽象至一般的理论层面.

$$\left(3+\frac{1}{10^1}+\frac{4}{10^2}+\frac{1}{10^3}+\cdots+\frac{p_m}{10^m}\right)e<AB<\left(3+\frac{1}{10^1}+\frac{4}{10^2}+\frac{1}{10^3}+\cdots+\frac{p_m+1}{10^m}\right)e(m\in\mathbf{N})$$

再进一步，关于线段的一般的度量活动，有

$$\left(p_0+\frac{p_1}{10^1}+\frac{p_2}{10^2}+\frac{p_3}{10^3}+\cdots+\frac{p_m}{10^m}\right)e<AB<\left(p_0+\frac{p_1}{10^1}+\frac{p_2}{10^2}+\frac{p_3}{10^3}+\cdots+\frac{p_m+1}{10^m}\right)e\ (m\in\mathbf{N})$$，其中 $p_m\in\{1, 2, \cdots, 9\}$

(2)线段度量的基本理论

关于度量线段的问题，需要应用关于线段长度的两条基本性质以及阿基米德公理和闭区间套定理及康托尔公理.

① 线段长度的性质.

长度公理(概念的进一步抽象)：

长度是非负的数；单位线段$[0, 1]$的长度是1；一般地，$[a, b]$的长度是$b-a$.

性质1：相等的线段，具有相同的长度(长度的运动不变性).

性质2：一条线段的长度，等于它的各部分长度的和(长度的可加性).

长度是运动不变的. 即一个物体的长度无论放在什么地方(经过平移、旋转、反射变换的移动)都是一样的.

长度具有有限可加性. 即两两不相交的线段之并的长度，等于各个线段长度之和. 注意：长度是有限可加的，《实分析》理论中的测度是可数可加的.

② 阿基米德公理.

实数的阿基米德公理：对于正实数a，b，存在一个正整数n，使$a\leqslant nb$.

阿基米德公理的意思是，不论多大的正数a，不论多小的正数b，都存在一个正整数n，使$a\leqslant nb$，即使nb能“追赶上”a.

实数系统的全称是“完备的阿基米德全序域”. 所谓“完备”是指：实数基本列收敛于一个实数，即实数系统对于实数列的极限运算是封闭的. “全序”是指：任意两个实数都可以比较大小，如对于实数a，b，“$a>b$”“$a=b$”“$a<b$”，三者必居其一. “域”是指：对于两种运算，加法和乘法均有逆运算(0除外)，都构成交换群，且两种运算之间有分配律.

阿基米德公理之于线段，就是《几何基础》中的连续公理：

设AB和$CD(AB>CD)$是任意给定的两条线段，则必定存在正整数n，使得$nCD\leqslant AB<(n+1)CD$.

这个公理的意思是，不论多长的线段AB和多短的线段CD，总存在一个正整数n，使$nCD\leqslant AB<(n+1)CD$，即用nCD和$(n+1)CD$采用“内填”“外包”的方式能把线段AB夹在其中.

③ 闭区间套定理.

定义2.1.1 设$\{[a_n, b_n]\}(n=1, 2, 3, \cdots)$是$\mathbf{R}$中的闭区间列，如果满足：

- $[a_{n+1}, b_{n+1}]\subset[a_n, b_n]$，$n=1, 2, 3, \cdots$
- $\lim\limits_{n\to\infty}(b_n-a_n)=0$

则称$\{[a_n, b_n]\}$为$\mathbf{R}$中的一个闭区间套，或简称区间套.

这里满足的第一个条件表明，构成区间套的闭区间列是前一个套着后一个，即各闭区间的端点满足不等式：$a_1\leqslant a_2\leqslant\cdots\leqslant a_n\leqslant\cdots\leqslant b_n\leqslant\cdots\leqslant b_2\leqslant b_1$.

闭区间套定理：若$\{[a_n, b_n]\}$是一个闭区间套，则在实数系中存在唯一一点ξ，使得

$\xi\in[a_n, b_n](n=1, 2, 3, \cdots)$，即 $a_n\leqslant\xi\leqslant b_n$，且 $\lim\limits_{n\to\infty}a_n=\lim\limits_{n\to\infty}b_n=\xi$.

该定理是指，一个实数“区间套”最终可以“套”住一个实数.

④ 康托尔公理.

康托尔公理：设在直线 AB 上给出了线段的无穷序列 M_0N_0，M_1N_1，M_2N_2，…，M_kN_k，…，其中每一个后面的线段包括端点在内完全落在前面一个线段的内部，且对任意给定的线段 CD，总可以找到一个自然数 n，使得 $M_nN_n<CD$，那么在直线 AB 上有且仅有一个点，为该线段序列中每个线段的内点或端点.

通常把满足康托尔(Cantor)公理条件的无穷线段序列 $\{M_nN_n\}$ 称为直线 AB 上的一个内含无限递减线段序列.

康托尔公理刻画的是，一个线段套子最终可以套住一个点.

(3)理论意义上的线段度量

定理 2.1.1　用长度单位线段 e 去度量任一线段 AB，总可以得到一个唯一确定的量数(正实数).

证明　思路：十进制度量的过程若在某一步终止，则 AB 的量数是一个正的有限小数；否则，无限继续下去，将得到不足近似值序列和过剩近似值序列，由退缩有理闭区间定理，必定存在一个正实数为线段 AB 的量数.

如图 2-1-3 所示，度量线段 AB，选取线段 e 作为长度单位，以 e 去截取 AB，根据阿基米德公理，总存在一个正整数 p_0，使 $p_0e\leqslant AB<(p_0+1)e$. 若取“=”，则说明刚好可截取 p_0 次，即 $AB=p_0e$，则称 AB 的量数为 p_0，或 AB 的长度为 p_0e；若截取 p_0 次后，还剩下比 e 短的一段，即 $p_0e<AB<(p_0+1)e$，那么，准确到单位，AB 的不足近似值为 p_0，过剩近似值为(p_0+1)，如图 2-1-4 所示.

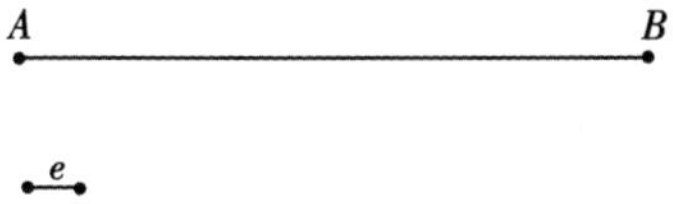

A　B

e

图 2-1-3

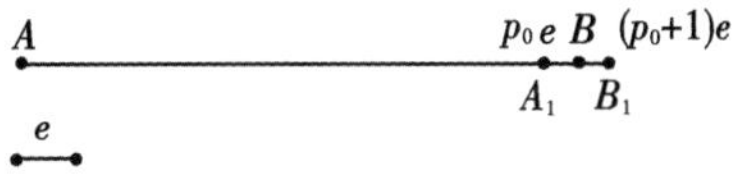

A　p_0e B $(p_0+1)e$　A_1 B_1

e

图 2-1-4

进一步度量 AB，可先将 e 分为 10 等份，以其一份再来度量所剩余的部分. 根据阿基米德公理，总存在一个正整数$(10p_0+p_1)$，使$(10p_0+p_1)\times\frac{1}{10}e\leqslant AB<(10p_0+p_1+1)\times\frac{1}{10}e$，即 $\left(p_0+\frac{p_1}{10}\right)e\leqslant AB<\left(p_0+\frac{p_1+1}{10}\right)e$. 若取“=”，则说明刚好可截取$(10p_0+p_1)$次，即 $AB=\left(p_0+\frac{p_1}{10}\right)e$，则称 AB 的量数为$\left(p_0+\frac{p_1}{10}\right)$，或 AB 的长度为$\left(p_0+\frac{p_1}{10}\right)e$.

否则，有$\left(p_0+\frac{p_1}{10}\right)e<AB<\left(p_0+\frac{p_1+1}{10}\right)e$，进一步度量 AB，可先将 e 分为 100 等份，以其一份再来度量所剩余的部分. 根据希尔伯特《几何基础》所给出的欧氏几何公理系统中的连续公理中的阿基米德公理，总存在一个正整数$(100p_0+10p_1+p_2)$，使$\left(p_0+\frac{p_1}{10}+\frac{p_2}{10^2}\right)e\leqslant AB<\left(p_0+\frac{p_1}{10}+\frac{p_2+1}{10^2}\right)e$. 若取“=”，则说明刚好可截取$(100p_0+10p_1+p_2)$次，即 $AB=$

$\left(p_0+\frac{p_1}{10}+\frac{p_2}{10^2}\right)e$，则称 AB 的量数为$\left(p_0+\frac{p_1}{10}+\frac{p_2}{10^2}\right)$，或 AB 的长度为$\left(p_0+\frac{p_1}{10}+\frac{p_2}{10^2}\right)e$.

一般地，度量至取得等号为止，或永无尽头，这时，需要抽象至一般的理论层面. 再进一步，对一般的度量活动，有

$$\left(p_0+\frac{p_1}{10^1}+\frac{p_2}{10^2}+\frac{p_3}{10^3}+\cdots+\frac{p_m}{10^m}\right)e<AB<\left(p_0+\frac{p_1}{10^1}+\frac{p_2}{10^2}+\frac{p_3}{10^3}+\cdots+\frac{p_m+1}{10^m}\right)e$$

从数的角度看，脱离线段，得到了一个实数（有理数）闭区间套：$\left[\left(p_0+\frac{p_1}{10^1}+\frac{p_2}{10^2}+\frac{p_3}{10^3}+\cdots+\frac{p_m}{10^m}\right)e,\ \left(p_0+\frac{p_1}{10^1}+\frac{p_2}{10^2}+\frac{p_3}{10^3}+\cdots+\frac{p_m+1}{10^m}\right)e\right]$，$m\in\mathbf{N}$，其中 $p_m\in\{1,2,\cdots,9\}$

由闭区间套定理，能得到一个实数 x.

从线段的角度看，这个区间套正对应着一个线段套，由康托尔公理可知，这个线段套最终套住了一个点 B，就称对于线段 AB，用长度单位线段 e 去度量任一线段 AB，总可以得到一个唯一确定的量数 x(正实数).

这样，定理 2.1.1 得到了证明.

定理 2.1.2 如果预先选定长度单位线段 e，那么对于任一正实数 x，总对应着一条线段，它的长度的量数为 x.

已知一个正实数 $x=p_0+\frac{p_1}{10^1}+\frac{p_2}{10^2}+\frac{p_3}{10^3}+\cdots+\frac{p_m}{10^m}+\cdots$，如果 x 是有理数，x 总能表示成分数的形式，则问题就简单了. 否则，设 x 为无理数，即为无限不循环小数，则取$\frac{1}{10^n}$单位的不足近似值和过剩近似值，得到一个实数套

$$\left[\left(p_0+\frac{p_1}{10^1}+\frac{p_2}{10^2}+\frac{p_3}{10^3}+\cdots+\frac{p_m}{10^m}\right)e,\ \left(p_0+\frac{p_1}{10^1}+\frac{p_2}{10^2}+\frac{p_3}{10^3}+\cdots+\frac{p_m+1}{10^m}\right)e\right],\ m\in\mathbf{N},\ 其中\ p_m\in\{1,2,\cdots,9\}$$

该实数套对应着一个线段套$\{M_nN_n\}$，具体说，得到了线段的无穷序列 M_0N_0，M_1N_1，M_2N_2，…，M_kN_k，…，其中每一个后面的线段包括端点在内完全落在前面一个线段的内部，由希尔伯特《几何基础》所给出的欧氏几何公理系统中的连续公理中的康托尔公理可知，这个线段套最终套住了一个点 B，则可说明实数 x 唯一对应一个线段 AB. 这就证明了定理 2.1.2.

结合定理 2.1.1，2.1.2，说明一旦选定了长度单位线段，线段与正实数之间就可以建立一一对应的关系.

2.1.1.3 勾股定理与三角形中重要线段的计算

勾股定理是几何乃至数学学科最伟大的成就之一，它解决了二维欧氏空间和三维欧氏空间中几何量的度量问题. 在平面三角学科以及微积分中一般曲线长度的度量等都是以勾股定理为基础的. 可以说，若没有勾股定理，大部分的数学计算和科学计算都是无法实现的，现代数学和科学技术的大厦都会坍塌.

(1)商高定理

3000 多年前我国古代有一个叫商高的人发现：把一根直尺折成直角，两段连接得到

一直角三角形,“勾广三,股修四,径隅五”. 这句话的意思是一个直角三角形较短直角边(勾)的长是 3,长的直角边(股)的长是 4,那么斜边(径)的长是 5.

中国古代数学的表达方式是“寓理于算”,意思是将获得的“理”不用文字符号将其一般性的含义表示出来,而是通过特例来体现其普遍性的结论,这是中国古代数学的文化传统. 在此,不能简单地理解为商高只是发现了直角三角形三边数量关系的“勾三股四弦五”特例.

(2)毕达哥拉斯定理

例 2.1.1　古希腊数学家毕达哥拉斯观察到的地板图案.

传说古希腊数学家毕达哥拉斯到朋友家做客,其间观察到地板图形之间的特殊关系,见图 2-1-5 和图 2-1-6,得到了特殊情形的勾股定理结论:一个等腰直角三角形中,直角边上的正方形面积之和等于斜边上的正方形面积.

图 2-1-5　　图 2-1-6

经进一步研究得出一般情形下的勾股定理.

在△ABC 中,$\angle C=90°$,$\angle A$,$\angle B$,$\angle C$ 的对边为 a,b,c,则 $a^2+b^2=c^2$.

(3)勾股定理的证明

例 2.1.2　一个拼图证法.

将边长为 $a+b$ 的正方形作两种形式的拼装,如图 2-1-7 和图 2-1-8 所示,相当于“算两次”,得到等量关系为 $S=(a+b)^2=c^2+4\times\frac{1}{2}ab$,经化简可得 $a^2+b^2=c^2$.

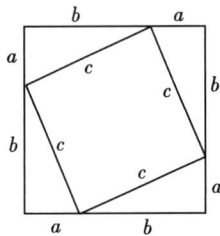

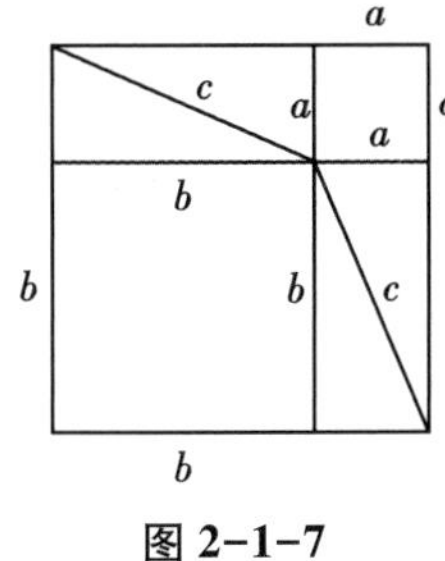

图 2-1-7　　图 2-1-8

例 2.1.3　赵爽弦图.

如图 2-1-9 所示,我国汉代数学家赵爽在注释《周髀算经》中给出了勾股定理的一个经典证明.

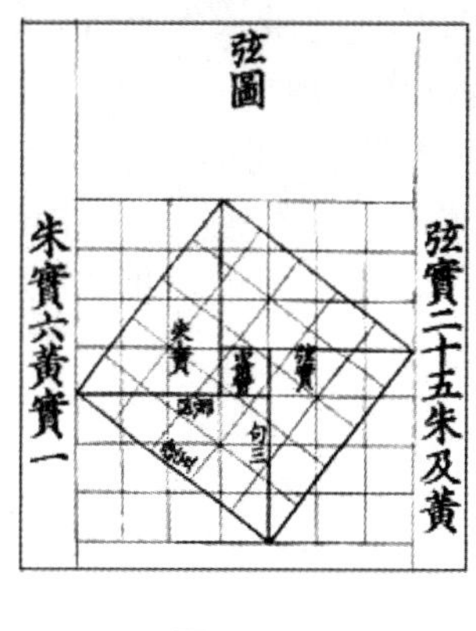

图 2-1-9

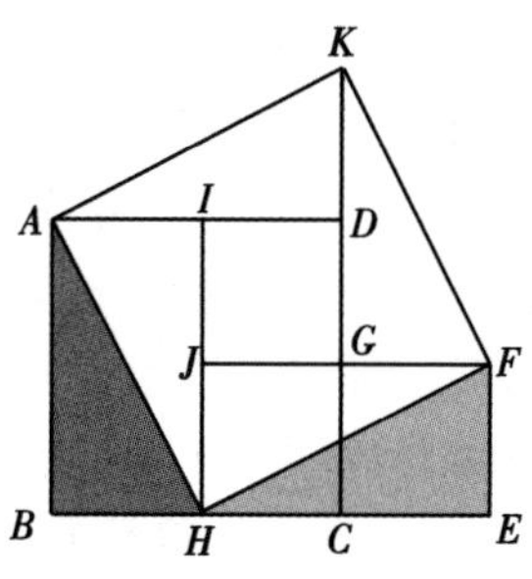

图 2-1-10

赵爽的具体做法见图 2-1-10，已知正方形 $ABCD$ 和 $CEFG$，设边长分别为 a 和 b，则 $S_{ABCD}=a^2$，$S_{CEFG}=b^2$. 取 $BH=CE=b$，得到直角$\triangle ABH$ 和$\triangle FEH$. 将$\triangle ABH$ 绕 A 点旋转 90°至$\triangle ADK$，再将$\triangle FEH$ 绕 F 点旋转 90°至$\triangle FGK$，得到正方形 $AHFK$. 正方形 $AHFK$ 的边长设为 $AH=c$，由于新正方形 $AHFK$ 的面积等于最初的两个正方形 $ABCD$ 和 $CEFG$ 面积之和，则有 $a^2+b^2=c^2$.

与欧几里得的证明方法相比，赵爽弦图蕴含的方法极具中国古代数学研究传统的特色，即不采用概念和命题按逻辑展开，而采用“算法”的方式利用“出入相补”原理构造出证明过程，即常说的“寓理于算”.

例 2.1.4 欧几里得证法.

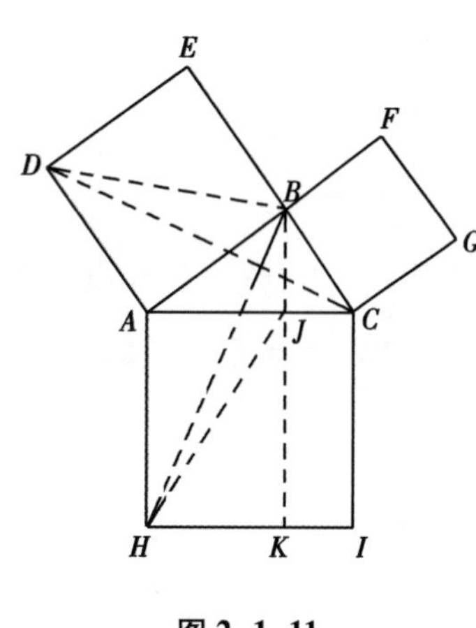

图 2-1-11

不难证明：$S_{ABED}=2S_{\triangle ABD}=2S_{\triangle ACD}=2S_{\triangle ABH}=2S_{\triangle AJH}=S_{AHKJ}$，面积转化的一个关键条件是$\triangle ADC\cong\triangle ABH$，同理 $S_{BCGF}=S_{JKIC}$，于是得到 $S_{ABED}+S_{BCGF}=S_{AHIC}$，即 $AB^2+BC^2=AC^2$，见图 2-1-11.

对于勾股定理伟大意义的理解，至少要有这样的认识：有了勾股定理，可以解直角三角形，并且可以在直角三角形中定义三角函数，从而可以解决一般的三角形问题；借助直角坐标系，就可以计算任意两点间的距离，特别地，代数几何综合题求解中常采用向坐标轴作垂线或平行线的方法（“改斜归正”）创造出可以使用勾股定理的条件. 从相反的角度看，只需把数学理论中含有勾股定理的知识去掉就可推知其意义了. 一句话总结，没有勾股定理就没有空间中研究对象的度量.

(4)勾股定理的逆定理

如果$\triangle ABC$ 的三边长 a，b，c 满足 $a^2+b^2=c^2$，那么这个三角形是直角三角形. 这是勾股定理的逆定理.

(5)三角形中重要线段的计算

设$\triangle ABC$，三边记为 a，b，c，半周长记为 p，三条中线记为 m_a，m_b，m_c，三条角平分线记为 t_a，t_b，t_c，三条高线记为 h_a，h_b，h_c.

① 已知三边求中线长.

如图 2-1-12 所示，设 AM 为中线，不妨设$\angle AMC$ 为锐角，$\angle AMB$ 为钝角.

设 $AM=m_a$. 在$\triangle ABM$ 中运用余弦定理（或直接用勾股定理），其中 $\cos B=\dfrac{a^2+c^2-b^2}{2ac}$，得 $m_a^2=c^2+\left(\dfrac{a}{2}\right)^2-2c\cdot\dfrac{a}{2}\cdot\dfrac{a^2+c^2-b^2}{2ac}$，整理得 $m_a=\dfrac{1}{2}\sqrt{2(b^2+c^2)-a^2}$.

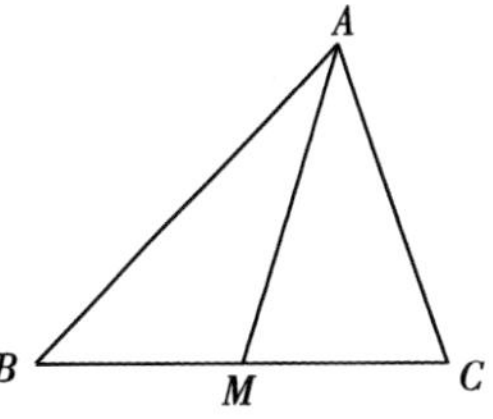

图 2-1-12

三角形中线的计算结果等价于平行四边形对角线的平方和，等于四边的平方和，该结果也体现在高中向量的加法法则和极化恒等式上.

② 已知三边求高和面积.

设 H 为 A 在 BC 上的射影，见图 2-1-13，由 $AH^2=AB^2-BH^2=AC^2-CH^2$ 得，$AB^2-AC^2=BH^2-CH^2$，即 $c^2-b^2=a(BH-CH)$，可求出 $BH=\dfrac{c^2+a^2-b^2}{2a}$，再根据 $AH^2=AB^2-BH^2$，得 $AH=\sqrt{c^2-\left(\dfrac{c^2+a^2-b^2}{2a}\right)^2}$，整理得 $h_a=\dfrac{2}{a}\sqrt{p(p-a)(p-b)(p-c)}$.

进一步可得三角形的面积公式 $S=\dfrac{1}{2}ah_a=\sqrt{p(p-a)(p-b)(p-c)}$. 历史上，该公式被称为海伦公式，我国南宋数学家秦九韶也曾获得此结果.

上述$\triangle ABC$ 的面积公式是在已知三角形三边的情况下给出的，如果已知$\triangle ABC$ 的边 b，c 和$\angle A$，可以得到较为简洁的面积公式 $S_{\triangle ABC}=\dfrac{1}{2}bc\sin A$.

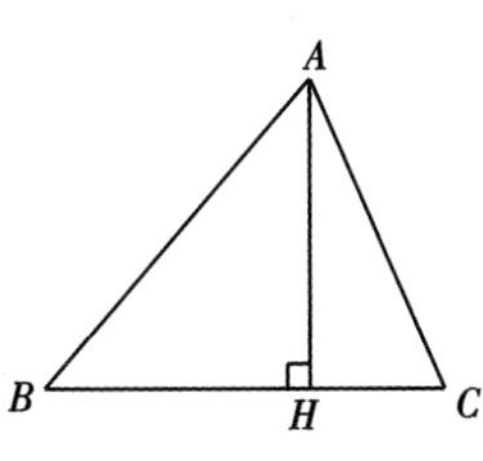

图 2-1-13

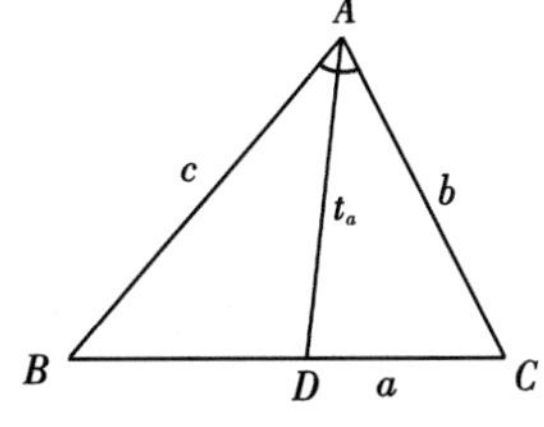

图 2-1-14

③ 已知三边求角平分线长.

设 AD 是$\triangle ABC$ 的角平分线，设 $AD=t_a$，见图 2-1-14.

由角平分线的性质定理，得$\dfrac{AB}{AC}=\dfrac{BD}{DC}$，进一步有$\dfrac{c}{c+b}=\dfrac{BD}{a}$，得 $BD=\dfrac{ac}{c+b}$，在$\triangle ABD$ 中运用余弦定理（或直接用勾股定理），其中 $\cos B=\dfrac{a^2+c^2-b^2}{2ac}$，则 $t_a^2=c^2+\left(\dfrac{ac}{c+b}\right)^2-2c\cdot\dfrac{ac}{c+b}\cdot\dfrac{a^2+c^2-b^2}{2ac}$，整理得 $t_a=\dfrac{2}{b+c}\sqrt{bcp(p-a)}$.

2.1.2 图形面积的度量

2.1.2.1 面积的概念

面积就是指平面上一个封闭图形所包围的平面部分(区域)的大小.

和线段与角的度量类似，取定一个平面图形 e(一般取边长等于单位长度的正方形)作为计算面积的单位，将平面封闭图形包围的区域所含有面积单位的数量，叫作该图形的面积.

面积也具有运动不变性和可加性两个基本性质.

性质一：两个全等的平面封闭图形，其面积相等.

性质二：一个平面封闭图形的面积等于它的各部分面积之和(有限可加性).

在欧氏几何学中讨论的图形包括三角形、四边形等直线形以及圆. 直线形的图形是由线段连接组成的封闭图形，直线形的图形可分割为三角形，有了三角形面积的计算方法就可以计算直线形图形的面积. 圆或由圆弧和线段组成的图形面积的计算可由直线形图形逼近圆获得圆面积公式来实现. 对于一般的封闭曲线所围成的图形面积的计算可采用初等的微积分方法. 值得注意的是存在边界不连续图形的面积计算问题，如在直角坐标系中，狄利克雷函数(在[0, 1]上，自变量取有理点时函数值为0，当自变量取无理点时函数值为1)所对应的图形面积应如何计算？这个问题涉及面积概念的推广(在《实分析》中称为“测度”).

2.1.2.2 矩形面积的度量

定理 2.1.3 矩形的面积等于长与宽的乘积.

现在，已知边长为1的正方形作为单位面积，矩形的长和宽为正实数，结论是矩形的面积等于长与宽的乘积.

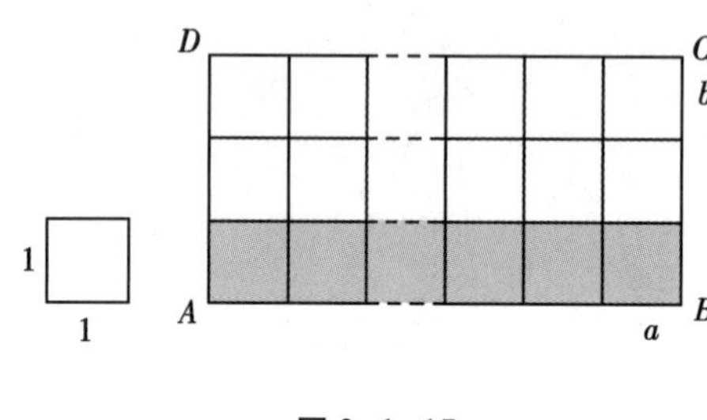

图 2-1-15

证明 取边长为1的正方形的面积作为单位面积，首先，设矩形 $ABCD$，长 $AB=a$，宽 $BC=b$，其中 a，b 为正整数. 显然，这个矩形中恰好含有 $a\times b$ 个单位面积的正方形，则矩形的面积为 $S=ab$，即矩形的面积等于长×宽，见图 2-1-15.

其次，在已知边长为1的正方形作为单位面积条件下，设矩形 $ABCD$ 边长长度为正有理数. 设矩形的长 $AB=\frac{m}{n}$，宽 $BC=\frac{p}{q}$，其中 m，n，p，$q\in\mathbf{Z}^{+}$. 则有$\frac{m}{n}=\frac{mq}{nq}$，$\frac{p}{q}=\frac{np}{nq}$. 现将单位长度的正方形分成 $nq\times nq$ 个边长为$\frac{1}{nq}$的小正方形作为面积度量单位，则矩形的面积$S=mq\times np\times\left(\frac{1}{nq}\times\frac{1}{nq}\right)=\frac{m}{n}\times\frac{p}{q}=\frac{mp}{nq}$，说明该矩形的面积等于长×宽.

一般地，若在已知边长为1的正方形面积作为单位面积的条件下，矩形 $ABCD$ 的边长 AB，BC 分别为正无理数. 设 $AB=x$，由实数理论知道 x 可表示为无限不循环的小数形

式 $x=x_0+\frac{x_1}{10^1}+\frac{x_2}{10^2}+\cdots+\frac{x_n}{10^n}+\cdots$，其中 $x_n\in\{0, 1, 2, \cdots, 9\}$，$n\in\mathbf{Z}^+$. 同样，矩形的宽 BC 长度为正无理数，设 $BC=y$，$y=y_0+\frac{y_1}{10^1}+\frac{y_2}{10^2}+\cdots+\frac{y_n}{10^n}+\cdots$，其中 $y_n\in\{0, 1, 2, \cdots, 9\}$，$n\in\mathbf{Z}^+$.

现以 1 为单位分割矩形的长和宽，得到矩形面积介于不足近似值和过剩近似值之间，$x_0\times y_0\times(1\times1)<S_{矩形}<(x_0+1)(y_0+1)\times(1\times1)$，即 $x_0y_0<S_{矩形}<(x_0+1)(y_0+1)$，见图 2-1-16.

再进一步将单位面积的正方形平均分成 10×10 份，将其中边长为$\frac{1}{10}$的正方形设为单位面积去度量矩形，得到矩形面积介于不足近似值和过剩近似值之间，$(10x_0+x_1)\times(10y_0+y_1)\times\left(\frac{1}{10}\times\frac{1}{10}\right)<S_{矩形}<(10x_0+x_1+1)\times(10y_0+y_1+1)\times\left(\frac{1}{10}\times\frac{1}{10}\right)$，即 $\left(x_0+\frac{x_1}{10}\right)\times\left(y_0+\frac{y_1}{10}\right)<S_{矩形}<\left(x_0+\frac{x_1+1}{10}\right)\times\left(y_0+\frac{y_1+1}{10}\right)$.

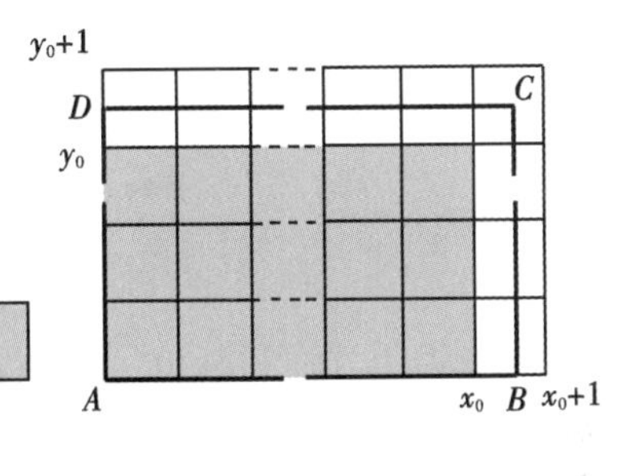

图 2-1-16

如此进行下去，可以得到关于矩形面积的系列不足近似值和过剩近似值，有 $\left(x_0+\frac{x_1}{10^1}+\cdots+\frac{x_n}{10^n}\right)\times\left(y_0+\frac{y_1}{10^1}+\cdots+\frac{y_n}{10^n}\right)<S_{矩形}<\left(x_0+\frac{x_1}{10^1}+\cdots+\frac{x_n+1}{10^n}\right)\times\left(y_0+\frac{y_1}{10^1}+\cdots+\frac{y_n+1}{10^n}\right)$，其中，左侧为“内填”，右侧为“外包”，可以证明“内填”面积与“外包”面积有相同极限，即这些“面积套”最终“套住”矩形. 将这个共同的极限定义为矩形的面积. 由实数理论知道 $\lim\limits_{n\to+\infty}\left(x_0+\frac{x_1}{10^1}+\cdots+\frac{x_n}{10^n}\right)\times\left(y_0+\frac{y_1}{10^1}+\cdots+\frac{y_n}{10^n}\right)=xy=S_{矩形}$，说明矩形面积仍然等于长×宽.

综上，以边长为 1 的正方形作为单位面积时，矩形的面积等于长与宽的乘积.

推论：正方形的面积等于其边长的平方.

用“割补法”可以得到平行四边形、梯形、多边形的面积.“割补法”依据的是中国古代数学的“出入相补原理”.

2.1.2.3　圆的周长与面积

圆的内接或外切正多边形，当边数无限递增时，圆的内接或外切正多边形所呈周长数列的极限值相等，将其周长的共同极限值定义为圆的周长.

圆的内接或外切正多边形，当边数无限递增时，圆的内接或外切正多边形所呈面积数列的极限值相等，将其面积的共同极限值定义为圆的面积.

没有微积分理论，圆的面积和周长是不能得到严格定义的.

我国魏晋时期的杰出数学家刘徽(225—295)在其《九章算术注》一书中利用其自创的“割圆术”计算出近似的圆面积，从而得到了圆周率的近似值. 刘徽关于“割圆术”的论述是：“割之弥细，失之弥少，割之又割，以至于不可割，则与圆周合体而无所失矣.”其中蕴含着极限思想.

刘徽从圆内接正六边形出发，逐次两分得 12 边形，24 边形，…，6×2^n 边形，对于每个正多边形，相应的都有一个破缺的外切多边形，所谓“破缺的外切多边形”就是外切正多边形中缺个“角”，如图 2-1-17 所示，局部如图 2-1-18 所示.

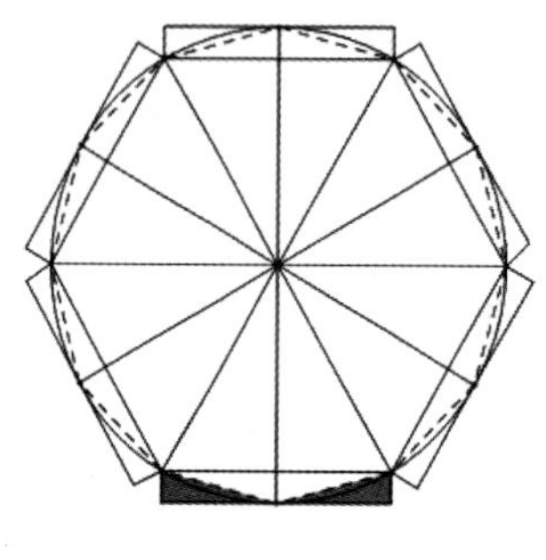

图 2-1-17

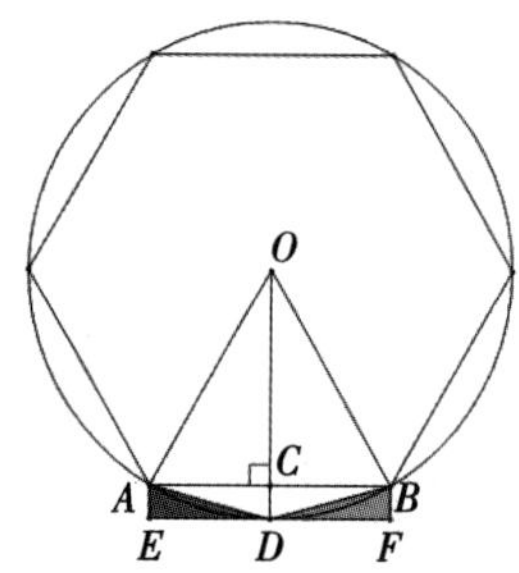

图 2-1-18

由图 2-1-18 可得，$6S_{OADB}<S_{圆}<6S_{OAEFB}$，即 $6S_{OADB}<S_{圆}<6[S_{OADB}+(S_{OADB}-S_{OAB})]$.

一般地，每次圆内接正多边形的“一分为二”都使得圆的面积始终介于内接多边形的面积不足近似 S_{2n} 和过剩近似的破缺的外切多边形 $S_{2n}+(S_{2n}-S_n)$ 之间，即

$$S_{2n}<S_{圆}<S_{2n}+(S_{2n}-S_n)$$

这个不等式的左侧是单调递增的数列，右侧是单调递减的数列，两侧数列均有界，所以收敛且收敛值相等，将这个极限值定义为该圆的面积值. 在上述圆的面积计算过程中，严格说来，圆的面积其实是没有得到确切定义的，按中国传统数学的“算法”精神来理解，圆面积的概念隐藏在多边形面积 S_{2n} 与 $S_{2n}+(S_{2n}-S_n)$ 的计算之中.

$$S_{OADB}=\frac{1}{2}OD\cdot AB=\frac{1}{2}r\cdot AB,\ CD=OD-OC=OD-\sqrt{OB^2-BC^2}=r-\sqrt{r^2-\frac{1}{4}AB^2}$$

$$BD=\sqrt{CD^2+BC^2}=\sqrt{\left(r-\sqrt{r^2-\frac{1}{4}AB^2}\right)^2+\frac{1}{4}AB^2}$$

不妨取 $r=1$，则有

$$BD=\sqrt{2-2\sqrt{1-\frac{1}{4}AB^2}}$$

这个式子体现出正六边形边长 AB 和下一个正十二边形边长 BD 的计算关系. 一般地，正 6×2^n 边形边长 $l_{6\times2^n}$ 和经过“一分为二”后得到的下一个正 $6\times2^{n+1}$ 边形边长 $l_{6\times2^{n+1}}$ 的计算关系为 $l_{6\times2^{n+1}}=\sqrt{2-2\sqrt{1-\frac{1}{4}l_{6\times2^n}^2}}$.

刘徽的卓越之处在于在面积计算过程中从正六边形出发通过“一分为二”的方法，即逐次“两分”，通过正 6×2^n 边形边长 $l_{6\times2^n}$ 的计算直接为下一个正 $6\times2^{n+1}$ 边形边长 $l_{6\times2^{n+1}}$ 的边长计算做好了准备，并且外层破缺的正多边形面积的计算 $S_{2n}+(S_{2n}-S_n)$ 也直接来源于内接正多边形面积 S_n 和 S_{2n} 的计算，使得总体的计算量节省一半！

根据计算精度的要求可得出圆面积的近似值，进而可得到圆周率的近似值.

阿基米德采用圆的内接正多边形和外切正多边形两边夹的方法来逼近圆的周长进而求出圆周率的近似值，而刘徽是通过使用内接正多边形及相应的破缺外切多边形来逼近

圆的面积. 刘徽做法的好处是计算过程中仅使用一个公式，且前一个结果再次代入同一个公式中可以得出下一个所需要的结果，如此反复进行即计算的“迭代”过程，体现了中国传统数学的“算法”精神，具体计算过程及其伟大意义的解读详见王能超先生的著作《千古绝技“割圆术”：刘徽的大智慧》.

历史上，阿基米德把圆面积表示为 $S_{圆}=\frac{1}{2}C\cdot r$，其中 C 是圆的周长，r 是圆的半径. 这一表达式的几何意义很明显，不足之处是周长与半径存在函数关系，使得这个表达式不够简洁. 中小学教材中将圆面积表示为 $S_{圆}=\pi r^2$，这个表达式函数关系明确，不足之处是几何意义丧失了.

2.2　平面几何变换基本理论

本节主要讨论合同变换群和相似变换群以及它们所对应的几何学，另外介绍克莱因关于几何学的变换群观点.

2.2.1　克莱因的变换群观点

两个三角形的全等，从定义上说，是两个三角形的叠合. 即一个三角形经过“运动”与另一三角形重合. 这一“运动”意味着什么呢？即一个三角形经过怎样一番变化才能与另一三角形重合.

上述“运动”具体包括三个“动作”，一是平移，二是反射，三是旋转.

解决几何图形问题，主要借助基本图形的性质（定义、定理等）和图形之间的关系（平行、全等、相似等）. 基本图形的许多性质都源于这个图形本身的“变换特征”，最为重要和最为常用的图形关系“全等三角形”也同样具有“变换”形式的联系. 因为，本来两个三角形全等是指它们的形状和大小都一样，和相互间的位置没有直接关系，但是，在同一个问题中涉及的两个全等三角形，大多数都有一定的位置关系[或成轴对称关系，或成平移的关系，或成旋转的关系（包括中心对称）]. 这样，在解决具体的几何图形问题时，如果有意识地从图形的性质或关系中所显示或暗示的“变换特征”出发，来识别、构造基本图形或图形关系，那么对问题的解决将会产生极为有益的启示.

几何学可以用公理化方法建立，也可以用变换群的方法给予新的定义. 几何学的群论观点是由德国数学家克莱因于 1872 年在埃尔兰根大学担任教授时所作的题为《近代几何学研究的比较评述》的演说中首次提出的，历史上称为《埃尔兰根计划书》（*Erlangen Program*）. 这种变换群的观点对近代几何学的发展产生了深远的影响，支配了近半个世纪的几何学研究.

那么，几何变换是将几何图形按照某种法则或规律变换成另一种几何图形的过程.

研究几何变换的主要问题：讨论各种几何变换下的不变性与不变量的问题.

不变量：已知图形在某一变换下变成另一图形，有些表示图形特征的数量在这个变换下不变，这个数量叫作已知变换的不变量. 在合同变换（如平移变换、反射变换和旋转变换）下，两点间的距离、两条射线的夹角和平面图形的面积都是不变量.

不变性：已知图形在某一变换下变成另一图形，有些表示图形的特性在这个变换下不变，这些性质叫作已知变换的不变性. 在合同变换下，结合性(如两直线相交，变换后对应的两直线仍相交)、顺序性(如在一条直线上的某点介于其他两点之间，变换后的对应点仍是如此)、同素性(即点变成点，直线变成直线)及两直线的平行性和垂直性等都是不变性.

讨论问题所需要的基本概念是映射、一一映射、变换(点集 A 到自身的映射)及具体的变换如点变换、恒等变换、逆变换、相等变换以及变换的乘积等.

《埃尔兰根计划书》可以概括如下：

给出集合 S 和它的一个变换群 G, A 和 B 是空间 S 的两个子集，若存在变换 $f\in G$，使得 $f(A)=B$，则称 A 与 B 等价，记作 $A\approx B$. 可以证明“$\approx$”是一种等价关系.

① $A\approx A$；(反身性)

② 若 $A\approx B$，则 $B\approx A$；(对称性)

③ 若 $A\approx B$，且 $B\approx C$，则 $A\approx C$. (传递性)

由于“$\approx$”是一种等价关系，因此它可以确定集合 S 的一个分类方法，所有等价的子集都属于同一类，不等价的子集属于不同的类，集合 S 的每一元素恰属于某一类.

现在规定，集合 S 叫作空间，它的元素叫作点，它的子集叫作图形，凡是等价的图形属于同一个等价类，于是同一等价类里的一切图形共有的性质和几何量必是变换群下的不变性质和不变量；反之，图形在变换群中一切变换下的不变性质和不变量必是同一个等价类里一切图形所共有的性质. 因此，可以用变换群去研究相应的几何学，这就是克莱因的几何学的变换群观点.

若给定一个集合以及此集合上的一个变换群，则在空间内的图形中对于此群的不变性质的命题系统的研究就称为此空间的几何学，且称此群为该几何学所对应的变换群.

有一个变换群就相应地有一种在此群作用下不变性质理论的几何学.

例如，欧氏平面上合同变换构成群，所以合同变换具有下列三个性质：

① 恒等变换是合同变换；

② 合同变换的逆变换是合同变换；

③ 两个合同变换的乘积仍然是合同变换.

一个图形与经过合同变换所得到的对应图形是合同的. 由此可推出：合同具有反身性、对称性和传递性，因而合同关系是一等价关系，它可将平面上所有的图形分类，凡合同的图形属于同一等价类. 欧氏几何研究的是等价类里一切图形所共有的性质，图形关于合同变换群下的不变性质所构成的命题系统就是欧氏几何学.

同理，在仿射变换群下图形的不变性质所构成的命题系统就是仿射几何学，射影变换群下的图形不变性质构成的命题系统就是射影几何学.

设 G 是集合 S 的一个变换群，G' 是 G 的子群，G' 与 G 所对应的几何分别为 A' 与 A. 由于 $G'\subset G$，所以对于 G 不变的性质对于 G' 一定也不变，因此 A 中的定理一定也是 A' 中的定理；但是反过来却不一定成立. 此时，称 A' 为 A 的一个子几何.

所以，变换群越大，所对应的几何内容越少，相对较小的子群所对应的子几何内容却越丰富.

研究射影变换群下图形的不变性质和不变量的几何分支就是射影几何. 因为射影变换保持同素性、结合性和交比不变，因此在射影变换下，一维基本形是不变图形，点列变换成点列，线束变换成线束；另外，二次曲线在射影变换下仍为二次曲线，所以二次曲线也是射影几何讨论的对象.

研究图形关于合同变换群下的不变性质和不变量的几何分支就是欧氏几何学，欧氏几何中的变换包括反射变换、旋转变换和平移变换，统称为合同变换. 欧氏几何是仿射几何的子几何，也是射影几何的子几何，所以射影性质、仿射性质都是欧氏几何的不变性质. 此外，在欧氏几何中还可以研究长度、角度等度量性质.

以下介绍群与变换群.

定义 2.2.1　对于集合 G，定义乘法“ · ”，满足：

① 对于任意的 φ_1，$\varphi_2 \in G$，总有 $\varphi_1 \cdot \varphi_2 \in G$，即集合 G 对于乘法运算封闭；

② 任意 φ_1，φ_2，$\varphi_3 \in G$，总有$(\varphi_1 \cdot \varphi_2) \cdot \varphi_3 = \varphi_1 \cdot (\varphi_2 \cdot \varphi_3)$，即乘法运算满足结合律；

③ 存在单位元 ε，使得对于任意 $\varphi \in G$，有 $\varepsilon \cdot \varphi = \varphi \cdot \varepsilon = \varphi$；

④ 对于任意 $\varphi \in G$，存在 $\varphi^{-1} \in G$，满足 $\varphi \cdot \varphi^{-1} = \varphi^{-1} \cdot \varphi = \varepsilon$.

则称集合 G 关于乘法“ · ”构成群.

定义 2.2.2　设 S 是一个集合，G 是 S 上一一变换的集合，若 G 对于变换的乘法构成群，则称 G 为 S 上的一个变换群.

2.2.2　常见的几何变换

定义 2.2.3　平面点集 π 到自身的映射 f，若对于该平面上任意两点 A，B 和它的像 A'，B'之间，恒有 $A'B' = AB$，则称此变换 f 为合同变换.

合同变换保持两点之间的距离不变.

定理 2.2.1　集合 S 上所有一一变换的集合 G 对于变换的乘法构成群.

证明　① 设 φ_1，$\varphi_2 \in G$，则 $\varphi_1 \cdot \varphi_2$ 仍为 S 上的一个一一变换，即 $\varphi_1 \cdot \varphi_2 \in G$，即变换对于乘法运算封闭.

② 变换的乘法满足结合律.

③ 存在恒等变换 ε，使得对于任何变换 $\varphi \in G$，有 $\varepsilon \cdot \varphi = \varphi \cdot \varepsilon = \varphi$，即 ε 是 G 中的单位元.

④ 对于任意 $\varphi \in G$，φ^{-1}也是一一变换，即 $\varphi^{-1} \in G$，而且 $\varphi \cdot \varphi^{-1} = \varphi^{-1} \cdot \varphi = \varepsilon$.

由群的定义可知，S 上所有一一变换的集合 G 对于变换的乘法构成群.

合同变换的性质：

① 合同变换是一一变换.

② 平面 π 上的全体合同变换组成变换群.

③ 在合同变换下直线变直线(线段、射线、角、圆变线段、射线、角、圆).

④ 在合同变换下，对应线段相等，对应角相等，对应三角形全等.

⑤ 合同变换下，直线的平行性和正交性不变.

⑥ 平面上的合同变换由不共线的三对对应点确定.

在合同变换下，两点间距离、两直线夹角的大小是基本不变量，同素性、结合性、直线上点的顺序性、两直线平行性与正交性(垂直)都是不变性.

对于同一平面上的两个$\triangle ABC$ 和$\triangle A'B'C'$，如果沿周界 $ABCA$ 的方向有正向(逆时针方向)或负向(顺时针),则分别称为不同的定向.

第一类合同变换——真正合同图形;第二类合同变换——镜像合同图形.

(1)平移变换

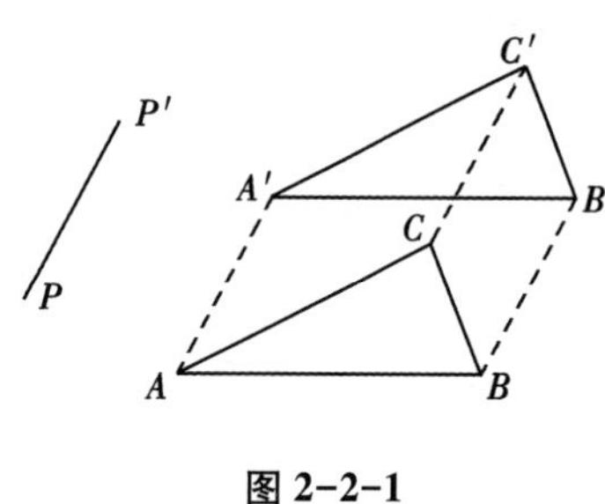

图 2-2-1

定义 2.2.4 设给定平面点集 π 上的变换 T 对 $\forall P\in\pi$,$T(P)=P'$,且①射线 PP' 定向(有给定的方向),②线段 PP' 定长,则称 T 为 π 上的平移变换. 如图 2-2-1 所示.

平移变换的性质:

第一,在 $T(PP')$ 变换下,任意两点的距离保持不变($AB=A'B'$);

第二,在平移变换下,任意两对应直线平行($AB /\!/ A'B'$);

第三,平移变换为合同变换,具有合同变换的所有性质(同素性、结合性、顺序性、平行性、正交性、三角形合同).

(2)旋转变换

定义 2.2.5 设给定平面点集 π 上的变换 R 使某一点 O 变为自身,对 $\forall P\in\pi$,$R(P)=P'$,且① $OP=OP'$,② $\angle POP'=\theta$,则称 R 为绕中心 O 按已知方向旋转 θ 角的旋转变换.

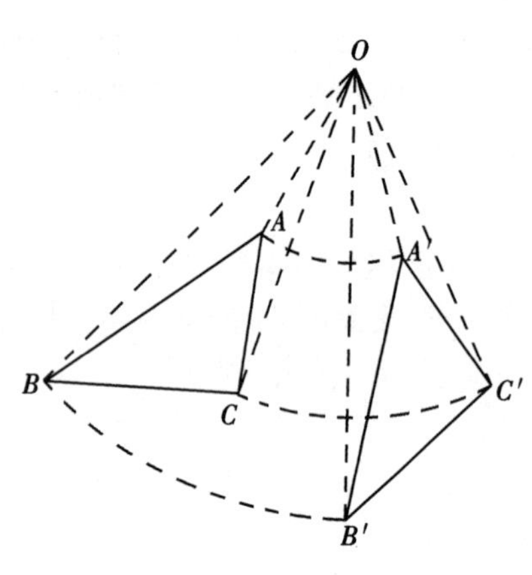

图 2-2-2

若把一个图形 F_1 绕定点 O 按一定的方向旋转一个角度 θ(旋转角),得到另一个图形 F_2,则称 F_2 是由 F_1 经旋转变换得到的,记作:$F_1 \xrightarrow{R(O,\ \theta)} F_2$.

若把一个图形 $F_1(\triangle ABC)$ 绕定点 O 按一定的方向旋转一个角度 θ(旋转角),得到另一个图形 $F_2(\triangle A'B'C')$,则称 $F_2(\triangle A'B'C')$ 是由 $F_1(\triangle ABC)$ 经旋转变换得到的,见图 2-2-2. 其中,$\angle AOA'=\angle BOB'=\angle COC'=\theta$,且 $OA=OA'$,$OB=OB'$,$OC=OC'$.

旋转变换的性质:

第一,旋转变换满足合同变换的一切性质,在合同变换下,任意两点距离不变;

第二,旋转变换下任两对应直线的夹角大小不变,都等于其旋转角.

定义 2.2.6 旋转角为 180°的旋转变换称为中心对称变换.

中心对称变换的性质:

① 在中心对称下,过对称中心的直线变为自身;

② 若两条直线关于某点成中心对称,则它们平行;

③ 若两直线平行,那么它们是中心对称变换下的两条直线.

“倍长中线”可视作中心对称变换.

(3)直线反射变换

定义 2.2.7 若直线 m 垂直于连接 P 和 P' 的线段,并经过这条线段的中点,则说 P

和 P' 关于直线 m 反射或对称.

如果一个平面点集 π 到自身的变换，把平面上的每一个点变换到它关于直线 m 的对称点，则这个变换叫作直线反射变换或对称变换. 见图 2-2-3.

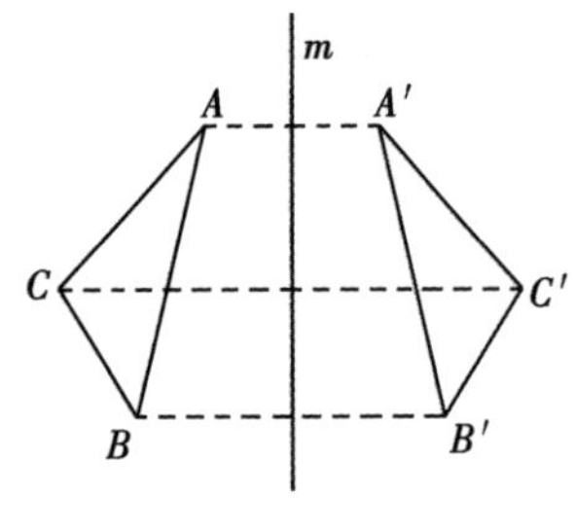

图 2-2-3

反射变换的性质：

① 在直线反射变换下，两点之间的距离不变；

② 在直线反射变换下，角的大小不变，但方向相反.

轴对称图形的严格定义：一个图形上任意一点关于它上面的某一条（或几条）直线反射的像都在这个图形上，则称此图形为轴对称图形.

一个重要结论：反射变换最为本质，即一个平移变换可由两个反射变换表示，一个旋转变换可用不多于三个反射变换表示. 一般地，一个合同变换都可由不多于三个反射变换表示.

（4）相似变换

定义 2.2.8　平面上的变换，如果使任意一对对应线段 AB 和 $A'B'$，总有 $\frac{|A'B'|}{|AB|}=k$，k 为确定的正实数，称这个变换为相似变换，k 称为相似比或相似系数.

在相似变换下，如果图形 F 变成图形 F'，称图形 F 相似于 F'，记作 $F\backsim F'$.

在中学数学中，几何研究的相似形实际上就是相似变换下的对应图形.

相似变换的性质：

① 把直线变成直线，且保持点和直线的结合关系和共线三点的介于关系.

设 A，B，C 是直线 a 上三个点，且点 B 介于 A，C 之间，在相似变换下它们的对应点 A'，B'，C'，根据定义有

$$\frac{|A'B'|}{|AB|}=\frac{|B'C'|}{|BC|}=\frac{|A'C'|}{|AC|}=k$$

由此得出

$$\frac{|A'B'|+|B'C'|}{|A'C'|}=\frac{|AB|+|BC|}{|AC|}$$

因为 $|AB|+|BC|=|AC|$，可知线段 $|A'B'|+|B'C'|=|A'C'|$，所以点 A'，B'，C' 也在一直线上；并且可知点 B' 在 A' 和 C' 之间，即保持三点的“介于”关系.

② 相似变换下把不共线的点变成不共线的点.

显然，两相交直线变为相交直线，射线变为射线，角变为角.

③ 相似变换把平行直线变成平行直线.

已知直线 $a/\!/b$，它们的对应直线为 a' 和 b'. 假设 a' 和 b' 相交于点 M'，则 M' 的原像 M 必在直线 a 上，又 M' 在 b' 上，则 M' 的原像必在直线 b 上，于是 a 和 b 有公共点 M，这与已知矛盾.

一条直线上有三个点 A，B，C，则点 C 与 A，B 构成的两个有向线段的比 $\frac{AC}{BC}$ 称为这三点的单比，用记号 (ABC) 表示. A，B 称为基础点，C 称为分点.

由于三点中的任意两点都可以作为基础点，另一个点作为分点，所以三点可以构成6个不同的单比，如(ABC)，(BCA)，(CBA)，(ACB)等. 若C在线段AB上，称点C为内分点，则$(ABC)<0$；若C不在线段AB上，称点C为外分点，则$(ABC)>0$. 实际上，单比$\frac{AC}{BC}$和中学几何线段AB的分比$\frac{AC}{CB}$（C为分点）只差一个负号，即$\frac{AC}{BC}=-\frac{AC}{CB}$.

④ 相似变换保持共线三点的单比不变.

设共线三点A，B，C，在相似变换下变成三点A'，B'，C'，则有$\frac{A'C'}{AC}=\frac{B'C'}{BC}=k$，由此得$\frac{A'C'}{B'C'}=\frac{AC}{BC}$，即$(A'B'C')=(ABC)$.

⑤ 相似变换保持角的大小不变.

实际上，对于任意$\angle AOB$，A，B分别为两条边上的已知点，在相似变换下$\triangle AOB$变成$\triangle A'O'B'$. 又由于$\frac{A'B'}{AB}=\frac{O'A'}{OA}=\frac{O'B'}{OB}=k$，得$\triangle AOB\backsim\triangle A'O'B'$，则$\angle A'O'B'=\angle AOB$.

根据上述基本性质可以推出：相似变换由不共线的三对对应点唯一确定.

与运动相类似，把一个三角形变为同向三角形的相似变换，称为第一种或同向相似变换；反之，把一个三角形变为不同向三角形的相似变换，称为第二种或反向相似变换.

当相似变换的相似比$k=1$时，则$|A'B'|=|AB|$，这时的相似变换就是合同变换，所以合同变换是相似变换的特殊情形.

（5）位似变换

定义 2.2.9 平面到其自身的变换，设O为定点，对于任意点P，如果它的像P'在射线OP上，并且总有$\overline{OP'}=k\,\overline{OP}(k\neq 0)$，这种变换叫作以$O$为中心，$k$为位似比的位似变换.

显然，位似变换是相似变换的特殊情形. 如图2-2-4所示，$\triangle ABC\backsim\triangle A'B'C'$，对应顶点的连线都通过$O$点，对应边平行，这个相似变换是位似变换，$O$是位似中心，位似比$k=\frac{\overline{OA'}}{\overline{OA}}$，此时的$\overline{OA'}$与$\overline{OA}$同向，位似比$k>0$.

定理 2.2.2 任一相似变换皆可分解成一个位似变换与一个合同变换的乘积.

如图2-2-5所示，$\triangle ABC\backsim\triangle DEF$，这一相似变换可分解为位似变换，即从$\triangle ABC$

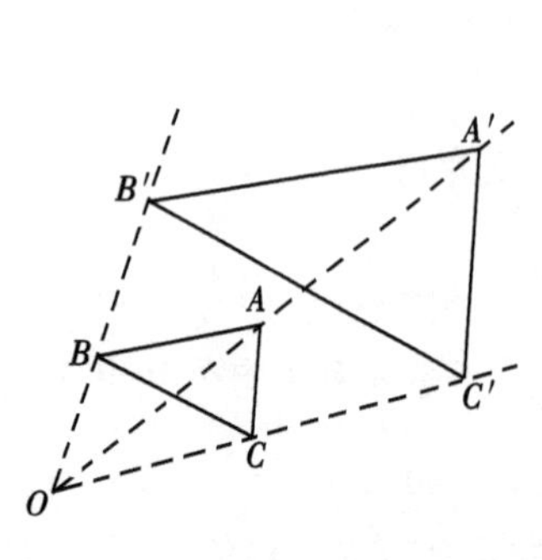

图 2-2-4

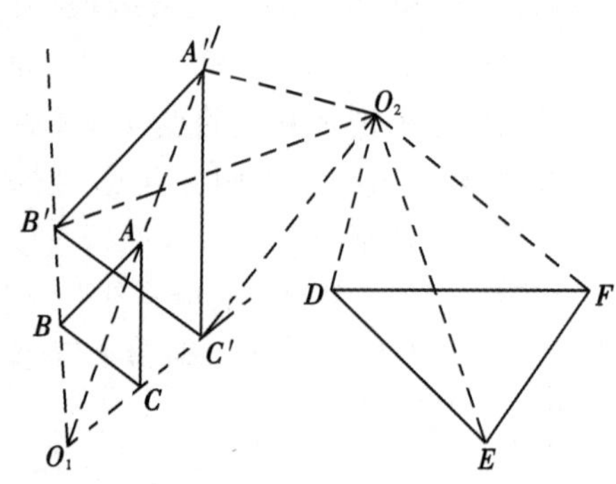

图 2-2-5

变成$\triangle A'B'C'$，再加上一个合同变换，即从$\triangle A'B'C'$到$\triangle DEF$. 该定理刻画出了相似变换具体的变换“动作”.

定理 2.2.3　所有的相似变换构成相似变换群.

有一类问题的解法依据被俗称为“瓜豆原理”，其理论基础是“位似变换”.

(6)反演变换

合同变换和相似变换能保持变换的同素性，即将直线变成直线，将圆变成圆，这也是人们常说的“瓜豆原理”，但几何变换中还存在将直线变换成开圆或将开圆变成直线的情况，这就是“反演变换”.

定义 2.2.10　若存在一对对应点 A，A'与定点 O，符合条件：

① O，A，A'共线；② $OA \cdot OA'=k\neq 0$(k 为常数).

则 A 与 A'的变换叫反演变换，O 叫反演中心，常数 k 叫反演幂.

如图 2-2-6 所示，对于共圆的两对对应点，都存在 $OA \cdot OA'=k$.

当 $k>0$ 时，OA，OA'同向；当 $k<0$ 时，OA，OA'异向.

在 $k<0$ 时，可取 A'关于 O 的对称点 A''，则 $OA \cdot OA''=k'(k'>0)$，故一般只讨论 $k>0$ 的情况.

以 O 为中心，$r=\sqrt{|k|}$ 为半径的圆叫反演基圆，$OA \cdot OA'=r^2$.

如图 2-2-7 所示，若 A 在基圆内，则 A'在圆外，反之亦然. 当 A 在反演基圆上时，与对应点 A'重合，则称 A 为反演二重点. 基圆上所有的点都是二重点.

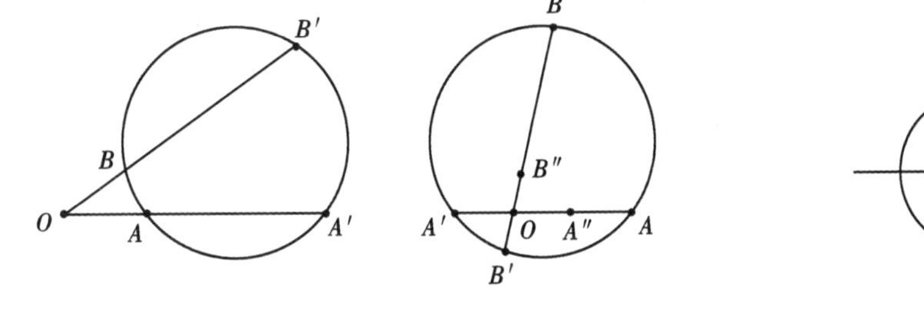

图 2-2-6

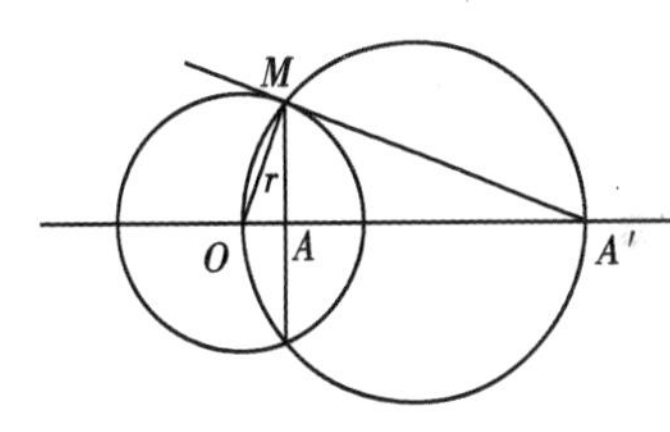

图 2-2-7

反演变换的性质：

① 反演中心 O 无对应点，故反演变换是除中心 O 外的一一变换.

② 反演变换把通过反演中心 O 的任一条直线变成自身. 即通过反演中心的任何直线都是该反演变换下的不变图形.

③ 反演变换把任一条不通过反演中心 O 的直线变成一个通过反演中心 O 的圆.

④ 反演变换把任一个不通过反演中心 O 的圆变成一条不通过反演中心 O 的直线.

⑤ 反演变换把任一个不通过反演中心 O 的圆变成一个不通过反演中心 O 的圆.

通过反演中心的任何直线都是该反演变换下的不变图形. 同中心不同幂的二次反演变换的积是位似变换. 当反演基圆的半径趋于无穷，它的极限状态为直线 l，则反演对应点 A，A'为关于直线 l 的反射对应点，故轴反射是反演变换的极限状态.

如图 2-2-8 所示，当 A 在直线 l 上运动时，对应点 A'的轨迹是以 OA'为直径的圆（去掉 O 点）. 在 A 点所在直线 l 在圆外及圆相切时的情形.

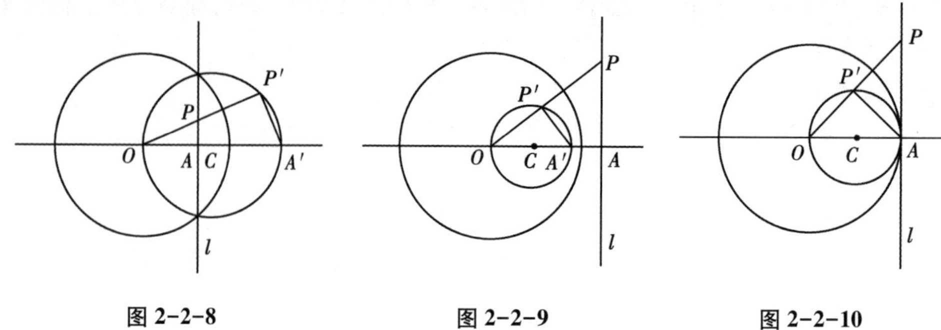

图 2-2-8　　图 2-2-9　　图 2-2-10

设 O 为反演中心，l 为不过 O 的直线，过 O 引直线垂直于 l 交于 A，令 A 的反演点为 A'，则 $OA\cdot OA'=k$. P 表示 l 上任意异于 A 的点，P' 为其反演点，则 A，A'，P，P' 四点必共圆，故 l 上任意点 P 的反演点 P' 必在以 OA' 为直径的圆上.

⑥ 不过反演中心 O 的任一圆，其反像为不过 O 的圆.

如图 2-2-11 所示，设⊙C 为不过反演中心 O 的任一圆，⊙C 上任一点 A 的对应点为 A'. 设 $OA\cdot OA'=k=r^2$. OA 与⊙C 交于另一点 B，设 $OA\cdot OB=p$，则 $\dfrac{OA'}{OB}=\dfrac{OA\cdot OA'}{OA\cdot OB}=\dfrac{k}{p}=m$（定值）.

可知 A' 与 B 对于中心 O 为位似变换对应点，因为 B 的轨迹为⊙C，所以⊙C 上任一点 A 的反像 A' 的轨迹为⊙C'. 相应地，B 的反像为 B'.

反演变换的应用：利用反演变换可以证明托勒密定理.

如图 2-2-12 所示，已知圆内接四边形 $ABCD$，求证：$AB\cdot CD+AD\cdot BC=AC\cdot BD$.

证明　以 A 为反演中心，B，C，D 在圆上，则反演后的对应点 B'，C'，D' 在一条直线上，见图 2-2-13. 设反演幂为 $AN\cdot AM=R^2$.

$AB\cdot AB'=AC\cdot AC'=AD\cdot AD'=R^2$，$\dfrac{BC}{B'C'}=\dfrac{AC}{AB'}$，则 $B'C'=\dfrac{AB'}{AC}\cdot BC=\dfrac{R^2}{AB\cdot AC}\cdot BC$，同理 $C'D'=\dfrac{R^2}{AD\cdot AC}\cdot CD$，$B'D'=\dfrac{R^2}{AB\cdot AD}\cdot BD$，由 $B'C'+C'D'=B'D'$，得 $\dfrac{R^2}{AB\cdot AC}\cdot BC+\dfrac{R^2}{AD\cdot AC}\cdot CD=\dfrac{R^2}{AB\cdot AD}\cdot BD$，整理得 $AB\cdot CD+AD\cdot BC=AC\cdot BD$.

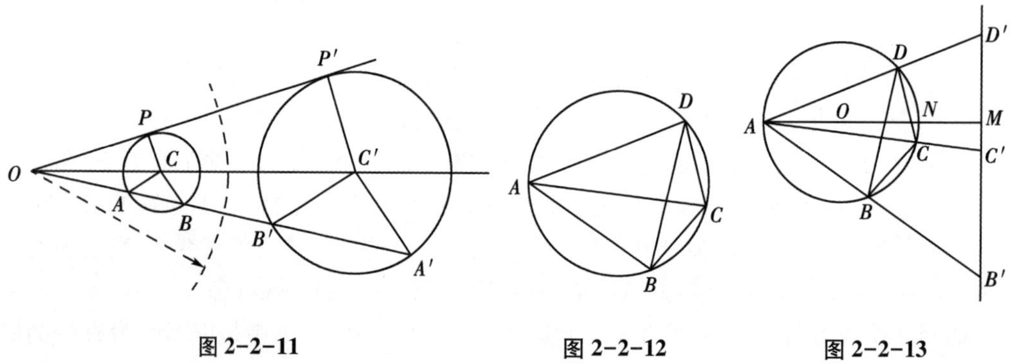

图 2-2-11　　图 2-2-12　　图 2-2-13

2.3　平面几何的公理体系

数学公理化方法是研究数学的重要思想方法，它对于近代数学和其他自然科学的发展产生了巨大作用和深远影响. 通过公理化方法组织起概念、命题形成理论体系是构成学科理论的一个典型“范式”. 中学平面几何教学内容不仅包括概念、命题和逻辑推理，也包括解决几何问题的方法，而几何理论整体特征体现在公理化方法上，即平面几何理论是从初始概念和公理出发依靠逻辑论证将已有概念和命题编织成理论体系的方法，这是几何教学无可替代的独有的教育价值. 尽管这一教育价值是隐性存在的，但作为教师要对此有清晰的认识.

这一节将从几何发展简史、公理化方法的意义与作用等方面探究公理化方法对中学几何公理体系的影响.

2.3.1　欧几里得《原本》中的平面几何公理系统

公元前 300 年左右，古希腊数学家欧几里得在其所著的《原本》中创造性地用公理法对当时所了解的数学知识作了总结，编织成较为完善的逻辑体系.

(1)《原本》(平面几何)中的初始概念和公理简介

全书共有 13 卷，包括 5 条公理、5 条公设、119 个定义和 465 条命题. 这些公设和公理及基本定义成为《原本》推理的基础. 历史上，亚里士多德规定多数学科普遍遵循的不证自明的道理叫公理，而属于特殊学科的几何学中的不证自明的道理被称作“公设”，现在统称作“公理”.

① 从一些初始概念的定义开始：

定义 1　点没有部分.

定义 2　线有长度没有宽度.

定义 3　线的界限是点.

定义 4　直线是这样的线，它对于它的所有各个点都有同样的位置.

定义 5　面只有长度和宽度.

……

② 引进公设和公理，即不加证明而采用的命题：

公设 Ⅰ　从每个点到每个别的点必定可以引直线.

公设 Ⅱ　每条直线都可以无限延长.

……

公理 Ⅰ　等于同量的量相等.

公理 Ⅱ　等量加等量得到等量.

……

③ 根据公设和公理进行证明.

欧几里得的《原本》是数学史上的一座里程碑，在数学中确立了推理的范式，这一思想被称作“公理化思想”.

(2)《原本》中公理系统的缺陷

欧几里得几何诞生两千多年来，因其论证的严密性而著称于世. 但到了 19 世纪，由于非欧几何的创立，大大提高了公理化方法的理解水平，导致数学的严格性标准大为提高，使得欧几里得几何的逻辑缺陷也逐渐暴露出来了. 以希尔伯特《几何基础》中的公理系统为标准，发现《原本》具体存在以下几点不足：

① 在欧氏几何中用了叠合法来证明全等. 在叠合法中，过多地依赖视觉经验来确认两个图形的“叠合”. 在移动图形时默认图形的性质没有改变，在逻辑的严格性上这是存在问题的.

② 几何中的某些定义，如点、线、面等作为初始概念就不应该定义，而其余的概念存在未能建立在初始概念之上的问题.

③ 引用从未提起过且未被发觉的假定.

④ 证明不严格，许多定理的证明都依赖于感性直观，通过对图形的直观来证明.

⑤ 在欧氏几何的五条初始公设(公理)中，第五公设(平行公理)引来许多争议. 第五公设内容复杂不够简明，让人感觉其内容不是自明的.

特别地，《原本》中的公理系统不够完备，缺少顺序公理、结合公理和连续公理.

公理化方法是用来构建数学理论体系的方法，在近代数学的发展中起着基本的作用，它的思想对各门现代数学理论的系统形成有着深刻的影响.

数学是撇开现实世界的具体内容来研究其量性特征的形式与关系的学科，其结果只有经过证明才可信，而数学证明采用的是逻辑推理方法，根据逻辑推理的规则，每步推理都要有个大前提. 不难想象，最初的那个大前提是不可能再由另外的大前提导出的，即逆推过程总有个“尽头”. 因此，必须有初始的命题不能得到证明，这样的初始命题“不证自明”，称为公理. 同样，概念需要定义，新概念由前概念得到定义，导致必然出现这样的情况——最原始的概念无法得到定义.

因此，要想建立一门科学的严格的理论体系，只能采取如下方法：让该门学科的某些概念以及与之有关的某些关系作为不加定义的原始概念与公设或公理，而以后产生的全部概念及其性质要求必须由原始概念与公设或公理经过精确定义与逻辑推理的方法演绎出来. 这种从尽可能少的一组原始概念和公设或公理出发，运用逻辑推理原则，建立科学体系的方法叫作公理化方法.

《原本》是有史以来用公理化思想方法建立起来的第一门演绎数学，而且成为以后很长时期建立严格理论的典范.《原本》在数学发展史上树立了一座不朽的丰碑，其完善的初等几何体系对数学的发展起了巨大的示范作用. 当然，现在看来由于受当时科学发展水平的限制，这种公理化方法还是很原始的，其公理体系还是不完备的，所以，称这一阶段为公理化方法的初期阶段.

2.3.2 平行公理(第五公设)与非欧几何的发展

欧几里得《原本》中一共有五条公设(公理)，其最后一条公设即第五公设是这样表述的：“若一直线与两直线相交，且同侧所交两内角之和小于两直角之和，则两直线延长后必相交于该侧一点.”

人们发现，第五公设在《原本》中出现得较晚，进而猜测欧几里得对最后一条公设也可能感到不大满意，但又无法替换它. 后来的数学家对第五公设持保留态度是由于它的叙述不像其他四条公设那样简洁明了，于是开始怀疑这条公设是不是多余的，能否从其他公设和公理推导出来. 两千多年来，对第五公设的试证过程虽然都失败了，但从失败中引出一连串与第五公设等价的命题.

从古希腊时代开始，特别是文艺复兴时期以后对希腊学术兴趣的恢复使欧洲数学家重新关注起第五公设，数学家从没有放弃消除第五公设疑问的努力.

对于平行公理，人们从以下几个方面进行了探讨：一是它能否从其他公理推出，二是换一个与它等价而本身却又是很自明的公设，三是换一个与它含义相反的公设.

对于第五公设的研究以苏格兰数学家普莱费尔、意大利数学家萨凯里（Sacchei，1667—1733）、德国数学家兰勃特（Lambert）、法国的勒让德和拉格朗日等的工作最为著名. 他们或寻求以一个比较容易接受且更加自然的等价公设来代替它，或试图把它当作一条定理由其他公设、公理推导出来. 在众多的替代公设中，"过直线外一点有且只有一条直线与该直线平行"这一替代第五公设的创意归功于苏格兰数学家普莱费尔，然而问题是所有这些替代公设并不比原来的第五公设更加自然、更好接受.

对第五公设的每一种"证明"要么隐含一个与第五公设等价的假定，要么存在逻辑推理错误. 因此，在 18 世纪中叶，法国数学家达朗贝尔把第五公设的证明问题称为"几何学的家丑".

到了 18 世纪中叶，意大利数学家萨凯里吸取了前人正面直接证明失败的教训，反其道而行之，改用反证法来证明第五公设，即将第五公设换成它的否定，然后推出矛盾，那么就可以证明第五公设就是一个定理，即不独立于其他公理而存在，并于 1733 年公布了他的研究成果，但随后不久数学家就发现了其中论证的错误.

下面介绍萨凯里的部分结论.

定理 2.3.1　如图 2-3-1 所示，在四边形 $ABDC$ 中，$\angle A=\angle B=d$（d 表示直角），且 $AC=BD$，则 $\angle C=\angle D$.

证明　只需取下底 AB 的中垂线 KL 为对称轴折叠即得 $\angle C=\angle D$，见图 2-3-2.

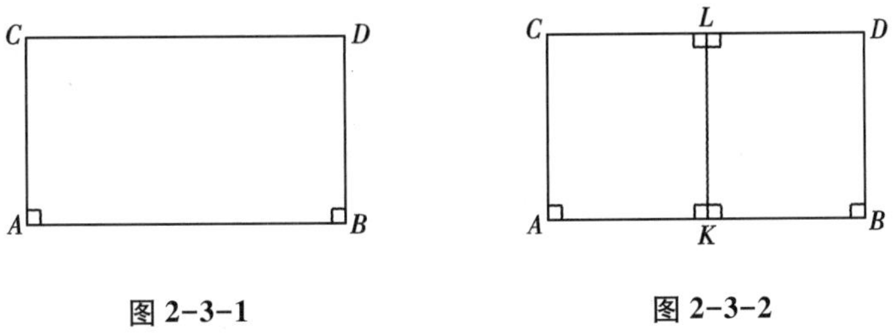

图 2-3-1　　　　图 2-3-2

由此可得出 $\angle KLC=\angle KLD=d$，$CL=LD$.

定理 2.3.2　如图 2-3-3 所示，在四边形 $ABDC$ 中，$\angle A=\angle B=d$，且 $AC<BD$，则 $\angle C>\angle D$.

证明　延长 AC 至 C' 使 $AC'=BD$，见图 2-3-4. 则按定理 2.3.1 有 $\angle C'=\angle BDC'>\angle D$.

又在 $\triangle DCC'$ 中应用外角定理（由于没有平行公理，自然也就没有三角形内角和为平角的结论，但有外角定理，此时的外角定理的内容是三角形的外角大于不相邻的内角，这可由三角形全等判定的 SAS 得到)得$\angle ACD>\angle C'$.

所以得$\angle C>\angle C'>\angle D$.

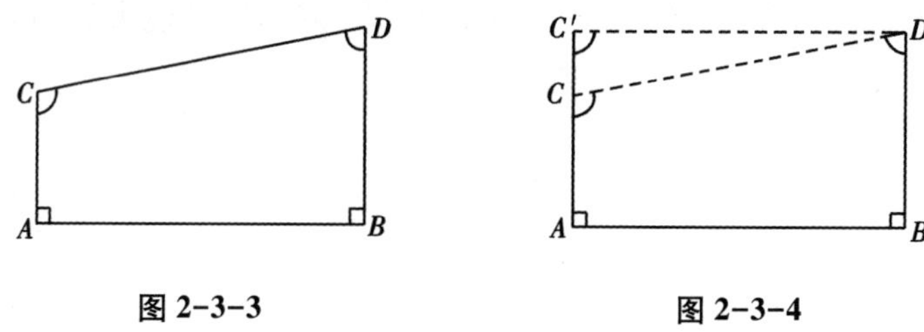

图 2-3-3　　图 2-3-4

定理 2.3.3　如图 2-3-3 所示，在四边形 $ABDC$ 中，$\angle A=\angle B=d$，且$\angle C>\angle D$，则 $AC<BD$.

证明　用反证法，设 $AC=BD$，则$\angle C=\angle D$，与已知条件矛盾.

设 $AC>BD$，则$\angle C>\angle D$，与已知条件矛盾，则 $AC<BD$.

定理 2.3.4　如图 2-3-5 所示，在四边形 $ABDC$ 中，$\angle A=\angle B=d$，$AC=BD$，假设$\angle C=\angle D<d$，则 $CD>AB$.

证明　这是萨凯里等腰四边形，由定理 2.3.1 得$\angle C=\angle D$，见图 2-3-6. 作下底 AB 的中垂线 KL，这时的情况是$\angle CLK=\angle AKL=d$，看四边形 $AKLC$，又$\angle C>\angle A=d$，由定理 2.3.3，见图 2-3-7，知 $AK<CL$，则 $2AK<2CL$，即 $AB<CD$，命题得证.

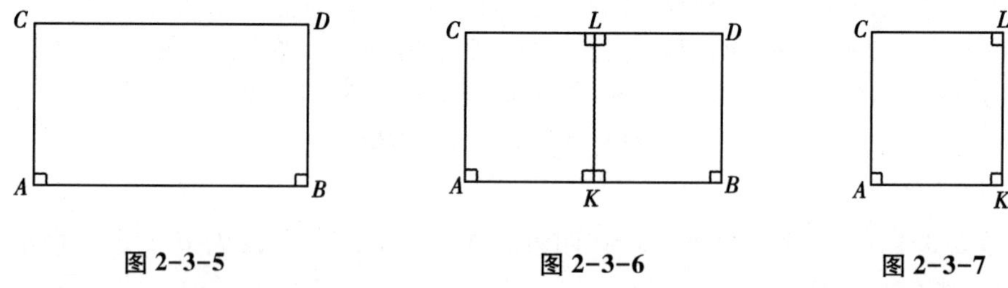

图 2-3-5　　图 2-3-6　　图 2-3-7

定理 2.3.5　在锐角假设下，即四边形 $ABDC$ 中，$\angle A=\angle B=d$，$AC=BD$，假设$\angle C=\angle D<d$，则$\triangle ABC$ 内角和小于两直角.

证明　由于一个三角形可分解为两个直角三角形，因此，只需证明直角三角形内角和小于两直角即可.

现在看 Rt$\triangle CAB$，$\angle A=d$，比较$\triangle CAB$ 与$\triangle CDB$，见图 2-3-8，由于 $AC=BD$，BC 共用，$AB<CD$，根据“大边对大角”定理，则有$\angle ACB<\angle CBD$.

则$\angle ACB+\angle ABC<\angle CBD+\angle ABC=d$，于是$\angle ACB+\angle ABC+\angle A<\angle A+d=2d$.

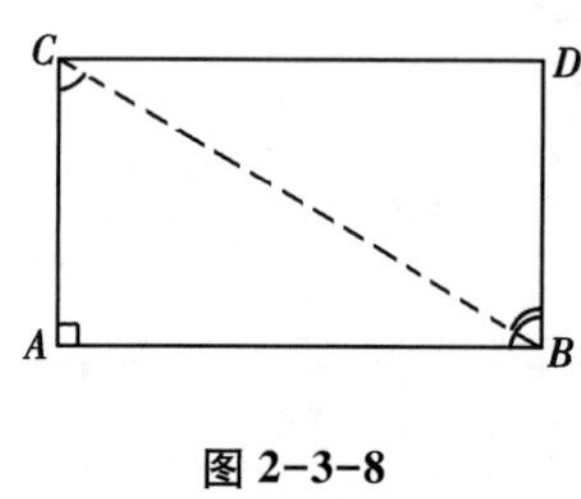

图 2-3-8

萨凯里在没有平行公理的条件下严格地证明了存在三角形内角和小于两直角的结论，但碍于欧氏几何传统力量的强大而最终放弃了自己的想法承认欧几里得是正确的.

1763 年，德国数学家克吕格尔(Klügel)在其博士论文中首先指出萨凯里的工作实际上并未导出矛盾，只是得到了似乎与经验不符的结论. 克吕格尔是第一个对平行公设能否由其他公理加以证明表示怀疑的数学家.

1766 年，德国数学家兰勒特并不认为萨凯里的锐角假设导出的结论存在矛盾，而且他认识到一组假设如果不引起矛盾的话，就提供了一种可能的几何学. 因此，兰勃特最先指出了通过替换平行公设而展开新的无矛盾的几何学研究的道路.

至 19 世纪，高斯(Gauss，德国)、罗巴切夫斯基(Lobachevsky，俄国)、波尔约(Bolyai，匈牙利)各自独立地建立起锐角假设(即三角形内角和小于 180°)的非欧几何学. 罗巴切夫斯基坚持新几何学的学术价值，并积极著述传播. 罗巴切夫斯基在自己的论著中描述了这样一种几何，以“从直线外一点可以引不止一条直线平行于已知直线”作为“第五公设”的替代公理，严格地依据逻辑推理而得出新的一套几何学定理，并将它命名为非欧几何，一般称为“罗氏几何”.

从此，数学家冲破了欧几里得几何一统天下的旧观念的束缚，使人们意识到逻辑上无矛盾并不只限于一种几何.

1854 年，德国数学家黎曼(Riemann)又发现了钝角假设(三角形内角和大于 180°)的新的几何学，被称为“黎曼几何”，后来人们统称这两种几何为非欧几何.

球面可看作黎曼几何的一个模型，过球心的平面与球的交线定义为测地线，则在球面上任意两条测地线都相交，在此，把测地线看作非欧几何直线，则过直线外一点不存在与已知直线平行的直线.

介绍两种非欧几何的目的之一是有助于理解直线，直线唯一的特性就是过两点有且只有一条直线，至于直线的“直”对于只学过欧氏几何的人难免会掺杂自己多余的想象.

非欧几何产生后，还有两方面的问题有待进一步解决. 从逻辑方面看，这种逻辑无矛盾性还有待于从理论上得到严格证明；从实践方面看，非欧几何的客观原型是什么，人们还不清楚. 也就是说，非欧几何到底反映了哪种空间形式也没有得到具体的解释.

到了 19 世纪 50 年代，微分几何、射影几何的进一步发展，为非欧几何寻找模型提供了条件.

直到 19 世纪后期，数学家贝尔特拉米、克莱因、庞加莱在欧氏空间建立了非欧几何的模型，非欧几何才得到理解和承认.

克莱因的罗氏几何模型：在普通的欧氏平面取一个圆，而且只考虑圆的内部. 约定把这个圆的内部叫作“平面”，圆内的点叫罗氏点，把圆的弦叫作“罗氏直线”(不包括弦与圆周的交点). 如图 2-3-9 所示，过点 P 有不止一条直线平行于 AB.

后来，人们不仅找到了非欧几何在天文学与相对论中的解释和应用，而且相继发现欧氏几何的每条公理在罗氏空间中可以全部成立. 反过来，欧氏几何公理的相容性可借助非欧几何的协调性给予保证. 自此证明了两种几何是互相协调的，第五公设的独立性问题得到彻底解决.

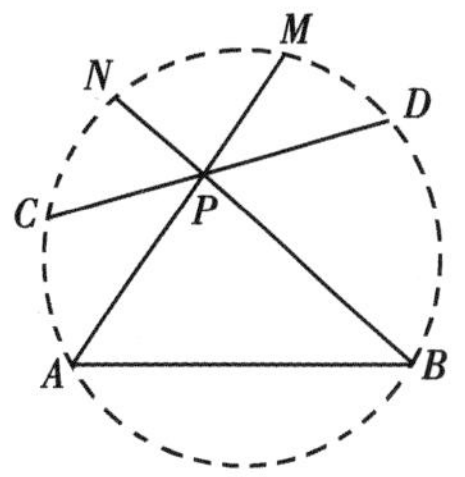

图 2-3-9

在创立非欧几何的过程中，公理化方法得到了如下发展：

① 非欧几何诞生的第一步就在于认识到平行公设不能在其他九条公设和公理的基础上证明. 它是独立的命题，所以可以采用一个与之相反的公理并发展成为全新的几何. 这就是说，在一个公理系统中，可以把一个具有独立性的公理换成另外的公理而得到一个全新的公理系统，这种方法是现代数学的一个重要的公理化方法.

② 非欧几何的创立深刻地启示人们，可以证明“在一个给定的公理系统中某些命题

不可能证明”.

③ 非欧几何系统已经不是像《原本》那样依赖于感性直观的实质性公理系统. 非欧几何的建立标志着从实质性公理化方法向思辨性公理化方法的过渡.

④ 非欧几何的创立，为公理化方法可以推广和建立新的理论提供了依据.

希尔伯特在 1899 年出版的名著《几何基础》就是这个时期研究成果的突出代表.

非欧几何的创立打破了长久以来人们认为只有欧氏几何的观念. 人们开始探寻能否在一般的条件下统一几何学. 1872 年德国数学家克莱因在《埃尔兰根计划书》中提出了自己统一几何学的基本构想：“所谓几何学，就是研究几何图形对于某类变换群保持不变的性质的学问，或者说任何一种几何学只是研究与特定的变换群有关的不变量. ”

2. 3. 3　希尔伯特《几何基础》中的欧氏几何公理体系

数学上的所谓公理，是数学需要用作自己展开推理论证出发点的少数思想上的规定. 所谓公理化方法，就是指从尽可能少的原始概念和不加证明的原始命题(即公理、公设)出发，按照逻辑规则推导出其他命题，建立起一个演绎系统的方法. 公理化方法能系统地总结数学知识，清楚地揭示数学的理论基础，有利于比较各个数学分支的本质异同，促进新数学理论的建立和发展. 现代科学发展的基本特点之一，就是科学理论的数学化，而公理化的运用是科学理论成熟和数学化的一个主要特征.

公理是对基本概念间的相互关系和基本性质所做的一种论述和规定，不是随意可以选定的. 一个良好的公理系统，设置公理应当满足三个条件：相容性、独立性和完备性.

第一个问题是要求公理体系的各个公理以及经过一串推导得出的命题不能相互矛盾，首先要求公理之间不相互矛盾，这显然是必要的条件.

第二个问题是公理的独立性问题. 如果公理体系中有一个公理可以由其余公理推导出来，它就不是独立的，可以把它从公理表中挪走，减少一个公理. 试证第五公设的过程就是这样一个过程. 但是为了简化演绎过程，有时也多列出一条公理. 例如，在近年的中学几何课本中把三角形全等的三条定理都当作公理用.

几何公理的三个基本问题中，相容性是必要的，独立性和完备性不是必要的. 数学中的一些公理体系正因为不具有完备性，才有了各色各样的模型，显示出这个公理体系的广泛应用.

希尔伯特在其著作《几何基础》中给出的欧氏几何公理体系属于形式化公理体系. 所谓形式化公理体系，是指在一个公理系统中，基本概念规定为不加定义的原始概念，它的含义、特征和范围不是先于公理而确定，而是由公理组隐含确定的.

希尔伯特在他的《几何基础》中，放弃了欧几里得《原本》中公理的直观性，且把那些在对空间直观进行逻辑分析时无关紧要的内容加以摒弃，而着眼于对象之间的联系，强调了逻辑推理，第一次提出了一个简明、完整、逻辑严谨的形式化公理系统. 从此公理化方法不仅是数学中一个重要方法，而且已被其他学科领域所采用. 所以人们称它为公理化方法发展史上的一座里程碑.

《几何基础》中包含 20 条公理的公理体系，将它们分为五个组别，并且提出了选择和组织公理系统的原则为相容性、独立性、完备性. 这种公理系统透彻地说明了一门几何学内在的逻辑关系和所包含的主要内容. 这样组织的公理系统中，通过否定或者替换其中一条或者几条公理，就能构造出一种新的几何学.

《几何基础》中关于欧氏几何学的 20 条公理：

Ⅰ　结合公理（I_1～I_8）：

I_1通过任意给定的两点有一直线.

I_2通过任意给定的两点至多有一直线.

I_3每一直线上至少有两点，至少有三点不同在直线上.

I_4过不在同一直线上的三点必有一平面，每一平面上至少有三点.

I_5过不在同一直线上的三点至多有一个平面.

I_6如果一直线的两点在某平面上，则该直线的所有点均在此平面上.

I_7如果两平面有一公共点，则它们至少还有另一公共点.

I_8至少有四点不在同一平面上.

Ⅱ　顺序公理（II_1～II_4）：

II_1设 A，B，C 是一条直线上的三点，如果 B 在 A，C 之间，则 B 介于 C，A 之间.

II_2已知 A，B 是直线上两点，则直线上至少有一点 C，使得 B 在 A，C 之间.

II_3一条直线的三点中，至少有一点在其他两点之间.

II_4（帕士公理）若直线 a 不经过不在一条直线上的 A，B，C 三点，且通过线段 AB 的内点，则 a 与 AC 或 BC 相交.

应用上述公理证明以下定理.

定理 2.3.6　直线 AB 上必存在一点 C，使得 C 介于 A，B 之间.

证明　如图 2-3-10 所示，由公理 I_3“至少有三点不同在直线上”，可知直线 AB 外至少有一点 D. 再由公理 I_1和 I_2，得知过 A，D 有且只有一条直线.

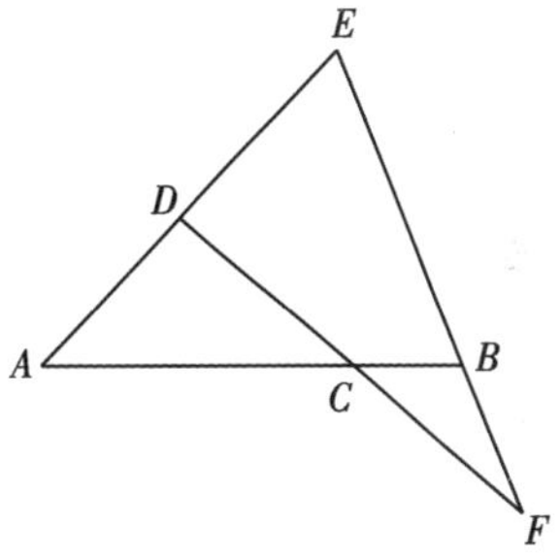

图 2-3-10

由公理II_2，已知 A，D 是直线上两点，则直线上至少有一点 E，使得 D 在 A，E 之间.

再由公理 I_1和 I_2，得知过 E，B 有且只有一条直线.

由公理II_2，已知 E，B 是直线上两点，则直线上至少有一点 F，使得 B 在 E，F 之间.

由公理 I_1和 I_2，得知过 D，F 有且只有一条直线. 为应用帕士公理，须验证：直线 DF 不经过 A，E，B 三点；直线 DF 不经过线段 EB 的内点.

分开说，应用反证法，假设直线 DF 经过 E 点，则 D，E，F 在直线 DF 上，又 B 在直线 EF 上，A 在直线 DE 上，则 A，D，E，F，B 都在一条直线上，这与“直线 AB 外至少有一点 D”矛盾.

同样可以证明直线 DF 与线段 EB 不相交，即不存在一点 G 在直线 DF 上且介于 E，B 之间.

于是，由帕士公理得直线 DF 经过线段 AB 的内点，即存在一点 C 在直线 DF 上且介于 A，B 之间.

Ⅲ　合同公理（III_1～III_5）：

III_1如果 A，B 为直线 l 上的两点，A'为直线 l 上或另一直线 l'上的点，则在 A'的给定

一侧必可在 l 或 l' 上找到一点 B'，使得线段 $A'B'$ 合同于 AB，记为 $A'B'\equiv AB$.

Ⅲ$_2$若 $A'B'$，$A''B''$ 都与 AB 合同，则 $A'B'\equiv A''B''$.

定理 2.3.7 线段 AB 与 $A''B''$ 合同，即 $A'B'\equiv A''B''$.

证明 由Ⅲ$_1$设 A，B 为直线 l 上的两点，A' 为直线 l 上或另一直线 l' 上的点，则在 A' 的给定一侧必可在 l 或 l' 上找到一点 B'，使得线段 $A'B'$ 合同于 AB，记为 $A'B'\equiv AB$.

因为 $A'B'\equiv AB$，$A''B''\equiv AB$，根据Ⅲ$_2$，得 AB 与 $A'B'$ 合同，AB 与 $A'B'$ 合同，则 $A'B'\equiv A''B''$.

Ⅲ$_3$令 AB 与 BC 是直线 l 上无公共内点的两个线段，又令 $A'B'$ 与 $B'C'$ 为直线 l' 无公共内点的两个线段，如果 $AB\equiv A'B'$，$BC\equiv B'C'$，则 $AC\equiv A'C'$.

Ⅲ$_4$令 $\angle(h,\ k)$ 是平面 α 上两直线（射线）构成的角，l' 是平面 α' 上的一直线，且给定 l' 在 α' 的一侧，设 h' 为 l' 上由点 O' 出发的射线，则在 α' 上恰有一射线 k'，使得 $\angle(h,\ k)$ 与 $\angle(h',\ k')$ 合同，且 $\angle(h',\ k')$ 的所有内点均位于 α' 的给定一侧.

Ⅲ$_5$ $\triangle ABC$ 与 $\triangle A'B'C'$ 是两三角形，如果 $AB\equiv A'B'$，$AC\equiv A'C'$，$\angle BAC=\angle B'A'C'$，则 $\angle ABC=\angle A'B'C'$.

Ⅳ 连续公理（Ⅳ$_1$～Ⅳ$_2$）：

Ⅳ$_1$（阿基米德公理）对于任意二线段 AB，CD，在 AB 上必存在一组点 A_1，A_2，…，A_n，使得 AA_1，A_1A_2，…，$A_{n-1}A_n$ 均合同于 CD，且 B 在 A_{n-1} 与 A_n 之间.

实数系的含义是“完备的阿基米德全序域”，其中阿基米德公理是“对于正实数 a，b，$a<b$，则存在正整数 n，使 $na>b$”. 连续公理中的阿基米德公理的意思是：对于两条线段 AB 和 CD，存在正整数 n，使 $(n-1)CD\leqslant AB<nCD$. 这是数和线段（形）的“第一次”结合.

Ⅳ$_2$（康托尔公理）设在任意线段 a 上给了线段的无穷序列 A_1B_1，A_2B_2，…，A_nB_n，…，其中每个后面的线段都在前面线段的内部，而且对于任何预先给定的线段，都可以找到号码 n，使得线段 A_nB_n 小于这个线段，那么在直线 a 上就存在着一个而且只有一个点 X，落在所在线段 A_1B_1，A_2B_2，…，A_nB_n，…的内部.

康托尔公理的意思是：对于任意小的线段 ε 和一递缩线段套 $\{A_nB_n\}$，$n=1,\ 2,\ \cdots$，存在 $N\in\mathbf{Z}^+$，当正整数 $n>N$ 时，满足 $A_nB_n<\varepsilon$，则存在着一个而且只有一个点 $X\in A_nB_n$. 在此，对于线段 A_nB_n 和 ε 之间使用“<”是为了有助于理解，其实，康托尔公理是几何意义上的.

Ⅴ 平行公理：

令 A 是不在直线 l 上的点，则在 A 与 l 确定的平面上至多有一直线过 A 而与 l 不相交.

2.3.4 中学平面几何的公理体系

直线性质是用公理“过两点有且只有一条直线”来刻画的. 接受这一公理对于学习者来讲是不会有什么异样的感觉的，但这也正是被知识所“蒙蔽”的状态. 设身处地去想一想在这条公理“定型”之前，面对一条直线人们会从什么角度去刻画它. 其实，关于直线的“直”是很难正面描述的，只有尝试着去刻画直线的性质才能深刻地感受到欧几里得智慧中的“苦涩”. 在教学中，不妨让学生给直线下个“定义”，那会很有意思的. 如此，才能让学生感受到直线公理(基本事实)产生的必要性. 事实上，如果没有非欧几何的“观照”[想想黎曼几何中的“直线”(测地线)]，都不会引导学生在感受直线的“直”的基础上给直线下个“定义”.

初中平面几何中的“平行公理”起着什么作用？七年级学生直观地理解“平行公理”并不难，但对于平行公理用来判定“同位角相等，两直线平行”和用于证明“三角形内角和”定理的理解却并不容易.

(1)初中平面几何公理(基本事实)

初中数学教材以“基本事实”的方式呈现公理，而不采用“公理”的形式给出.

公理 2.3.1　两点确定一条直线.

公理 2.3.2　两点之间线段最短.

在欧氏几何学中，两点间的连线只有线段、折线段和圆弧. 对于其他形态的曲线不在讨论之列，但从运用角度讲，也不妨认为两点间一般的曲线有长度且大于线段长.

公理 2.3.3　过一点有且只有一条直线和已知直线垂直.

公理 2.3.4　两条直线被第三条直线所截，如果同位角相等，那么这两条直线平行.

公理 2.3.5　(平行公理)经过直线外一点，有且只有一条直线和这条直线平行.

平行公理的现代表述源自苏格兰数学家普莱费尔，这个表述似不如欧几里得的“第五公设”的表述显得有“故事”，只需考虑三角形内角和命题的获得与证明就知道了.

两直线平行事关两条直线无穷远的状态，两条平行线是否平行不具有验证的可操作性. 也就是说，平行线的定义只能用于反证法.《原本》中的“第五公设(平行公理)”的表述：“若一直线与两直线相交，且同侧所交两内角之和小于两直角之和，则两直线延长后必相交于该侧一点. ”事实上，平行公理从逻辑的等价性角度可以改写为：“同旁内角互补，则两直线平行.”在初中教材中给出的平行线的判定条件为“公理 4(基本事实 4)：两条直线被第三条直线所截，如果同位角相等，那么这两条直线平行.”想想看，“同位角相等”是两直线被第三条直线所截的图形的局部状态，这与两直线在无穷远也不相交有什么关系呢？可以揣测，欧几里得也是不得已改用可操作的“第五公设”来作为判定两直线平行的依据.

在希尔伯特《几何基础》给出的严格的公理系统中，上述“公理 2.3.4”是利用“外角定理”证明的. 这个“外角定理”不是通过三角形内角和得出的推论，即不依赖于平行公理. 外角定理的证明是利用合同公理Ⅲ$_5$ 导出的. 该外角定理的严格证明在后面“三角形全等判定条件严格的理论基础”中给出.

三角形外角定理的内容是三角形的一个外角大于与它不相邻的任何一个内角. 因此，假设直线 b 不与直线 a 平行，则说明它们相交，根据外角定理，如图 2-3-11 所示，有 $\beta>\alpha$，这与 $\beta=\alpha$ 矛盾，说明了“同位角相等，两直线平行”是可以证明的定理.

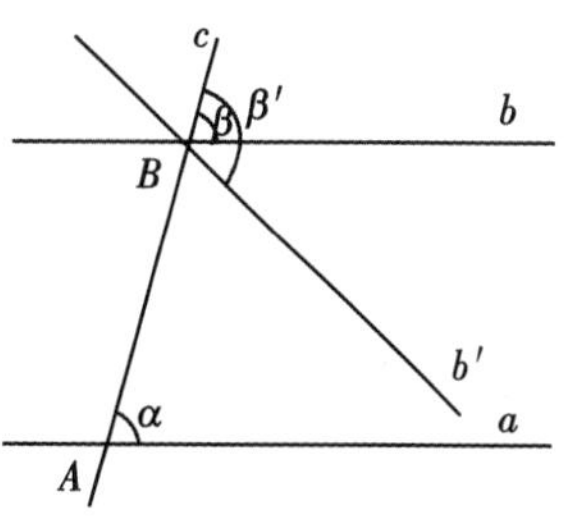

图 2-3-11

利用“外角定理”证明：两条平行线被第三条直线所截，同位角相等.

已知直线 $a/\!/b$，直线 c 与 a，b 相交于点 A 和 B，同位角 α 和 β. 求证：$\alpha=\beta$.

如图 2-3-11 所示，假设 $\alpha \neq \beta$，过点 B 存在直线 b'，使 b'，c 构成的同位角 $\beta'=\alpha$，且 b' 与 b 不同. 根据公理 2.3.4，$a/\!/b'$，于是过点 B 有两条直线 b 和 b' 同时平行于 a，这与平行公理矛盾，因此 $\alpha=\beta$，证毕.

公理 2.3.6 （边角边公理）有两边和它们的夹角对应相等的两个三角形全等.

公理 2.3.7 （角边角公理）有两角和它们的夹边对应相等的两个三角形全等.

公理 2.3.8 （边边边公理）有三边对应相等的两个三角形全等.

公理 2.3.9 两条直线被一组平行线所截，所得的对应线段成比例.

(2)初中几何的原始概念和关系

① 原始元素：点、线、面.

② 原始关系：结合关系(如点在线上)，顺序关系(在直线上其中一点介于其他两点之间)，运动关系(如绕一定点旋转)，度量关系(如线段、角和面积的度量).

显然，对照希尔伯特《几何基础》一书中给出的欧氏几何公理系统可知，中学平面几何理论的公理系统不具有独立性，也不具有完备性.

中学几何是以欧几里得《原本》为原型建立的. 其方法采用了欧几里得实体公理化方法，即以不完备的公理系统加上一些直观承认的客观事实为基础，通过逻辑推理建立演绎体系，其内容基本上是《原本》的内容.

欧几里得几何学在中学教学中具有不可替代的作用，一个突出的原因在于其能够显现出带有学科理论整体特征的公理化方法. 首先中学平面几何给出了初始概念及若干公理(基本事实)，其次依据逻辑进行命题论证来展开学科内容，这是用较少的篇幅展示出一个学科构成的基本样式，其他学科是难以做到的.

作为中学几何教师，需要真切地理解平面几何的公理体系，将历史上的公理系统和现代几何公理系统进行比较性的理解，再以此视角审视中学几何的公理体系，进而理解欧几里得平面几何学理论作为一种理论范式对数学理论和自然科学理论及一般的社会科学理论架构方式的影响.

(3)三角形全等判定条件严格的理论基础

初中平面几何教材将“基本事实 6(边角边)”“基本事实 7(角边角)”“基本事实 8(边边边)”作为两个三角形全等的判定条件，这三个“基本事实”都是公理吗?

在教材的编写上不宜引入过多的公理，理由是完善的公理系统发生在对几何认识上的成熟阶段，根据“生物发生律”的启示，在教材理论内容的展开上应大致按照历史上知识产生的顺序. 从知识应用的角度看，平行线、内角和定理及由全等三角形过渡到特殊三角形和特殊四边形才是平面几何知识的“主旋律”. 因此，全等三角形的判定条件是以实验(两个三角形叠合)的方式得到确认的，也可以说是依据两个三角形叠合的经验概括出两个三角形全等的判定公理.

但作为教师需要从严格的公理系统出发认清三角形全等判定条件之间的逻辑关系. 即从合同公理中的第 4 条和第 5 条出发证明 SAS 判定条件，再导出其他判定条件. 也只有知道严格的数学理论才可能理解教材编写的“取舍”“遮掩”“方便”.

希尔伯特在其著作《几何基础》中给出的几何公理体系，对三角形全等的判定给出了严格的理论逻辑根据. 在合同公理中有如下公理(第三组合同公理中的第 4 条和第 5 条).

合同公理 Ⅲ_4：

令$\angle(h, k)$是平面α上两直线（射线）构成的角，l'是平面α'上的一直线，且给定l'在α'的一侧，设h'为l'上由点O'出发的射线，则在α'上恰有一射线k'，使得$\angle(h, k)$与$\angle(h', k')$合同，且$\angle(h', k')$的所有内点均位于α'的给定一侧.

合同公理Ⅲ_5：

设A，B，C是不在同一直线上的三点，A'，B'，C'也不在同一直线上. 若线段$AB=A'B'$，$AC=A'C'$，$\angle BAC=\angle B'A'C'$，则$\angle ABC=\angle A'B'C'$，$\angle ACB=\angle A'C'B'$.

对照教材中的 SAS 公理，严格的欧氏几何公理系统中的合同公理Ⅲ_5并没有直接给出$BC=B'C'$的结论. 下面给出证明三角形全等的判定定理 SAS，那么，此时的目标是$BC=B'C'$.

定理 2.3.8　如果两个三角形的两条边及其夹角分别相等，那么这两个三角形全等.

如图 2-3-12 所示，在$\triangle ABC$和$\triangle A'B'C'$中，$AB=A'B'$，$\angle BAC=\angle B'A'C'$，$AC=A'C'$. 求证：$\triangle ABC\cong\triangle A'B'C'$.

证明　显然，只需证明$BC=B'C'$即可.

应用反证法：如图 2-3-13 所示，假设$BC\neq B'C'$，在射线$B'C'$上取点C''，使$B'C''=BC$. 由于有$AB=A'B'$，$\angle ABC=\angle A'B'C''$，$BC=B'C''$，则由上述公理得$\angle BAC=\angle B'A'C''$.

又由于$\angle BAC=\angle B'A'C'$，则得$\angle B'A'C'=\angle B'A'C''$，这与合同公理$\text{Ⅲ}_4$矛盾.

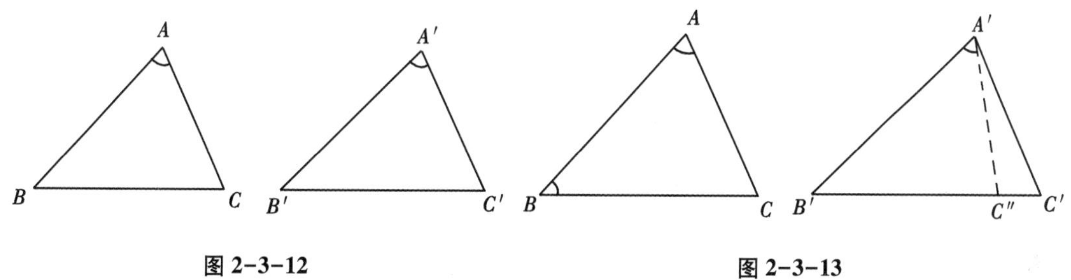

图 2-3-12　　　　图 2-3-13

定理 2.3.9　如果两个三角形的两个角及其夹边分别相等，那么这两个三角形全等.

如图 2-3-14 所示，在$\triangle ABC$和$\triangle A'B'C'$中，$\angle B=\angle B'$，$BC=B'C'$，$\angle C=\angle C'$. 求证：$\triangle ABC\cong\triangle A'B'C'$.

反证法：假设$\triangle ABC$和$\triangle A'B'C'$不全等，那么一定有$AB\neq A'B'$（如果有$AB=A'B'$，那么由 SAS 可知$\triangle ABC\cong\triangle A'B'C'$），如图 2-3-15 所示. 不妨设$AB<A'B'$，在边$B'A'$上截取$B'A''=BA$，连接$A''C'$，由 SAS 知$\triangle ABC\cong\triangle A''B'C'$，所以$\angle A''C'B'=\angle ACB$，又$\angle ACB=\angle A'C'B'$，则$\angle A''C'B'=\angle A'C'B'$，这与合同公理$\text{Ⅲ}_4$相矛盾.

这就是两个三角形全等的判定定理 ASA.

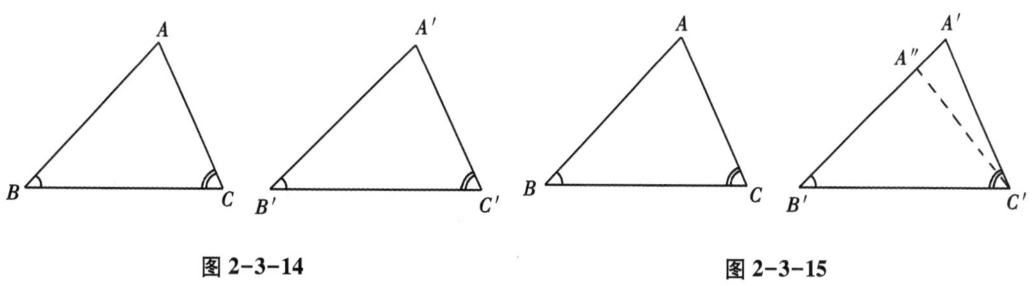

图 2-3-14　　　　图 2-3-15

在不使用平行公理的情况下，即不使用三角形内角和定理，证明三角形全等的判定定理 AAS.

引理 （三角形外角定理）三角形的一个外角大于与它不相邻的任何一个内角.

如图 2-3-16 所示，已知$\triangle ABC$，点 D 在边 BC 的延长线上. 求证：$\angle ACD>\angle A$，$\angle ACD>\angle B$.

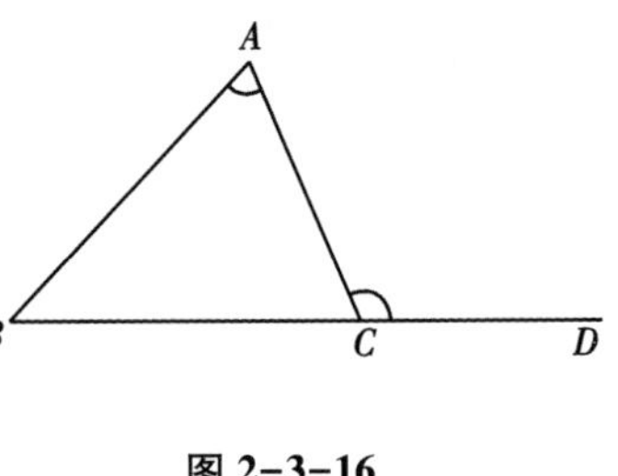

图 2-3-16

证明 设$\angle ACD$ 是$\triangle ABC$ 的一个外角. 在射线 BC 上取一点 D 使 $CD=AB$.

先证明$\angle ACD\neq\angle BAC$. 用反证法，如图 2-3-17 所示，设$\angle ACD=\angle BAC$，由合同公理III_4 可知$\angle ACD=\angle CAD$，由$\angle ACD$ 与$\angle ACB$ 互补，说明$\angle BAC$ 与$\angle CAD$ 互补，可知 B, A, D 在一条直线上，这样直线 BC 与直线 AB 有了两个交点，矛盾.

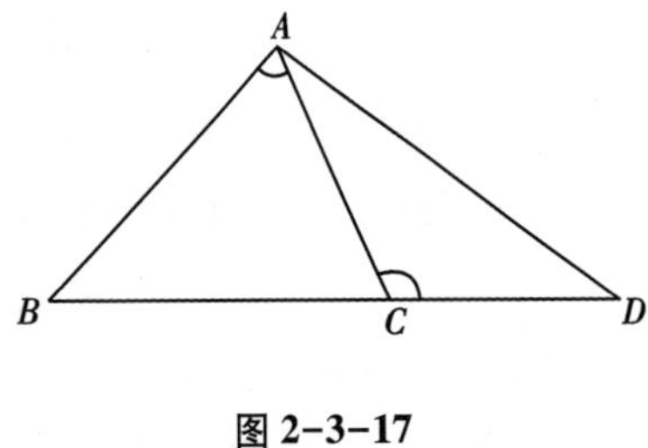

图 2-3-17

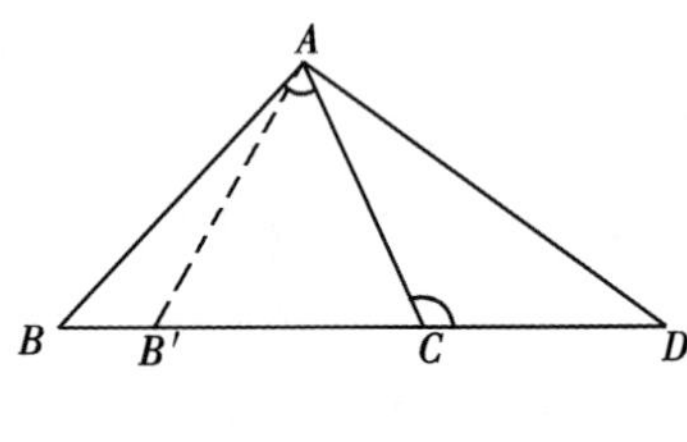

图 2-3-18

再假设$\angle ACD<\angle BAC$. 仍用反证法，如图 2-3-18 所示，过 A 点作$\angle CAB'=\angle ACD$，则$\angle CAB'<\angle BAC$，说明$\angle CAB'$的一边 AB'一定与线段 BC 相交. 对于$\triangle ACB'$，有$\angle CAB'=\angle ACD$，这与前述证明结论矛盾.

综上，由排中律得$\angle ACD>\angle A$ 成立.

同理可证$\angle ACD>\angle B$. 见图 2-3-19，只需将$\angle ACD$ 换成其对顶角即可.

这个外角定理不同于几何教材中的由三角形内角和为 180°导出的“三角形的外角等于不相邻的两个内角之和”，说明该外角定理与平行线无关.

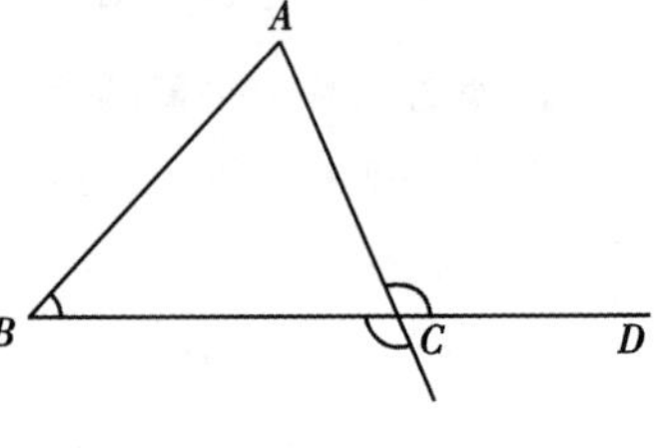

图 2-3-19

定理 2.3.10 如果两个三角形的两个角及一角所对的边分别相等，那么这两个三角形全等.

如图 2-3-20 所示，在$\triangle ABC$ 和$\triangle A'B'C'$中，$\angle B=\angle B'$，$\angle C=\angle C'$，$AB=A'B'$. 求证：$\triangle ABC\cong\triangle A'B'C'$.

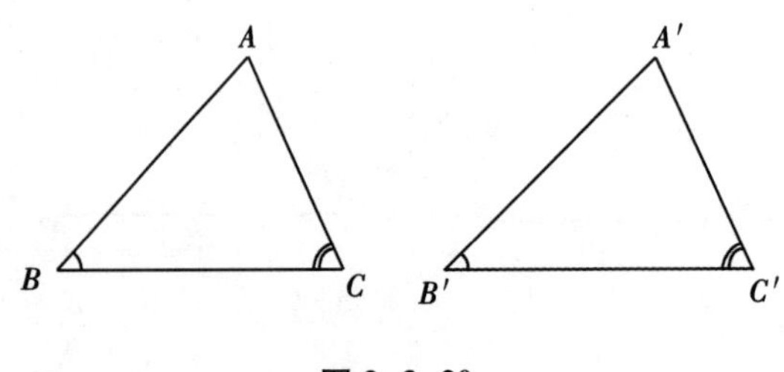

图 2-3-20

证明　采用反证法. 假设$\triangle ABC$和$\triangle A'B'C'$不全等，那么一定有$BC \neq B'C'$(如果有$BC=B'C'$，那么由 SAS 可知$\triangle ABC \cong \triangle A'B'C'$)，不妨设$BC<B'C'$，见图 2-3-21. 在边$B'C'$上截取$B'C''=BC$，连接$A'C''$，由 SAS 知$\triangle ABC \cong \triangle A'B'C''$，所以$\angle ACB = \angle A'C''B'$，又$\angle ACB = \angle A'C'B'$，则$\angle A'C''B' = \angle A'C'B'$，这与外角定理相矛盾.

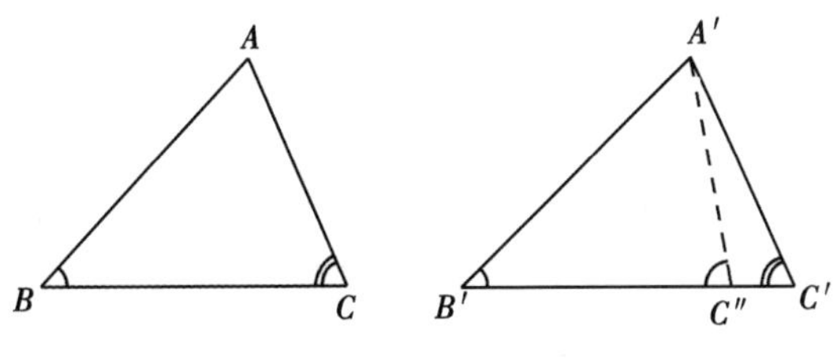

图 2-3-21

定理 2.3.11　如果两个三角形的三条边分别相等，那么这两个三角形全等.

如图 2-3-22 所示，在$\triangle ABC$和$\triangle A'B'C'$中，$AB=A'B'$，$BC=B'C'$，$CA=C'A'$. 求证：$\triangle ABC \cong \triangle A'B'C'$.

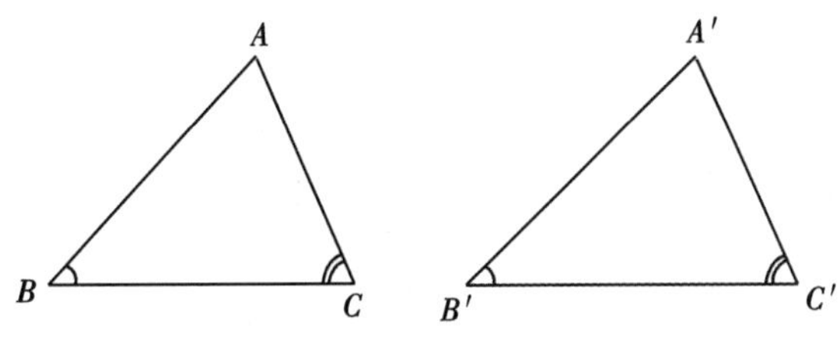

图 2-3-22

引理　已知$\triangle ABC$，$AB=AC$，则有$\angle ACB = \angle ABC$.

证明　对于$\triangle ABC$与$\triangle ACB$，$AB=AC$，$\angle A$共用，$AC=AB$，由判定定理 SAS 可知$\angle ACB = \angle ABC$. 这是等腰三角形性质定理的一个巧妙证明.

证明　显然，只需证明有一对角相等即可，此时，证明$\angle ACB = \angle A'C'B'$.

见图 2-3-23，由于$AB=A'B'$，所以，可以将AB和$A'B'$重置在一起. 连接CC'，由引理得$\angle ACC' = \angle A'C'C$及$\angle BCC' = \angle BC'C$，则$\angle ACB = \angle AC'B$，再进一步可证$\triangle ABC$和$\triangle A'B'C'$全等. 这就是教材中两个三角形全等的判定定理(SSS).

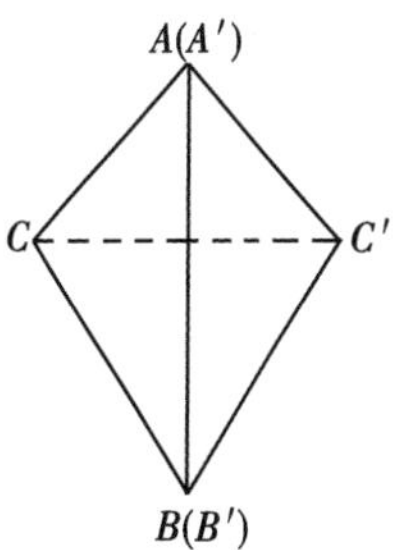

图 2-3-23

第3章 平面几何命题的获得

数学命题指数学公式、法则、定理、公理、原理等的总称，有的数学教育心理学著作将数学命题称为数学原理. 特别地，数学概念是特殊的数学命题.

3.1 平面几何命题的心理表征

从形式逻辑角度讲，数学命题是两个及以上概念连接起来所形成的判断语句，包括公理、定理、公式和法则、原理等，这些命题都是真命题. 平面几何命题具体指的是平面几何性质定理、判定定理及推论和公理等.

按照美国认知心理学家安德森的知识表征理论，数学知识分为陈述性知识和程序性知识. 数学中的陈述性知识不是指数学知识本身，而是关于概念、命题和题型、方法等心理表征意义下的知识. 陈述性知识表征的方式包括命题、表象和线性排序及综合性表征单位图式. 陈述性知识在人脑中表征的最小单元是命题，两个或多个命题如果具有共同的成分，那么通过这种共同成分，若干个命题就能彼此联系组成命题网络. 陈述性知识的获得是一个新知识纳入到原有命题网络的过程，命题网络常常会随着学习发生重建或改组，而重建或改组后的认知结构是否良好与新知识被加工的过程有关.

数学中的程序性知识是借助一套符号系统，并依据一定的规则“做”数学的知识.

现代心理学家认为表征程序性知识的最小单元是产生式. 程序性知识的产生式表征方式是安德森借用行为主义心理学的“刺激-反应原理”所提出的设想. 程序性知识又可以一分为二：一类是对外办事的智慧技能，在几何学习中指的是基本运算和推理；一类是对内调控的认知策略，也称策略性知识，在几何学习中指的是思想方法和解题策略.

除了符号表征学习和事实学习之外，数学学科中的陈述性知识一般是程序性知识掌握的前期阶段.

从知识表征的角度看几何知识的性质，平面几何命题有两个方面的含义：作为言语符号信息，它是对概念之间关系的描述，此时可将几何命题的表征看成陈述性知识；从心理意义上说，它是一种操作反应系统(产生式)，即主体在特定的情境中根据各种关系作出相应的反应，此时可将几何命题的表征看成程序性知识.

几何命题描述了概念之间的关系，这种关系是稳定不变的，既可以将其表征方式看作静态的陈述性知识，又可以看作动态的程序性知识. 几何命题如果是“若…，则…”的形式，那么在逻辑上就称其为假言命题. 若学生将其看作一个整体语句，说明学生的心理表征是陈述性知识. 若学生面对“若…”的问题情境，能将已知命题的条件和问题情境的条件匹配，则能相应作出“则…”的反应，能以一种操作行为对一类刺激情境作出反应，则表明学习者习得了这一产生式.

概括地说，平面几何定理(命题)心理表征的特点有如下几个方面：

① 相关的平面几何定理在心理活动中以命题网络的层次结构存储.

如平面几何中关于圆的有关命题，首先最为基本的是圆的定义，其次是关于线段的垂径定理，关于角的圆心角、圆周角定理，圆的直径所对的角是直角，圆内接四边形对角互补，以及切线的性质与判定和切线长定理等，还可以包括拓展的圆的相交弦定理和切割线定理等. 这些命题有着内在的结构关系，学生要建立起恰当的心理表征以表现出这些命题所具有的合理的层次结构.

② 表征反映和代表了相应的数学对象，而且同一数学对象可以有不同形式的表征，不同形式的表征反映了不同的心理操作方式和过程.

例如，平行四边形概念作为研究对象其丰富的内涵需要从几个方面分别加以刻画. 若干性质定理从平行四边形“框架”中的“对边”的相等(度量关系)和平行(位置关系)、平行四边形内部“对角”相等以及内部结构“对角线互相平分”等不同的角度去展现平行四边形概念的各个侧面.

问题解决活动中局部的模式识别是解题者将局部情境与已有概念的某一侧面进行的匹配动作，因此，几何概念内涵的刻画，即是对概念某一侧面的刻画，这需要建立系列等价(充要条件)或性质(必要条件)命题和判定(充分条件)命题组织起来的知识系统.

③ 平面几何定理的表征具有情境性和语义性共存的特点，但以语义表征方式为主. 平面几何定理的表征既可以用表象代码表征，也可以用言语代码表征，但以言语代码表征为主.

④ 若干平面几何定理形成较复杂的知识组块，用图式表征的几何定理具有概括性、层次性，学习时需要以研究对象(概念或典型题)为主题把相关定理组织起来.

基于对概念的认识以及若干概念间联系的认识所建立起来的命题系统与以解题为目的所构建起来的命题系统在层次结构的组织方式上是不同的，前者是知识理解所需要的，后者是关于知识的应用的，这两个命题系统是一个命题系统的两个侧面，不应混为一谈，也不应割裂. 常见的知识结构框图有助于刻画单纯的知识结构理论上的展开方式，使学生认识到学科理论的构建逻辑及可能带来的数学家提出问题展开研究的逻辑. 表征合理的命题系统愈丰富，愈能为解题提供丰富的技术手段并带来有效的思路探寻，同时可压缩解题思维的长度；反之，解题活动所带来的丰富的命题运用经验有助于促进命题表征的合理性. 其实，命题获得的最初过程就是问题解决的过程与结果. 这些命题按不同的意义得到不同方式的组织与呈现，如激活扩散模型所描述的，不同目的的刺激可激活相应的命题并扩散至与其等价或半等价命题(喻平). 因此，学生还需从问题解决的视角去组织命题的结构，如以“证明线段相等”去组织命题，再如以“中点”为线索去组织命题，通常可以选择典型题作为线索去组织命题.

陈述性知识的表征大的单位是图式，图式包含表象和命题(言语代码). 教学中创设问题情境有助于学生形成表象表征，由于新的问题解决即该知识所运用的场合仍具有情境性，故表象表征就具有无可替代的意义，对于教学此意义尤其重要.

欧氏几何中的概念、定理总是指向一类具体的图形. 对图形的心理表征具有知觉的表象表征，几何定理的心理表征是抽象语义(内涵)表征和表象表征的综合，两者存在对应问题. 一个常见的教学现象是，学生未能独立解决问题，而经教师点拨便豁然明白，这其中的原因之一是学生在图形中未能产生有效的知觉，自然不能有效调用相关知识，即没有将已有的知识运用于当前，其原因是定理与当前问题未能准确匹配.

从数学知识的情境性角度来看，也要注意概念、定理的语义与图形相应的关联，将其一同储存为图式，完成知识的综合性心理表征，这样才能运用于解决新的问题.

另外，对于重要的几何定理，其应用的对象会有一些稳定的问题结构情境. 对于特定的问题情境，自然会形成知识运用的有序方式以及解决问题的方法与思路. 因此，对于重要的几何定理进行针对性的研究，寻找特定定理应用的问题情境及与之相应的典型图形等对于成功解题是有益的.

张庆林(1998)认为，融会贯通的知识应当做到条件化、结构化、自动化和策略化.

所谓条件化，是指在学习知识时，同时要掌握这些知识的使用条件；在记忆时，要将知识与该知识应用的“触发”条件结合起来.

结构化是要求知识在头脑中形成一定的层次网络，而不是零碎的、孤立的和杂乱无章的；在知识的组织上要加强上位知识与下位知识之间的联结，从而能够顺利地实现从具体到抽象和从抽象到具体的动力传递. 实际上，结构化的知识由概念和几何命题作为网络的“节点”，因此有重点突出、体系组织简明清晰、概念和几何命题之间的相互联系紧密、易于理解掌握的特点.

自动化则是指不但要注意某一知识内部各要素之间的内在联系性、此知识与彼知识之间的相互联系性，而且要通过有效的练习使它们紧密结合在一起，并达到自动化的程度. 这样的知识可以在头脑中表征为一个知识块，使之在记忆中占据较少的空间，而在应用时实现自动联想. 代数类的计算和解方程所运用的程序性知识可达到自动化程度，而几何命题的运用与问题情境密切相关，故知识运用时需要观察、模式识别后再选择合适的命题中的条件进行匹配，如不合适还需调整，因此说，几何命题的运用过程显然是不能自动化的. 对于单个命题的运用，一旦条件匹配，其结论的出现可以是自动化的，但推理后所获结果与下一个情境条件的匹配仍需观察、模式识别后再次选择合适的命题，这个连接过程是不能自动化的.

策略化则是要求在头脑中储存有关如何学习、如何思维的策略性知识，在具体的知识学习和问题解决中，能自觉地运用它们来监控自己的学习或问题解决过程. 在学习过程中，注意力要在高层的策略性知识与低层的陈述性知识及程序性知识之间相互转换，不仅意识到当前的加工材料，而且要意识到自己的加工过程和加工方法，不断反省自己所采取的策略是否适当，并及时调整自己的加工过程. 策略性知识作为程序性知识相当于数学思想方法和解题策略，值得注意的是其在思维活动中的运行是不能自动化的，并且占用工作记忆中的大量资源. 解决几何题的过程要通过问题结构的辨别与已有知识经验的反复比较才能进行有效推理，其中大量使用策略性知识，这也是几何题难解的一个重要原因.

将已获得的命题组织起来形成命题网络，获得综合图式表征，这容易引起师生关注，特别地，利用思维导图可以有效地将相关命题联系起来. 在此，关注的是命题组织的线索：一方面按照知识展开的顺序组织成具有一定逻辑关系的命题系统，最合理的视角是按照几何研究的逻辑组织命题系统进行组织；另一方面关注数学知识的功能，按照功能(问题解决)将数学知识组织起来，以构建良好的认知结构.

3.2　平面几何命题的学习

现代认知心理学研究指出，程序性知识是由陈述性知识经过变式训练转化而来的，这就是说，几何命题的学习首先要以陈述性知识的方式习得，而后再在变化情境中练习才能转化为以产生式系统表征的程序性知识. 据此，可以将几何命题的学习过程分为两个阶段：理解阶段和变式训练阶段.

有些学生能理解教师讲授的命题，但不能主动运用，问题在于学生只理解了静态的、对象性的几何命题的言语符号信息，即理解了概念之间关系的描述，而没有将几何命题看成一种操作反应系统. 一个产生式(组)，是由一个或一组刺激引发的一个或多个相应的反应. 研究知识的动态凝结过程，进行定理、习题的变式训练有助于学生习得产生式，有助于学生理解知识的运用方式.

① 几何命题学习实际上是学习一些概念之间的关系. 因此，概念学习是几何命题学习的基础，不掌握构成几何命题的各个概念，就不可能习得这一几何命题.

② 几何命题学习不是习得描述几何命题的言语信息，而是习得几何命题的意义，它是一种有意义的学习. 根据奥苏贝尔的有意义言语学习理论，几何命题学习分下位学习、上位学习和并列结合学习.

③ 几何命题学习本质上是习得产生式. 只要条件信息一满足，相应的行为反应就自然出现，学习者据此指导自己的行为并解决遇到的新问题.

④ 习得几何命题不是孤立地掌握一个几何命题，而是要在几何命题之间建立联系，形成几何命题网络.

作为言语符号信息，命题是对概念之间关系的描述，平面几何定理从学习者心理接受的角度讲，可以看成陈述性知识(对象性)，也可以看作一种操作反应系统，即主体在特定的问题情境中根据各种关系作出相应的反应. 从应用的角度讲，将平面几何定理表征为一个产生式系统，是程序性知识表征. 前者适于解释学习者的心理接受过程，后者适于解释学习者运用几何定理的过程，两者合在一起，是平面几何定理相对于学习者而言的输入(接受)—输出(运用)过程.

习得的几何命题转化为技能的一个重要条件是，将命题表征的陈述性知识转化为产生式规则表征的程序性知识，还起到促使已形成的程序性知识进一步熟练化的作用. 知识运用的自动化可以降低工作记忆负担.

加涅在 20 世纪 70 年代提出的学习结果分类理论认为：学生的学习结果涉及认知、动作技能和态度三个领域，而认知领域又分为言语信息(语义知识)、智慧技能和认知策略三种学习结果.

学习结果分类把技能分为动作技能和智慧技能. 加涅认为，智慧技能是概念规则支配人的认知活动的结果，它具体由辨别、概念、规则和高级规则构成，所以智慧技能主要指人们运用概念和规则办事的能力. 加涅的智慧技能学习层次论较好地解释了知识与技能的关系，即低一级智慧技能是高一级智慧技能学习的先决条件.

对于平面几何定理的教学，教师既要考虑将几何命题作为陈述性的知识使学生顺利接受，更要关注通过变式训练将几何命题作为程序性知识运用于各种场合形成熟练的(一般地，几何命题的运用是难以自动化的)智慧技能问题. 如见到条件“同位角相等”则迅速作出反应“两直线平行”，即获得了运用几何命题(规则)处理问题的能力. 若程序性知识的运用达不到熟练和自动化，如对于与“…，则两直线平行”等系列结论相同的命题长时间地运用于解题，那么，对此类程序运用经验的概括就得到一个心理对象上模糊的为得到“两直线平行”的结论就根据情境选择“…”条件这样一个对内调控的程序，即认知策略. 作为策略性知识的数学思想方法，就是在解决问题过程中根据问题情境决定此时以何种方式使用已知知识所运行的程序性知识. 从这里可以看出知识教学与能力培养的内在联系，为几何命题教学指明了方向.

由于几何命题表示若干概念之间的关系，因而理解几何命题的前提条件是学生先要理解构成规则的若干概念. 由于数学学科知识体系明确，在编写教材时基本上能做到环环相扣，因而在实际教学中构成几何命题的概念一般是先前已经获得的，如果学生在学习某几何命题之前没有掌握或遗忘了所学习的概念，则学生就需要先复习巩固相关的概念，然后才能进入几何命题的学习.

从心理学的角度看，理解的实质就是新的知识与学生头脑中的原有知识相互作用，最后新旧知识建立联系，整合在一起贮存起来的过程. 根据新知识与原有知识建立联系的方式不同，可以区分出两种实现理解的方式，一种方式是学生头脑中习得了或积累了体现几何命题的若干例子，然后在此基础上经过比较、分析、归纳，发现例子和新的几何命题之间的关系，从而在原有的若干例子和新的几何命题之间建立联系，这就是例子，常应用于几何命题的教学中. 另一种方式是学生头脑中具备了与新几何命题相关的概念、几何命题，然后从原有的概念、几何命题出发，经过逻辑推理，推导出新的几何命题，从而将新旧几何命题联系起来. 从平面几何学科角度看，几何命题构成严格逻辑体系的基本单位，一个几何命题是几何命题系统的一个节点. 与此相关，一个几何命题的教学要关注命题间的逻辑关联，即这个命题与其他命题的关系是等价的或是必要的、充分的，或是特殊化的或是一般化的.

一个平面几何定理本身既是陈述性知识又是程序性知识. 学习者既要掌握一个平面几何定理的陈述性知识的命题网络的表征方式，又要掌握它的程序性知识的产生式表征方式. 首先，学习者将一个平面几何定理作为陈述性知识来学习，或者说，将数学概念、平面几何定理以陈述性知识的命题网络的表征形式存储于自己脑中；其次通过变式训练使脑中的陈述性知识转化为程序性知识的产生式表征形式.

几何命题的产生式表征对于学生应用几何命题至关重要. 如看到条件“平行四边形”想到“对角线互相平分”，看到结论是“两直线平行”就想到可能的条件“同位角相等”或“平行四边形”等，这是逆向产生式(组)的运用.

图 3-2-1 表示的是命题的产生式表征，图 3-2-2 表示的是命题的产生式组表征.

更为一般地说，数学知识是数学家从事数学活动(从问题出发)的最终产物，数学知识形式化的严格表述是数学研究活动成熟后的结果，不能因为强调学生应该掌握数学知识结构而忽视交代数学知识的由来、特征及应用时的功能，即不能因为关注数学活动的结果而忽视数学研究活动的起因、过程及发展.

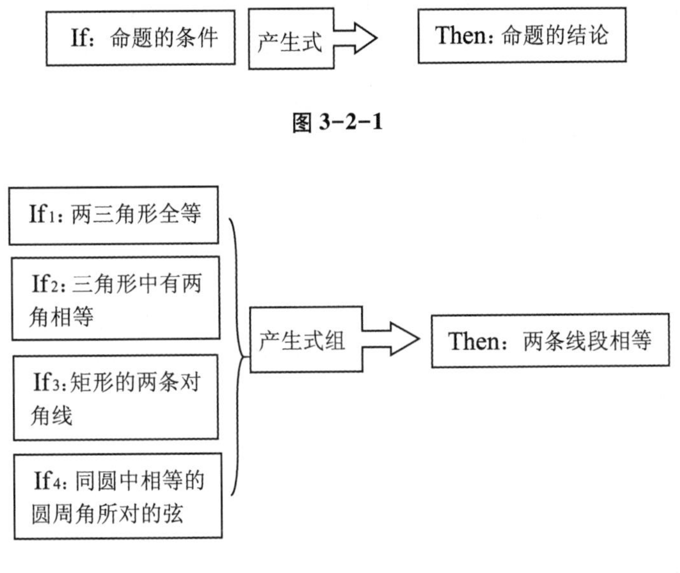

图 3-2-1

图 3-2-2

平面几何命题学习的形式有两种.

① 由例子到几何命题的学习。

用“例子—几何命题”教授几何命题时，学生的认知过程类似于概念形成的认知过程，都需要提供例证、辨别对象、提供假设、验证假设和进行概括. 但一般地说，它对认知水平的要求较高，因为它概括的是由某些概念构成的特定关系. 因此，几何命题学习要以概念学习为基础. 用“例子—几何命题”法学习一些较简单、明显的几何命题时，学生可以不需要教师的指导，这种学习常被称为独立发现学习. 但对那些不容易概括出来的几何命题，教师的指导是必需的. 教师的提示越多，学生发现几何命题的难度就越低. 这种在教师的指导下发现几何命题的学习常被称为指导发现学习.

② 由几何命题到例子的学习。

用“几何命题—例子”教授几何命题的前提条件是，学生必须事先掌握构成几何命题的各个概念和几何命题. 和学习“例子—几何命题”相比，“几何命题—例子”法学习所花的时间较少，但容易导致机械学习. 因此，在用“几何命题—例子”法学习时，教师必须了解学生对构成新几何命题的相关概念的掌握程度，以便学生顺利同化新几何命题.

因此，需要明确一个问题：利用“例子—几何命题”方法学习新几何命题对于学生在观念和认知水平上的要求高还是不高?

3.3　平面几何命题的教学

(1)突出几何命题产生的动因

欧几里得几何学作为古希腊数学的精华深刻地反映出西方古典数学蕴含的文化特征，这种反映一方面在于其公理化体系，另一方面在于它是对世界空间形式的刻画. 欧氏几何意在通过对世界变化的时间性的消解而获得空间结构关系的永恒性. 因此，欧氏几何中的概念、定理总是指向一种作为空间形式具体的图形结构关系.

一般来说，概念是研究的对象. 很多数学家都论述过概念是数学的研究对象，是数学的灵魂. 概念是特殊的命题，概念的前提和结论互为充要条件. 命题是两个及以上概念的联系，几何命题包括真假命题，真命题被称为定理.

从几何研究的角度看，几何概念是几何研究的对象，对概念的内在结构关系进行揭示所得出的研究结果就是性质命题，性质命题是概念成立的必要条件. 从概念的外部寻找确定概念成立的条件叫作概念的判定，判定命题是概念成立的充分条件. 如正方形的性质命题是分别从对边的位置关系(对边平行、邻边互相垂直)和度量关系(对边相等)进行揭示，对角线互相垂直平分且相等是对正方形内部结构的刻画. 从判定的角度看，这也是寻找四边形为正方形判别的充分条件. 几何中理想的研究结果是与几何概念等价的充要条件，若得不到充要条件，便分别寻找必要条件和充分条件. 上述所言，不仅是从逻辑的角度说明概念与相关命题的关系，更值得注意的是指明了数学研究的方向！这对于几何命题教学是极具启示性的，这也是在命题教学上要采取创设问题情境，引导学生观察并猜想出结论然后加以说明最后进行应用这样的教学流程的原因. 欧氏几何带有强烈的理论性，因此，教学中所创设的问题情境不应游离于理论研究的主题之外，意思是可以旗帜鲜明地指出研究的内容就是几何概念的性质和判定，这是数学研究中提出研究课题常用的方式方法，是数学家研究数学问题的动因之一. 因此，教学要隐含着数学研究的传统、方式方法和价值观.

“问题是数学的心脏”(哈尔莫斯)，提出问题是数学研究活动展开的逻辑前提，意味着数学真正的进步. 突出几何命题产生的动因，就是创设问题情境提出符合几何研究传统的问题. 首先，关于“圆”，研究什么？研究线段——半径、直径、弦及其关系. 什么关系？位置关系和度量关系. 其次，研究角，什么角？圆上的基础位置是圆心和圆周，自然地，要研究圆心角和圆周角及其度量关系. 由于圆是由相等线段(半径)生成的，所以，研究圆的方法初期就是应用等腰三角形. 为什么要研究切线呢？天文现象中的“日全食”等与圆的切线有关，特别地，切线是对曲线局部的近似，微积分中的“以直代曲”就是这个意思，具体说与圆的周长和面积的定义和计算有关. 研究完圆的性质，下一步自然是研究圆的判定了. 若一个圆研究完了，下一步研究什么？应该研究两个圆的位置关系，如何刻画？用圆心与半径来刻画. 还有公切线、公共弦呢？可否引导学生研究“圆的全等”和“圆的相似”？

再看一个例子，平行线的判定条件的选择与三角形内角和定理的发现与证明.

平行线的定义是：同一平面内两条直线没有交点，则称这两条直线平行. 由于平行线的定义很特别，事关两直线无穷远的情况，即事关无限，故不具有操作性，一般来说无法使用定义直接给出证明，即无法正面验证，故在几何解题应用时只能用反证法说明.

事实上，从欧几里得《原本》中就可以看出平行线判定条件(第五公设)出现得较晚，这也反映出平行线的重要性以及平行线刻画的困难性. 欧几里得借助经验决定用第三条直线与两直线联系起来，并将平行问题转化为同旁内角互补(初中教材中为“同位角相等”)问题，即将两直线平行的无穷远的无限情况转化为“同旁内角互补”的局部的可操作情况，见图 3-3-1 和图 3-3-2.

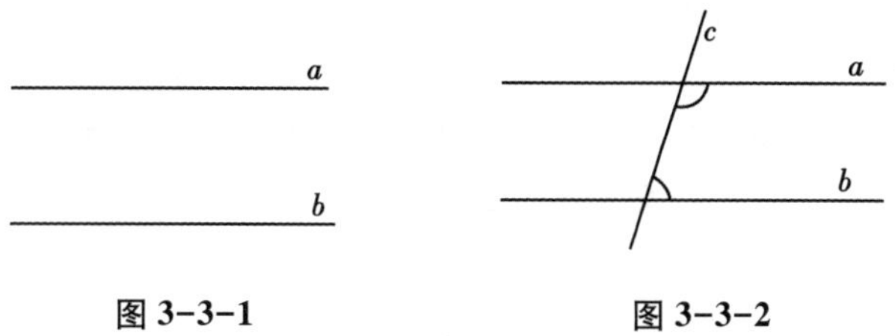

图 3-3-1　　　　图 3-3-2

为什么要研究三角形内角和问题呢？

欧氏几何是研究合同变换下不变量和不变性的学科，“三角形内角和为平角”在几何研究意义下是一个十分漂亮的结论，初中教材中呈现“三角形内角和问题”时，有意识地让学生考虑的是三角形内角和等于多少，而不是为什么研究三角形内角和问题. 当然，这可能与学生已经知道三角形内角和等于一个平角有关. 一般来说，几何教学大多着眼于问题解决，而对问题提出的教学关注不够. 从数学研究传统的角度看提出问题的方式方法是十分重要的数学思想方法，因为这意味着真正的创造.

《原本》中写道：“如果同旁内角之和小于平角，那么两直线在该侧相交.”可以想象这样一个情景，欧几里得在实际画图过程中发现同旁内角处“丢失”的小角恰好等于两直线相交新产生的小角，即新形成的小角$\angle C$与$\angle ABC$及$\angle BAC$的和恰好等于平行线时的同旁内角和，即等于一个平角！于是三角形内角和定理诞生了. 见图 3-3-3、图 3-3-4 和图 3-3-5.

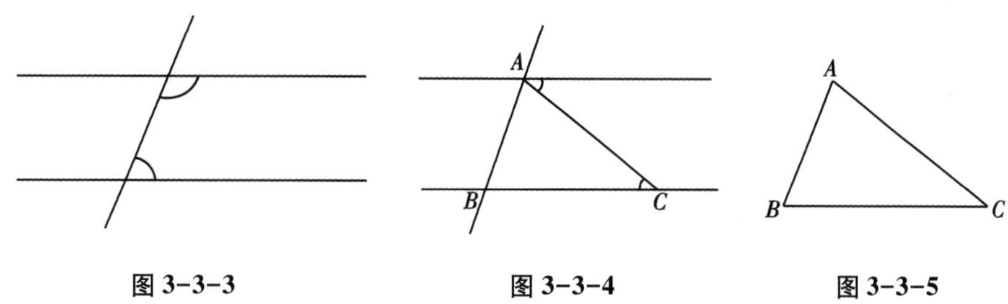

图 3-3-3　　　　图 3-3-4　　　　图 3-3-5

再如，学完等腰三角形后为什么要研究其性质和判定？学完平行四边形的概念后，从哪几个角度研究其性质和判定？从平行四边形“外部框架结构”出发研究“对边相等”“对角相等”，从“内部结构”出发研究“对角线互相平分”“过中心点的直线把平行四边形分成面积相等的两部分”等. 学习圆的概念后，如何展开下一步研究？从“角”的角度出发，对于圆自然要关注圆心角和圆周角. 为什么要研究圆的切线？除了关注切线的性质与判定，自然要关注弦切角. 若从“线段”角度看，要关注圆的切线长定理及切割线定理、相交弦定理(圆幂定理).

关于两个三角形全等判定方法的教学，研究两个三角形的关系，这主要是由不可公度问题引起的，导致形与数分家了，故只能研究形与形直接的关系.

从教学的角度看，应如何展开对于两个三角形全等关系的研究？

在初中教材中，关于三角形全等的判定都是借助作图和几何直观思维方式以公理的方式给出的，这符合教育教学规律，有助于学生尽快进入三角形全等问题的解决中.

“不可公度问题”的出现，导致线段与数的分家，即几何和代数的分家，使得线段的度量问题就转化为了定性地指出诸如“两个线段相等”“一条线段等于另一条线段的两倍”“一条线段等于另两条的和(差)”等问题了，当然，对于“角”也是如此.

在几何作图中，已知一条线段 AB，可以利用圆规截取线段 AB 再在另外一条直线上画出线段 $A'B'$，则 $A'B'=AB$. 在线段截取操作中，圆规的两条支腿是否一样长不是本质问题，该圆规的两条腿定长和夹角不变是基本要求，见图 3-3-6. 将圆规截取线段的操作活动在思维层面概括下来，如两条支腿长不变且两条支腿夹角不变，就可以抽象出教材中三角形全等的 SAS 判定公理. 也就是说，两条线段的相等关系，需要借助两个三角形全等来判定. 可以认为，借助三角形全等判定两条线段相等是全等三角形理论知识产生的基本动因. 从理解的角度看，比“圆规截取线段的操作活动”更弱的“线段”“度量”操作就是人用两条腿丈量土地了.

由于不可公度问题的出现，对于几何形，只能研究形与形的关系了，那么，研究两个三角形最简单的关系是什么呢？两个三角形有什么可能的关系呢？两个三角形面积相等，这很常见. 周长相等？最大边相等？研究最简单的情形——两个三角形“一模一样”！该问题产生的动机源自“用圆规去截取线段来得到两条相等的线段”这一操作的理性概括！也就是借助圆规说明两条线段相等，这是研究两个三角形全等问题的基本动机，即借助两个三角形全等来说明两条线段相等和两个角相等.

其实，对于借助两个三角形全等来说明两条线段相等或两个角相等这件事，不难看出，判定“两条线段相等”需要预先知道两条边分别相等和夹角相等，那如何确定这两条边分别相等？这个判定条件的“成本”也太高了吧！只有理解利用圆规的操作导致对两条线段相等的确认才能理解两个三角形全等判定条件 SAS 的产生是自然的.

如何理解两个三角形“一模一样”呢？形状一样，大小也一样！能重合！即一个三角形经过运动(平移、反射、旋转)能够和另一个三角形重合，也即是叠合在一起. 这时，称这两个三角形全等或合同.“合同”，甲乙双方签合同；“全等”，全都等！“全都等”意味着什么呢？意味着什么都等！从图形构成的角度看，两个三角形“身上”有什么呢？无非三条边和三个角，就是说，这两个三角形三条边分别相等，三个角分别相等. 这样概括三角形的全等关系就把叠合具体化了. 两个三角形是否叠合依赖于视觉直观，而将全等关系落实到具体的边、角的相等关系，这是个进步，为进一步的逻辑推理活动的展开创造了条件!

那么，现在给定两个三角形，其中三条边分别相等，三个角分别相等. 如图 3-3-7 所示，有 $AB=A'B'$，$BC=B'C'$，$CA=C'A'$，$\angle A=\angle A'$，$\angle B=\angle B'$，$\angle C=\angle C'$，可以断定这两个三角形全等. 给个记号：$\triangle ABC\cong\triangle A'B'C'$. 符号$\cong$，上面是倒 S，similar(相似)的字头，下面是“=”，前者表示形状一样，后者表示大小也一样.

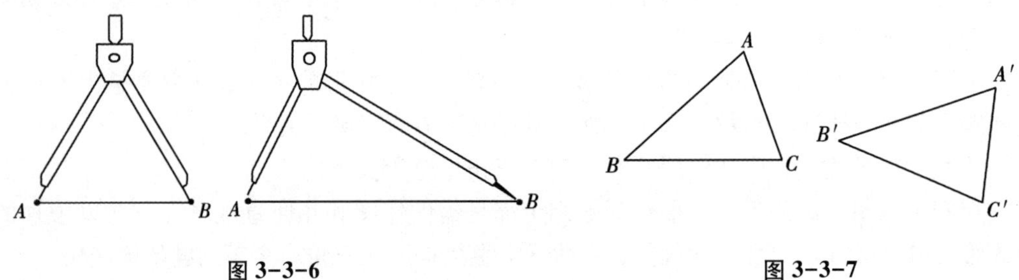

图 3-3-6　　图 3-3-7

三角形全等的定义是两个三角形重合，即三组边分别相等，三个角也分别相等. 定义对事物的刻画总是本质的，但应用其解决问题就会感觉有些烦琐了. 如何简化判别方法呢？如何能意识到这个判定条件需要简化呢？

基于两点考虑：一是三角形有边和角，有边就有角，有角就有边，说明边角之间有"耦合"关系，即边与角有互相影响的关系，或理解为有可能的替代关系；二是显然由三角形内角和定理可以看出有一组角相等是多余的，即三角形有个内角和定理，这个定理说明了一个三角形有两个角确定了，剩下那个角也就确定了. 对于两个三角形而言，若已知两个角分别相等，就可知余下的那个角也相等. 这就是说，判定两个三角形全等不必用六条！有五条就够了！由此可"撬动"定义的限制，为寻找新的简化的判定方法开辟道路.

自然地，应该继续思考，能否不用五条，四条是否够用？当然了，一条、两条肯定不够用！

前面提到的用圆规截取相等线段活动中，圆规的两条腿是否一样长不是本质问题，将这一操作活动在思维层面概括下来就是三角形全等的 SAS 公理.

用画图或剪纸等实际操作的方式寻找其他判定两个三角形全等的最少条件. 经过不断的调整，可得出其他判定三角形全等的条件：SSS，ASA. 对于 SSA 之所以不能作为三角形全等的判定条件，教师必须画出相应的图形进行说明.

由于有三角形内角和定理，所以由 ASA 可以得出 AAS.

高中所讲的正余弦定理就是三角形全等判定条件的数量化，这是在承认实数后，将三角形边角的度量及其关系映射为实数及其数量关系的结果.

用数学传统中数学家研究数学的方式方法及价值判断去指导中学生的几何思维活动方式方法，并以此作为中学几何的教学设计与教学过程的依据，这样做利益极大. 具体涉及概念与命题教学中创设问题情境的问题，这与几何知识的性质和地位有关. 问题情境或与几何学科外的现实问题有关或与几何学科内的问题有关. 一般来说，处于章节中起始的重要概念、命题可以酌情考虑利用现实问题引入，如三角形、勾股定理和平行四边形等，其他的概念或命题宜从学科内在理论发展的"逻辑"出发提出问题. 这样做的好处是，一方面符合几何研究传统的方式方法和价值判断，另一方面可保持几何知识的抽象性和理论的系统性.

在几何命题的教学中，要创设问题情境，即给出产生出命题的整体性背景，使学生意识到问题的存在，在对问题中各要素关系的领会中创造出概念与命题，此时命题如水里的鱼，生动鲜活地存在着，一旦捞出以文字符号方式存放，则对于学生而言命题已成为了具有现成性、实体性和脱离了情境的僵化性的文辞知识. 个别教师急于给出命题标准表述，用彩色粉笔在其文字符号载体上使劲画道儿，这是否有助于学生对命题的理解？很多学生特别喜欢在参考材料中关于知识点总结的词句符号上做标记，这是在什么意义上的对命题的理解？即使在词语意义上(缺少问题情境的支持)得到理解，也难以运用于新的问题情境中. 命题的定型，是学生视其为对象化的过程，是一个与其背景"分离"的过程. 学生将命题的内涵作对象性审视得到命题的词语表达，得到了一个特定情形的命题表象表征形式，再通过变式训练命题可以获得多个变化情境的支持，获得对表象的各个侧面的知觉性操作能力. 在运用知识时，是由对问题情境的刺激激发出相应的知识，而做出如此动作需要解题者的知识要有相应的情境，只有实现内外情境的匹配，才能将知识运用于问题之中.

数学抽象活动与物理等自然科学的抽象有着显著的不同，数学是逐级抽象的，新的抽象活动是建立在先前的抽象概念上的. 弗莱登塔尔(Freudenthal，1905—1990)认为：数学地组织现实世界的过程就是“数学化”. 他的名言是，与其是说学习数学，还不如说是学习“数学化”. 这句名言的意思是，与其说是学习数学知识，还不如说是学习获得知识的知识(方法). 弗莱登塔尔进一步将“数学化”分为“水平化”和“垂直化”两种. “水平化”是指从现实或其他自然科学中抽取出来的，或者说从数学内部以不同方式对同一问题的表达；“垂直化”是从数学内部已有的概念和命题出发进一步抽象概括得到的. 对于几何教学中的创设问题情境的问题，需要考虑学生的学习情况，特别地，要考虑知识的性质. 对于绝大多数几何概念或几何命题的教学而言可从几何理论中的内部矛盾出发提出新的几何概念和它的性质与判定条件，即几何学习更多地体现出“垂直化”的发展路径.

值得注意的是，教师创设的问题情境能够引起学生开展数学研习活动的兴趣吗？这里的问题有理论研究的价值吗？针对问题情境的发问契合学生的认知规律、思维水平和中学几何教学目标吗？“生物发生律”启示我们，数学家从事数学研究的方式方法以及对研究成果的评价是数学教与学获得启示的重要源泉之一. 弗莱登塔尔提出“数学现实”的概念启示我们，创设的问题情境可能源于生活，这个“生活”与学生的“数学现实”有多少实质性的关联，这个问题情境是直接取自“生活”还是经过“理性重建”？特别地，数学是逐级抽象的，不必时时处处都在外在形式上源于生活. 对于一个主题知识学习的初始阶段，问题情境可以是先前数学理论研究深化所待解决的问题，也可以是来自物理等自然科学的问题，也可以是“生活”中的问题，这是“水平化”的过程，而后续的学习不必源自“生活”，而只需按照数学理论展开的逻辑进行研究就可以了，这是“垂直化”过程. “水平化”活动过多易导致学生理论知识难以系统化，“垂直化”活动过多会使学生认为数学是逻辑的“游戏”，这两种情况都需要避免. 一般来说，一个知识主题初始阶段“问题情境”中的问题可以是本知识主题外的数学问题，也可以是数学外部问题，一旦进入该知识理论内部，则可由该理论中未解决的问题或理论深化需要所提出的问题作为研究的问题. 如在学习了等腰三角形概念之后研究等腰三角形的“判定”是理论研究的自然发展，在课堂教学中可直接提出研究课题“等腰三角形判定的研究”而不需附加问题的“情境”，这个问题“等腰三角形判定的研究”本身自带“情境”.

总之，几何命题的引入所创设的问题情境必须充分反映出命题产生的合理动因，即产生的必要性，这不仅涉及命题的理解与运用，也关乎学生能否建立一个恰当数学观的大问题.

(2)挖掘几何命题证明中蕴含的思想方法

三角形内角和定理的证明蕴含着很深刻的思想方法.

在小学阶段，学生通过量角器和剪纸拼贴就知道了三角形内角和为180°，也就是一个平角. 但测量常常有误差，要说明任意三角形都符合这一规律，就不能只靠测量，而必须通过严格的推理证明. 现在，研究三角形内角和定理的证明的思考方法和证明过程.

如图 3-3-8 所示，过三角形一顶点 A 作该角对边 BC 的平行线 l，将其余两个角 $\angle B$，$\angle C$ 借助平行线性质定理等量替换为 $\angle 1$，$\angle 2$，并与 $\angle A$ 置于一处构成平角. 也可过三角形边上一点分别作其他两条边的平行线，将其余两个角与第三个角置于一处构成平角，见图 3-3-9. 也可过三角形内部一点分别作其他三条边的平行线，将三个角置于一处构成平角，见图 3-3-10. 或者过三角形外部一点分别作其他三条边的平行线，将三个角置于一处构成平角，见图 3-3-11.

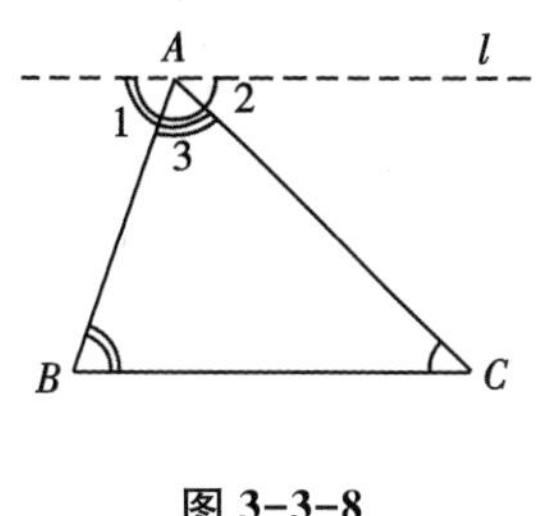

图 3-3-8

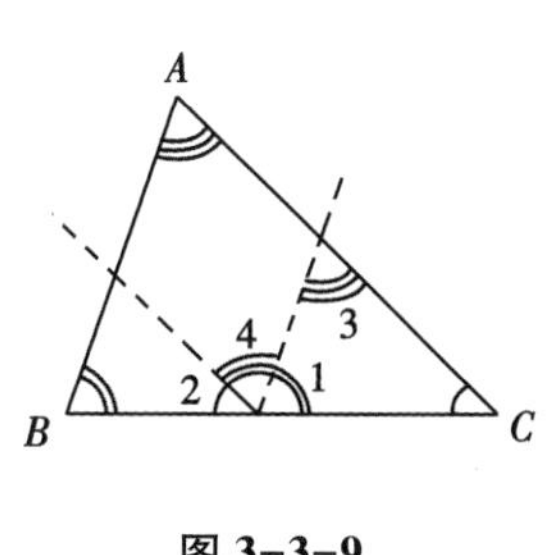

图 3-3-9

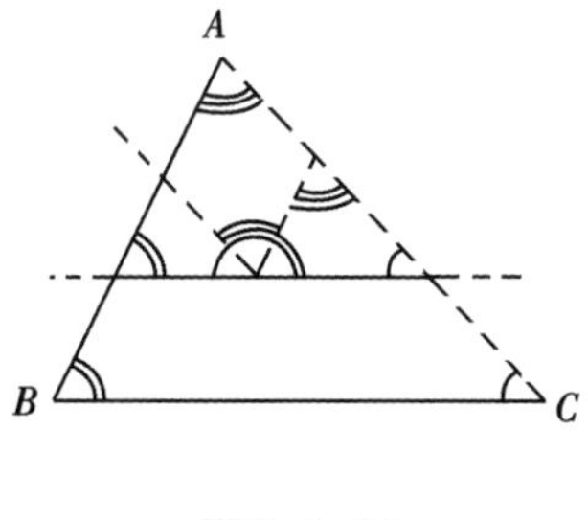

图 3-3-10

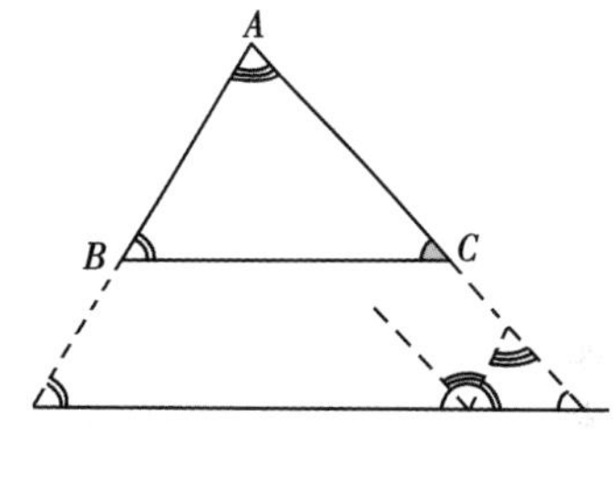

图 3-3-11

上述几个证明，其思想方法可以概括为：三角形三个内角不在一起，为了求和需要把它们转化在一起，如何能做得到呢？由于三个角本身没有度量，故只有借助平行线性质才能将其聚在一起实现“求和”的目的. 至于三个角在什么地方聚在一起并不是重要的，当然，其他两个角聚在某个角附近是方便的做法.

本命题也可采用这样的思路：目标是求证三角形三个内角之和，由于此时的角没有度量，所以只能将它们置于一处，如将 $\angle B$ 放在 $\angle C$ 的左侧，把 $\angle C$ 放在 $\angle A$ 的右侧，根据平行线判定条件，说明过 A 点有两条直线与 BC 平行，但这与平行公理相矛盾，这说明过 A 点的两条直线是同一条，故三个角之和为一个平角.

有了三角形内角和定理，数学家会如何展开下一步的研究？如此发问体现出数学研究的方式方法. 如何提出问题？提出问题和解决问题是数学发展的动力动机的外显形式. 一般说来，师生容易关注解题的方法，而对于数学研究的方法则不易关注，原因是多方面的，可能受应试目的的教学方式和价值取向的影响更多一些，更深刻的原因可能在于没有古希腊那样的几何研究传统及其衍生出来的几何教学观念.

下面给出一些可能的思考方向.

① 寻找等价条件，即充分必要条件，这有助于理论认识的深化及问题解决时的等价转换，这是一个常见的研究问题的方向.

等价条件的获得，一方面可以以多角度加深对于原命题(概念)的认识，如教材中给出的平行四边形性质与判定定理，它们彼此都是等价的，这些命题分别从平行四边形的四条边和四个角的“外部框架”与对角线的“内部结构”两个角度对平行四边形进行刻画. 或“一个角是直角的平行四边形是矩形”，该命题沟通了平行四边形与矩形的联系，等等. 另一方面，就知识应用于解题活动而言，有助于知识顺利转化. 如三角形外角和定理与三角形内角和定理，前者是后者的推论，当然，这两个命题也可看作等价的，它们应用的问题情境可以略有不同.

② 若得不到等价条件，就退而求其次，分开寻找充分条件和必要条件. 如可得到外角和定理、直角三角形两锐角互余等命题.

③ 推广至多边形内角和问题.

④ 反面启发——外角和定理. 内角和与外角和定理哪一个更深刻？

⑤ 三角形内角和不等于 180°行不行？

在此，提出“三角形内角和不等于 180°行不行？”这样的问题仅仅是为了提供一种思考方向上的可能性，并不具有教学的实际意义. 作为教师的学科理解，需要关心的是凭什么这么问？这个问题需要很大的背景，“三角形内角和不等于 180°”问题的根源在于平行公理. 对于“第五公设”的研究，数学史上孕育了两千多年才彻底解决该问题，即数学家面临相当大的困境才不得已怀疑这千年不变的认识并由此进入罗巴切夫斯基几何学和黎曼几何学的广阔天地. 这提示了问题的提出要考虑其是否具有几何意义，还要根据学生现有的几何理解水平来判定所提出问题供学生研究的可能性. 这样的问题不是推动学生思考的辅助性问题，不是用来进行解题技术训练的常规问题，而是深刻反映出几何研究的方式方法及其价值判断的问题.

等腰三角形性质定理的证明：

如图 3-3-12 所示，已知$\triangle ABC$中，$AB=AC$. 求证：$\angle B=\angle C$.

可利用角平分线、中线和高证明等腰三角形性质，见图 3-3-13、图 3-3-14 和图 3-3-15. 由上述三种证明方法可知，解决问题的关键是构造出两个全等三角形. 仔细分析可以看出，所引的辅助线 AD 在此并没有起到“实质性”的作用，它只是在运用两个三角形全等判定时起到一个“辅助”的作用. 下面的证法源自欧几里得《原本》.

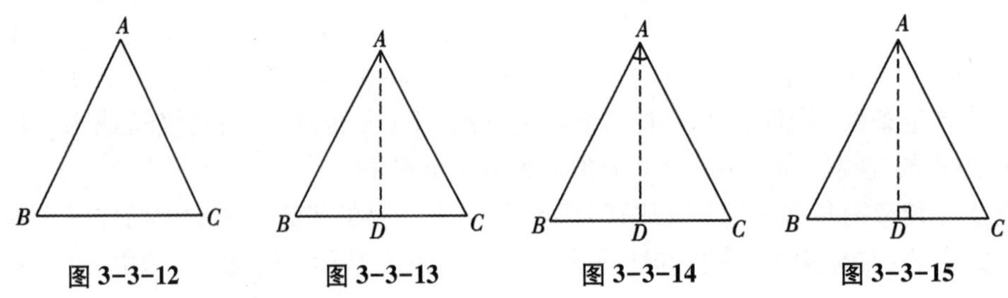

图 3-3-12　图 3-3-13　图 3-3-14　图 3-3-15

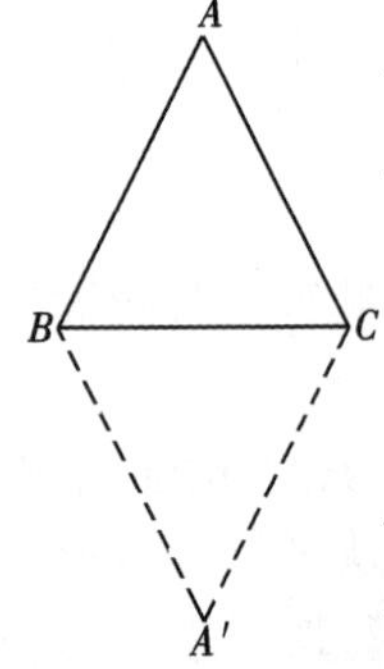

图 3-3-16

证明　在$\triangle ABC$和$\triangle ACB$中，$AB=AC$，$\angle BAC=\angle CAB$，$AC=AB$，可得$\triangle ABC\cong\triangle ACB$，得$\angle B=\angle C$. 注意，这个证法是将一个三角形看作两个三角形！

还有如下的证法，见图 3-3-16.

证明　作$A'C\parallel AB$，$A'B\parallel AC$. 在$\triangle ABC$和$\triangle A'CB$中，$\angle ABC=\angle A'CB$，$BC=CB$，$\angle ACB=\angle A'BC$，可得$\triangle ABC$和$\triangle A'CB$全等，则有$AB=A'C$，$AC=A'B$，又$AB=AC$，得$AB=A'B$，$AC=A'C$，且$BC=BC$，于是得$\triangle ABC\cong\triangle A'BC$，得$\angle ACB=\angle A'CB$，又$\angle ABC=\angle A'CB$，所以，$\angle ABC=\angle ACB$，即$\angle B=\angle C$.

注意，此时的$\triangle A'CB$也只是一个辅助的角色，可见《原本》中的证法非常深刻！

再看圆周角定理的证明.

圆周角定理：在同圆或等圆中，同弧或等弧所对的圆周角相等，都等于这条弧所对的圆心角的一半，见图 3-3-17.

该定理的证明极具典型性：从特例出发，获得基本结构的“单位元”，见图 3-3-18；再将一般情形即复杂情况分解成基本构件的组合，见图 3-3-19、图 3-3-20.

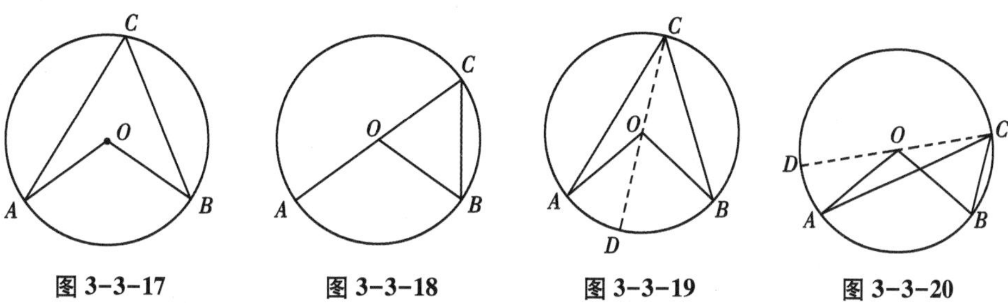

图 3-3-17　图 3-3-18　图 3-3-19　图 3-3-20

圆周角定理的证明过程，其中蕴含特殊与一般的思想方法，特殊中蕴含一般.“特殊”是构成复杂图形的基本结构单位，是基本的“单位元”，“一般的情形”是由简单的基本结构单位合成的. 上述证明还说明圆的本质就体现在半径相等上，而半径相等以三角形形式应用就是等腰三角形，就是说，从视觉上看圆是“圆形”；从解题的角度看，只关心圆上的点及与点相关的半径、直径和弦及圆周角还有圆心和圆心角，它们相关结论的获得都依赖“等腰三角形”的应用.

解题的教学目的之一是为了熟悉题型和解题方法. 可以这样认为，几何命题的证明体现了本章本节最典型的方法，这样的命题反映了典型的题型. 挖掘几何命题证明蕴含的方法对于解题方法的获得而言是高效率的.

几何定理结论的成立是很显然的，完全符合人们的日常经验，几何理论为什么还要严格地依据先前的概念、命题进行逻辑推理而导出结论呢？这是与我国数学传统不同的古希腊数学传统所要求的，《原本》中的平面几何理论是现代数学和科学技术的理论范式的“原型”，不可不察.

从常规教学特别是应试教学的角度看，教师和学生较为关注的是定理的证明方法. 在此，强调的是命题提出的方法的教学问题. 数学研究一般从概念开始，这是数学研究的对象，随之展开的研究活动是为了进一步认识概念. 虽然概念是对一事物本质的表达，但其定义总是从一个特定的角度去表达概念的本质，并没有在诸多特征结构给出所有可能. 如给出等腰三角形的概念(定义)，只是从两腰相等的情形确定其含义. 接下来的研究所遵循的方向是寻找概念的等价表示，或分开研究，从性质(必要条件)和判定(充分条件)两个角度展开探索. 如研究其性质定理可以得到“两底角相等”“三线合一”，如果超越课本，可继续讨论，得到“两腰上的高相等”“两腰上的中线相等”“两腰上的角平分线相等”. 从判定的角度展开探究可以得到下列命题：“若两边上的高相等，则该三角形为等腰三角形”；“若两边上的中线相等，则该三角形为等腰三角形”；“若两边上的角平分线相等，则该三角形为等腰三角形”(这个命题叫雷米欧斯定理，不易证明)等.

另外，就等腰三角形性质定理的问题提出而言，应该体现出对其结果的猜测方法. 是否可以这样讲，三角形有边就有角，有角就有边，边和角有关系？也就是说，两个边(腰)相等一定对三角形内角的度量关系产生影响. 这样，教师就展示了数学家提出数学命题的方法，这是数学研究的方法，不易为师生所关注，但其教育价值是无须怀疑的.

概括地说，不仅要关注命题的证明方法，同时还要关注提出数学命题的方法，而且要从几何理论展开的视角提出问题，意即关注几何研究的方法以及其中蕴含的价值取向，这一视角的获得是需要长期“熏陶”的.

如图 3-3-21 所示，半径为 2 的圆 O 中，弦 AB 与 CD 交于点 E，且夹角为 75°，已知 $AC=2\sqrt{2}$，则弦 BD 的长度为________.

已知条件中的“弦 AB 与 CD 交于点 E，且夹角为 75°”的夹角在圆中的位置既非圆周角又不是圆心角，而已经学过的圆中的角主要是圆心角和圆周角，故需要将弦 AB 与 CD 的夹角 $\angle AEC$ 向圆心角或圆周角转化.

连接 BC，见图 3-3-22，将夹角 $\angle AEC=75°$ 转化为圆周角 $\angle ABC$ 和 $\angle DCB$. 再进一步通过半径 $r=2$ 及弦 $AC=2\sqrt{2}$ 的“指引”，将圆周角转化为圆心角 $\angle AOC$ 和 $\angle BOD$，见图 3-3-23 和图 3-3-24，使问题得以解决. 由此可见，方法的使用源于对问题构造过程和相关理论知识的深刻理解.

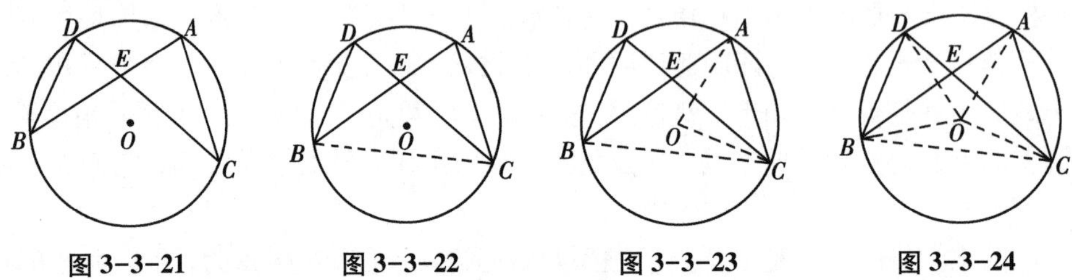

图 3-3-21　　图 3-3-22　　图 3-3-23　　图 3-3-24

应试教学的通常表现是教师过多地关注题型及其解法. 当然，题型的概括也存在不同的着眼点，也有深刻程度的差异，相应地，解题思路和解题方法也存在是否深刻的问题. 在此，需要强调指出的是解题思路与解题方法源于数学理论（命题）本身. 数学概念、命题的提出与证明蕴含历史上数学家研究该理论知识所采用的研究方法和价值判断，而一般的数学习题则不具备这样的“营养”，教师引导学生的“再创造”获得的“营养”是最具数学意味的，而不是收获解题方法. 可以这样认为，从几何命题证明中获得方法相较于通过解题训练获得方法是有助于对几何概念、命题的理解和运用的，是高效的.

就上述问题的分析可以看出，圆的概念是通过圆心和半径形成圆周而得到定义的. 自然地，关注的是圆心角和圆周角这两个特殊位置的角，对于圆而言，圆心角之间、圆周角之间及圆心角与圆周角之间的数量关系属于圆的较为本质的性质. 问题中的夹角 $\angle AEC=75°$“位置不当”，需要转化为圆心角或圆周角，因此说，辅助线“连接 BC”在此意义下是自然的，是建立在对圆的理论知识的深刻理解上的. 同样，对圆心角 $\angle AOC$ 和 $\angle BOD$ 的关注也是基于同样的理由.

（3）明确几何命题的功能

几何命题如同其他数学命题一样自身都蕴含一定的“功能”. 所谓“功能”是指命题的有用性，这个有用性是指该命题对于理论内部刻画的是某概念成立的必要条件和充分条件，即从概念的内部和外部揭示概念的本质结构，以及具有揭示诸概念之间、命题之间的“强弱”关系等作用，也可具有解决该理论外部问题的作用. 具体说，几何概念是几何学科的研究对象，通常用下定义的方式将概念的内涵揭示出来，即定义揭示了概念的本质. 但定义是仅从一个角度去揭示概念的内涵而没有给出概念的所有内涵的描述，这就需要从概念的内部（必要条件）和外部（充分条件）进一步揭示概念的本质. 从几何研究的“逻辑”角度看，有了概念的定义之后，人们最想得到的是概念的充要条件(等价表示)，或退而求其次，分开寻求概念的性质与判定. 如“平行四边形对角线互相平分”这一命题作为平行四边形的性质定理刻画的是平行四边形的内部结构.“含有 60°角的等腰三角形是等边三角形”作为充分条件从外部刻画了等边三角形. 多边形内角和定理是三角形内角和定理的自然推广.

几何命题在学习者的心理表征方面分为静态的陈述性知识表征和动态的程序性知识表征. 在问题情境中解题目标的“指引”使得解题者对命题的功能有所领会，此时，命题已处于激活(产生式表征)状态，而不是理论认识活动中的对象化存在状态.

待解决的问题含有问题的整体情境和其中的各已知条件和结论，称这一共同体为问题空间，解题过程是问题逐步显现的过程，也可看作问题空间的转换过程. 命题在解题思维活动中，被置于问题空间中各要素的关联之中，命题本身不被当作摆在那里的现成语句受到对象性把握，命题本身的性质、结构与其他命题之间的关系及与问题情境的关系，存在一个互相激发逐步显现的互相呼应的功能性意义，它们共同存在于问题空间中. 在处于问题解决的状态中，受问题空间转换的“指引”，命题不仅作为具有结构的功能性意义得到理解，而且恰恰是在被使用之中才能获得其功能性的理解. 对命题越少对象性凝视，对它的关系的“非对象性理解”也就变得越合理. 解题者对问题情境的领会才是命题被激活的(产生式)存在状态，而在这种对问题情境逐渐清晰的更深层次的领会中，命题的功能性含义得到体现.

教学时，教师要突出几何命题的“功能”，指出其在理论内部的刻画、沟通作用，也需指出其在问题解决中的作用.

从应用的角度看，几何命题是解决复杂的或说更高层次几何命题的阶梯，也是一般解题意义下的理论依据. 由此带来一个问题：教师是否需要讲授一些拓展的几何定理?

① 可将一些(需要扩展的)定理当作习题用，如射影定理、切割线定理等. 这样的定理(习题)是富含几何意义的，作为解题训练用也是好的题目，教师可指导学有余力的学生将其视作一个结论，在个人解题思维中运用，这可缩短思维长度.

② 一些中考试题也常用“费马点问题”等作为设计试题的素材，在应试意义下是否需要讲解此类问题也是需要思考的.

③ 讲授拓展的几何定理与对《义务教育数学课程标准》规范作用的理解. 事实上，我国各地区特别是城乡教育水平的差异是很大的，主要是师资水平差别较大，学生家长的文化程度也差别较大，学生生活环境导致的见识也同样有较大差异. 由于事关社会性问题，涉及多个变量，因此，如何看待《义务教育数学课程标准》和教材的规范作用是一个不太容易讨论的问题.

④ 为了应对中考，学校提前半年多结课开始进行多轮复习. 教学进度过快使得多数学生对基础知识的理解不够充分，而优秀的学生又忙于解题训练，特别地，不增加新的理论知识，不训练突破思维难度而是想穷尽题型和训练解题不出错，这种做法值得讨论.

(4)促进几何命题的产生式表征

通常，学生将一个平面几何定理作为陈述性知识来学习，将几何定理以陈述性知识的命题网络的表征形式存储于自己脑中，所以要通过变式训练使学生脑中的陈述性知识转化为程序性知识的产生式表征形式. 几何命题的产生式表征对于学生应用几何命题至关重要. 如看到问题中的条件“等腰三角形”就应迅速反应出“两底角”和“三线合一”，还有“两腰上的高相等”等；看到结论是“一条线段被平分”就想到可能的条件“平行四边形对角线互相平分”等，这是逆向产生式(组)的运用. 特别地，要结合图形的刺激及时作出反应，这是几何解题的训练目的之一.

通过解题训练，学生获得较为复杂的产生式，如看到条件中有“中点”，就反应出“倍长中线”“直角三角形斜边中线等于斜边一半”“中位线平行且等于底边一半”，以及特殊四边形“对角线互相平分”，等等.

(5)突出几何命题的标准图形结构与变式

几何命题教学要突出命题的表象表征. 简单的几何题是几何定理的直接运用，问题的图形结构与定理的“标准图形”基本一致. 对于较复杂的问题，问题的图形往往与定理的“标准图形”有一定的差异. 因此，在教学中要引导学生关注问题残缺的图形与标准图形的差异，采用“完形”思维补全图形，这是几何定理理解的一个重要环节.

例如，对缺一条垂线段的角平分线性质定理的“完形”训练可安排如下问题.

如图 3-3-25 所示，已知$\angle ABN=\angle CBN$，P 为 BN 上的一点，并且 PD 垂直于 BC 于 D，$\angle BAP+\angle BCP=180°$. 求证：$PA=PC$.

下面这道题，有助于学生获得等腰三角形图形结构的“完形”动作.

如图 3-3-26 所示，已知$\triangle ABC$ 中，BD 垂直于$\angle BAC$ 的平分线于 D，且$\angle ABC=3\angle C$. 求证：$AB+2BD=AC$.

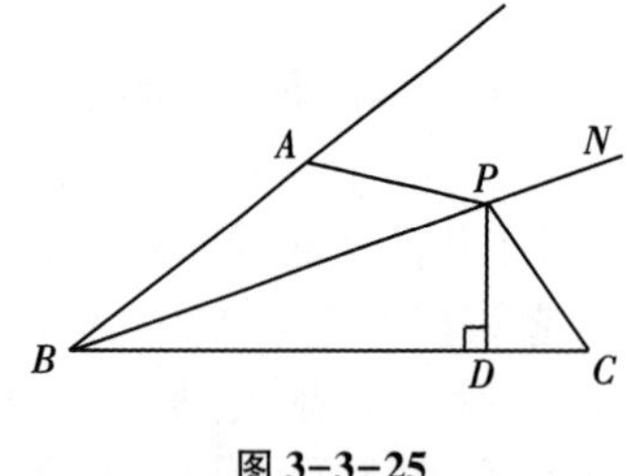

图 3-3-25

图 3-3-26

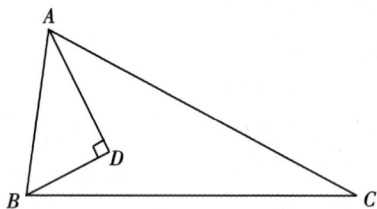

(6)探究与教材中几何命题相关的命题

在完成教材中几何命题的教学外，可以探究几何概念性质与判定的诸多可能结论，也可以寻找几何命题的等价命题. 如探究圆的性质与判定时，可以帮助学生探究“相交弦定理”、切割线定理及“四点共圆”等相关问题.

把对角互补的四边形看作一类特殊的四边形、作为一个主题加以研究也是一个很好的研究方向.

关于某个特定几何概念、命题会有多种刻画角度，历史上的数学家已经获得了很多相关命题，教材编写者仅选择其中重要的基础性的命题作为教学内容，这就为几何命题的研究性学习提供了探索空间.

(7)以问题解决为导向组织命题

以几何理论展开的逻辑去组织知识结构，这在几何教与学中是常见的，此种组织命题的方式有助于对理论结构的认识，但却对解题难有助益. 在几何命题和解题的教与学过程中，教师要促进学习者以问题解决为导向去组织命题形成知识组块，如将“证明两条线段相等”、“证明线段成比例”和有“中点”条件的问题作为组织命题的线索.

第 4 章　重要的几何定理及应用

4.1　初中平面几何中的几个重要定理

在几何问题解决中，自然要使用几何定理，特别地，有一些重要的几何定理其应用较为广泛，且应用的场合和方式也较为隐蔽，不易为解题者觉察. 对这些重要定理的内涵和作用进行阐发有助于深刻地理解定理，提高应用定理的水平.

4.1.1　解初中几何题的几个常用定理

定理 4.1.1　直角三角形斜边的中线等于斜边的一半.

定理“直角三角形斜边的中线等于斜边的一半”是矩形的性质定理“对角线互相平分且相等”的推论，该定理的图形结构是矩形的“一半”，见图 4-1-1. 该定理的逆命题也成立，即“三角形一边上的中线等于该边长的一半，那么该边所对的角为直角”. 将该定理的图形结构移至圆中就有了“圆的直径所对的圆周角是直角”的结论，见图 4-1-2. 反之，有“圆周角是直角，它所对的弦是直径”的结论.

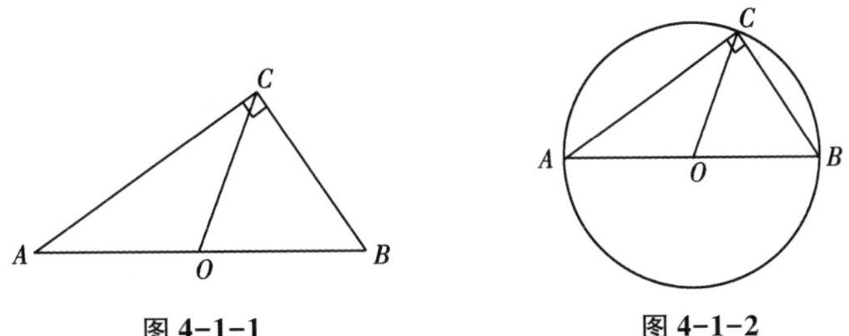

图 4-1-1　　　　图 4-1-2

在应用“直角三角形斜边的中线等于斜边的一半”这个结论时，直角三角形斜边上“中线”的添加与意识到“中线等于斜边的一半”对于学生来讲会有些困难.

例 4.1.1　如图 4-1-3 所示，BD，CE 是$\triangle ABC$ 的高，M 是边 BC 的中点，N 是 DE 的中点，求证：$MN\perp DE$.

解决本题的关键是“补形”成$\triangle MDE$，故连接 MD 和 ME，再应用该定理，见图 4-1-4.

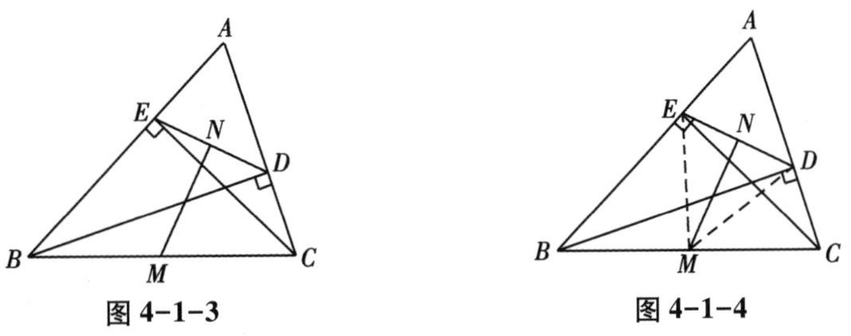

图 4-1-3　　　　图 4-1-4

例 4.1.2 如图 4-1-5 所示，P 为 $\triangle ABC$ 内一点，$\angle PAC=\angle PBC$，$PM\perp AC$ 于 M，$PN\perp BC$ 于 N，D 是 AB 的中点. 求证：$DM=DN$.

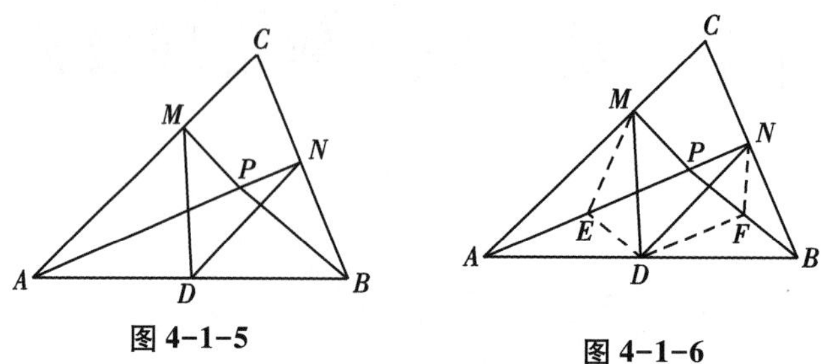

图 4-1-5　　图 4-1-6

证明 方法见图 4-1-6，取 AP，BP 的中点 E，F，则 DE 是 $\triangle ABP$ 的中位线，于是有 $DE\,/\!/\,FP$ 且 $DE=FP$. 同理，得 $DF\,/\!/\,EP$ 且 $DF=EP$，则有 $\triangle MDE\cong\triangle DNF$，得 $DM=DN$.

例 4.1.3 如图 4-1-7 所示，已知边长为 2 的正方形 $ABCD$ 内有一动点 M，满足 $MA\perp MB$，求 MD 的最小值.

根据条件 $MA\perp MB$，可知 M 点的轨迹是以 AB 为直径的半圆，见图 4-1-8. 接下来，由 $OM+MD\geqslant OM'+M'D$ 得到 $MD\geqslant M'D$，则 $MD_{\min}=\sqrt{5}-1$，见图 4-1-9.

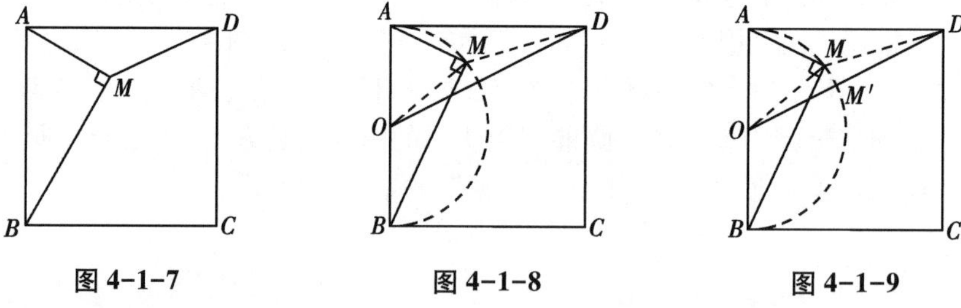

图 4-1-7　　图 4-1-8　　图 4-1-9

本题中的条件 $MA\perp MB$ 也可由下面的条件给出：CD 边上有一点 E，AD 边上有一点 F，AE 和 BF 交于 M，且 $AF=DE$. 由此可得到 $AE\perp BF$，这是一道基本题.

如下两题，解法与例 4.1.3 的解法相同.

例 4.1.4 如图 4-1-10 所示，已知正方形 $ABCD$ 的边长为 2，在 BC 和 CD 的延长线上有动点 E，F，满足 $CE=DF$，AE 和 BF 交于 G 点，连接 DG，求线段 DG 长度的最小值.

例 4.1.5 如图 4-1-11 所示，在 Rt$\triangle ABC$ 中，$\angle C=90^\circ$，$AC=6$，$BC=8$，点 F 在边 AC 上，并且 $CF=2$，点 E 为边 BC 上的动点，将 $\triangle CEF$ 沿直线 EF 翻折，点 C 落在点 P 处，则点 P 到边 AB 的距离的最小值为________.

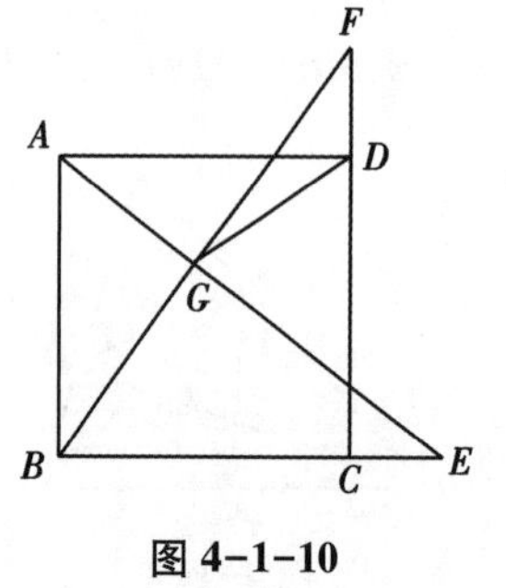

图 4-1-10

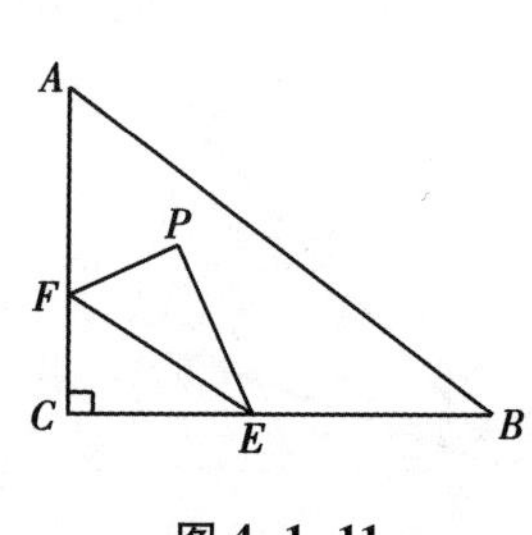

图 4-1-11

因为线段 AB 是固定的，所以，解决本题的关键在于先要知晓 P 点的轨迹，而由已知条件可知 P 的运动轨迹是以 F 为圆心、以 FC 为半径的半圆（不含与 AC 的交点）.

定理 4.1.2　直角三角形中 30°角所对的直角边等于斜边的一半.

该定理是等边三角形性质定理的一个推论，其图形结构是等边三角形的“一半”. 由此，可以带来以下两个结果.

直角三角形中，如果一直角边等于斜边的一半，那么该直角边所对的角为 30°.

在一个三角形中，如果有一边长等于另一边的一半，且该边所对的角为 30°，那么该三角形为直角三角形. 下面证明这个结论.

如图 4-1-12 所示，已知△ABC，$BC=\frac{1}{2}AB$，$\angle A=30°$，求证：$\angle C=90°$.

证明　作 BC'垂直于 AC 于 C'，见图 4-1-13，则得 $BC'=\frac{1}{2}AB$，又 $BC=\frac{1}{2}AB$，得 $BC'=BC$，说明 $BC\perp AC$，得到$\angle C=90°$.

几何题中常这样给出条件，已知△ABC，$BC=3$，$AB=6$，$\cos\angle A=\frac{\sqrt{3}}{2}$，隐含的结论是$\angle C=90°$.

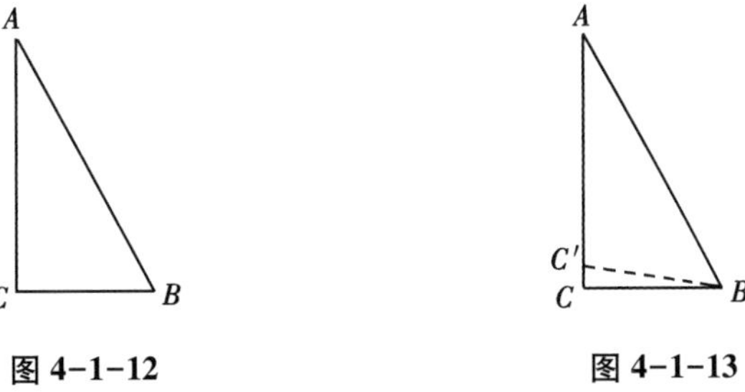

图 4-1-12　　图 4-1-13

定理 4.1.3　（三角形的中位线定理）三角形的中位线平行于第三边且等于第三边的一半.

如图 4-1-14 所示，已知 DE 是△ABC 的中位线. 求证：$DE/\!/BC$ 且 $DE=\frac{1}{2}BC$.

三角形的中位线定理十分重要. 不变量和不变性是欧氏几何研究所追求的，由这么少的已知条件就能得出两个既反映位置关系又有度量关系的十分漂亮的结论，这是十分难得的！其应用自然会十分广泛！定理证明如图 4-1-15 所示. 该定理有如下扩展的结论.

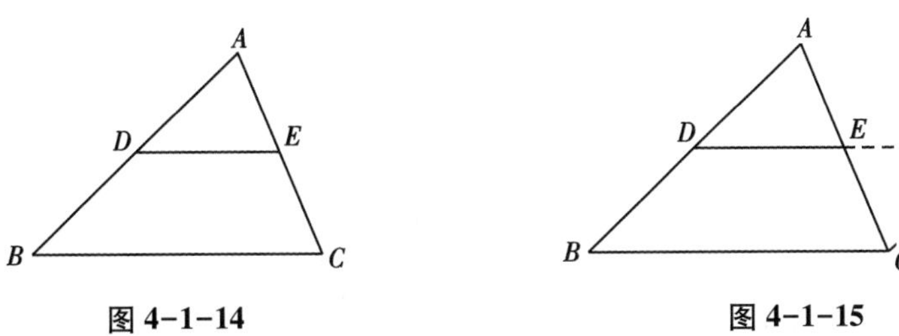

图 4-1-14　　图 4-1-15

如图 4-1-16 所示，D 是 $\triangle ABC$ 的 AB 边的中点，且 $DE /\!/ BC$，交 AC 于 E 点，求证：E 是 AC 的中点.

证明 若 E 不是 AC 的中点，则取 AC 的中点为 E'，见图 4-1-17，则 DE' 是 $\triangle ABC$ 的中位线，于是有 $DE' /\!/ BC$，这说明过 D 点有两条直线 DE' 和 DE 与直线 BC 平行，与平行公理矛盾，说明假设不成立，则结论正确.

待学完平行线分线段成比例定理（或说“基本事实”）后，由 $DE /\!/ BC$ 可知 $\frac{AD}{DB}=\frac{AE}{EC}$，得到 $AE=EC$.

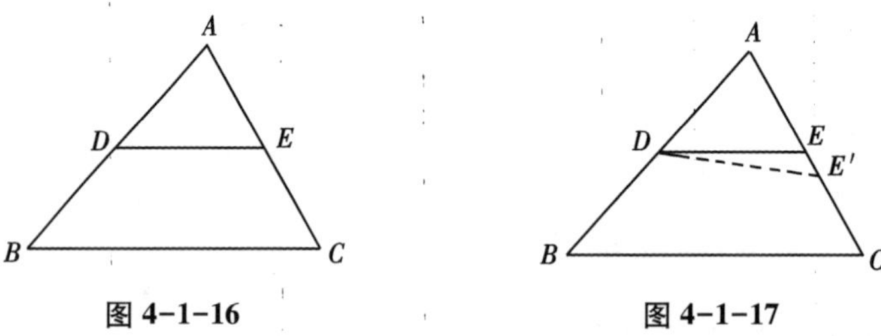

图 4-1-16　　图 4-1-17

例 4.1.6 如图 4-1-18 所示，BD，CE 是 $\triangle ABC$ 的角平分线，AM 垂直于 CE 于 M 点，AN 垂直于 BD 于 N 点，求证：$MN /\!/ BC$.

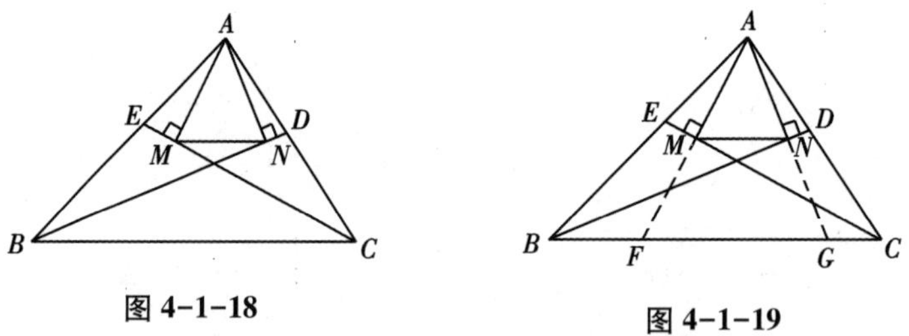

图 4-1-18　　图 4-1-19

此题的证明，开始不易想到中位线定理，但由角平分线和垂线的“完形”可较为容易地想到等腰三角形“三线合一”而引出辅助线，见图 4-1-19，进而看出这符合中位线定理的应用条件.

此题可进一步设问，如求证 $MN=\frac{1}{2}(AB+AC-BC)$.

例 4.1.7 如图 4-1-20 所示，在平行四边形 $ABCD$ 中，E 是 CD 的中点，F 是 AE 的中点，FC 与 BE 交于 G 点. 求证：$GF=GC$.

想一想：充分感知图形（带上条件），这里面有什么基本形（破损的基本形），如何完善？再想想结论的指引. 见图 4-1-21 和图 4-1-22.

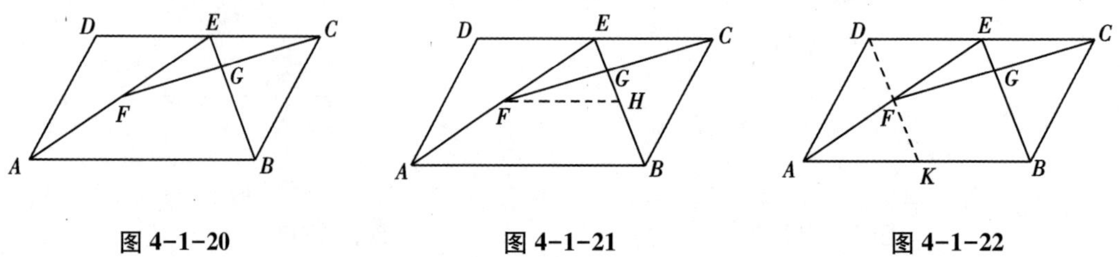

图 4-1-20　　图 4-1-21　　图 4-1-22

4.1.2　初中教材中与圆有关的基本定理

定理 4.1.4　(垂径定理)直径垂直于弦，则直径平分弦，并且平分弦所对的两条弧. 反之，平分弦(不是直径)的直径垂直于弦. 见图 4-1-23 和图 4-1-24.

定理 4.1.5　在同圆或等圆中，相等的圆心角所对的弧相等，所对的弦也相等.

定理 4.1.6　(圆周角定理)在同圆或等圆中，同弧或等弧所对的圆周角相等，都等于这条弧所对的圆心角的一半.

该定理的证明极具典型性，从特例出发，获得基本结构的“单位元”，再将一般情形即复杂情况分解成基本构件的组合.

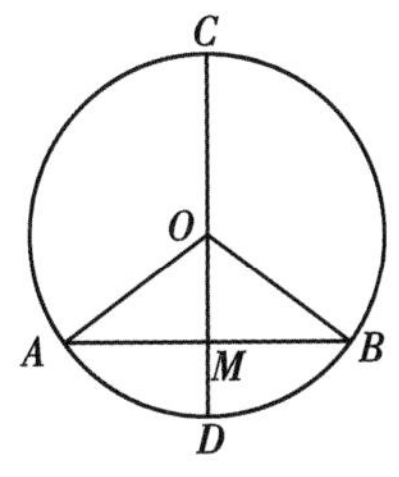

图 4-1-23

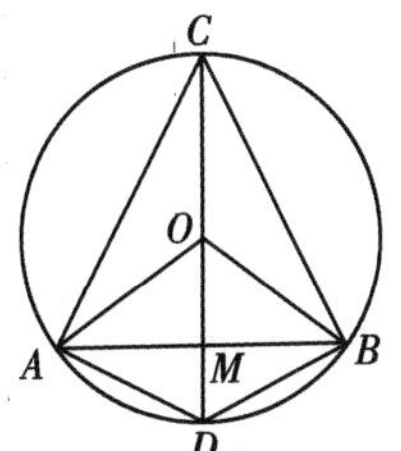

图 4-1-24

定理 4.1.7　在同圆或等圆中，相等的圆周角所对的弦相等. 见图 4-1-25.

一般地，不能说在同圆或等圆中，相等的弦所对的圆周角相等，因为，一条弦可对应两个圆周角.

定理 4.1.8　直径所对的圆周角是直角，90°圆周角所对的弦是直径. 见图 4-1-26.

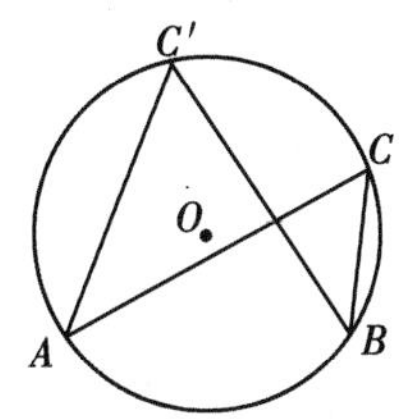

图 4-1-25

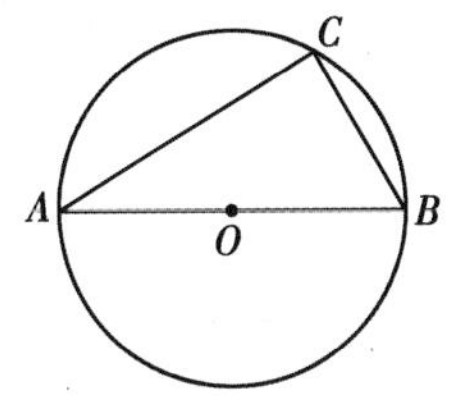

图 4-1-26

定理 4.1.9　圆内接四边形对角互补.

推论：圆内接四边形的外角等于与之相邻的内角的对角.

定理 4.1.10　不在同一直线上的三个点确定一个圆.

定理 4.1.11　(切线的性质定理)圆的切线垂直于过切点的半径. 见图 4-1-27.

定理 4.1.12　(切线的判定定理)经过半径的外端并且垂直于这条半径的直线是圆的切线.

在中考中，考查圆问题常见的基本图形结构(基本形及其组合)如图 4-1-28、图 4-1-29 所示.

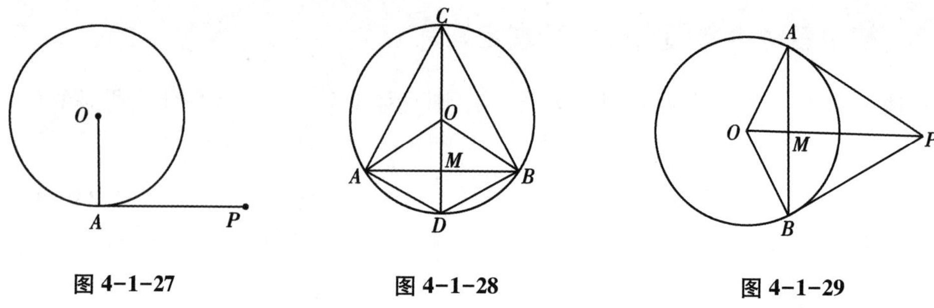

图 4-1-27　　图 4-1-28　　图 4-1-29

在图 4-1-30、图 4-1-31 的图形结构中，存在哪些基本形及附着其上的“定理”和结论？

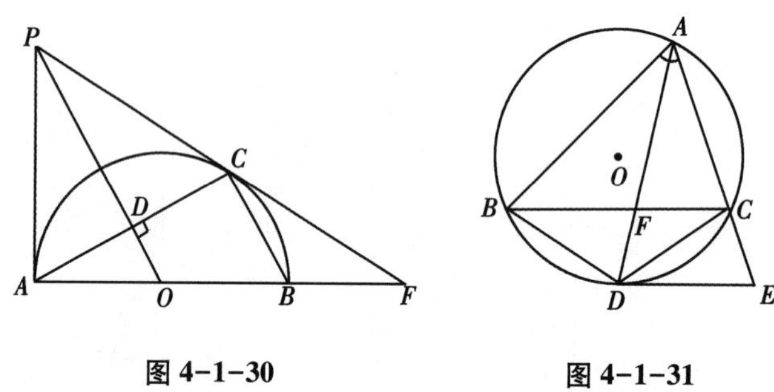

图 4-1-30　　图 4-1-31

例 4.1.8　如图 4-1-32 所示，$\odot O$ 是 $\triangle ABC$ 的外接圆，AC 是直径，过点 O 作 OD 垂直于 AB 于点 D，延长 DO 交 $\odot O$ 于点 P，过点 P 作 PE 垂直于 AC 于点 E，作射线 DE 交 BC 的延长线于 F 点，连接 PF.

① 求证：$OD=OE$；

② 求证：PF 是 $\odot O$ 的切线.

本题的基本图形结构有圆、直径所对的角是直角（$\mathrm{Rt}\triangle ABC$）、垂径定理（$OD\perp AB$）、$\triangle AOD\cong\triangle POE$ 及中位线定理 $OD=\dfrac{1}{2}BC$，还有等腰 $\triangle POC$ 与平行线 $CF/\!/OP$ 所带来的角平分线 $\angle PCE=\angle PCF$，目标是切线的判定（$PF\perp OP$）. 由条件可见，欲证“PF 是 $\odot O$ 的切线”，即证 $PF\perp OP$ 或 $\angle FPO=90°$，从角的角度进行分析不合适，因本题线段关系线索较多. 环顾整个图形结构，证明 $FPDB$ 为矩形较为恰当，因问题的关键点是 F，而 F 的产生源于 BC 和 DE，故从证明“$FPDB$ 为矩形”的角度可证 $DP=BF$，或 $DF=PB$，见图4-1-33，或者证明 $\triangle PEC\cong\triangle PFC$，得到 $\angle PFC=\angle PEC=90°$.

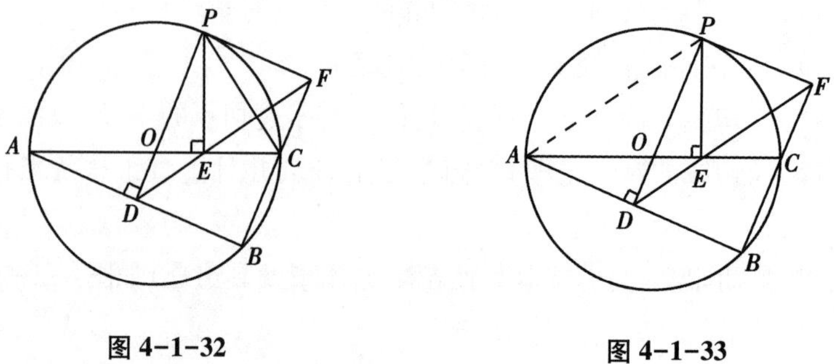

图 4-1-32　　图 4-1-33

例 4.1.9　如图 4-1-34 所示，已知半圆 O，直径 AB，$CE\perp AB$，$DF\perp AB$，$CG\perp OD$. 求证：$GE=DF$.

欲证 $GE=DF$，结合图形，一个自然的想法是将这两条线段分别放入两个三角形中. 显然，DF 放在 $\triangle ODF$ 中是合适的，而 GE 如何安排或说如何交代是一个问题. 应该这样考虑，GE 在共圆的四边形 $OECG$ 中，在这个局部情境中 GE 与其他线段和角有着怎样的关系呢？OC 是四边形 $OECG$ 外接圆的直径，GE 是圆周角 $\angle GCE$ 所对的弦，于是 $GE=OC\sin\angle GCE$，见图 4-1-35. 注意到，在这统一于半圆的整体结构中，其内部可分为 $\triangle ODF$ 和共圆的四边形 $OECG$ 两部分，而这两部分联系的纽带是 $\angle DOF=\angle GCE$. 这样，$GE=OC\sin\angle GCE=OD\sin\angle DOF=DF$，问题得证.

本题也可通过三角形之间的相似得到证明.

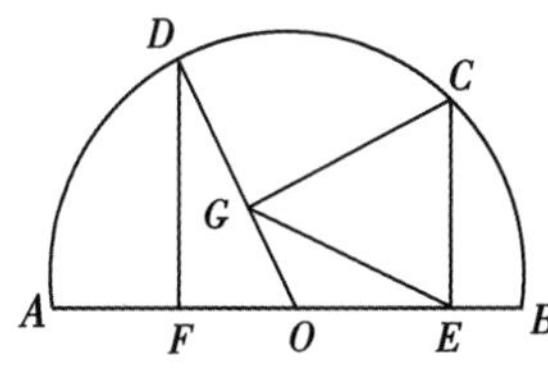

图 4-1-34

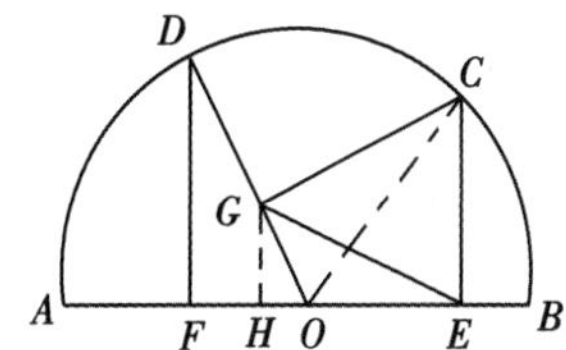

图 4-1-35

4.2　拓展的平面几何定理

从教师的平面几何学科理解角度看，教师具备一些相关的拓展知识是十分必要的：可以使教师用发展的视角审视教材中的理论知识结构，可以用来审视初中几何试题的命制方法，可以帮助优秀的学生拓展几何知识，也可为引导学生开展研究性学习提供素材和指引研究方向.

4.2.1　射影定理与射影定理的逆定理

射影定理(双垂图)在初中几何中有广泛的应用，其变形得到的结论(子母图)也有广泛的应用价值. 如图 4-2-1 所示，已知 $\triangle ABC$，$AB\perp AC$，AD 垂直于 BC 于 D，则有下列结论：① $AB^2=BD\cdot BC$；② $AC^2=CD\cdot CB$；③ $AD^2=BD\cdot DC$.

射影定理的几何意义是把“空中”的线段 AB，AC，AD 的计算转化为“地平线”BD，CD，BC 的计算，此时，BD 是 AB 的射影，CD 是 AC 的射影. 对射影定理几何意义的理解是超越一般方法的“高级”认识，不可不察.

射影定理的逆定理，如图 4-2-1 所示.

在 $\triangle ABC$ 中，$\angle BAC=90°$，如果 $AC^2=CD\cdot CB$，则有 $AD\perp BC$.

在 $\triangle ABC$ 中，$AD\perp BC$，如果 $AC^2=CD\cdot CB$，则有 $\angle BAC=90°$.

在 $\triangle ABC$ 中，$\angle BAC=90°$，如果 $AB^2=BD\cdot BC$，则有 $AD\perp BC$.

在 $\triangle ABC$ 中，$AD\perp BC$，如果 $AB^2=BD\cdot BC$，则有 $\angle BAC=90°$.

在 $\triangle ABC$ 中，$AD\perp BC$，如果 $AD^2=CD\cdot DB$，则有 $\angle BAC=90°$.

需要注意的是，在 $\triangle ABC$ 中，$\angle BAC=90°$，如果 $AD^2=CD\cdot DB$，则有 $AD\perp BC$，或

者 $AD=BD=CD$.

以上命题均可利用勾股定理给出证明，也可由两个三角形相似得到.

射影定理的推论(子母图结论)：如图 4-2-2 所示，$\triangle ABC$ 中，$\angle CAD=\angle B\Leftrightarrow AC^2=CD\cdot CB$.

该结论的应用也极为广泛，如切割线定理的证明等.

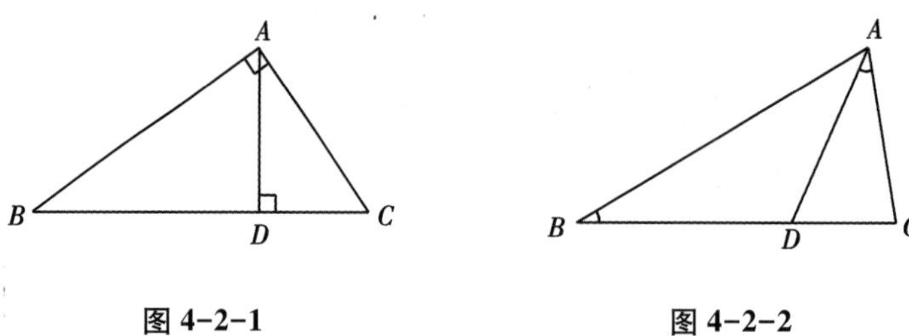

图 4-2-1　　图 4-2-2

把上述命题当作练习题，求解后经反思获得其几何意义，并压缩成知识组块，这无论是对相关知识的理解还是用来解题都是有积极意义的.

以下若干例题是射影定理及基本形的典型应用.

例 4.2.1　如图 4-2-3 所示，AB, AC 分别是半⊙O 的直径和弦，OD 垂直于 AC 于点 D，过点 A 作半⊙O 的切线 AP，AP 与 OD 的延长线交于 P. 连接 PC 并延长与 AB 的延长线交于点 F.

① 求证：PC 是半⊙O 的切线；

② 若 $\angle CAB=30°$，$AB=10$，求线段 BF 的长.

几何题的证明与求解，关键在于对问题结构的分析，特别是对反映在图形中的结构关系进行分析. 此题的图形结构中有半圆、直径所对的角是直角、Rt$\triangle ABC$、垂径定理($OD\perp AC$)、中位线定理($OD/\!/BC$ 且 $OD=\frac{1}{2}BC$)、切线(PCF)、切线长定理($PA=PC$)、射影定理. 其中，射影定理图形与切线图、垂径定理图很好地结合在一起.

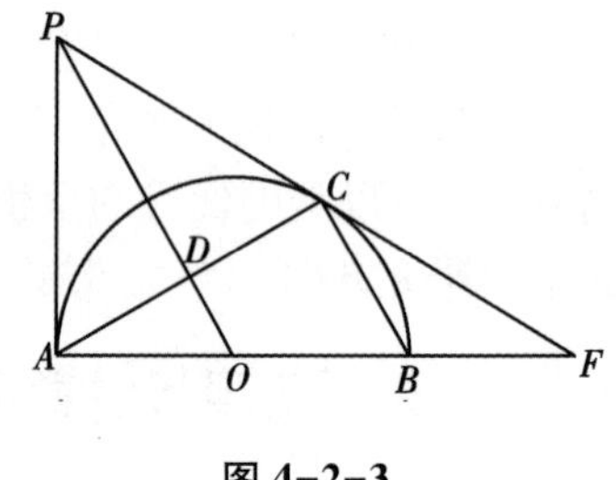

图 4-2-3

知识具有情境性，学习几何定理必须结合图形. 原因在于：一方面，知识的陈述性表征方式之一是表象，几何概念定理的内涵(语义)是与相应的图形密不可分的，因此，几何定理的表征其语义必须结合表象；另一方面，几何定理的程序性表征的“如果”对应的是一种刺激情境，而这种情境是包括图形的. 解题活动的模式识别是在问题情境的特征与已有几何知识的表象表征具有某种一致的情形下所进行的知识匹配.

例 4.2.2　如图 4-2-4 所示，在 ABC 中，$\angle C=90°$，ABC 的平分线交 AC 于点 E，过点 E 作 BE 的垂线交 AB 于点 F，⊙O 是$\triangle BEF$ 的外接圆.

① 求证：AC 是⊙O 的切线；

② 过点 E 作 $EH\perp AB$ 于点 H，求证：$CD=HF$.

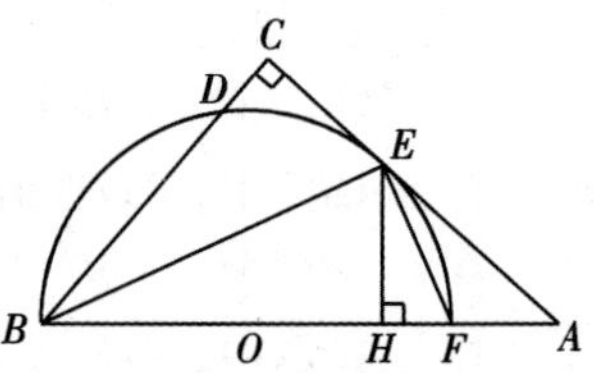

图 4-2-4

看看图形的结构. 此题的图中有半圆、直径所对的角是直角（Rt△BEF）、切线（CEA）、射影定理图（Rt△BEF 加上 $EH\perp BF$）、弦切角定理（$\angle EBF=\angle AEF$），射影定理与弦切角定理图的结合可带来 $\angle FEH=\angle AEF$. 这里还有射影定理的推广结论（子母图结构），由 $\angle AEF=\angle ABE$，则△AEF 与△ABE 相似，进而带来 $AE^2=AF\cdot AB$ 以及切割线结论 $AE^2=AF\cdot AB$.

4.2.2　两个“垂直”的判定条件

如图 4-2-5 所示，已知△ABC，D 是 BC 边上的一点，若有 $AB^2-AC^2=BD^2-CD^2$，则有 $AD\perp BC$.

如图 4-2-6 所示，已知△ABC，P 是平面内一点，若 $AB^2-AC^2=PB^2-PC^2$，则 $AP\perp BC$.

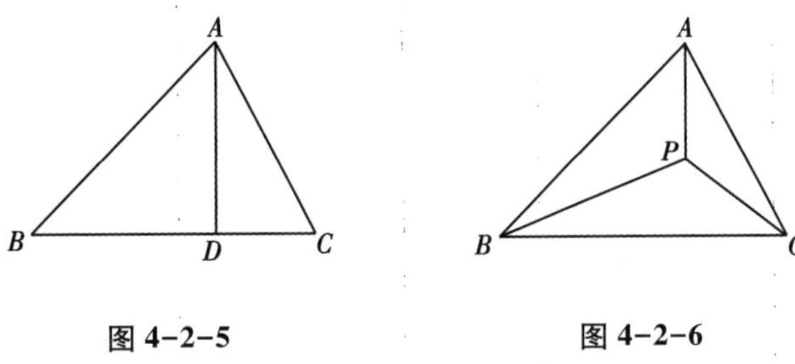

图 4-2-5　　图 4-2-6

4.2.3　三角形内角、外角平分线定理

如图 4-2-7 所示，已知△ABC，AD 是△ABC 的角平分线. 求证：$\frac{AB}{AC}=\frac{BD}{DC}$.

思考本题的解题思路，该求证式是关于线段成比例的，线段成比例问题最原始的依据是平行线截线段成比例定理和相似三角形，还可运用在此基础上发展起来的射影定理及圆幂定理等. 观察待证的等式，等式右侧为$\frac{BD}{DC}$，因 BD，CD 在一条线上，若应用平行线分线段成比例定理，需要将等式左侧的 AB 和 AC 调整到一条线上. 将 AC 移至 AE，如图 4-2-8 所示．由于角平分线、等腰三角形、平行线构成一个基本图形结构，则 $AD\parallel EC$，于是，得$\frac{AB}{AC}=\frac{AB}{AE}=\frac{BD}{DC}$.

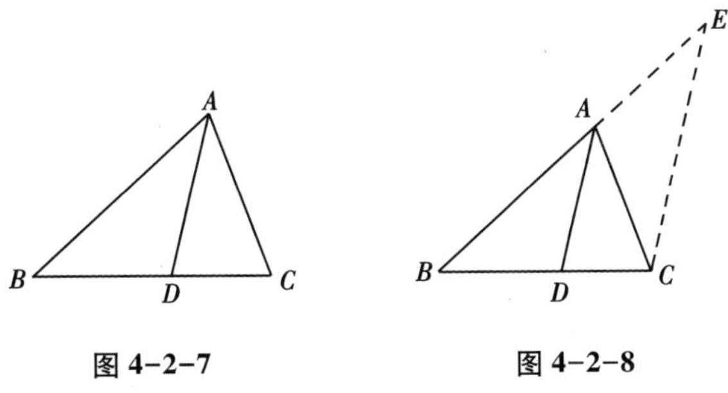

图 4-2-7　　图 4-2-8

如果利用三角形相似性质来证则可采用构造三角形的方法，如图 4-2-9、图 4-2-10 所示；也可用垂线“封口”构造相似三角形，如图 4-2-11 所示.

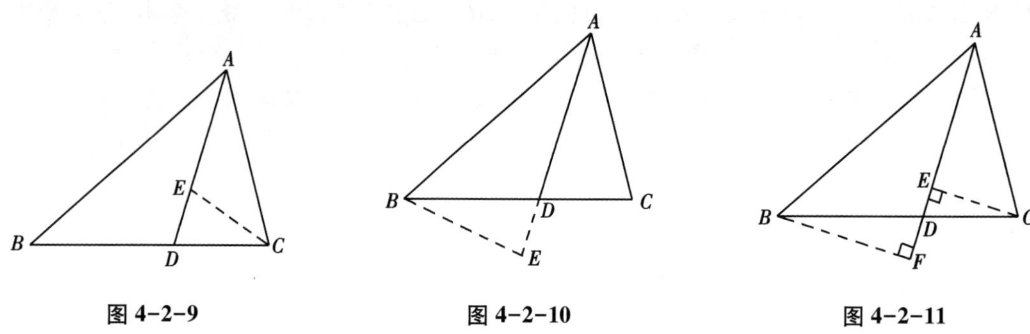

图 4-2-9　　图 4-2-10　　图 4-2-11

用面积法也可以，也可用三角法来证：

$\frac{AB}{\sin\angle ADB}=\frac{BD}{\sin\angle BAD}$，即$\frac{AB}{BD}=\frac{\sin\angle ADB}{\sin\angle BAD}$及$\frac{AC}{DC}=\frac{\sin\angle ADC}{\sin\angle CAD}$，显然有$\frac{AB}{BD}=\frac{AC}{DC}$成立.

如图 4-2-12 所示，利用角平分线的对称性，作 $CF\perp AD$，交 AD 于点 M，交 AB 于点 F. 再作 $FG/\!/BC$，交 AD 于点 G，则有 $FM=CM$，得 $AF=AC$，$FG=CD$，有$\frac{AB}{AC}=\frac{AB}{AF}=\frac{BD}{FG}=\frac{BD}{CD}$.

如图 4-2-13 所示的解法较为简单，作 $CE/\!/AB$，交 AD 的延长线于 E，则有 $AC=CE$，由 $\triangle ABD$ 和 $\triangle ECD$ 相似，所以$\frac{AB}{AC}=\frac{AB}{CE}=\frac{BD}{CD}$.

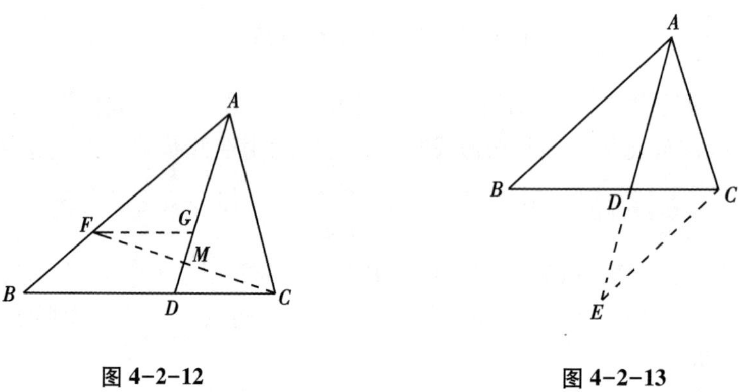

图 4-2-12　　图 4-2-13

内角平分线定理可作为问题供学生解题练习用，对于学优生也可进一步明确这个问题是一个有用的定理，指出这个定理在高中的“圆锥曲线”“解三角形”“平面向量”中解决某些问题时有用.

如图 4-2-14 所示，已知 $\triangle ABC$，AD 是 $\triangle ABC$ 外角平分线. 求证：$\frac{AB}{AC}=\frac{BD}{DC}$.

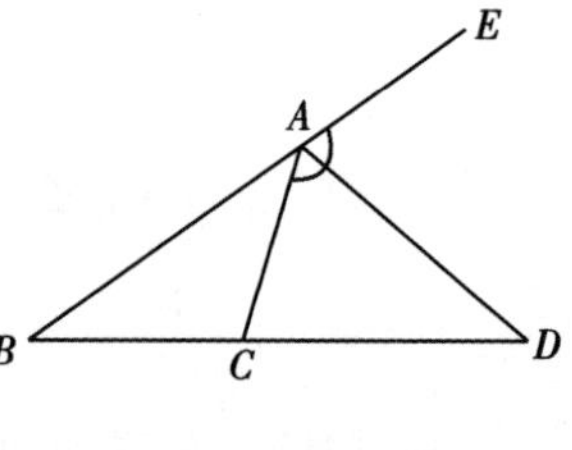

图 4-2-14

由 $\sin\angle BAD=\sin\angle DAE=\sin\angle CAD$，则$\frac{BD}{DC}=\frac{S_{\triangle ABD}}{S_{\triangle CAD}}=$

$$\frac{\frac{1}{2}AB \cdot AD\sin\angle BAD}{\frac{1}{2}AC \cdot AD\sin\angle CAD}=\frac{AB}{AC}.$$

4.2.4　共边定理和共角定理

共边定理和共角定理是张景中院士在《新概念几何》一书中给出的. 张先生用面积法改造平面几何的解决问题的方法. 面积法本质上等价于三角形相似理论，历史上，欧多克斯也是将三角形(面积)视作一个“量”，并指出可用两个三角形(面积)的“量”的比表示两条线段的比.

(1)共边定理

有一条公共边的两个三角形，叫作共边三角形. 共边三角形的面积比可以转化为两条线段的比.

如图 4-2-15 所示，$\frac{BD}{CD}=\frac{S_{\triangle ABD}}{S_{\triangle ACD}}$. 如图 4-2-16 所示，$\frac{BD}{CD}=\frac{S_{\triangle ABE}}{S_{\triangle ACE}}$.

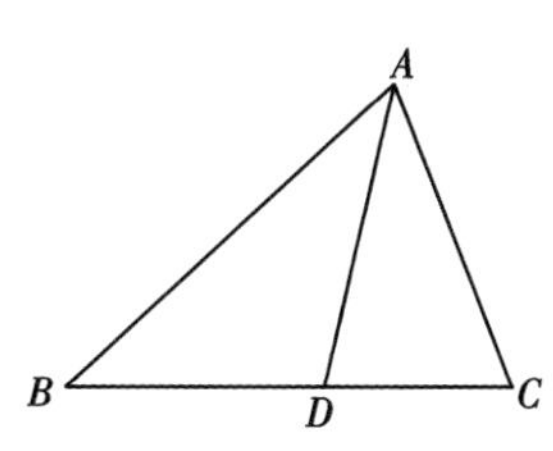

图 4-2-15

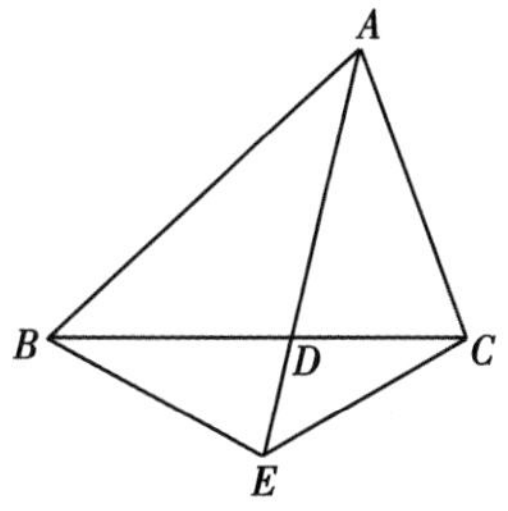

图 4-2-16

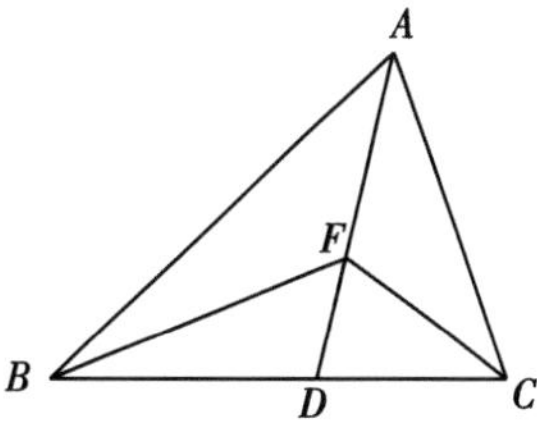

图 4-2-17

如图 4-2-17 所示，$\frac{BD}{CD}=\frac{S_{\triangle ABF}}{S_{\triangle ACF}}$. 如图 4-2-18 所示，$\frac{DE}{CE}=\frac{S_{\triangle ABD}}{S_{\triangle ABC}}$.

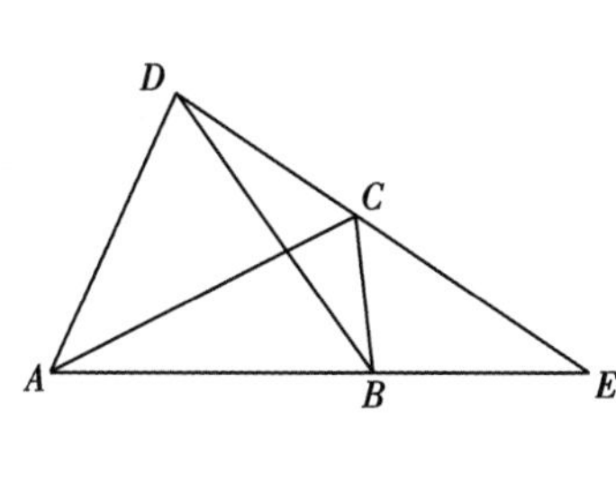

图 4-2-18

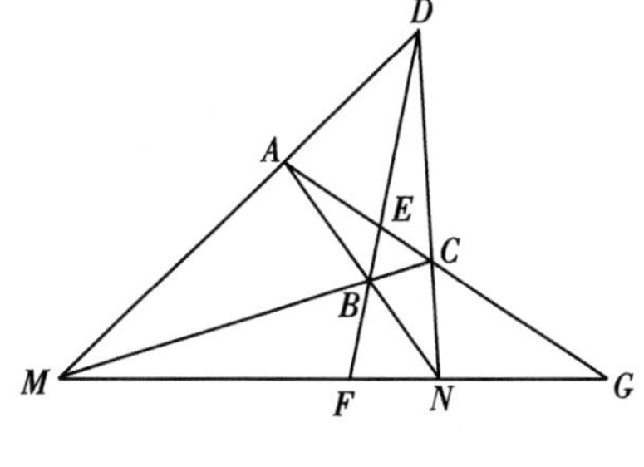

图 4-2-19

我国著名数学家华罗庚先生在《1978 年全国中学生数学竞赛题解》一书的前言中，给出了这样一道几何题，见下题.

例 4.2.3　如图 4-2-19 所示，凸四边形 $ABCD$ 的两边 DA，CB 延长后交于点 M，另外两边 AB，DC 延长后交于点 N，对角线 DB，AC 延长后分别与 MN 交于点 F，G. 求证：$\frac{MF}{FN}=\frac{MG}{GN}$.

证明 $\dfrac{MF}{FN}=\dfrac{S_{\triangle BDM}}{S_{\triangle BDN}}=\dfrac{S_{\triangle BDM}}{S_{\triangle MBN}}\cdot\dfrac{S_{\triangle MBN}}{S_{\triangle BDN}}=\dfrac{DC}{CN}\cdot\dfrac{MA}{AD}=\dfrac{S_{\triangle DAC}}{S_{\triangle NAC}}\cdot\dfrac{S_{\triangle MAC}}{S_{\triangle DAC}}=\dfrac{S_{\triangle MAC}}{S_{\triangle NAC}}=\dfrac{MG}{GN}$.

这道题的实质属于仿射几何学范畴，对于欧氏几何来讲，本题的难点在于条件中没有全等形，没有相似形，如果采用欧氏几何方法就得引平行线，而应用共边定理，用面积比表示线段比使得本题的解决变得简单了.

(2)共角定理

如图 4-2-20 所示，已知 $\triangle ABC$ 和 $\triangle ADE$ 共角，则有 $\dfrac{AD\cdot AE}{AB\cdot AC}=\dfrac{S_{\triangle ADE}}{S_{\triangle ABC}}$.

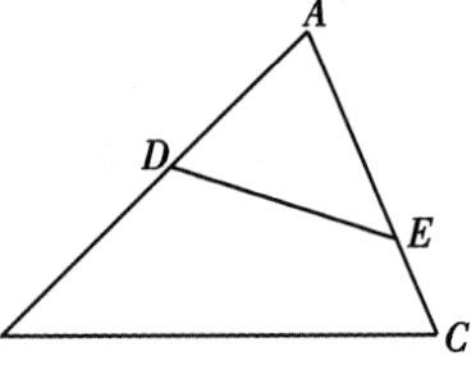

图 4-2-20

4.2.5 塞瓦定理与梅奈劳斯定理

塞瓦(Ceva)定理与梅奈劳斯(Menelaus)定理是著名的平面几何定理，这两个定理在中学数学竞赛中的应用相当普遍. 仔细观察塞瓦定理与梅奈劳斯定理的图形结构，一个几乎无条件的命题却有一个漂亮的比例等式这样的结论，自然其应用会十分广泛. 特别地，其逆定理常被用来证明“三线共点”和“三点共线”问题.

梅奈劳斯定理：如图 4-2-21 所示，设 D，E，F 分别是 $\triangle ABC$ 的三边 BC，CA，AB 或延长线上的点，且 D，E，F 三点共线，则$\dfrac{AF}{AB}\cdot\dfrac{BD}{DC}\cdot\dfrac{CE}{EA}=1$.

证明 方法的共性是过$\triangle ABC$三个顶点作截线的平行线，如图 4-2-22 至图 4-2-26 所示.

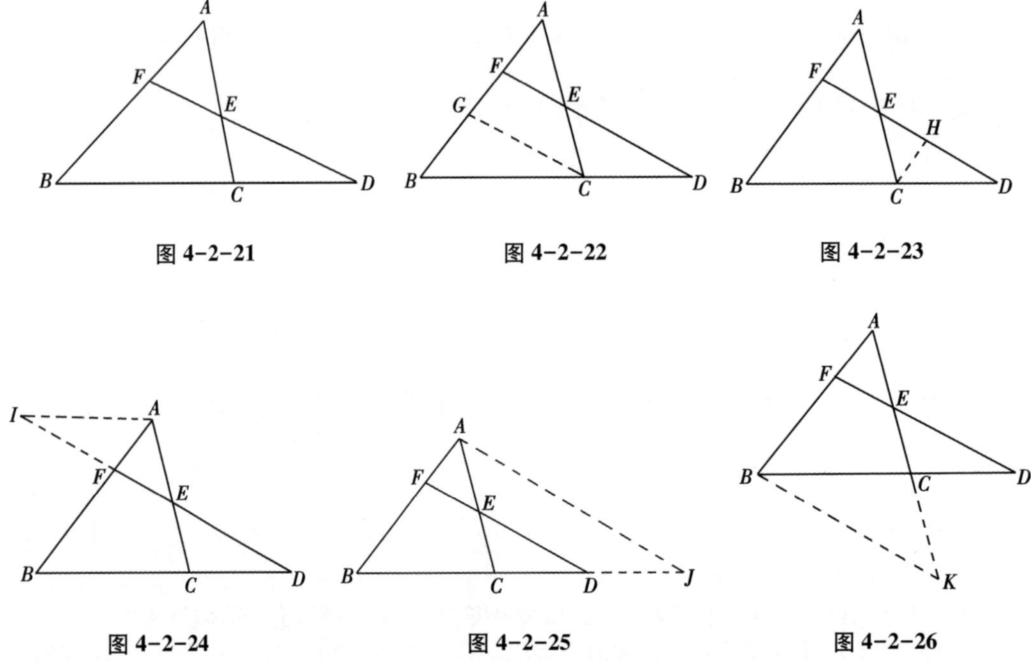

图 4-2-21 图 4-2-22 图 4-2-23

图 4-2-24 图 4-2-25 图 4-2-26

将梅奈劳斯定理的条件特殊化，可转化为日常的变式教学用题.

已知$\triangle ABC$，设 F 为 AB 的中点，D，E 分别是$\triangle ABC$ 的三边 BC，CA 或延长线上的

点，且 D，E，F 三点共线，则$\frac{BD}{DC}=\frac{AE}{CE}$.

例 4.2.4　如图 4-2-27 所示，已知$\triangle ABC$的面积为 1，D，E，F 分别在 BC，CA，AB 上，$BD=2DC$，$CE=2EA$，$AF=2FB$，AD，BE，CF 两两交于 P，Q，R，求$\triangle PQR$的面积.

塞瓦定理：如图 4-2-28 所示，设 D，E，F 分别是$\triangle ABC$的三边 BC，CA，AB 上的点，若 AD，BE，CF 交于点 P，则$\frac{AF}{FB}\cdot\frac{BD}{DC}\cdot\frac{CE}{EA}=1$.

塞瓦定理可通过梅奈劳斯定理给出证明，应用共边定理的证明较为简便.

证法一：由$\frac{AF}{FB}=\frac{S_{\triangle CPA}}{S_{\triangle CPB}}$，$\frac{BD}{DC}=\frac{S_{\triangle APB}}{S_{\triangle APC}}$，$\frac{CE}{EA}=\frac{S_{\triangle BPC}}{S_{\triangle BPA}}$，三式相乘可得结论：

$$\frac{AF}{FB}\cdot\frac{BD}{DC}\cdot\frac{CE}{EA}=\frac{S_{\triangle CPA}}{S_{\triangle CPB}}\cdot\frac{S_{\triangle APB}}{S_{\triangle APC}}\cdot\frac{S_{\triangle BPC}}{S_{\triangle BPA}}=1.$$

证法二：作平行线，如图 4-2-29 所示.

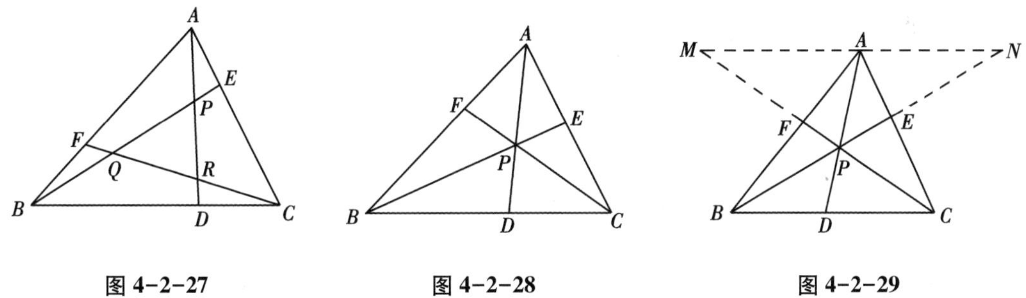

图 4-2-27　　图 4-2-28　　图 4-2-29

塞瓦定理的逆定理：设 D，E，F 分别是$\triangle ABC$的三边 BC，CA，AB 或其延长线上的点，若$\frac{AF}{FB}\cdot\frac{BD}{DC}\cdot\frac{CE}{EA}=1$，则 AD，BE，CF 平行或共点.

角元形式的塞瓦定理：A'，B'，C'分别是$\triangle ABC$的三边 BC，CA，AB 所在直线上的点，则 AA'，BB'，CC'平行或共点的充要条件是$\frac{\sin\angle BAA'}{\sin\angle A'AC}\cdot\frac{\sin\angle ACC'}{\sin\angle C'CB}\cdot\frac{\sin\angle CBB'}{\sin\angle B'BA}=1$.

例 4.2.5　如图 4-2-30 所示，在锐角$\triangle ABC$中，$\angle C$的平分线交 AB 于 L，从 L 作边 AC 和 BC 的垂线，垂足分别是 M 和 N，设 AN 和 BM 的交点是 P，证明：$CP\perp AB$.

图 4-2-30

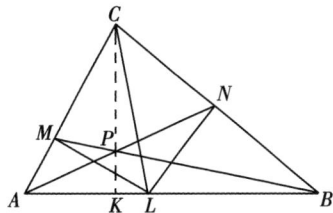

证明　作 $CK\perp AB$，下证 CK，BM，AN 三线共点于 P. 要证 CK，BM，AN 三线共点，依据塞瓦定理，即要证明$\frac{AM}{MC}\cdot\frac{CN}{NB}\cdot\frac{BK}{AK}=1$，又因为 $MC=CN$，即要证明$\frac{AM}{AK}\cdot\frac{BK}{NB}=1$，由$\triangle AML\backsim\triangle AKC\Rightarrow\frac{AM}{AK}=\frac{AL}{AC}$，所以$\triangle BNL\backsim\triangle BKC\Rightarrow\frac{BK}{NB}=\frac{BC}{BL}$，即要证$\frac{AL}{AC}\cdot\frac{BC}{BL}=1$，据三角形角平分线定理可知$\frac{AL}{AC}\cdot\frac{BC}{BL}=1$，所以 CK，BM，

AN 三线共点于 P 点，则 $CP\perp AB$.

例 4.2.6 如图 4-2-31 所示，已知圆内接△ABC 为不等边三角形，过点 A，B，C 分别作圆的切线依次交直线 BC，CA，AB 于 A'，B'，C'，求证：A'，B'，C'三点共线.

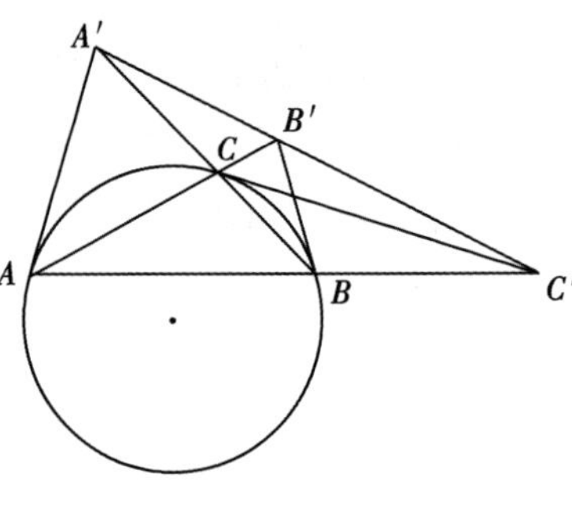

图 4-2-31

证明 记 $BC=a$，$CA=b$，$AB=c$，易知$\dfrac{AC'}{C'B}=\dfrac{S_{\triangle ACC'}}{S_{\triangle CBC'}}$.

又易证$\triangle ACC'\backsim\triangle CBC'$，则$\dfrac{S_{\triangle ACC'}}{S_{\triangle CC'B}}=\left(\dfrac{AC}{BC}\right)^2=\dfrac{b^2}{a^2}$.

同理，$\dfrac{BA'}{A'C}=\dfrac{c^2}{b^2}$，$\dfrac{CB'}{B'A}=\dfrac{a^2}{c^2}$，故$\dfrac{AC'}{C'B}\cdot\dfrac{BA'}{A'C}\cdot\dfrac{CB'}{B'A}=\dfrac{b^2}{a^2}\cdot\dfrac{c^2}{b^2}\cdot\dfrac{a^2}{c^2}=1$.

由梅奈劳斯定理的逆定理可知 A'，B'，C'三点共线.

从一般性解决的角度看，上述解法运用的是“消点法”，即将解题过程与问题结构的生成过程结合起来，将最后一个层次的点归结为前一个层次的点，直至归结为问题构成的最原始图形的若干点.

例 4.2.7 如图 4-2-32 所示，设 AD 是△ABC 的高，且 D 在 BC 边上，若 P 是 AD 上任意一点，BP，CP 分别与 AC，AB 交于 E 和 F，证明：$\angle EDA=\angle FDA$.

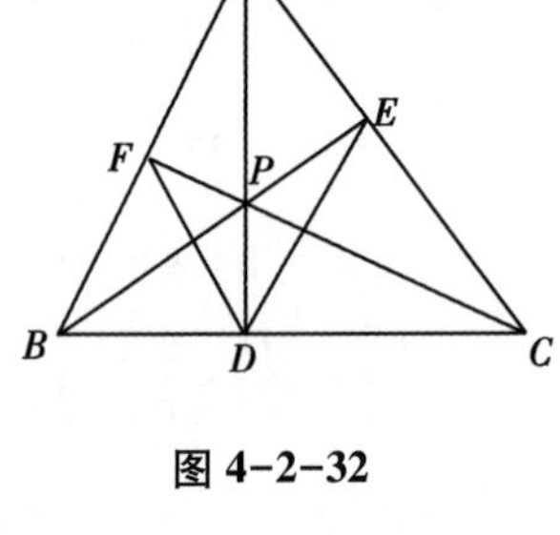

图 4-2-32

证明 过 A 作 AD 的垂线，与 DE，DF 的延长线分别交于 M，N. 欲证$\angle EDA=\angle FDA$，可以转化为证明目标 $AM=AN$，如图 4-2-33 所示.

因为 $AD\perp BC$，则 $MN/\!/BC$，可得$\triangle AME\backsim\triangle CDE$，$\triangle ANF\backsim\triangle BDF$，所以有$\dfrac{AM}{CD}=\dfrac{AE}{CE}$，$\dfrac{AN}{BD}=\dfrac{AF}{BF}$，于是 $AM=\dfrac{AE\cdot CD}{CE}$，$AN=\dfrac{AF\cdot BD}{BF}$.

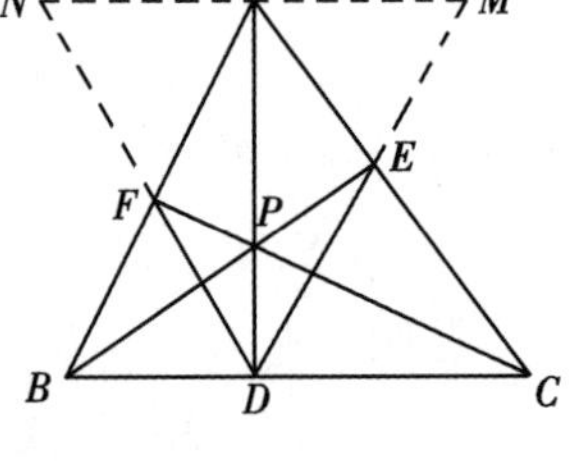

图 4-2-33

又因为 AD，BE，CF 共点于 P，根据塞瓦定理可得$\dfrac{BD}{DC}\cdot\dfrac{CE}{EA}\cdot\dfrac{AF}{FB}=1$，所以

$\dfrac{AE\cdot CD}{CE}=\dfrac{AF\cdot BD}{BF}$，得 $AM=AN$，于是$\angle EDA=\angle FDA$.

圆相关扩展的定理——四点共圆、弦切角定理与圆幂定理及基本图形.

判定四点共圆的若干定理：四边形对角互补，四边形外角等于内对角，圆幂定理，托勒密定理和西摩松定理. 对于多点共圆问题，可先证明四点共圆，再证其他点在该圆上.

四点共圆应用价值：对于直线形图形问题可利用四点共圆知识揭示出其隐藏的圆，

这会立即带来圆周角相等、相交弦定理，特殊情况下有切割线定理、垂径定理等结论，即将圆的有关知识运用到直线形图形的问题中.

4.2.6　弦切角定理

如图 4-2-34 所示，已知圆 O 内接 $\triangle ABC$，AP 是切线，则有 $\angle BAP=\angle ACB$.

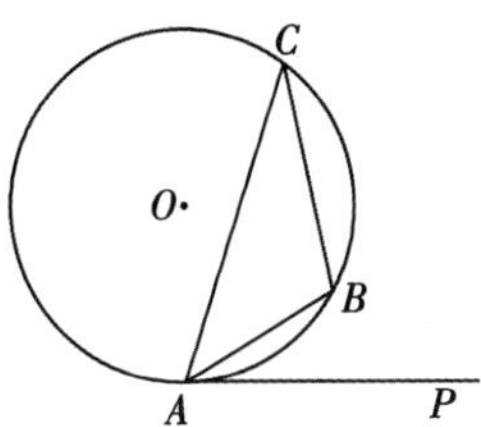

图 4-2-34

弦切角 $\angle BAP$ 是由弦 AB 和切线 AP 所夹的角，可以看作圆周角 $\angle ACB$ 的顶点 C 沿圆周运动至极限处 A 点所成的角.

4.2.7　圆幂定理(割线定理、切割线定理、切线长定理、相交弦定理)

割线定理：如图 4-2-35，从圆 O 外一点 P 引出的两条射线与圆交于 A，B 和 C，D，则 $PA\cdot PB=PC\cdot PD$.

证明　方法见图 4-2-36，或图 4-2-37.

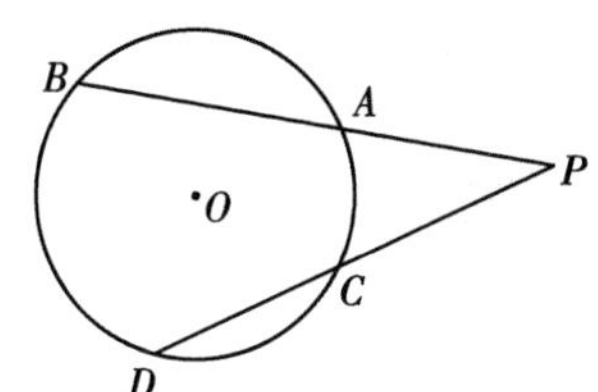

图 4-2-35

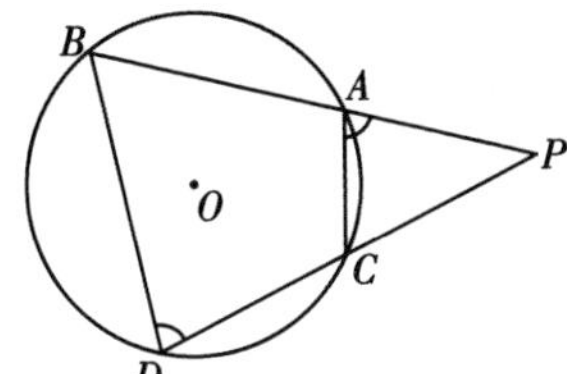

图 4-2-36

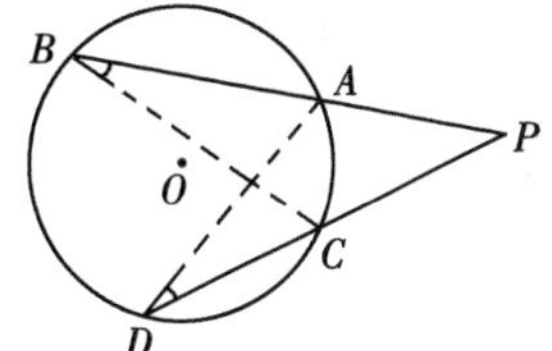

图 4-2-37

切割线定理是割线定理的特殊情形，切线长定理是切割线定理的特殊情况.

切割线定理：如图 4-2-38 所示，从圆 O 外一点 P 引出的两条射线与圆交于 A，B 和切于 T 点，则 $PA\cdot PB=PT^2=OP^2-r^2$.

切线长定理(略).

相交弦定理：如图 4-2-39 所示，从半径为 r 的圆 O 内一点 P 引出的两条直线交圆于 A，B 和 C，D，则 $PA\cdot PB=PC\cdot PD=r^2-OP^2$.

不妨设 $CD\perp OP$，则 $PA\cdot PB=PC\cdot PD=PC^2=r^2-OP^2$.

也可由 O 向 AB 作垂线，设垂足为 M，则

$PA\cdot PB=(AM-MP)(BM+MP)=AM^2-MP^2=(r^2-OM^2)-(OP^2-OM^2)=r^2-OP^2$.

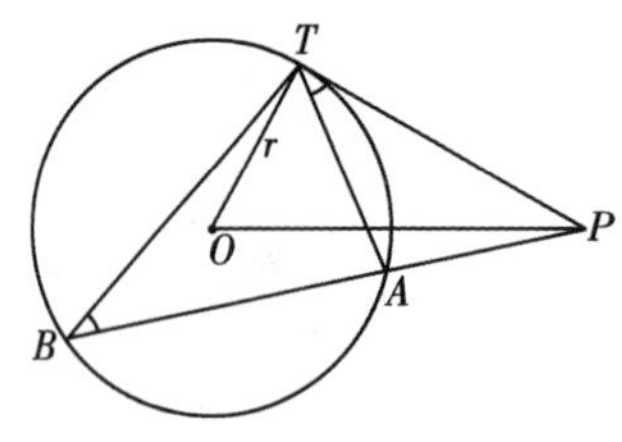

图 4-2-38

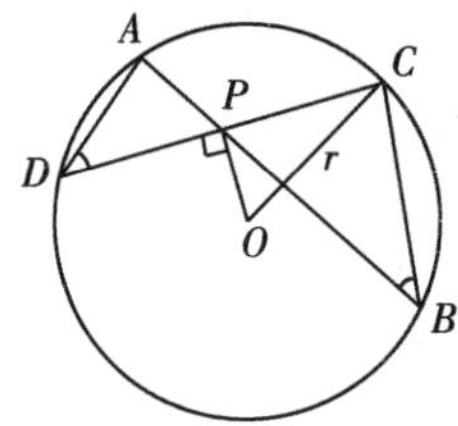

图 4-2-39

割线定理、切割线定理与切线长定理，这些定理与相交弦定理统一称作圆幂定理.

圆幂定理：过一个定点 P 的任何一条直线与圆相交，则这点到直线与圆 O 的交点的两条线段的乘积为定值 $|OP^2-r^2|$.

例 4.2.8 如图 4-2-40 所示，已知 E 是圆内两弦 AB 和 CD 的交点，直线 $EF\parallel CB$，交 AD 的延长线于 F，FG 切圆于 G. 求证：$FG=FE$.

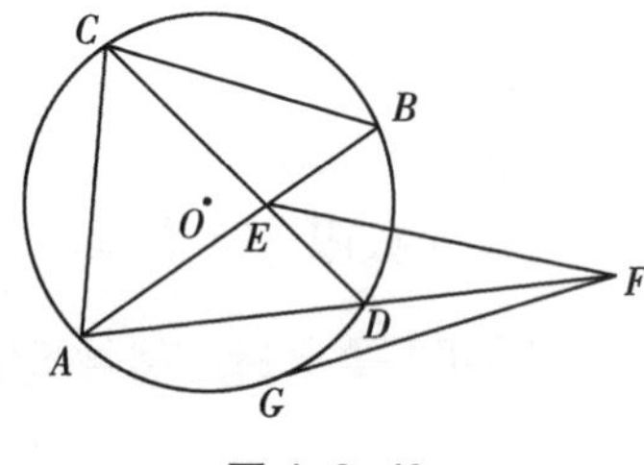

图 4-2-40

由于目前初中数学教材中没有弦切角定理及割线定理、相交弦定理和切割线定理，因此，中考几何圆的试题常考的切线问题只能应用“切线与半径垂直”(性质与判定)，这一情形常与直径配合而不会出现类似例 4.2.8 的问题情境.

4.2.8 根轴定理

根轴的定义：两个已知圆的圆幂相等的点的轨迹是一条直线，该直线被称为这两圆的根轴. 这里的“圆幂”是指一个点对圆的切线长的平方，或是这个点对圆的割线所形成的两条线段的乘积，或是过这个点的公共弦所成的两条线段的乘积.

根轴的性质：

① 如图 4-2-41 所示，若两圆 O_1 和 O_2 相离(半径分别为 r_1，r_2，且 $r_1\geqslant r_2$)，点 N 为 O_1O_2 的中点，点 M 在线段 O_1O_2 上，且 $MN=\dfrac{r_1^2-r_2^2}{2O_1O_2}$，则这两个圆的根轴是过点 M 且垂直于 O_1O_2 的直线.

如图 4-2-42 和图 4-2-43 所示，$PT^2=O_1P^2-O_1T^2=O_1P^2-r_1^2$，$PS^2=O_2P^2-O_2S^2=O_2P^2-r_2^2$，由 $PT=PS$，得到 $O_1P^2-r_1^2=O_2P^2-r_2^2$，于是 $O_1P^2-O_2P^2=r_1^2-r_2^2$.

而 $O_1P^2-O_2P^2=O_1M^2-O_2M^2$，这里 $PM\perp O_1O_2$，说明点 P 的轨迹是过点 M 且垂直于 O_1O_2 的直线.

② 若两个圆相交，则其公共弦所在的直线就是这两个圆的根轴.

③ 若两个圆相切，则过这两圆切点的公切线是它们的根轴.

在高中，用解析的方法求两圆的根轴会很简单，只需将两个圆方程相减，得到的二元一次方程即是根轴的方程.

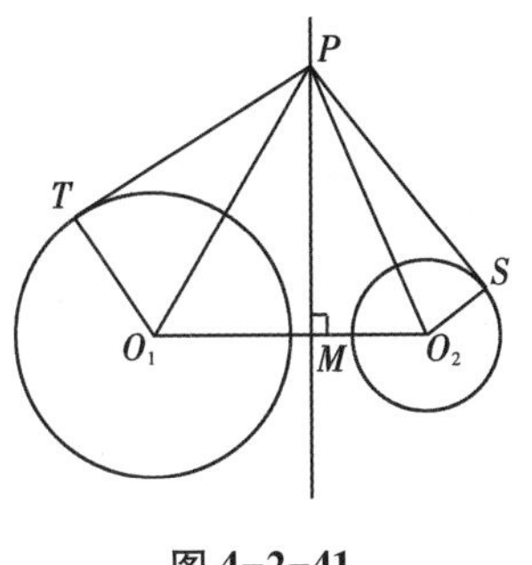

图 4-2-41

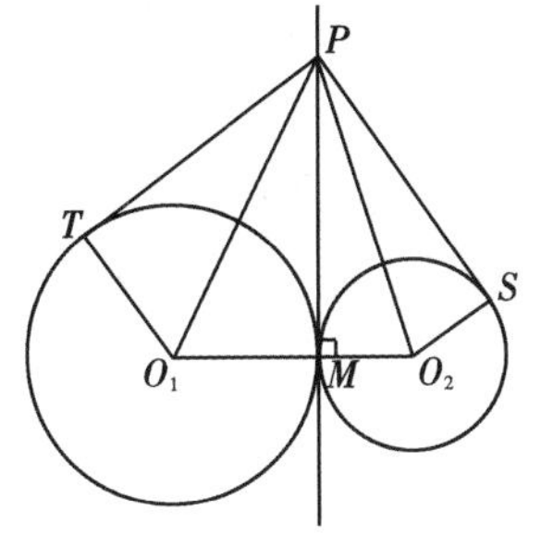

图 4-2-42

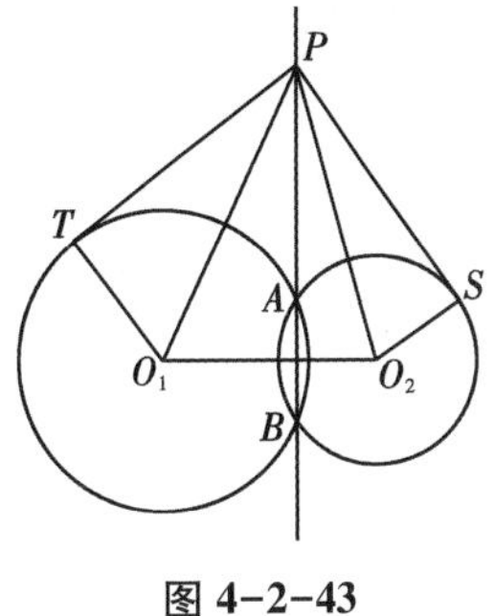

图 4-2-43

4.2.9　四点共圆的判定定理

关于四点共圆的判定，从角的角度看：① 四边形对角互补；② 四边形的外角等于与之相邻的内角的对角；③ 同弧或等弧所对的圆周角相等.

从边的角度看：① 四个点到一定点距离相等；② 圆幂定理；③ 托勒密定理.

判定定理 1　若四个点到一定点的距离相等，则这四个点共圆. 见图 4-2-44.

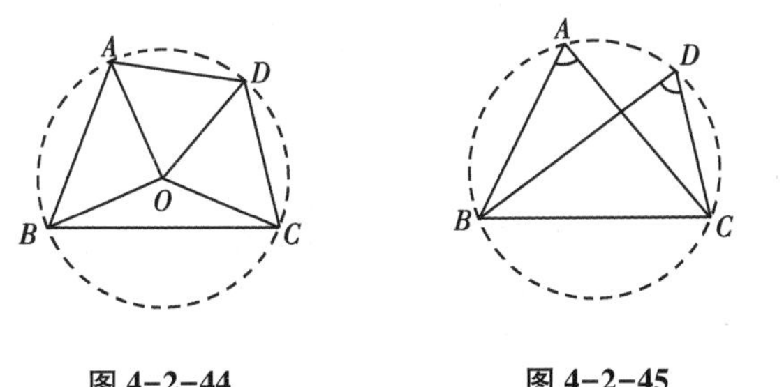

图 4-2-44　　图 4-2-45

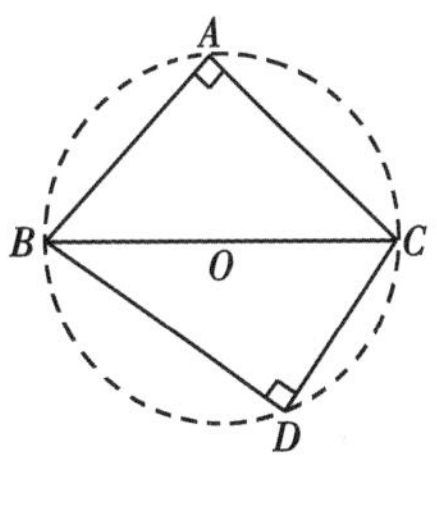

图 4-2-46

判定定理 2　共底边的两个三角形顶角相等，且在底边的同侧，则这四个顶点共圆. 见图 4-2-45.

判定定理 3　共斜边的两个直角三角形，四个顶点共圆. 见图 4-2-46.

判定定理 4　对于凸四边形 $ABCD$，如果对角互补，则四点共圆. 见图 4-2-47.

推论　如果四边形的外角等于相邻角的内对角，则四点共圆. 见图 4-2-48.

判定定理 5　（相交弦定理的逆定理）　如图 4-2-49 所示，凸四边形 $ABCD$ 其对角线 AC，BD 交于 P，且 $PA \cdot PC = PB \cdot PD$，则 A，B，C，D 四点共圆.

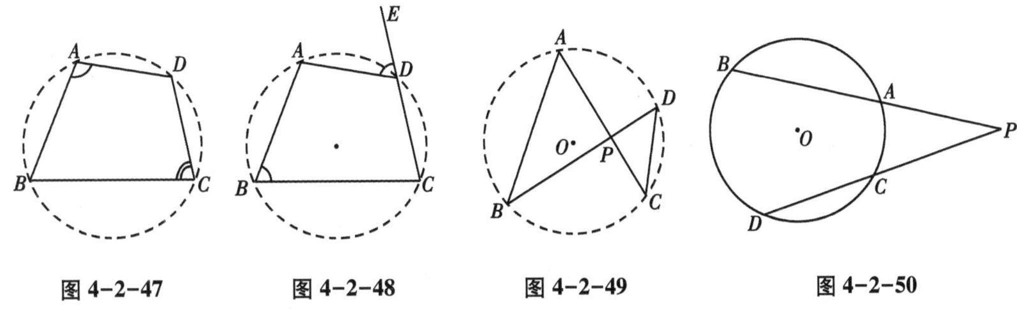

图 4-2-47　　图 4-2-48　　图 4-2-49　　图 4-2-50

判定定理 6 （割线定理的逆定理）如图 4-2-50 所示，凸四边形 $ABCD$，BA，CD 的延长线交于 P，且有 $PA \cdot PB = PD \cdot PC$，则 A，B，C，D 四点共圆.

例 4.2.9 如图 4-2-51 所示，在半圆 O 中，直径 $AB=10$，C，D 是半圆弧 AB 上的两个动点. 弦 AC 与 BD 交于点 E，则 $AE \cdot AC+BE \cdot BD=$________.

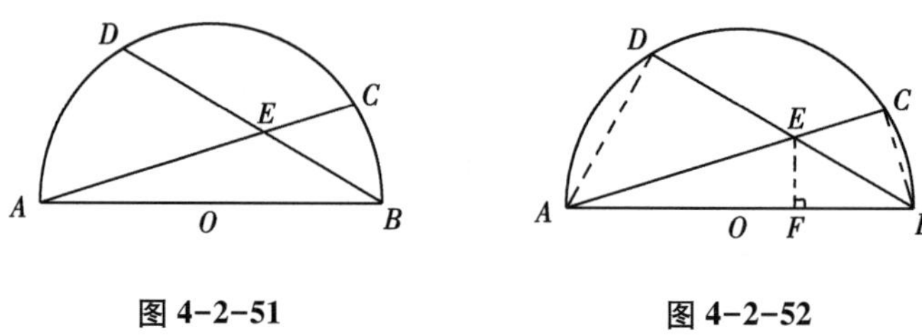

图 4-2-51　　图 4-2-52

作为填空题，可用特殊化方法解决. 令 C，D 靠近 B，A，此时 AE 趋近 AO，AC 趋近 AB，BE 趋近 BO，BD 趋近 AB，由此可得结论. 一般性的解法：见图 4-2-52，圆的基本结构及性质反映在圆心、半径、直径和圆心角和圆周角上，而 E 的位置不好，因此，过点 E 作 AB 的垂线，其想法是将“空中的”线段与下方的直径 AB 联系起来. 这是基于“问题结构”与相关的“理论知识”的思考方式. 连接 AD 和 BC，作 $EF \perp AB$ 于 F，让圆周角 $\angle ADB$ 和 $\angle ACB$ 发生作用，则利用 $\triangle ABC \backsim \triangle AEF$，得 $AE \cdot AC=AF \cdot AB$，这也是割线定理的结论.

同理 $BE \cdot ED=BF \cdot BA$. 则两式相加，$AE \cdot AC+BE \cdot BD=AB^2=100$.

例 4.2.10 如图 4-2-53 所示，边长为 1 的等边 $\triangle ABC$，D，E 分别是边 BC，CA 上的点，且有 $BD=CE$，AD，BE 交于 P，若 $AD \perp CP$，则 BD 的长为________.

$\triangle ABD$ 与 $\triangle BCE$ 全等，得 $\angle ADB=\angle BEC$，知 P，D，C，E 四点共圆，再由 $AD \perp CP$，得 $DE \perp AC$，又 $\angle ACB=60°$，知 $\dfrac{CE}{CD}=\dfrac{1}{2}$，于是 $\dfrac{BD}{CD}=\dfrac{1}{2}$，则 $BD=\dfrac{1}{3}$.

例 4.2.11 如图 4-2-54 所示，已知 $\triangle ABC$ 是圆 O 的内接三角形，AD 平分 $\angle BAC$，I 是 $\triangle ABC$ 的内心，求证：$DB=DI$.

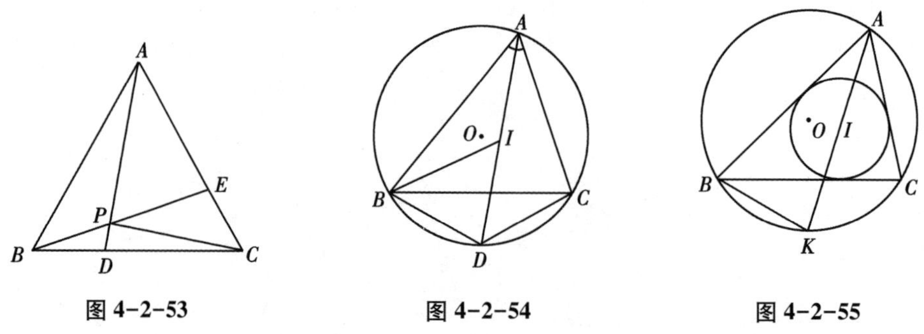

图 4-2-53　　图 4-2-54　　图 4-2-55

例 4.2.12 如图 4-2-55 所示，设 I 和 O 分别是 $\triangle ABC$ 的内心和外心，r 和 R 分别是 $\triangle ABC$ 的内切圆和外接圆的半径，过 I 作 $\triangle ABC$ 的外接圆的弦 AK. 求证：

① $IK=BK$；② $AI \cdot IK=2Rr$；③ $R^2-OI=2Rr$（欧拉公式）.

这是一道名题，结论经典，解题过程充分运用了三角形的外接圆和内切圆的主要性质. 解题主要思路如图 4-2-56 所示.

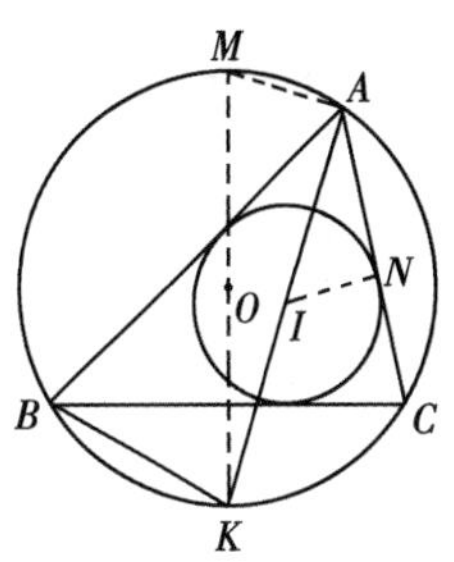

图 4-2-56

例 4.2.13　如图 4-2-57 所示，已知$\triangle ABC$的内心为I，内切圆分别切BC，AC于点D，E，如果BI与DE交于点G，求证：$AG\perp BG$.

欲证$AF\perp BG$，关键的信息集中在点G，G是由BI与DE确定的，而已知条件“内切圆分别切BC，AC于点D，E”提示，$IE\perp AC$和$ID\perp BC$. 如何寻找$AG\perp BG$的依据呢？即什么样的条件才能得到结论$AG\perp BG$呢？无论从推理的假言命题的角度还是从程序性知识表征产生式的角度都应如此思维.

$IE\perp AC$所带来的$\angle AEI=90°$，见图 4-2-58，提醒可将$AG\perp BG$与$IE\perp AC$纳入A，I，E，G四点共圆中. 从内心I带来的大量与角有关的信息可使注意力集中在$\angle EAI=\angle BGD$是否成立上，这不难得到.

例 4.2.14　如图 4-2-59 所示，已知等腰$\triangle ABC$中，$AB=AC$，D为BC中点，DE垂直AC于E，F为DE的中点，AF与BE交于H，求证：$AF\perp BE$.

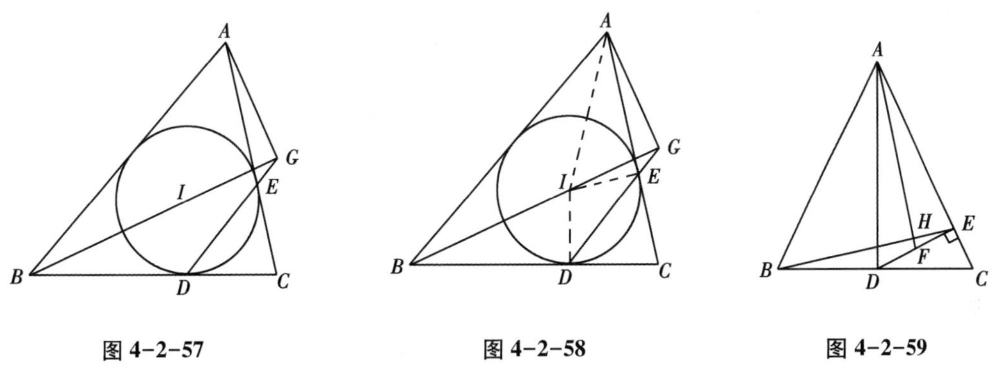

图 4-2-57　　图 4-2-58　　图 4-2-59

分析方法同上题. 欲证$AF\perp BE$，关键的信息在点H，H是由BE与AF确定的. 已知条件提供了较多的线段之间的关系，而证明$AF\perp BE$的“落脚点”在哪儿呢？类似于上题的方法，期望A，B，D，H四点共圆，则问题转化为证明$\angle EBC=\angle DAF$，可通过$\triangle BCE$与$\triangle ADF$相似得到.

显然$\angle ADF=\angle C$，看$\dfrac{CE}{BC}=\dfrac{CE}{2CD}=\dfrac{CE}{2AD}=\dfrac{2DF}{2AD}=\dfrac{DF}{AD}$，则$\dfrac{CE}{DF}=\dfrac{BC}{AD}$，问题得证.

例 4.2.15　如图 4-2-60 所示，设锐角$\triangle ABC$的外接圆为Γ，过点B，C作圆Γ的两条切线交于P，连接AP与BC交于点D，点E，F分别在AC，AB上，使得$DE/\!/BA$，$DF/\!/CA$. 证明：① $\dfrac{BD}{CD}=\dfrac{AB^2}{AC^2}$；② $\angle BCF=\angle BEF$.

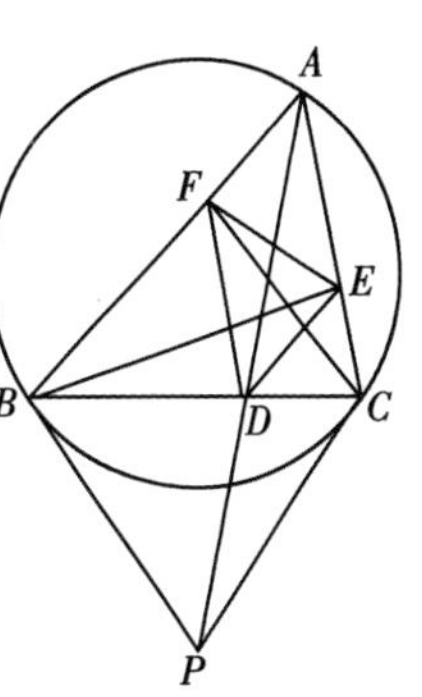

图 4-2-60

证明　① 由题设知$PB=PC$，$\angle ABP=180°-\angle ACB$，$\angle ACP=180°-\angle ABC$，

则$\frac{BD}{CD}=\frac{S_{\triangle ABP}}{S_{\triangle ACP}}=\frac{AB\cdot BP\cdot\sin\angle ABP}{AC\cdot CP\cdot\sin\angle ACP}=\frac{AB\sin\angle ACB}{AC\sin\angle ABC}=\frac{AB^2}{AC^2}$.

② 因为 $DE/\!/BA$，$DF/\!/CA$，所以，四边形 $AEDF$ 为平行四边形. 于是，$AF=DE$，$AE=FD$，且$\frac{ED}{AB}=\frac{CD}{CB}$，$\frac{FD}{AC}=\frac{BD}{BC}$，从而 $AF=DE=\frac{AB\cdot CD}{BC}$，$AE=FD=\frac{AC\cdot BD}{BC}$. 又$\frac{BD}{CD}=\frac{AB^2}{AC^2}$，得到 $AC^2\cdot BD=AB^2\cdot CD$，则 $AE\cdot AC=\frac{AC^2\cdot BD}{BC}=\frac{AB^2\cdot CD}{BC}=AF\cdot AB$，因此，$B$，$C$，$E$，$F$ 四点共圆.

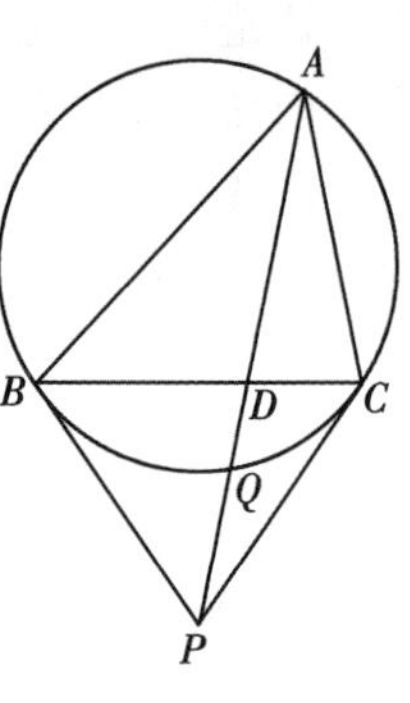

图 4-2-61

故$\angle BCF=\angle BEF$.

此题的背景是调和四边形. 在此还有两个结论：如图 4-2-61 所示，设 PA 与圆的交点为 Q.

① $AB\cdot QC=AC\cdot QB$；② $\frac{AD}{DQ}=\frac{AP}{PQ}$. 前者是定义调和四边形的依据，后者说明 A，D，Q，P 为调和点列.

4.2.10 托勒密定理及应用

托勒密定理：圆内接四边形中，两条对角线的乘积等于两组对边乘积之和.

即：如图 4-2-62 所示，四边形 $ABCD$ 内接于圆，则有 $AB\cdot CD+AD\cdot BC=AC\cdot BD$.

证明方法如图 4-2-63 所示，在 BD 上取一点 E，使得$\angle BAE=\angle CAD$，于是得$\triangle BAE\backsim\triangle CAD$，得到$\frac{AB}{AC}=\frac{BE}{CD}$，即 $AB\cdot CD=AC\cdot BE$. 同理，$\triangle DAE\backsim\triangle CAB$，得到$\frac{AD}{AC}=\frac{ED}{BC}$，即 $AD\cdot BC=AC\cdot ED$. 两式相加得 $AB\cdot CD+AD\cdot BC=AC\cdot BD$，得证.

托勒密定理的一般形式是托勒密不等式，即对于四边形 $ABCD$，总有 $AB\cdot CD+BC\cdot AD\geqslant AC\cdot BD$.

特别地，当且仅当四边形顶点四点共圆时等号成立，即托勒密定理刻画的是四点共圆问题. 托勒密定理的证明可利用三角形相似方法也可利用三角法(正弦定理).

$AB\cdot CD+BC\cdot AD=2R\sin\angle ACB\cdot 2R\sin\angle CBD+2R\sin\angle BDC\cdot 2R\sin\angle ACD$，$AC\cdot BD=2R\sin\angle ABC\cdot 2R\sin\angle BCD$，余下的是关于三角函数简单的化简.

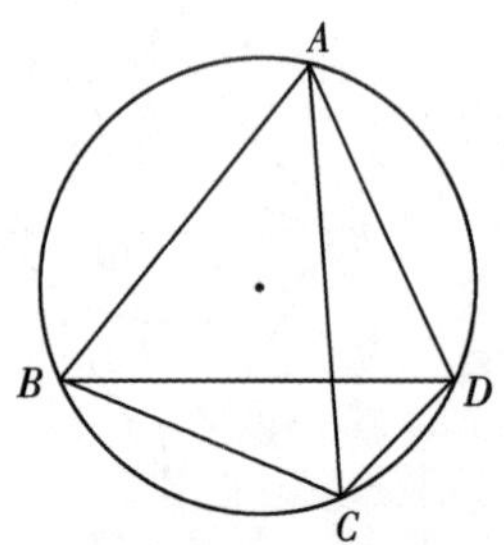

图 4-2-62

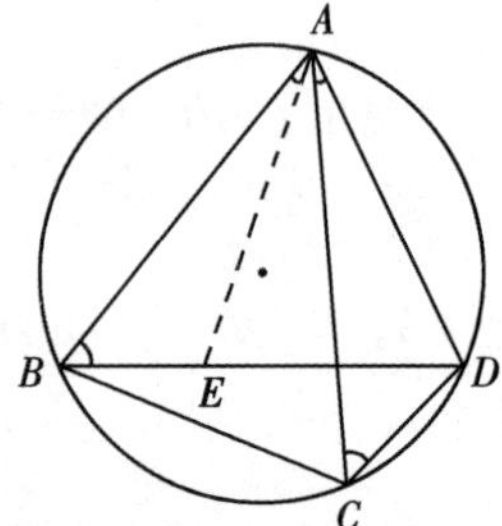

图 4-2-63

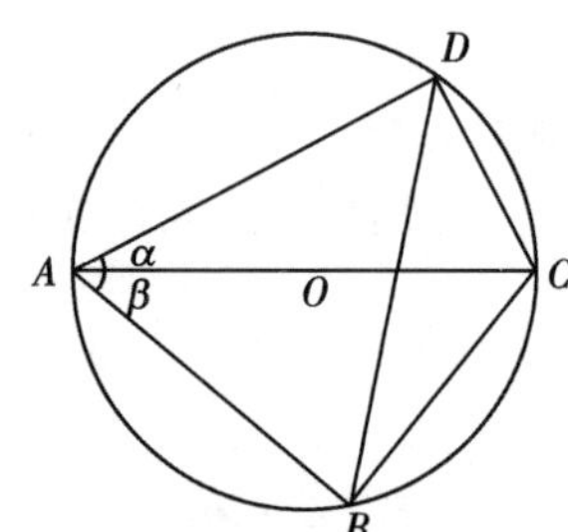

图 4-2-64

历史上，托勒密定理的意义在于给出了等价于现代三角函数的两角和差公式，只不过在当时，人们关注的是圆中的“弦”而不是“角”.

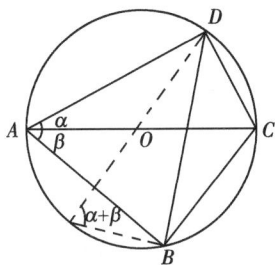

如图 4-2-64 所示，$AD=AC\cdot\cos\alpha$，$CD=AC\cdot\sin\alpha$，$AB=AC\cdot\cos\beta$，$BC=AC\cdot\sin\beta$，再作直径 DE，如图 4-2-65 所示，则 $BD=DE\cdot\sin(\alpha+\beta)=AC\cdot\sin(\alpha+\beta)$，根据托勒密定理，得 $AC\cdot\sin\alpha\cdot AC\cdot\cos\beta+AC\cdot\cos\alpha\cdot AC\cdot\sin\beta=AC\cdot AC\sin(\alpha+\beta)$，即

$$\sin(\alpha+\beta)=\sin\alpha\cdot\cos\beta+\cos\alpha\cdot\sin\beta.$$

图 4-2-65

例 4.2.16　如图 4-2-66 所示，P 是等边 $\triangle ABC$ 外接圆的劣弧上的任一点(不与 B，C 重合). 求证：$PA=PB+PC$.

本题是一道名题，是构成其他复杂问题的基础. 此题可采用截长补短的常规方法，也可使用托勒密定理来证，后者较为简洁.

这样的问题可视为不是定理的定理，作为命题处于基本定理与较难题目之间，是解题者知识组块的重要组成部分. 一道典型题就是一个定理！

下面问题可利用上题结论，也可使用三角法.

例 4.2.17　如图 4-2-66 所示，P 是边长为 a 的等边 $\triangle ABC$ 外接圆劣弧上任一点，求证：$PA^2+PB^2+PC^2=2a^2$.

例 4.2.18　如图 4-2-67，已知菱形 $ABCD$，$AB=AC$，$AF=BE$，求证：$GA+GB=GD$.

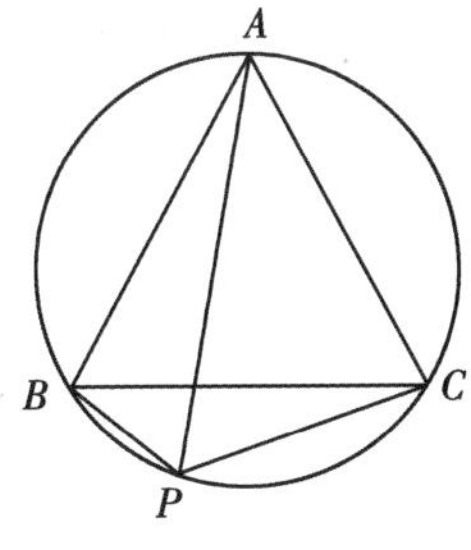

图 4-2-66

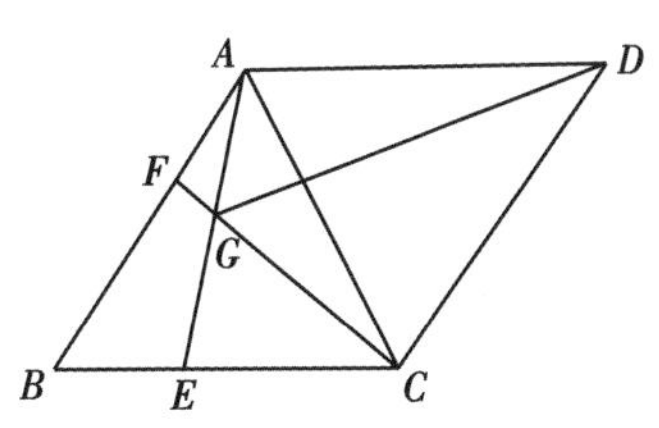

图 4-2-67

例 4.2.19　如图 4-2-68 所示，设 $ABCDEF$ 是凸六边形，满足 $AB=BC=CD$，$DE=EF=FA$，$\angle BCD=\angle EFA=60°$，设 G，H 是这个六边形内部的两点，使得 $\angle AGB=\angle DHE=120°$. 求证：$AG+GB+GH+DH+HE\geqslant CF$.

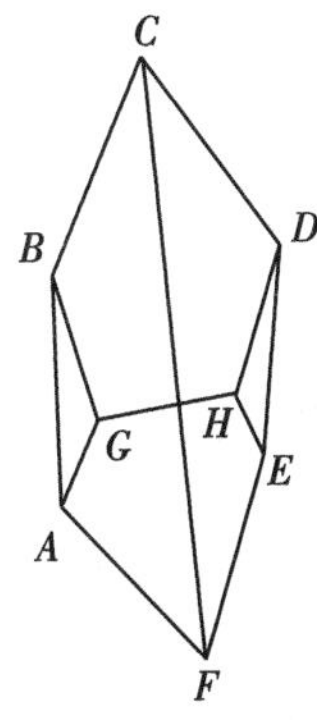

图 4-2-68

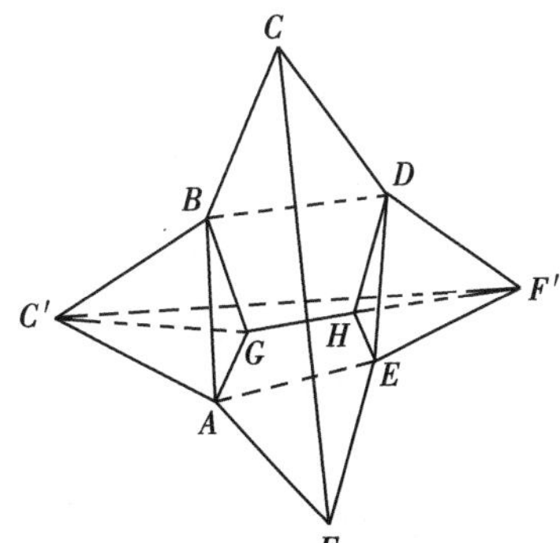

图 4-2-69

从已知条件和所给图形可以看出，该问题图形结构有着强烈的例 4.2.16 题图形结构的意味，这是一个模式识别的过程. 将$\triangle BCD$移至$\triangle BC'A$，同样将$\triangle FEA$移至$\triangle DF'E$，这样就转化为例 4.2.16 所需的条件，在此例 4.2.16 可以被看作“拓展性知识”. 见图 4-2-69，此时，G 和 H 分别在这两个三角形的外接圆上. 显然，$C'G=AG+GB$，$HF'=DH+HF$. 又由于六边形 $ABCDEF$ 和六边形 $DBC'AEF'$ 全等，则有 $CF=C'F'$，于是得 $AG+GB+GH+DH+HE\geqslant CF$.

例 4.2.20　如图 4-2-70 所示，设 P，Q 为平行四边形 $ABCD$ 的边 AB，CD 上的两点，$\triangle APQ$ 的外接圆交对角线 AC 于 R. 求证：$AP\cdot AB+AQ\cdot AD=AR\cdot AC$.

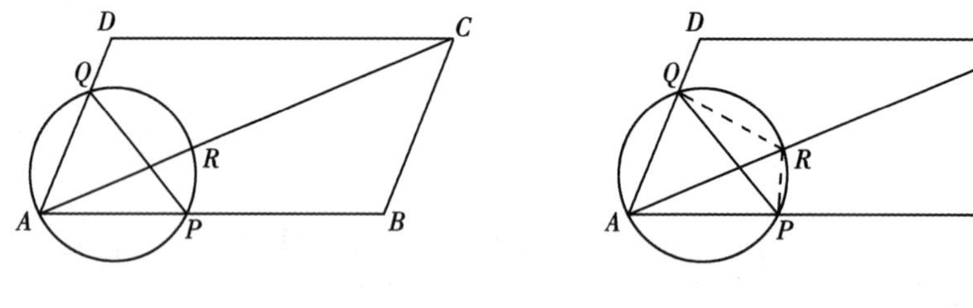

图 4-2-70　　　　图 4-2-71

证明　连接 PR，QR，见图 4-2-71，在圆内接四边形 $APRQ$ 中，由托勒密定理得 $AP\cdot QR+AQ\cdot PR=AR\cdot PQ$. 又因为$\angle BAC=\angle PQR$，$\angle QPR=\angle CAD$，所以$\triangle PQR\backsim\triangle CAB$，则$\dfrac{QR}{AB}=\dfrac{PR}{BC}=\dfrac{PQ}{CA}$. 设以上比值为 k，并有 $BC=AD$，$QR=kAB$，$PR=kAD$，$PQ=kAC$. 可得 $AP\cdot AB+AQ\cdot AD=AR\cdot AC$.

4.2.11　三弦定理

三弦定理：如图 4-2-72 所示，已知圆内有三弦 PA，PB，PC，$\angle BPC=\alpha$，$\angle APC=\beta$. 则 $PA\sin\alpha+PB\sin\beta=PC\sin(\alpha+\beta)$.

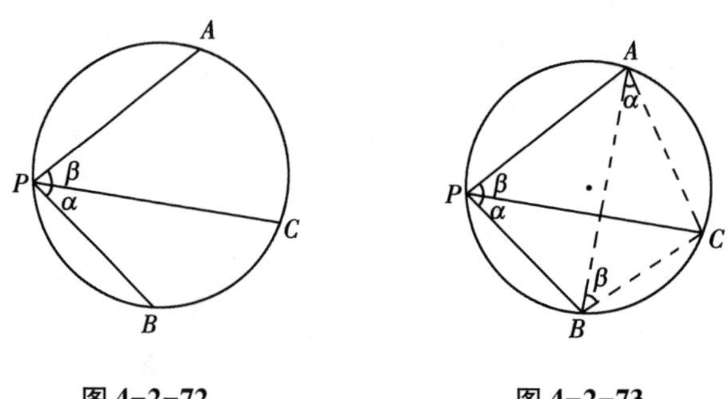

图 4-2-72　　　　图 4-2-73

证明　由托勒密定理 $PA\cdot BC+PB\cdot AC=PC\cdot AB$，见图 4-2-73，则有 $PA\cdot 2R\sin\alpha+PB\cdot 2R\sin\beta=PC\cdot 2R\sin(\alpha+\beta)$，于是有 $PA\sin\alpha+PB\sin\beta=PC\sin(\alpha+\beta)$.

侯明辉老师将托勒密定理改写成等价的三弦定理，这对于有些几何题的证明是有积极意义的，但由于使用了三角函数，导致其表达形式失去了几何意义.

4.2.12　阿基米德折弦定理

如图 4-2-74 所示，AB 和 BC 是$\odot O$ 的两条弦(即 ABC 是圆的一条折弦. 从圆周上任一点出发的两条弦，所组成的折线，称为该圆的一条折弦)，$BC>AB$，M 是弧 ABC 的中点，则从 M 向 BC 所作垂线之垂足 D 是折弦 ABC 的中点，即 $CD=AB+BD$.

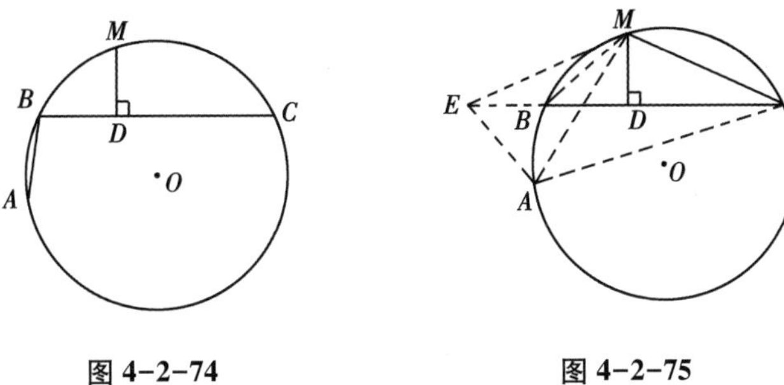

图 4-2-74　　　　图 4-2-75

证明　如图 4-2-75 所示，延长 CB 至 E，使 $\angle MEC=\angle MCE$，则 $ME=MC$，又 M 是弧 ABC 的中点，则 $MA=MC$，于是 $ME=MA$，$\angle MBE+\angle MBC=180°$，$\angle MBA+\angle MCA=180°$，而 $\angle MCA=\angle MAC=\angle MBC$，则 $\angle MBE=\angle MBA$，又 MB 共用，则 $\triangle MBE\cong\triangle MBA$，得 $BE=BA$，又 $DE=CD$，则 $AB+BD=CD$.

在历史上，本题被称为阿基米德折弦定理，它的出现如同托勒密定理也是为了导出三角函数和差公式.

4.2.13　西摩松定理及其逆定理

西摩松定理：三角形外接圆上的点在三角形三边上的射影三点共线.

如图 4-2-76 所示，已知 P 是 $\triangle ABC$ 外接圆的任一点，P 点在 $\triangle ABC$ 三边上的射影分别为 D，E，F. 求证：D，E，F 三点共线.

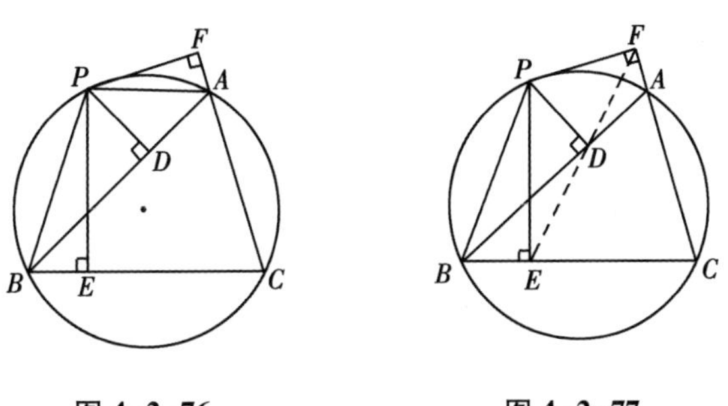

图 4-2-76　　　　图 4-2-77

证明　连接 FD，DE，目标 $\angle BDE=\angle ADF$，见图 4-2-77.

由 D，E，B，P 四点共圆，得 $\angle BAE=\angle CAD$. 同理由 A，D，P，F 四点共圆，得 $\angle ADF=\angle APF$. 又 $\angle BPE+\angle PBC=90°$，$\angle APF+\angle PAF=90°$，且 $\angle PBC=\angle PAF$，所以 $\angle BDE=\angle ADF$.

西摩松定理逆定理：如果一个点在三角形三边上的射影三点共线，那么这个点在三角形外接圆上.

4.2.14　阿波罗尼奥斯轨迹定理

在平面上给定相异两点 A，B，设 P 点在同一平面上且满足$\frac{PA}{PB}=k$，当 $k>0$ 且 $k\neq1$ 时，P 点的轨迹是个圆，这个圆称作阿波罗尼奥斯圆，简称阿氏圆. 这个结论称作阿波罗尼奥斯轨迹定理.

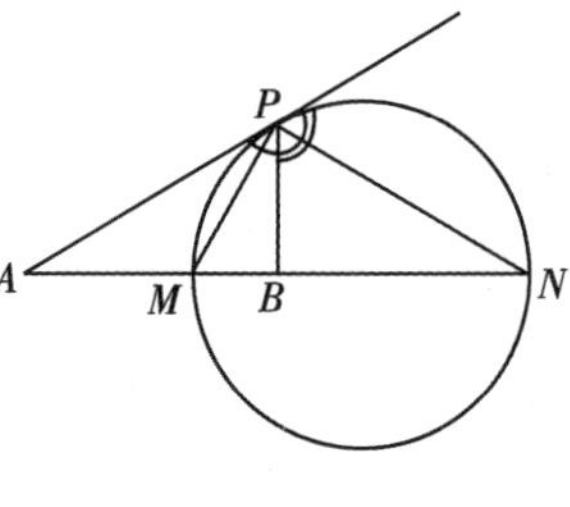

图 4-2-78

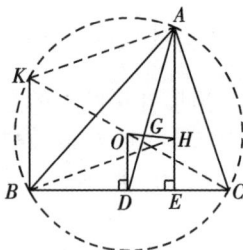

如图 4-2-78 所示，设 M，N 分别为线段 AB 按定比 k 分割的内分点和外分点，显然 $\angle MPN$ 恒为直角，所以，点 P 的轨迹是以 MN 为直径的圆.

4.2.15　欧拉线定理

三角形的外心、重心、垂心位于同一直线(欧拉线)上.

如图 4-2-79 所示，已知 O，G，H 分别是$\triangle ABC$ 的外心、重心、垂心，求证：O，G，H 三点共线，且 $OG=\frac{1}{2}GH$.

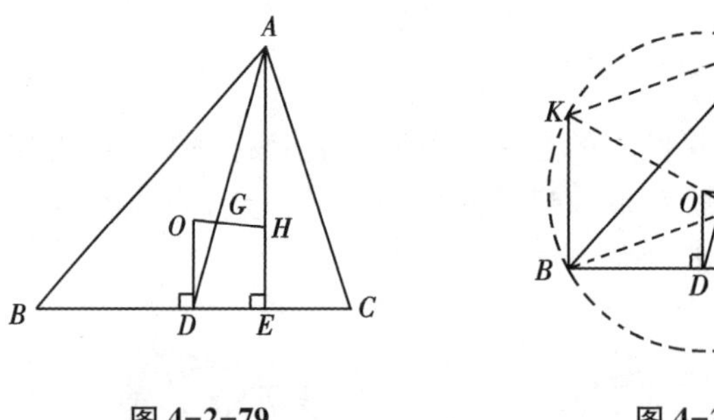

图 4-2-79　　图 4-2-80

证明　见图 4-2-80，解题思路是将 $OG=\frac{1}{2}GH$ 转化为 $OD=\frac{1}{2}AH$. 首先看到 $OD=\frac{1}{2}BK$，下一个目标是通过 $AKBH$ 是平行四边形，得 $BK=AH$，则 $OD=\frac{1}{2}AH$，且 $OD\parallel AH$，又知 $GD=\frac{1}{2}AG$，说明 O，G，H 三点共线，且有 $OG=\frac{1}{2}GH$.

4.2.16　张角定理

如图 4-2-81 所示，设 A，C，B 顺次分别是平面内一点 P 所引三条射线 PA，PC，PB 上的点，线段 AC，CB 对点 P 的张角分别为 α，β，且 $\alpha+\beta<180°$，则 A，C，B 三点共线的充要条件是 $\frac{\sin(\alpha+\beta)}{PC}=\frac{\sin\alpha}{PB}+\frac{\sin\beta}{PA}$.

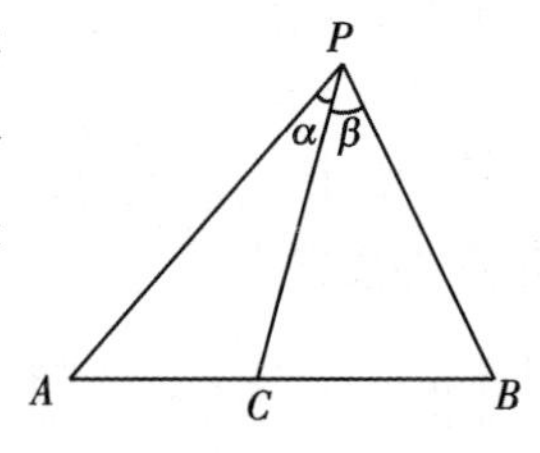

图 4-2-81

4.2.17　蝴蝶定理

最先蝴蝶定理作为一个征求证明的问题，刊载于 1815 年的通俗杂志《男士日记》上. 由于其几何图形貌似蝴蝶，便以此命名. 关于蝴蝶定理的证明，出现过许多优美奇特的解法，其中最早的应属霍纳给出的证法.

如图 4-2-82 所示，设 M 为圆内弦 PQ 的中点，过 M 作弦 AB 和 CD. 设 AD 和 BC 各交 PQ 于点 E 和 F，则 $ME=MF$.

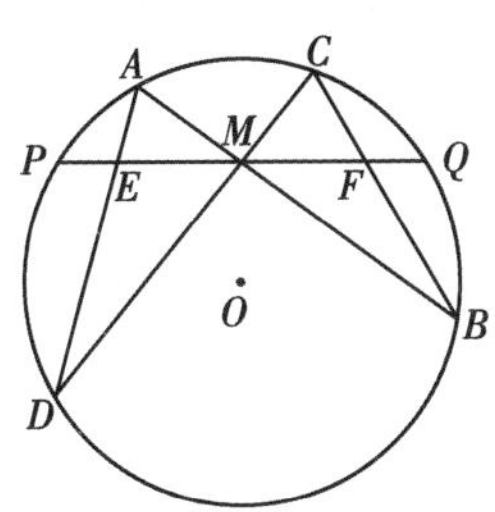

图 4-2-82

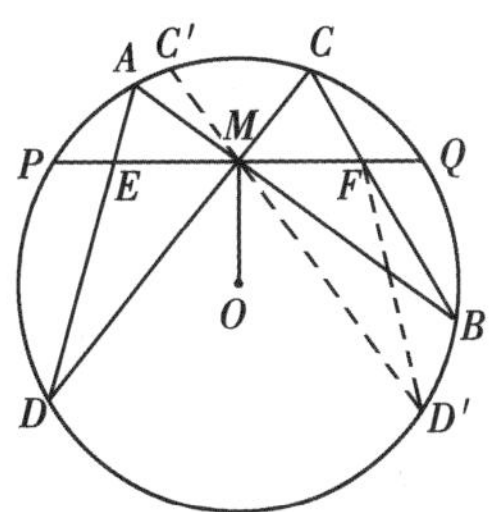

图 4-2-83

证法一：综合法. 过 D 作关于直线 OM 的对称点 D'，连接 MD'，FD'，如图 4-2-83 所示，则 $\angle FMD'=\angle EMD$，$MD=MD'$. 延长 $D'M$ 交圆 O 于 C'，则 C 与 C' 关于 OM 对称，则 $\overset{\frown}{PC'}=\overset{\frown}{CQ}$. 又 $\angle CFP=\frac{1}{2}(\overset{\frown}{QB}+\overset{\frown}{PC})=\frac{1}{2}(\overset{\frown}{QB}+\overset{\frown}{CC'}+\overset{\frown}{CQ})=\frac{1}{2}\overset{\frown}{BC'}=\angle BD'C'$，故 M，F，B，D' 四点共圆，即 $\angle MBF=\angle MD'F$，而 $\angle MBF=\angle EDM$，得 $\angle MD'F=\angle MDE$，于是有 $\triangle DME\cong\triangle D'MF$，故 $ME=MF$.

证法二：三角法. 如图 4-2-84 所示.

设 $\angle DAB=\angle DCB=\alpha$，$\angle ADC=\angle ABC=\beta$，$\angle DMP=\angle CMQ=\gamma$，$\angle AMP=\angle BMQ=\theta$，$PM=MQ=a$，$ME=x$，$MF=y$.

由 $\frac{S_{\triangle AME}}{S_{\triangle FCM}}\cdot\frac{S_{\triangle FCM}}{S_{\triangle EDM}}\cdot\frac{S_{\triangle EDM}}{S_{\triangle FMB}}\cdot\frac{S_{\triangle FMB}}{S_{\triangle AME}}=1$，即

$$\frac{AM\cdot AE\cdot\sin\alpha}{MC\cdot CF\cdot\sin\alpha}\cdot\frac{CM\cdot CM\cdot\sin\gamma}{EM\cdot MD\cdot\sin\gamma}\cdot\frac{ED\cdot MD\cdot\sin\beta}{FB\cdot BM\cdot\sin\beta}\cdot\frac{MF\cdot MB\cdot\sin\theta}{MA\cdot ME\cdot\sin\theta}=1$$

化简得 $\frac{MF^2}{ME^2}=\frac{CF\cdot FB}{AE\cdot ED}=\frac{QF\cdot FB}{PE\cdot EQ}=\frac{(a-y)(a+y)}{(a-x)(a+x)}=\frac{a^2-y^2}{a^2-x^2}$，

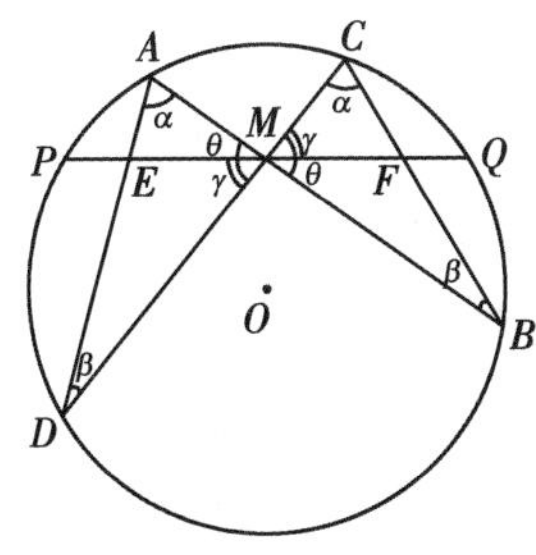

图 4-2-84

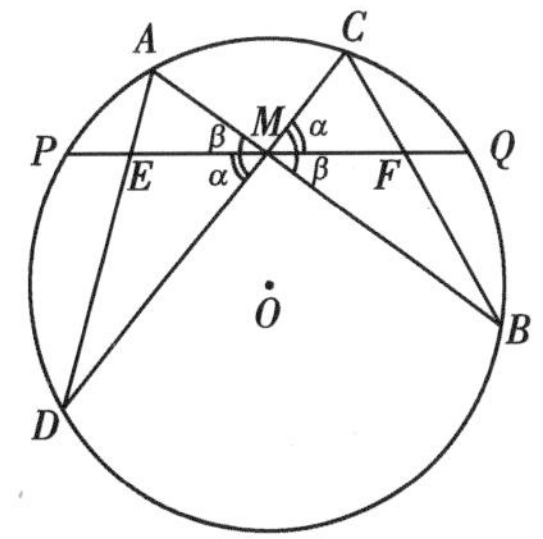

图 4-2-85

即$\dfrac{y^2}{x^2}=\dfrac{a^2-y^2}{a^2-x^2}$，从而 $x=y$，$ME=MF$.

证法三：应用张角定理，见图 4-2-85.

令$\angle PMD=\angle QMC=\alpha$，$\angle QMB=\angle AMP=\beta$，以点 M 为视点，对$\triangle MBC$ 和$\triangle MAD$ 分别应用张角定理，有$\dfrac{\sin(\alpha+\beta)}{MF}=\dfrac{\sin\beta}{MC}+\dfrac{\sin\alpha}{MB}$，$\dfrac{\sin(\alpha+\beta)}{ME}=\dfrac{\sin\beta}{MD}+\dfrac{\sin\alpha}{MA}$

两式相减，得

$$\sin(\alpha+\beta)\left(\frac{1}{MF}-\frac{1}{ME}\right)=\frac{\sin\beta}{MC\cdot MD}(MD-MC)-\frac{\sin\alpha}{MA\cdot MB}(MB-MA)$$

设 G，H 分别为 CD，AB 的中点，由 $QM\perp PQ$，有

$$MB-MA=2MH=2OM\cos(90°-\beta)=2OM\sin\beta$$

$$MD-MD=2MG=2OM\cos(90°-\alpha)=2OM\sin\alpha$$

于是$\sin(\alpha+\beta)\left(\dfrac{1}{MF}-\dfrac{1}{ME}\right)=0$，而 $\alpha+\beta\neq180°$，知 $\sin(\alpha+\beta)\neq0$，故 $ME=MF$.

可将蝴蝶定理中的圆换成椭圆，甚至变为双曲线、抛物线、筝形、凸四边形、两直线，都依然成立. 另外，如果将蝴蝶定理中的条件一般化，即 M 点不再是中点，能得到坎迪定理.

4.2.18 坎迪定理

如图 4-2-86 所示，设 M 为圆内弦 PQ 上的点，过 M 作弦 AB 和 CD，AD 和 BC 各相交 PQ 于点 E 和 F，则$\dfrac{1}{PM}-\dfrac{1}{MQ}=\dfrac{1}{ME}-\dfrac{1}{MF}$.

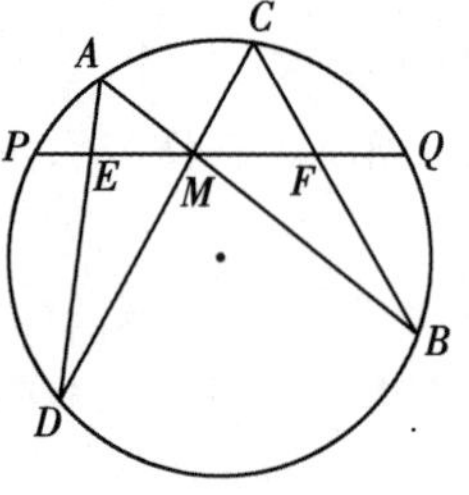

图 4-2-86

4.2.19 帕普斯定理与帕斯卡定理

如图 4-2-87 所示，直线 l_1 上依次有点 A，B，C，直线 l_2 上依次有点 D，E，F，设 AE，BD 交于 P，AF，DC 交于 Q，BF，EC 交于 R，则 P，Q，R 共线.

帕普斯定理的证明可利用梅奈劳斯定理. 该定理还可以推广至椭圆上去，称为帕斯卡定理，见图 4-2-88.

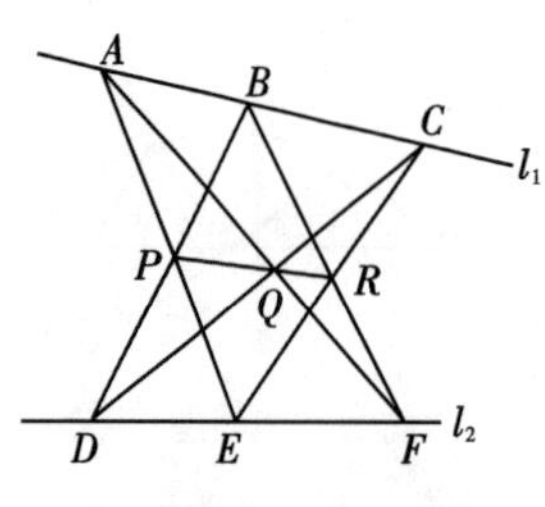

图 4-2-87

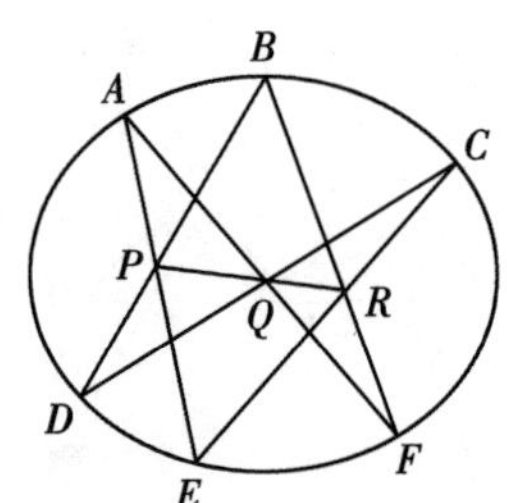

图 4-2-88

4.2.20 圆与圆的位置关系的有关结论

圆与圆的位置关系有外离、外切、相交、内切、内含五种情形.

为了沟通两圆，常常添加与两圆都有联系的一些线段和直线，如公共弦、公切线、连心线，以及两圆公共部分相关的角和线段，这是解圆与圆位置关系问题的常用辅助线.

熟悉以下基本图形及基本结论对于解决两圆问题是必要的.

① 如图 4-2-89 和图 4-2-90 所示，两圆内切或外切，则公切线垂直于连心线.

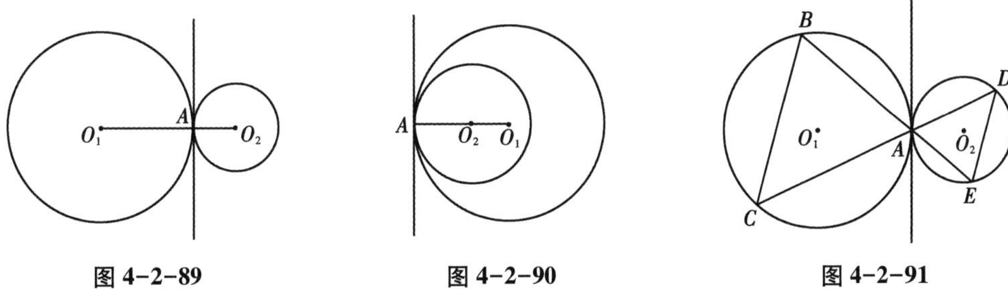

图 4-2-89　　图 4-2-90　　图 4-2-91

② 如图 4-2-91 所示，圆 O_1 与圆 O_2 外切于点 A，过点 A 作两条直线分别交圆 O_1 与圆 O_2 于 B，C 和 D，E，则有 $BC /\!/ DE$.

③ 如图 4-2-92 所示，两圆内切于点 A，过点 A 作两条直线分别交两圆于 B，C 和 D，E，则有 $BC /\!/ DE$.

④ 如图 4-2-93 所示，圆 O_1 与圆 O_2 相交于 A，B，过点 A 和 B 分别作两条直线交圆 O_1 与圆 O_2 于 C，D 和 E，F，则有 $CD /\!/ EF$.

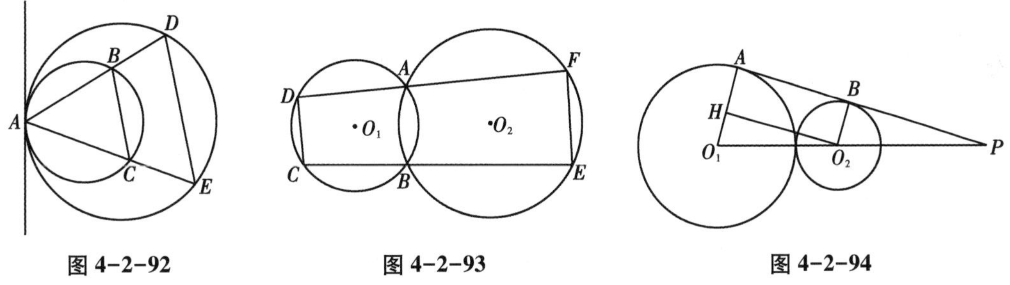

图 4-2-92　　图 4-2-93　　图 4-2-94

⑤ 如图 4-2-94，圆 O_1 与圆 O_2 外切，公切线 AB 交 O_1O_2 于 P，这是一个基本图形.

第 5 章　平面几何解题研究

5.1　平面几何问题解决模型

从认知心理学角度描述平面几何解题过程需要涉及几何理论知识和认知过程中的策略性知识. 策略性知识包括一般领域的元认知知识和学科领域的思想方法, 几何理论知识不仅是指几何教科书中的概念、命题, 也包括它们的组织以及题型知识.

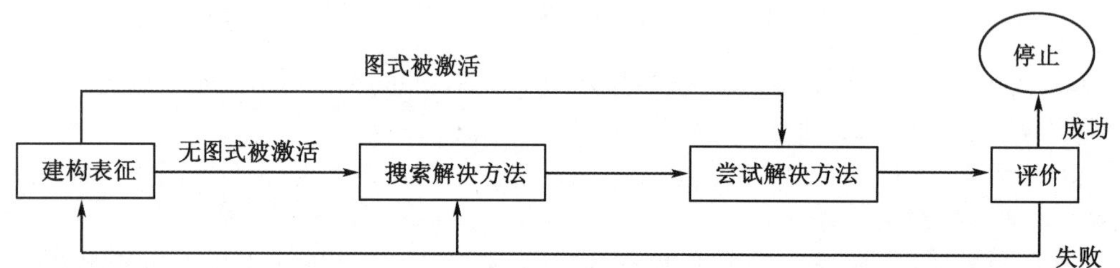

图 5-1-1

吉克(M. L. Gick)1986 年用一个问题解决的模型描述了问题解决的心理机制, 见图 5-1-1. 借鉴吉克的问题解决模型给出平面几何解(证明)题的思维模型, 见图 5-1-2.

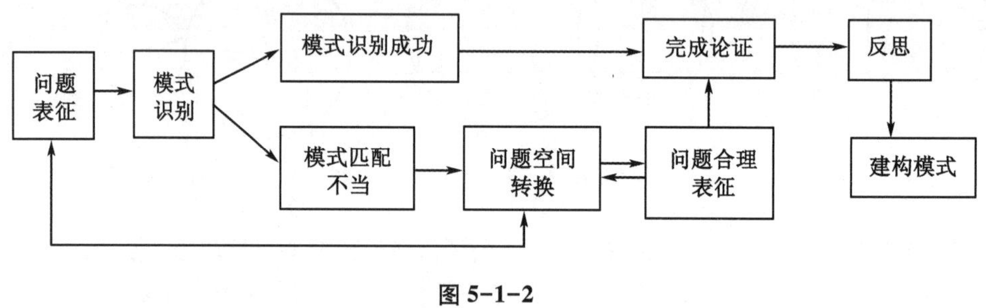

图 5-1-2

问题表征. 解题活动首先是审题, 解题者通过阅读了解问题的已知条件和待求(证)结论, 进一步阅读, 把条件和待求(证)结论标在图上. 尽可能分析出题中的条件在此情境中可能的具体含义, 在此基础上分析已知条件及其关系与结论的可能的联系, 初步形成对问题情境整体上的表征. 问题表征是模式识别的基础, 此时的问题表征可能是恰当的, 也可能是失当的, 总之, 解题者形成了对问题的初步认识.

模式识别. 将问题表征阶段获得的问题情境的认识与已有的问题模式联系起来, 如果能选择到恰当的问题模式, 则视为模式识别成功, 并将“恰当的问题模式”相关的知识、方法运用于当前问题, 从而进入完成论证阶段. 问题模式属于题型知识, 其心理表征也常被称为问题中心图式.

解几何题尤其是解初中几何证明题有别于解初中代数类问题. 代数类问题的初始条件或关键节点处的变形具有更多的可能性，如使用换元法、数形结合法等实现转换，且在节点处转换后的解题过程中表现出计算和推理活动工作量较大的特点，但这部分工作往往可以脱离问题整体情境而进入规则自动化运行之中，即代数运算推理中节点之间的前因后果不依赖于情境而只依据前一计算推理的结果而逻辑地相续进行，且总体上解题思路表现出一定的“线性”. 因此，就初中代数解题而言，工作记忆的负荷并不重. 解几何题因依赖于问题图形结构，需要更多关乎问题情境整体性的洞察. 在审题、分析和执行推理过程中，问题的解决可能没有思路，也可能具有多个发展路径，一个已知条件具有多种可能的运用方式，如关于“中点”，与“倍长中线”、特殊四边形“对角线互相平分”、“垂径定理”等相关，因此，解题者需要使用大量的策略性知识对可能的解题思路进行评价并做出选择. 同时，知识的运用时刻伴随对情境的了解，条件需要与图形适配，即在图形中识别出来，且推理的方向需根据问题情境中局部图形特征来确定，因此，解题者工作记忆负荷很重. 问题情境整体性的洞察又由一个关键细节所决定，这个关键细节是某个已知条件，或两个已知条件的关联和图形中相应节点的结合. 因此，解几何题的难度在于“问题情境整体性的洞察”和“一个关键细节”的突破. 在此意义下，能够对问题情境进行识别是解题者解决相对不复杂问题的主要方式，但对于问题情境陌生的问题，在模式识别不成功的情况下，只能寻求“一个关键细节”的突破. 如果“一个关键细节”的出现和突破与初始条件距离较远，解题者需同时在工作记忆中保持众多已知条件及其部分推理结果，这些新的已知条件共同作用于关键细节才有可能实现问题解决的顿悟.

模式识别成功. 解题者根据已有的问题中心图式对当前问题进行匹配，如果恰好两者问题结构特征相同，具体指条件和结论大致相同，则可视为“模式识别成功”，即对当前问题作出了整体性的恰当表征. 这样，就可将已有问题的解题经验(方法和策略)迁移到当前问题，从而完成论证过程，再进入反思阶段.

模式匹配不当. 如果解题者未能在已有的问题模式中选中一个合适的问题模式与当前问题匹配，则意味着对当前问题未能进行有效的模式识别，即“模式匹配不当”.

问题空间转换. “模式匹配不当”后，接下来的工作就是继续对当前问题进行探索，尝试各种可能的思路，此时，需要解题者不断回到问题的已知信息中. 这时的思维活动往往聚焦在一个个条件(结论也可看成一个已知条件)上，每个条件或两个条件配合所进行的推理活动就得到一个新的结论，新的结论构成推理链条的中间环节. 中间环节在此特别是指对于问题解决具有承转意义的新获得的结论. 这时，问题的初始条件被新的结论所替代形成新的问题空间，使得问题被整体地向前推进了. 解题者对条件的探索性推演及寻找使结论成立的充分条件等活动，使得问题空间不断转换. 新的问题空间构成“问题空间转换”的一个个“剖面”. 在探索过程中，思维活动不是线性的，往往会出现思维受阻回到问题初始表征阶段的情况，这是需要策略性知识参与的，是监控、计划、评价和调节活动与思想方法的综合运用. 评价是调节的基础，复杂问题的解决其思路会有多种可能性，通过评价才能选择恰当的解题路线. 评价活动既要运用陈述性知识如“关于几何”的知识(所谓“关于几何”的知识是指具有认识论性质的如不变性、不变量等知识)，同时，又要使用“如果”和“那么”的程序性知识. 特别地，一个几何意义不够明显的已知条件、一个无法向前推进的中间环节、一个局部图形结构特征的认识或由“盯住目标”引出的充分条件等均可导致“一个关键细节”的出现，这样，“一个关键细节”对于成功解题就构成了挑战. 由“一个关键细节”引导的问题情境同样构成了一个新的问题空间. 问题得到实质性推进的突出特征是实现问题中“一个关键细节”的突破.

“问题空间转换”是一种理论上的描述，解题者往往因整体模式识别不成功而陷于局部条件和结构的探索中，此时，解题者通常没有能力估计转换过程中的问题空间情形，也许直到“一个关键细节”的突破才有可能意识到当前的问题整体情境.

问题合理表征. “问题合理表征”包括两层含义：一方面是指“一个关键细节”的突破所带来的当前问题整体情境表征，从而成功实现“问题空间转换”后新问题情境的模式识别；另一方面是指最终找到条件和结论的逻辑性连锁关系所实现的非整体性的问题表征. 这里所说的“条件和结论的逻辑性连锁关系”，意味着解题者解决了问题，但并不能说明其洞悉了整个问题情境的概括性关系，即未能把握原问题结构的整体特征，因此，不能说解题者对问题的模式识别成功. 相对于解题者而言，解决难度较大的问题是在整体情境不明的情况下找到“一个关键细节”并突破使“条件和结论的逻辑性连锁关系”得以实现，这只是黑暗中的一丝光亮，只能隐约看到问题整体情境中模糊的局部推理“逻辑的”脚步. 如果解题者意识到问题得到合理表征，即确定了完整的解题思路，则进入表达论证阶段.

完成论证. 如果模式识别成功，解题者会迅速明确解题的整体性思路，有序运用所学知识与方法进入论证阶段. 一般来说，几何题的解决其难度在于对当前问题模式的确认以及“一个关键细节”的突破，后者的实现也会使解题者迅速进入论证阶段. 通常，具有突破关键细节能力的解题者不会在论证阶段出现逻辑问题.

反思. 解题活动结束后的反思活动不是解题活动的组成部分，是学习解题的重要活动方式. 解后反思是解题者从解题活动中抽身反观，是以问题及其求解思维活动为对象的再思考. 只有通过反思活动，进一步压缩论证过程可获得明确的解题思路，即将解题活动看作几个阶段，发现几个关键节点及其相应的思想方法，最终在了解整个问题情境的情况下确认恰当的解题思路. 通过反思，概括出问题结构本质特征并将其纳入到已有模式中，才能拓展原有的问题模式. 问题情境探索中的“逻辑的”脚步，变成路线，再扩展至问题整体情境，使得问题的结构和解法变得似乎一眼可见，从而实现对问题情境的重新表征，获得新的问题模式. 无论是原有模式的拓展还是获得新的模式，都可看作“建构模式”，在建构问题模式的同时也构建起自己的思维模式.

在反思环节中要注意某个关键命题的运用方式，如关于“中点”相关命题与方法的运用，还有对一固定线段张成 90°、120°等相应的知识与方法运用等.

概括地说，反思活动可能有如下收获：一是获得单个知识与问题情境相应的新的表征；二是获得两个知识新的连接方式；三是熟悉了不常使用的方法；四是获得或熟悉一个解题策略，如及时调整解题方向；五是获得了解题思路与题型知识；六是获得了新的命题；七是收获了信心.

表 5-1-1　解几何题的认知过程与所需要的知识类型

认知过程	知识类型	知识的应用
问题表征	图式性知识	问题表征是对问题情境整体性的认识. 问题表征是图式性知识，对当前问题的初步表征形成一个问题图式
	言语信息	几何概念、命题及其知识组块和逻辑知识
	策略性知识	策略性知识支持下的图式性知识和言语信息运用形成问题表征
模式识别	图式性知识	题型知识的表征是问题图式，是模式识别活动的基础
	程序性知识	受当前问题情境的刺激激活已有的问题图式，这个模式识别动作是一个产生式
问题空间转换	言语信息	几何概念、命题及其知识组块和逻辑知识
	自动化的程序性知识	画图，把已知条件和待求结论标在图上，计算和推理
	策略性知识	数学思想方法与一般的解题策略
		计划、监控、评价和调节
	信念	相信问题可解，相信自己能解，相信知识和方法是够用的. 相信已确立的解题思路，相信问题成功解决在于"一个关键细节"的突破
问题合理表征	图式性知识	通过"一个关键细节"的突破，实现已知条件和结论的"逻辑性"连接，获得解题的"逻辑性"思路，获得以"思路"为主导的问题图式
完成论证	言语信息、自动化的程序性知识和策略性知识	在解题思路的引导下，有序运用几何知识、逻辑知识、技能和思想方法，将条件和结论实现逻辑地连接
反思	图式性知识	获得已有知识新的表征，巩固了解题方法和策略，拓展原有的问题图式或建构新的问题图式，发现了新的几何命题

例 5.1.1　如图 5-1-3 所示，在$\triangle ABC$中，$\angle BAC=45°$，$CD\perp AB$，垂足为D，AE平分$\angle BAC$，且AE交CD于点E.

① 若$AE=BC$，求证：$AB=AC$；

② 如图 5-1-4 所示，若$AE\neq BC$，延长AE交BC于点H，过C作$CG\perp AH$分别交AH，AB于F，G两点，当$DB=DE+CH$时，求$\angle ACB$的度数.

就①整体的问题情境而言，解题者可唤醒如下问题：如图 5-1-5 所示，在$\triangle ABC$中，$\angle BAC=45°$，$CD\perp AB$，垂足为D，$DB=DE$，结论是$AE=BC$且$AE\perp BC$. 若所唤醒问题与当前待解决问题匹配成功，并明辨条件AE平分$\angle BAC$对结论$AB=AC$的影响，此时再辅之以"等腰三角形三线合一"的子结构，可使问题得以解决.

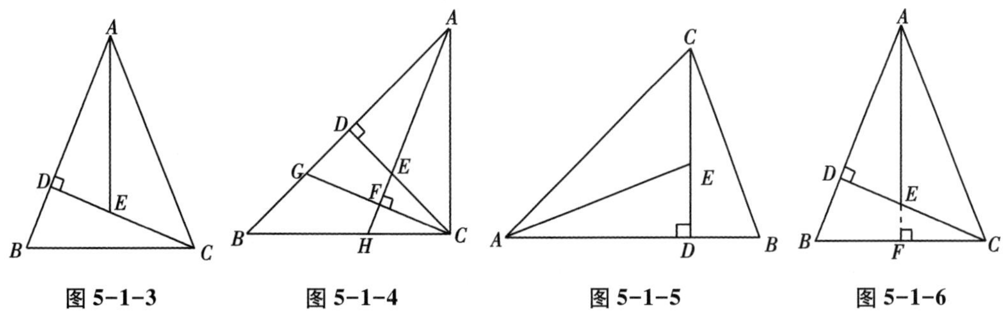

图 5-1-3　　图 5-1-4　　图 5-1-5　　图 5-1-6

从问题的图形结构来看，优秀的学生能够迅速识别两个子结构并合并为一个整体性图形结构，可认为问题整体意义上实现了模式识别成功. 中上水平的学生可识别出如图 5-1-6 所示问题的基本结构，并能够通过条件 AE 平分 $\angle BAC$ 再与“等腰三角形三线合一”子结构有效联系起来，其联络两个子结构需要运用大量策略性知识，如此才能实现对问题整体情境的理解. 中等偏下水平的学生可能看不出题中隐含的 $AE\perp BC$ 条件，因此在寻找与条件 AE 平分 $\angle BAC$ 的联系时，因过多使用策略性知识而使工作记忆负荷过重，可能导致解题失败.

关于②，易识别出两个子结构等腰 Rt$\triangle ADC$ 和等腰 $\triangle ACG$，受①影响，这两个子结构可压缩为一个图形结构，见图 5-1-7. 观察图形 5-1-8，新出现的点是 B 和 H，新增的条件 $DB=DE+CH$，待求结果 $\angle ACB$ 的度数可视为一个重要的已知条件，这两者结合显然构成了问题解决的“一个关键细节”. 就初中几何解题而言，解题者要确信待求结果的 $\angle ACB$ 一定等于 $90°$，这是基于图形特征和初中几何理论知识特性所作出的判断.

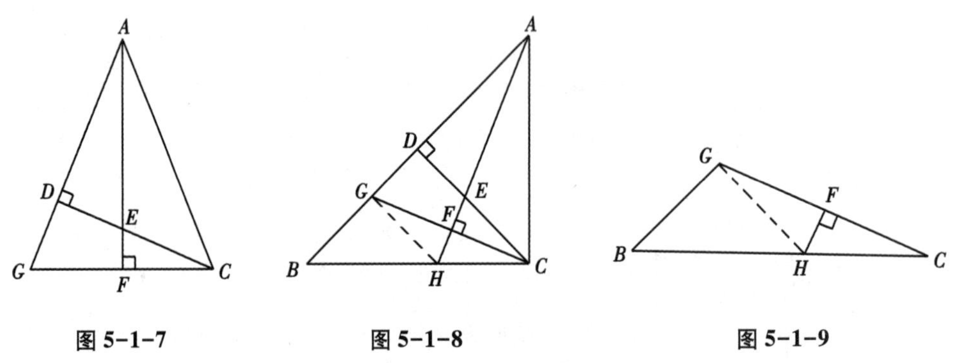

图 5-1-7　　图 5-1-8　　图 5-1-9

对“一个关键细节”的确认与突破需要汇聚如下条件：由 $DB=DE+CH$，显然，等式中有关的三条线段位置关系不好，由 $DB=DE+CH$ 和 $DG=DE$ 得到 $GB=CH$. $GB=CH$ 所涉及的两条线段位置关系同样不太理想，应用分析法或说使用逆向加工策略，由 $\angle ACB=90°$ 和 $\angle ACD=45°$ 可知需要 $\angle DCB=45°$. 结合图形特征，即点 B 和 H 出现的限制条件与边 GB 和 $\angle BAC$ 的平分线有关，通过评价可将“导角”的意向调整为寻找合理的“边”的联系. 进一步需知 $DB=DC$，需要 $EC=GB$，而 $GB=CH$，则需 $CE=CH$. 此时，新问题空间中的“一个关键细节”为待求证 $CE=CH$. 此时，要对待求证 $CE=CH$ 是否易证作出评估，比较 $GB=CH$，因先有点 B，后产生点 H，可知 $GB=CH$ 比 $CE=CH$ 更重要. 这一判断对于本问的解决是极为重要的，涉及解题者丰厚的背景性知识，包括“关于几何”的知识和“消点法”的理解. 于是，将思考的重心调整为求证 $GB=CH$，前面已经说过 GB 与 CH 的位置关系不好，盯住此目标，观察图形，由于 CH 的要点在 H，而 H 是由 $\angle BAC$ 的平分线与 BC 的交点产生的，循着点 H 和 $\angle BAC$ 的平分线看到图形的整体，于是，辅助线就呼之欲出了，连接 GH！如图 5-1-9 所示，则 GH 联络起线段 GB 和 CH，即 $GB=GH=CH$. 得到 $GB=GH=CH$ 后再转化为“导角”，可认为“一个关键细节”得到了突破. 该阶段属于“问题空间转换”，在这个探索过程中，解题者需要使用数学思想方法、解题策略和负责监控、评价和调节等大量策略性知识，在工作记忆中还需保持大量的已知条件和探索出的结果，这时工作记忆的负荷是很重的.

“一个关键细节”得到了“突破”，只能说明解题者实现了已知条件和结论的逻辑性连接，获得解题的“逻辑性”思路，获得以“思路”为主的问题图式，但不意味着解题者获得了对问题情境整体性的理解和把握. 在接下来的反思活动中，解题者根据“一个关键细节”的“突破”所获得的“逻辑性”思路，再借助已有问题图式，从而实现拓展原有的问题图式或建构新的问题图式，即获得新的问题图式. 其中的对点 B 和 H 出现的限制条件的分析、评价使问题解题方向调整为由“导角”向“导边”再转向“导角”，这里的策略性知识运用的方式方法也是需要总结的.

表 5-1-2　解例 5.1.1 中②的认知过程与所需要的知识类型

认知过程	知识类型	知识的应用
问题表征	图式性知识	唤醒已有问题图式，如图 5-1-7 和图 5-1-8 所示，借助问题图式表征当前问题
	言语信息	几何概念、命题及其知识组块和逻辑知识
	策略性知识	策略性知识支持下题型知识和言语信息运用的结果，获得问②中图形结构初步的图式表征
模式识别	图式性知识	已有问题图式如图 5-1-7 所示，这是问题的局部结构，不足以实现当前问题的恰当表征
	程序性知识	将当前问题判断为属于已有的题型知识，这个模式识别动作是一个产生式
问题空间转换	图式性知识	问题图式，在大脑中呈现如图 5-1-8、图 5-1-9 所示的图景
	言语信息	题型知识如图 5-1-5 和等腰三角形“三线合一”的合成，即图 5-1-7 所示，及逻辑知识等
	自动化的程序性知识	画图，把已知条件和待求结论标在图上，计算和推理
	策略性知识	数学思想方法与一般的解题策略，使用“手段-目的分析法”
	信念	认为不应“导角”应调整为“导边”，认为 $GB=CH$ 比 $CE=CH$ 重要，得到 $GB=GH=CH$ 后确认问题实质上得到解决了. 接下来的解题思路是沿“边”的关系进行或转化为“角”的关系
		相信问题可解，相信自己能解，相信知识和方法是够用的，相信已确立的解题分析，相信问题成功解决在于弄清楚 $DB=DE+CH$ 的几何意义，在于“一个关键细节”“$GB=CH$”的突破
问题合理表征	图式性知识	实现已知条件和结论的“逻辑性”连接
反思	图式性知识	拓展原有的问题图式或建构新的问题图式. 即获得新的题型知识

例 5.1.2　① 如图 5-1-10 所示，$\triangle AOB$ 和 $\triangle COD$ 是等腰直角三角形，$\angle AOB=\angle COD=90°$，点 C 在 OA 上，点 D 在 BO 的延长线上，连接 AD，BC，线段 AD 与 BC 的数量关系是________.

② 如图 5-1-11 所示，将图 5-1-10 中的 $\triangle COD$ 绕点 O 顺时针旋转 $\alpha(0°<\alpha<90°)$，那么①的结论是否仍然成立？若成立，证明你的结论；若不成立，说明理由.

③ 若 $AB=8$，点 C 是线段 AB 外的动点，$AC=3\sqrt{3}$，连接 BC.

若将 CB 绕点 C 逆时针旋转 90°得到 CD，连接 AD，则 AD 的最大值为________.

若以 BC 为斜边作 Rt△BCD(B，C，D 三点按顺时针排列)，∠CDB=90°，连接 AD，当∠CBD=∠DAB=30°时，直接写出 AD 的值.

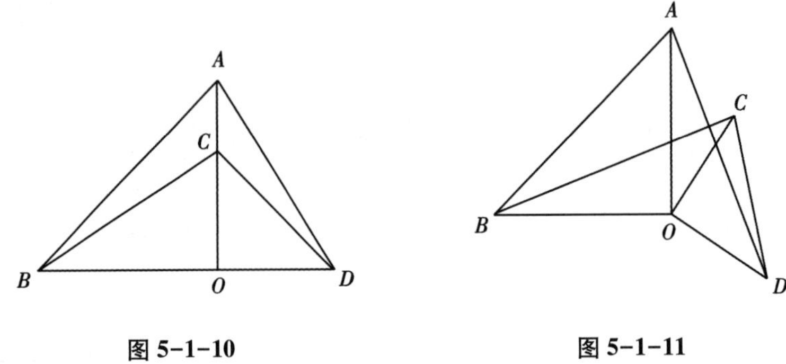

图 5-1-10　　　　图 5-1-11

①的图形结构反映的是两个等腰直角△AOB 和△COD 特殊的位置关系，其背景是“手拉手”模型，见图 5-1-10，这个图形结构也可以理解为由△AOB“旋转+相似”得到△COD，同时伴随着另一组△BOC 和△AOD 的“旋转+全等”，进而得到 BC 与 AD 的数量关系是 $BC=AD$，并且还有 BC 与 AD 的位置关系是 $BC\perp AD$，这是模式识别的过程. 若看不出该问的模式，由△BOC 和△AOD 全等可知 $BC=AD$.

②的图形结构是两个等腰直角△AOB 和△COD 一般的位置关系，如图 5-1-11 所示，显然，①中的结论仍然成立.

③中的第一问，此题型常被概括为“瓜豆原理”问题. 欧氏几何研究的“线”只有两种，“线段(直线、射线)”和“圆(圆弧)”，这就是说点 D 的轨迹只有“线段”和“圆(圆弧)”两种可能. 如果解题者识别出本题的题型属于“瓜豆原理”问题，则可视为模式识别成功. 在此基础上，解题者可迅速使用合适的知识与方法解决问题，如图 5-1-12 和图 5-1-13 所示. 对于模式识别成功的解题者，这里的解题思维活动是经过预演的一个连贯技术动作.

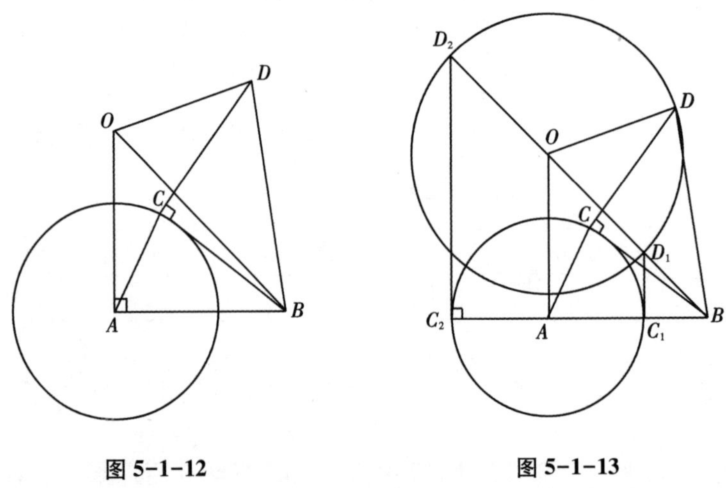

图 5-1-12　　　　图 5-1-13

如果不能识别出本题的整体性结构特征，那么解题者不得不运用策略对问题展开探索. 为了确定点 D 的轨迹，从条件“将 CB 绕点 C 逆时针旋转 90°得到 CD”出发可知点

D 的轨迹依赖于点 C 的轨迹，再进一步确定点 D 的轨迹与点 C 的运动的逻辑关系. 此时，“确定点 D 的轨迹与点 C 的运动的逻辑关系”就是“一个关键细节”.

由题干条件可知 $\triangle ABC$ 不是确定的，具体地说，A，B 两点的位置是确定的，而点 C 的位置是变化的，点 C 的轨迹是以点 A 为圆心，$3\sqrt{3}$ 为半径的圆，又知 $\triangle BCD$ 是等腰直角三角形，见图 5-1-12. 注意到点的旋转必然会带来线段的旋转，线段的旋转也会带来三角形的旋转，这样，只需要选取点 C 的几个特殊位置就可以确定点 D 的轨迹是圆，见图 5-1-13，这样就不难求出 AD 的最大值. 从严格的论证角度分析，画图带来的直观理解，其背后是“旋转+相似”结构，具体地，该图形结构同时有 $\mathrm{Rt}\triangle BAO \backsim \mathrm{Rt}\triangle BCD$，$\triangle BAC \backsim \triangle BOD$，这样 $\frac{OD}{AC}=\frac{BO}{BA}=\sqrt{2}$，说明点 D 的轨迹是以点 O 为圆心，以线段 D_1D_2 为直径的圆，其中 $OD=\sqrt{2}AC=3\sqrt{6}$，接下来利用图形特征可求出 AD 的最大值.

③中的第二问，根据题意画出几何图形，见图 5-1-14，基于第一问的分析，可知问题的关键在于 D 点，确定点 D 位置的方法需要回到点 D 的运动过程中来寻找. D 点受两个条件限制，先剥离条件 $\angle DAB=30°$，考虑另一条件“若以 BC 为斜边作 $\mathrm{Rt}\triangle BCD$（B，C，D 三点按顺时针排列），$\angle CDB=90°$，连接 AD，$\angle CBD=30°$”，该条件提示点 D 的轨迹也是一个圆. 受第一问解的启发，补全条件背后的问题结构，如图 5-1-15 所示，该图形结构是一对三角形的“旋转+相似”结构，必然伴随另一对三角形的“旋转+相似”结构.

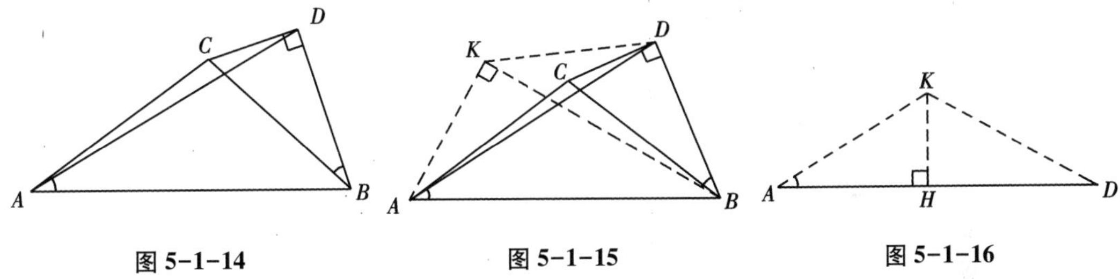

图 5-1-14　　图 5-1-15　　图 5-1-16

由 $\triangle ABK$ 和 $\triangle CBD$ 的“旋转+相似”结构带来的 $\triangle ACB$ 和 $\triangle KDB$ 的相似，可知 KD 可求，由 $\triangle ABK$ 和 $\triangle CBD$ 的相似和 $\angle DAB=30°$ 可知 $\angle KAD=30°$，在钝角 $\triangle KAD$ 中知道两边及其一角，这说明 $\triangle KAD$ 是可解的，见图 5-1-16.

值得注意的是，解题者在有意识地自我提醒的情况下，有目的地在图形上实现对点 D 完整的运动过程的观察，才有可能看出满足题意的点 D 有两种情况.

一种情况是上述已解决过的情形，见图 5-1-17，另外一种情况见图 5-1-18，此时的 $\triangle KAD$ 是直角三角形，利用勾股定理可解.

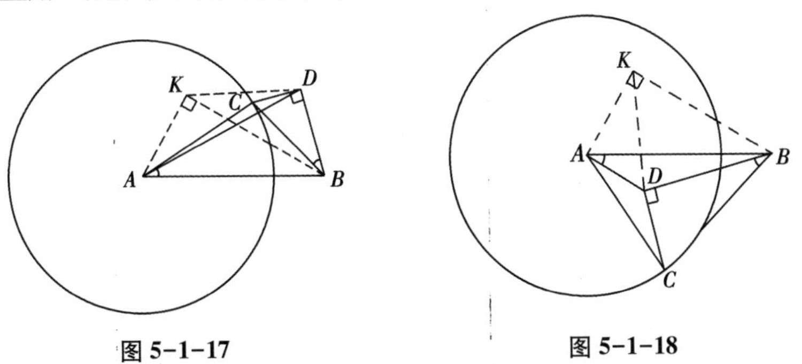

图 5-1-17　　图 5-1-18

5.2 初中生平面几何解题能力的水平划分

初中平面几何知识的教与学，就平面几何理论知识的理解而言并不困难. 由于平面几何是研究几何图形的概念、性质和判定的学科，借助图形来理解理论知识对于大多数学生来说容易接受. 关键的问题在于，平面几何问题的解决对解题者的思维能力要求很高，学生即使分别对单个图形所反映的几何概念和命题的理解没有疑惑，但对两个及以上图形的组合及其所反映的内在结构关系的理解却会表现出极大的困惑. 这种困惑恰恰需要使用策略性知识才能实现解题思维障碍的跨越，而策略性知识的运用又是内隐的、不易为旁观者所观察到的. 因此，寻求可观察的思维结果来猜测学生内隐的思维活动并对学生的解题思维能力水平作出及时恰当的评价，这对于几何解题教学是有积极意义的.

例 5.2.1 如图 5-2-1 所示，已知 $\triangle ABC$ 中，BD，CD 分别为 $\angle ABC$ 和外角 $\angle ACE$ 的平分线，求证：$\angle D=\frac{1}{2}\angle A$.

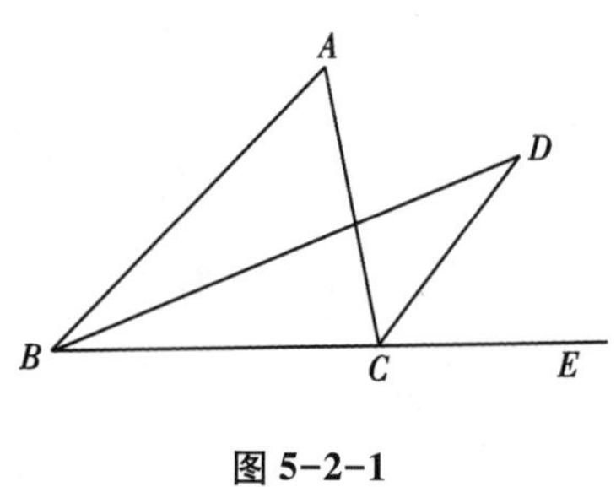

图 5-2-1

对于多数学生来说，利用三角形内角和定理及其推论给出本题完整的证明是容易做到的. 经观察，有些学生往往喜欢通过 AC 与 BD 的交点实现 $\angle D$ 和 $\angle A$ 的联系. 实际上，通过外角(定理)实现 $\angle D$ 和 $\angle A$ 的联系更具有数学通法的意味. 因为，问题中的已知条件集中在 $\triangle ABC$ 的三个内角及 $\angle ABC$ 的平分线与外角 $\angle ACE$ 及其平分线上，而所求中的 $\angle D$ 是由 $\angle ABC$ 的平分线 BD 与外角 $\angle ACE$ 的平分线 CD 构成的，解题时应顺着 $\angle D$ 的构成条件 BD 与 CD 的“指引”去找寻解题思路，于是，$\angle A=\angle ACE-\angle ABC$，$\angle D=\angle DCE-\angle DBE=\frac{1}{2}\angle ACE-\frac{1}{2}\angle ABC=\frac{1}{2}\angle A$，即问题得证. 这里的推理过程显示出有意义的角的倍半关系及顺乎问题结构的思维路径. 上述所说的两种做法所反映的解题者的解题能力有着很大差异，后者思维更深刻. 因此，教师要及时看到学生解题思维中的闪光点并迅速捕捉加以评价、推广，这种课堂上的即时评价需要教师具备较强的学科专业素养.

5.2.1 SOLO 分类理论与平面几何解题能力的评价

SOLO 分类评价理论被称为可观察的学习结果结构(structure of the observed learning outcome)理论，是澳大利亚学者约翰 · 比格斯(Biggs)创建的一种描述智力发展的一般性框架，其基本理念源于皮亚杰的认知发展阶段理论. 比格斯考察了荷兰数学教育家范希尔夫妇的几何思维水平划分的理论，认为该理论所划分的水平大体反映了学生学习几何的思维发展阶段性过程，但是有不足之处. 比格斯经过研究发现，人的认知水平不仅在总体上有着阶段性的特点，对具体知识的认知过程也有阶段性的特征，他认为一个人回答某个问题时所反映的思维结构，与这个人总体的认知结构是没有直接关联的. 一个人的整体认知结构是一个纯理性的概念，是不可检测的，而一个人回答某个问题时所表现出的思维结构却是可检测的，比格斯称之为可观察的学习结果的结构，并以此为出发点形成了 SOLO 分类评价理论.

在目前的研究中，对于平面几何解题思维能力的刻画标准问题并不多见，缺少针对初中生平面几何解题思维能力的有效评价方式. 学校常规教学大多着眼于通过考试成绩对学生的几何思维能力进行评价，这种评价是具有整体的统计意义的评价，这不利于评价个体学生在日常具体的问题解决中的几何解题思维能力处于哪个阶段和水平、与哪些具体知识和方法相关. 由于传统的测试评价只能用来辨别学生掌握知识的多少，而在测试过程中学生的思维过程及其所能达到的思维水平难以监测. 另一方面，测试是一种特定的评价方式，不利于应用在师生“互动”场合的教学评价中，如课堂教学、辅导答疑、作业面批面改等教学形式中的教学评价. 在常规的课堂教学中，教师可以根据学生的口答、板演等实际表现对学生进行较为合适的评价，但这种评价由于它的即时性而难以保证其准确性与科学性. 教师对于学生几何概念、命题、方法等知识的获得情况，只能说有个初步的模糊的感觉，这里含有过多的主观成分. 有时，学生外在的表达是经过整理的，并不是其即时性思维活动的充分展示，特别地，几何思维过程具有内隐性，所谓学生懂得、意识到、觉察、理解某个概念、命题及问题情境，其思维活动过程是在头脑内部进行的，是难以觉察的. 负载几何理论观察图形带来的直觉思维的模糊性、不确定性以及模式识别、策略性知识的运用等均不易观察，教师临场难以及时捕捉学生思维的不足和闪光之处会导致失去教学评价的根本意义. 因此，给出平面几何解题思维能力的较为客观合理的、易于使用的评价指标，对于改善初中平面几何解题教学是有积极意义的.

SOLO 分类理论致力于分析可观察到的学习结果的结构. SOLO 分类理论采用前结构、单点结构、多点结构关联结构和抽象拓展结构来刻画学习者在解决问题过程中展现的思维层次结构. 寻找这一层次结构与平面几何思维能力水平的对应关系，有助于准确客观地描述学生平面几何解题思维水平处于哪一个思维层次，进而作为评价学生解题思维能力的基本依据. 借助 SOLO 分类理论，可以构建出适当的评价指标，能够对学生的口答、讨论、板演及辅导答疑、作业等诸多教学场合中所表现出的几何解题能力及时作出恰当的教学评价. 也就是说，当学生在回答具体的某一个平面几何问题时，可以判断学生思维处于哪一水平，分析出学生在处理问题时所触及的思维高度，即将个体在回答问题或解答试题时所展现的能力水平进行划分，对其所表现出来的解题能力水平进行分析评价，从而对学生给出形成性的评价，以此来推动学生解题能力的提升.

SOLO 分类理论的特点在于其对于学生学习结果的“可观察”，相应地，不可观察的是策略性知识的运用. 如“关联结构水平”，学生只要能够将两个及以上的结构关联上就可认为学生在此情境下使用了数学思想方法等策略性知识. 教师需要借助能看见的外在呈现的结构去猜测其关联的方式，即猜测到学科领域及一般领域的策略性知识的运用情况.

5. 2. 2　初中生平面几何解题能力水平的划分

初中生平面几何解题能力水平的描述是一件十分复杂的事情，涉及问题本身的复杂程度、学生所学的理论知识及策略性知识的掌握情况等. 基于 SOLO 理论对初中平面几何解题思维活动进行划分，可以得到初中生平面几何解题能力水平的刻画指标. 需要说明的是几何解题能力水平的划分具有相对性，如解决复杂问题所显现的“多点结构水平”可能高于其解决简单问题所显现的“关联结构水平”等. 几何解题能力水平划分的主要目的是为了增强学生解题能力水平的可观察性，特别地，要结合具体知识和方法的运用才更加有助于教师准确地评价学生的解题能力. 该评价指标仅是一个启发性的参考指标，相信有解题经验和解题教学经验的教师会合理运用该评价指标的.

基于 SOLO 分类理论的初中生解平面几何问题可观察的学习结果结构分析如下：

(1)前结构水平 P(prestructural)

解题者对平面几何问题没有解题意愿，看到几何题就习惯性觉得很难，不能主动对问题及其中的条件进行辨别，做题前不能把概念和定理准确无误地复述出来.

对基本图形及附着其上的相关语义未能识别并唤醒记忆中的相关知识，即不能将概念、定理的意义与图形结合起来，反映在基本图形中不能正确辨别出已知条件的意义，未能进行推理和计算活动，对问题整体情境及其中的图形结构未能给予更多的关注.

(2)单点结构水平 U(unistructural)

解题者对学过的概念、定理有一个初步的认识，可以在简单的问题情境中辨别出单个基础概念和命题，并能进行初步的计算和推理.

在解决问题时，解题者能够根据题目所给出的若干信息中相对简单的、单一的信息进行初步识别，即快速地联想学过的某个定理或概念(可以准确地写出其内容). 例如，等腰三角形的“三线合一”知识，解题者能熟练地说出顶角的平分线、底边上的高、底边上的中线三线合一，且能在稍复杂的图形组合中辨别出来，但不能在稍复杂的图形结构中识别出基本图形中多个概念、定理及其所蕴含的组合关系. 即几何题中若只含有某单一图形，那么解题者便可准确无误识别出来，如果图形中呈现两个或者多个图形的组合，那么学生就难以解决该问题. 在解决问题时，解题者不能准确完成组合图形的相关认知，对几何图形有关的知识也不能进行有效处理.

(3)多点结构水平 M(multistructural)

在解决问题过程中，解题者会把已知条件对应的基本知识呈现出来，并将其语义与基本图形对应起来，若经过推理恰好能形成正确的结论，可将问题完成. 如果能把所有的知识都分别呈现出来却不能有效推理至结论，即表现为遇到需要将多个推理结果在问题整体情境意义下组织成一个有机的整体，解题者不能将多个中间环节关联起来产生进一步的推理.

(4)关联结构水平 R(relational)

解题者能够使用思想方法等策略性知识解决问题，如在解决几何问题中，对于不完善的几何图形能够依据已掌握的基本图形将其补充“完形”，能够根据几何图形的特征熟练使用几何变换等方法引进辅助线等. 特别地，解题者能将若干已知条件循着多个解题路径所获得的多个中间环节联系起来，推动“一个关键细节”的确认和突破，这是解题能力处于关联结构水平的充分体现.

①关联结构水平 R-1.

在遇到稍熟悉的、结构略为复杂的问题时，能够有意识地进行模式识别，即在分析问题过程中能对问题的整体面貌或局部的特征迅速识别，找到以往学习的典型例题或方法并运用于当前.

对于较复杂的问题情境，解题者在分析问题时能够找到多条关键信息，并理解几方面信息之间的关系进行有效推理，再将推理所得出的多个结果或将推理结果与此前的关键信息进行再一次关联，进一步得出有效推理结果.

能够运用元认知策略，对中间环节的结论、“一个关键细节”的确认和解题思路的确定进行准确的评价，推动问题的解决.

②关联结构水平 R-2.

在遇到稍陌生、复杂的问题结构时，解题者面对问题情境中的众多基本图形结构和文字条件信息的刺激，能够及时地把题意所涉及的多个概念、定理的表征以表象和抽象语义的方式在心里呈现. 解题者将两个或多个知识的不同侧面组织在一起，形成图式意义下的组块之间的关联，使问题的条件与结论有效地联系起来，使得这一呈现过程含有对问题情境整体理解下各条件的关联方式. 解题者对问题整体结构的理解处于有意识状态，具有自我监控能力，能有意识地寻找诸多条件的关联方式.

关联结构水平的重点在“关联”，表现在处于陌生的问题情境中时，将多个已知条件和众多中间环节建立联系，在“问题情境转换”的引导下将问题的条件与推理得出的有效结论进行整合，实现“一个关键细节”的突破，使问题得以解决.

例 5.2.2　如图 5-2-2 所示，在$\triangle ABC$中，$\angle B=90°$，$AB=BC$，CD 平分$\angle ACB$，交 AB 于点 D，$DE\perp AC$ 于点 E，且 $AC=6$ cm. 求$\triangle DEA$的周长.

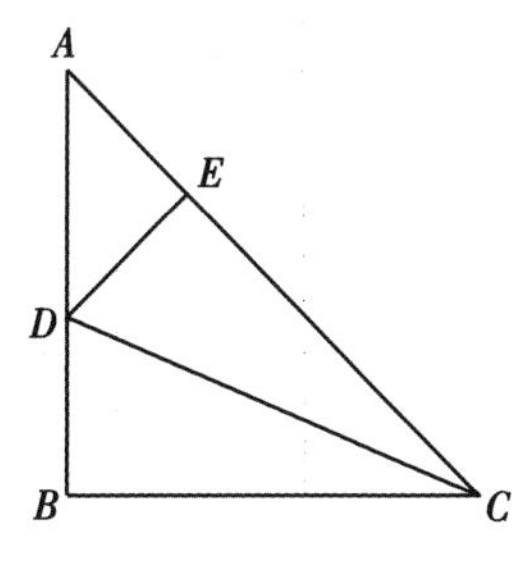

图 5-2-2

看到需要求三角形的周长时，处于关联结构水平的学生会对求三角形周长问题模式进行搜索、识别，得到之前类似的情境：将三角形的周长通过边长的转化使三边化归为一条已知的边长，得出结论. 通过题目中局部的图形特征（角平分线、垂直）迅速识别出满足两个三角形全等的判定条件，进而证明$\triangle BDC\cong\triangle EDC$. 将$\triangle DEA$中的两边 AD，DE 转化到同一边 AC 上，继而得出结论. 这里使用了“手段-目的分析”策略，在目标的引导下与已知条件进行互动使得问题得以解决.

在问题中识别出等腰直角三角形和角平分线性质定理的结构，受目标引导，沟通上述两个基本图形结构，最终将所求的$\triangle DEA$的周长转化为利用 $DE=BD$ 求边长 DE，于是，$AD+ED+AE=AD+BD+AE=AB+AE=BC+AE=CE+AE=AC$，这是一个问题空间不断转化的过程，需要解题者意识到问题子结构间的关联方式，进而求出$\triangle DEA$的周长为 6 cm.

例 5.2.3　如图 5-2-3 所示，在$\triangle ABC$中，CD 是 AB 边上的高，BE 平分$\angle ABC$，交 CD 于点 E，$BC=5$，$DE=2$，求$\triangle BCE$的面积.

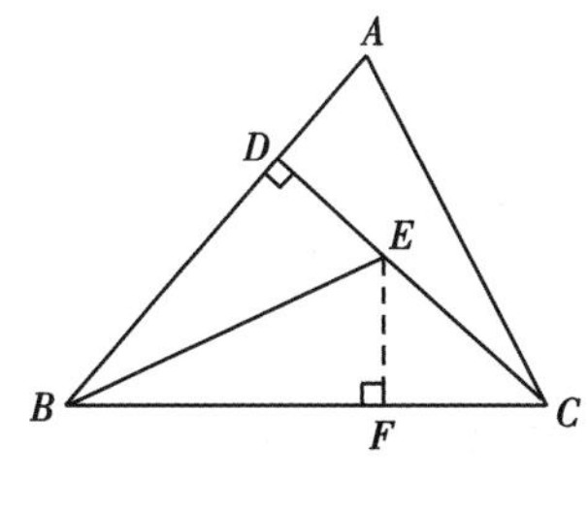

图 5-2-3

从图 5-2-3 中可以识别出例 5.2.2 中所含有的“角平分线 BE”、角平分线性质定理图中的一条“垂线段”等基本图形，再根据三角形面积的公式，得知垂线段 EF 也具有“高”的意义. 处于关联结构水平意味着会将这两个知识组织在一起，形成了图式意义下组块之间的关联. 三角形面积计算需要“高”，很明显需要作 BC 边上的高 EF（$EF\perp BC$），于是有$\triangle BDE\cong\triangle BFE$，说明 $EF=DE$，即将$\triangle BCE$的高 EF 转化为

已知条件的量 ED. 所以，解决本题可以使用与例 5.2.2 相同的方法，即在例 5.2.2 的引导下使用“顺向加工”策略可从已知条件出发直接获得结果.

在学习完“角平分线性质与判定”后的巩固练习中，能够成功解决例 5.2.2、例 5.2.3 的解题者可认为其达到了关联结构 R-1 水平.

例 5.2.4 如图 5-2-4 所示，在等边 $\triangle ABC$ 中，D 为 BC 边上的一点，$\angle ADE=60°$，DE 与 $\angle ACB$ 的外角平分线交于 E. 求证：$AD=DE$.

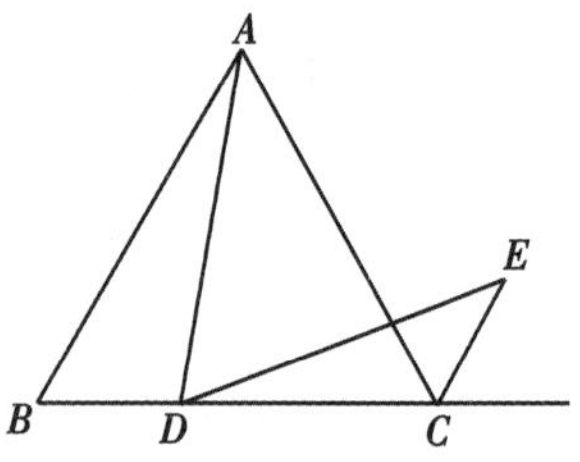

图 5-2-4

处于关联结构水平的学生会根据题中图形快速清楚地识别出这是作辅助线构造全等三角形的基本题型，并利用先前积累的确定方法或经验解决这个问题，如图 5-2-5 所示. 根据以前类似题型需要找到全等三角形，此题中的 $\triangle ABD$ 和 $\triangle DCE$ 很明显不全等，那么如何构造 $\triangle ADM$（M 表示某个点）使 $\triangle ADM \cong \triangle DEC$ 就是“一个关键细节”. 解题思路的选择反映解题者对问题结构的深刻理解，若不选择从 DE 出发顺着外角平分线 CE 和等边三角形底边 BC、$\angle CDE$ 至 $\angle B$ 再看 BA 和 AD 的夹角 $\angle BAD$，而去选择连接 AE，说明解题方向错了，因为 E 点所负载的信息是 DE 和外角平分线 CE 而不是 AE.

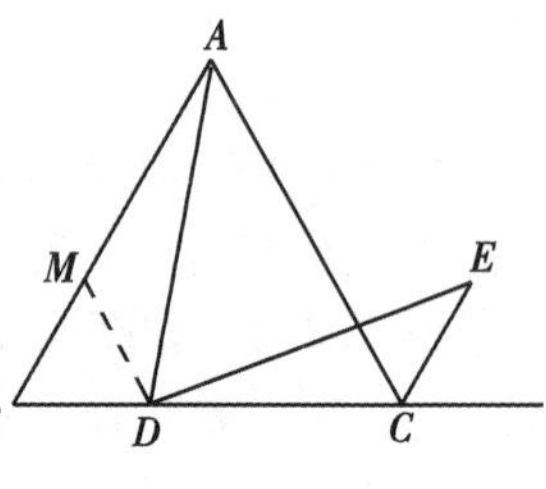

图 5-2-5

例 5.2.5 如图 5-2-6 所示，在正方形 $ABCD$ 中，E 为 CD 边上一点，CM 为 $\angle BCF$ 的角平分线，且 $\angle AEM=90°$. 求证：$AE=EM$.

通过模式识别可以发现，例 5.2.5 与例 5.2.4 具有相同的图形结构特征，可使用共同的解题方法，即引出“相同的”辅助线. 本题具体引辅助线的方法是在 AD 边上截取 $AN=EC$，连接 NE，得到图 5-2-7. 待学完相似三角形后可过 M 点作 DC 的垂线段，得到“一线三等角”图形结构.

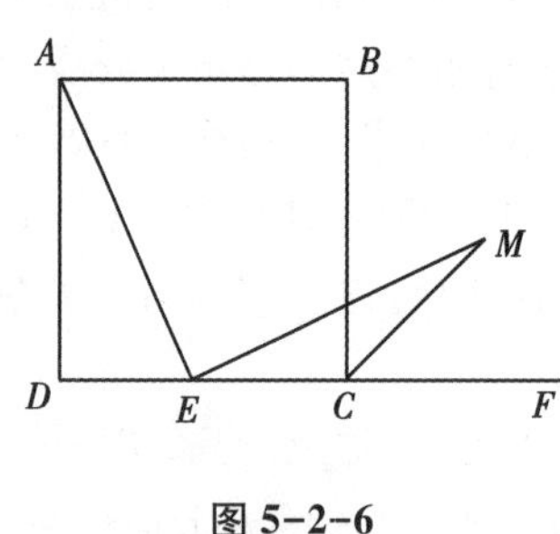

图 5-2-6

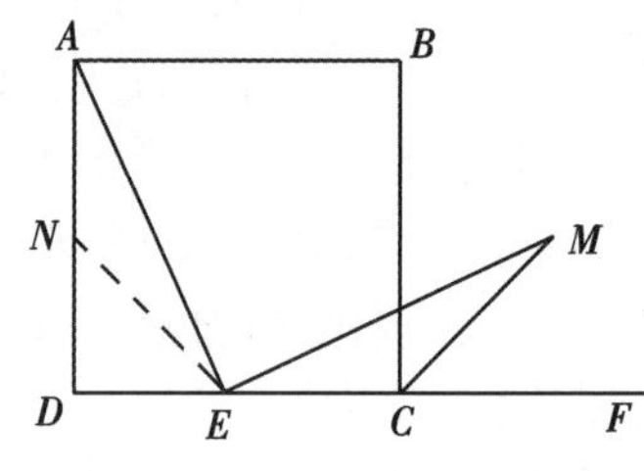

图 5-2-7

在模式识别成功的基础上，从处于关联结构层次的角度分析，只需要识别出要证明的两条线属于哪两个全等的三角形（$\triangle AEN \cong \triangle EMC$），作出辅助线使 $ED=DN$，进而证明 $\triangle AEN \cong \triangle EMC$ 得到两条线段相等. 同时，会用解题策略，能用“顺向加工”策略和“手段-目的分析”策略解决问题.

在学习完“等边三角形”和“正方形”后的巩固练习中，能够成功解决例 5.2.4、例 5.2.5 的解题者可认为其达到了关联结构 R-2 水平.

(5)抽象拓展结构水平 E(extended abstract)

对于完全陌生的复杂问题情境(教师是可以根据不同学生的解题能力判断出问题情境的陌生与复杂程度的)，在模式识别失败的情境下，具有抽象拓展结构水平的解题者能够超越已有问题图式运用数学原理(如几何变换)的眼光概括和辨识问题情境，同时，能够从问题的局部结构特征出发分析出问题背后的整体结构. 最困难的情况是解题者无力形成对问题情境的整体性认识，可行的途径是对陌生问题情境中的条件进行分析，在已有条件与所获中间环节间寻求与结论实现“逻辑性连接”，此时伴随着问题空间转换的有效推进. 最后，解题者将思考对象聚焦于“一个关键细节”并突破，从而实现“问题合理表征”.

具有抽象拓展结构水平的解题者在解题过程中会大量使用解题策略和元认知策略知识，特别地，伴随有新知识的生成. 从解几何题角度看，“新知识的生成”不是指一般学术意义上的创新，其含义取自加涅的说法. 加涅认为创造就是学习者在解决问题过程中心理上建立起新的规则(命题). 可以这样理解，解题活动中的创新思维是学习者心中已有规则的逆用或重组后所得到的个人未曾有过的运用方式. 可以认为解题活动伴有“新知识的生成”是解题者的解题能力达到抽象拓展结构水平的标志之一.

在解后反思中，解题者通过“新知识的生成”提升对几何知识理论本身的深刻理解，能将问题结构的关键特征概括出来，实现对一类具体问题本质的洞悉，从而拓展原有的问题图式或建构起新的问题图式.

例 5.2.6　如图 5-2-8 所示，$\triangle ABC$ 中，$\angle A=90^\circ$，$AB=AC$，$\angle ABD=\angle CBD$，CE 垂直 BC 于 E 点. 求证：$BD=2CE$.

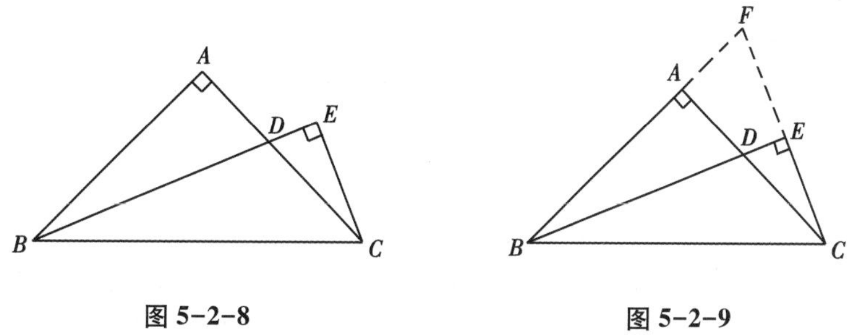

图 5-2-8　　　　图 5-2-9

对于八年上学完等腰三角形的解题者，从本题的整体图形结构上看，最底层的结构是等腰直角三角形，再辅之以角平分线为第二层次，最后是 $CE\perp BD$. 求证“$BD=2CE$”稍显复杂，解题者若能从结论出发采用“截长补短”的方法将线段 CE 倍长并采用“手段-目的分析法”而使问题得到解决，可判定其达到关联结构水平. 若能从角平分线与等腰三角形结构的“完形”出发迅速采用翻折变换即采用“顺向加工”策略而使问题得到解决，可视其达到了抽象拓展结构水平.

处于该层次的学生能够超越所给的各个条件而进入问题整体结构情境，超越局部推理而上升至几何直觉的整体把握，并熟练运用之前学过的知识组块，表现为较强的对问题的洞察能力和知识的组织概括力. 这个层次的主要特点是使用上位层次的知识形成俯视的思维态势，并在解题后的反思中归纳题型，进而概括新的更为抽象的知识.

在陌生情境下，抽象拓展结构水平表现出对于复杂问题的强烈的直觉能力且具有认同直觉结果的信念. 在图 5-2-9 这个图形中，$\angle BAC=90°$，$\angle CEB=90°$. 看到这个图形，即使在已知条件和求证的几何意义不是很明确的时候，第一直觉就是把“豁口”补全(“完形”)以方便解题. 具体的行动就是延长 BA 和 CD，交于 E 点，把“豁口”补全带来的好处是将先前的两个三角形置于一个“统一”的新构造出的三角形中，使得 AC 和 BD 在新的 $\triangle FBC$ 中具有了“高”的意义. 特别地，认识到本题的问题结构与图 5-1-7 所示的问题结构相同，这对于成功解题是具有决定性意义的.

图 5-2-10 与图 5-1-7 所示的问题结构相同，在此，用图 5-2-10 再次对例 5.2.6 的问题结构予以明确：已知 $\triangle ABC$，$AB=BC$，$\angle ABC=45°$，$AD\perp BC$，$BF\perp AC$，交 AD 于 E，交 AC 于 F，这里含有一个等腰直角 $\triangle ADB$ 和等腰 $\triangle ABC$ 及“三线合一”BF 两个子结构，还有 $\triangle BDE\cong\triangle ADC$. 这是与八年级上理论知识相应的理解，待学习“相似”和“旋转”后可知该图形结构还有丰富的内容.

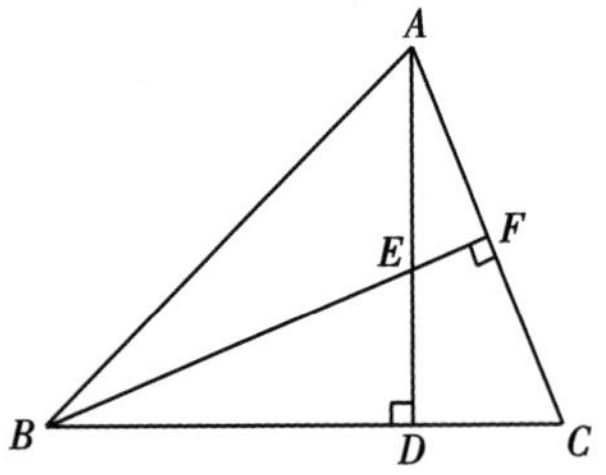

图 5-2-10

在此，需要强调的是，解题能力水平划分着重强调的是能力差异的相对性，不能简单地以问题的难易程度和解题成功来评价解题者达到何种能力水平，这需要对一个学习阶段学生群体解题能力有整体把握. 八年级上学期的学生在学习等腰三角形时如能成功解决例 5.2.6，则可视其为达到了抽象拓展结构水平，如在八年级上期末阶段能够成功解决该题，则可视为其解题能力达到关联结构水平.

数学解题的思维过程，既有直觉的成分又有逻辑的成分，两者互相补充又交叉进行. 心理学研究表明，人们在创造性解决问题过程中，思维是按层次展开的，先粗后细，先宽后窄，先对问题做一个粗略的思考，然后逐步深入到实质和细节. 美国医生 K. 邓克尔据此提出了解决问题的三层次说，即把解决问题的思维活动分为三个层次：一般性解决、功能性解决、特殊性解决. 这对于理解、刻画解决数学问题的思维活动的特点是有积极作用的.

一般性解决，即在策略水平上的解决，以明确解题的大致范围或总体方向. 这是对思考作定向调控，是运用直觉思维在初步对各个条件、结论进行表征之后形成的整体性的认识，并据此确定解决问题的方向，这种解决是带有哲学意味的、策略性的.

功能性解决，即在数学方法水平上的解决，以确定具有解决功能的解题手段. 这是对解决作方法选择，如“倍长中线”“裁长补短”“几何变换方法”等.

特殊性解决，即在数学技能上的解决，以进一步缩小功能解决的途径，明确运算程序或推理步骤，进而求出结果，从而完成问题的解决.

相应地，解几何题思维活动也包括三个层次：一是负责对前两个层次活动起着监控、计划和调节的思维活动，这是一般性解决；二是模式识别、运用数学思想方法确定解题思路及使用“截长补短”“几何变换”等方法引出辅助线，这是功能性解决；三是属于技能性质的画图、识图和把已知条件和待求结论标在图上的动作以及计算和推理的产生式动作，这是特殊性解决. 这三个层次的思维活动是一个循环的过程，见图 5-2-11. 特别地，几何解题活动包括解题内部思维和外在书写表达论证过程两大部分，这是两种不同性质的工作. 从解题思维“顺序”的角度看，外在的论证过程必须遵循逻辑所体现的顺序，这可能与思维中“思维逻辑”的顺序不同，甚至恰好相反.

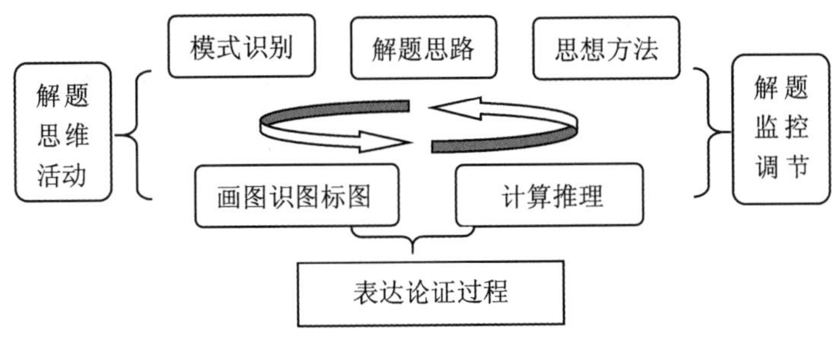

图 5-2-11

解题思维三层次说与比格斯的“可观察的思维结果”有着有趣的联系. 比格斯意在“可观察”，着眼于思维结构的联系，这是与“功能性解决”和“特殊性解决”相对应的，而“一般性解决”在比格斯的思维结构中属于不可观察部分. 作为观察者、评价者的教师可以通过“可观察的思维结果”“显示”出的学生策略性知识运用情况对学生的解题能力水平作出恰当的评价.

初中生解几何题能力水平的划分见表 5-2-1。

表 5-2-1　初中生解几何题能力水平的划分

解题能力水平	学生解题时的表现	对学生解题思维活动的猜测
前结构水平	① 未能画出草图，或画出不够准确的草图，且没有将已知条件和待求结论标在图形上 ② 不能识别出已知条件在问题（图形）中相应的几何含义 ③ 不产生推理活动或产生错误的推理活动 ④ 无解题意愿	① 不能准确掌握几何概念、定理等基础知识和逻辑知识 ② 不能在策略性知识支持下使用基本的几何知识 ③ 没有相应的问题图式
单点结构水平	① 能够画出草图，可将已知条件和待求结论标在图形上 ② 能够识别解题情境中的单一部分，只能对个别初始条件进行简单识别 ③ 能够完成一个已知条件或两个条件联合所进行的一次推理和计算 ④ 不能从已知条件出发进行多种可能的推理和计算	① 掌握部分已知条件在问题情境中的意义 ② 一次推理活动所获结论对于问题解决所带来的影响不清楚 ③ 没有相应的问题图式或没能唤醒已有的问题图式 ④ 不能使用策略性知识确定解题思路

表5-2-1(续)

<table>
<tr><th colspan="2">解题能力水平</th><th>学生解题时的表现</th><th>对学生解题思维活动的猜测</th></tr>
<tr><td colspan="2">多点结构水平</td><td>① 能够准确画出草图，可将已知条件和待求结论标在图形上
② 能够同时从已知条件出发展开两个及多个方向的推理和计算活动
③ 没能将新获得的推理结果联系起来
④ 对于不完善的几何图形未能根据几何图形的特征引出辅助线</td><td>① 能够识别简单的问题情境或对整体问题情境的局部结构有一定认识
② 能够掌握几何概念、定理等基础知识和逻辑推理能力
③ 没有相应的问题图式或没能唤醒已有的问题图式，导致对当前问题缺乏整体性认识
④ 缺乏对问题中“一个关键细节”的确认能力，缺乏在问题情境引导下的思想方法和策略的运用
⑤ 未注意结论对问题求解的影响
⑥ 对于稍复杂的问题没有明确的解题思路</td></tr>
<tr><td rowspan="2">关联结构水平</td><td>R-1</td><td>① 能够对稍熟悉、复杂的问题情境做出恰当的心理表征，对其中不完善的几何图形能够依据已掌握的基本图形将其补充“完形”，或根据几何图形的特征引出辅助线
② 熟练掌握相关的理论知识和逻辑知识，并进行有效的推理
③ 能够理解从两个及以上已知条件出发循着多个解题路径进行推理所获结果的几何意义，理解这些结果对后继问题解决的影响，即能够认识所获结果之间的联系
④ 确认“一个关键细节”并识别它，实现突破
⑤ 解题活动整体上较为连贯</td><td>① 在遇到稍熟悉、复杂的问题情境时，心里有相应的问题图式. 在遇到陌生的问题结构时，对问题整体结构的理解处于有意识的模式识别状态. 解题者对当前问题具有一定的掌控能力
② 能够较熟练地使用思想方法和解题策略解决问题，有意识地寻找诸多条件的关联方式，展开有目的的推理活动
③ 能够初步运用元认知策略，对中间环节、一个关键细节的确认和解题思路的确定有一定的评价能力</td></tr>
<tr><td>R-2</td><td>① 能够主动运用已有问题图式去识别当前陌生的问题，但模式识别没有完全成功
② 尝试探索，能够根据几何图形的特征引出辅助线
③ 熟练掌握相关的理论知识和逻辑知识，并进行有效的推理
④ 能够确定解题思路，并明确其中的节点
⑤ 确认“一个关键细节”并使用较长时间实现突破</td><td>① 在遇到稍陌生的问题情境时，对问题整体结构的理解处于有意识的模式识别状态. 对个别条件和局部结构没有及时理解
② 能够初步系统化地理解解题活动，能够熟练使用思想方法有意识地寻找诸多条件的关联方式，展开有目的的推理活动
③ 能够运用数学思想方法、解题策略和元认知策略，对中间环节、“一个关键细节”的确认和解题思路的确定有评价和选择能力
④ 对于成功解题有一定信心</td></tr>
</table>

表5-2-1(续)

解题能力水平	学生解题时的表现	对学生解题思维活动的猜测
抽象拓展结构水平	① 在模式识别活动遇阻后能够用“数学原理”的眼光尝试识别问题情境 ② 能够调整解题思路，选择恰当的解题途径 ③ 能够确认“一个关键细节”并实现突破 ④ 解题活动中伴随有新知识的生成 ⑤ 有明确的反思活动	① 对于陌生的复杂问题，在模式识别活动遇阻后能够用“数学原理”(如几何变换)的眼光尝试识别问题情境，同时，伴随有强烈的几何直觉能力且具有认同直觉结果的信念 ② 能够运用数学思想方法、解题策略和元认知策略，对所获中间环节对解题的影响、对问题子结构的辨识及实现子结构的有效联系等作出恰当的评价. 能够评价“一个关键细节”对解题思路确定的影响. 特别地，解题过程中有新知识的生成 ③ 在解后反思过程中，能够拓展原有的问题图式或建构新的问题图式

编拟本划分标准着眼于日常解题教学中的评价. 学生解题活动可见的表现和“显示”是需要教师用心观察和感受的，这是受到教师的解题经验和几何理解水平所局限的.

5.3　平面几何解题意义下知识的组织

解几何题需要几何理论知识、逻辑知识、题型知识及几何领域的思想方法和一般领域的策略性知识.

大量的经过有效组织的几何理论知识对于成功解题具有基础性作用. 几何理论知识的表征含有命题(语义)表征和表象表征.

在几何解题的教与学过程中，教师要促进学习者对与概念、命题和几何问题相应的语义和基本图形及基本图形的组合所形成的图形结构进行有效的压缩从而形成一个知识组块(含问题图式)，从短时(工作)记忆角度看，在问题解决过程中可有效降低思维容量.

5.3.1　全等三角形中常见的基本形及其组合

几何定理相应的图形可视为基本形，当提到基本形时是包含与基本形相应的几何命题的语义在内的. 从几何命题的表征方式来说，这是双重编码，即几何命题含义与表象表征压缩在一起形成图式. 若已知问题条件中的图形相对于基本形而言有所“破缺”，可采用引辅助线完成补形即“完形”，使图形具有完整的结构，从而有利于问题的解决.

几何题的图形大多是由与定理相应的基本形组合而成，在此，称为图形结构，解决问题需要在复杂的图形结构中识别出基本图形.

若遇到等腰三角形，可考虑作底边上的高，利用“三线合一”的性质解题，思维模式是合同变换中的“翻折”. 若图形中有三角形的中线，常采用“倍长中线”的方法，即延长线段与原中线长相等，构造全等三角形，利用的思维模式是合同变换中的“旋转”(中心对称). “倍长中线”的本质也可看作对于平行四边形的“完形”. 角平分线是常见的基本图形，可以自角平分线上的某一点向角的两边作垂线，利用的思维模式是三角形全等变换中的“翻折”，所考查的知识点常常是角平分线的性质定理或判定定理. 垂线是平角的平分线，也具有“对称”的特征，常常与“翻折”相伴.

把一个三角形平移、旋转、翻折，变换前后的两个三角形全等. 利用几何变换的视角来理解两个全等三角形可能的运动方式，有助于从一个居高临下的、稳定的视角去审视全等三角形问题中图形结构的构成方式. 当然，几何变换也是解决三角形全等等几何问题的一个有力的手段. 若不如此，三角形问题从图形构成上就会变得琐碎和漫无边际，易导致学生的“视觉思维”变得困难和问题的解决变得不知“通性通法”了.

现在，两个三角形全等(叠合在一起)，如图 5-3-1 所示.

将△*DEF* 看作△*ABC* 沿 *BC* 方向进行平移得到的，见图 5-3-2.

将△*DEF* 看作△*ABC* 沿直线 *BC* 进行反射(翻折)得到的(△*DBC*)，见图 5-3-3.

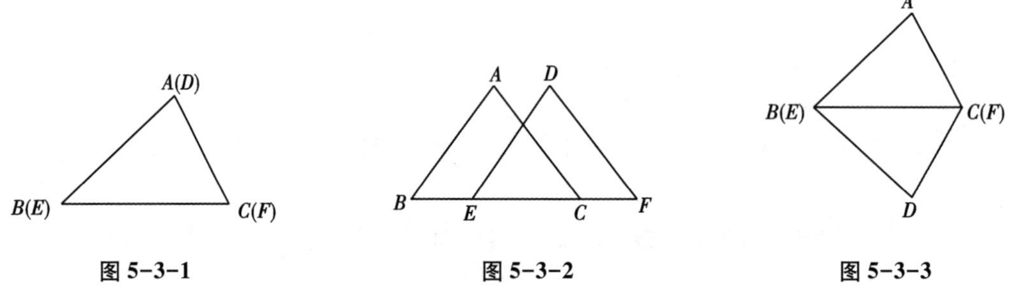

图 5-3-1　　图 5-3-2　　图 5-3-3

如果进行中心对称变换，或说△*ABC* 绕 *AC* 的中点旋转 180°，得到△*CEA*，见图 5-3-4. 再进行平移变换得到图 5-3-5. 图 5-3-6 也可看作△*ABC* 绕△*ABC* 点旋转 180°(中心对称)得到△*AEF*.

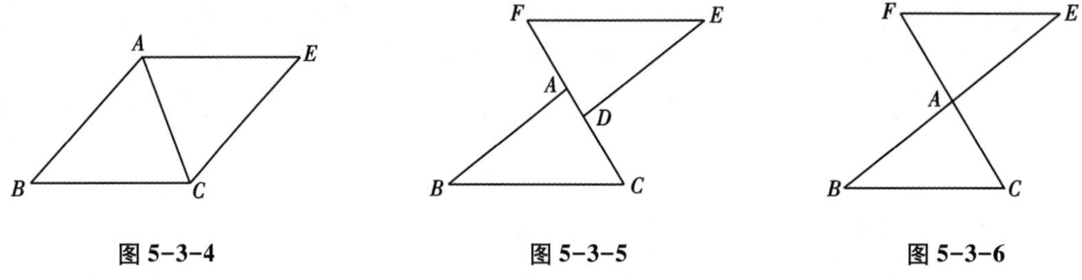

图 5-3-4　　图 5-3-5　　图 5-3-6

观察下列图形，看看图 5-3-7 至图 5-3-14 是经过怎样的几何(合同)变换得到的.

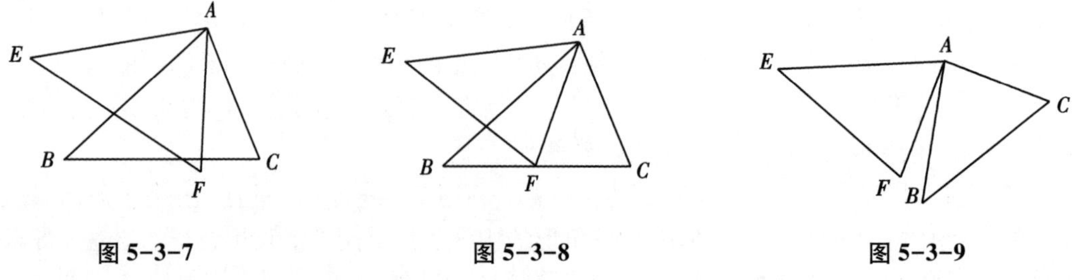

图 5-3-7　　图 5-3-8　　图 5-3-9

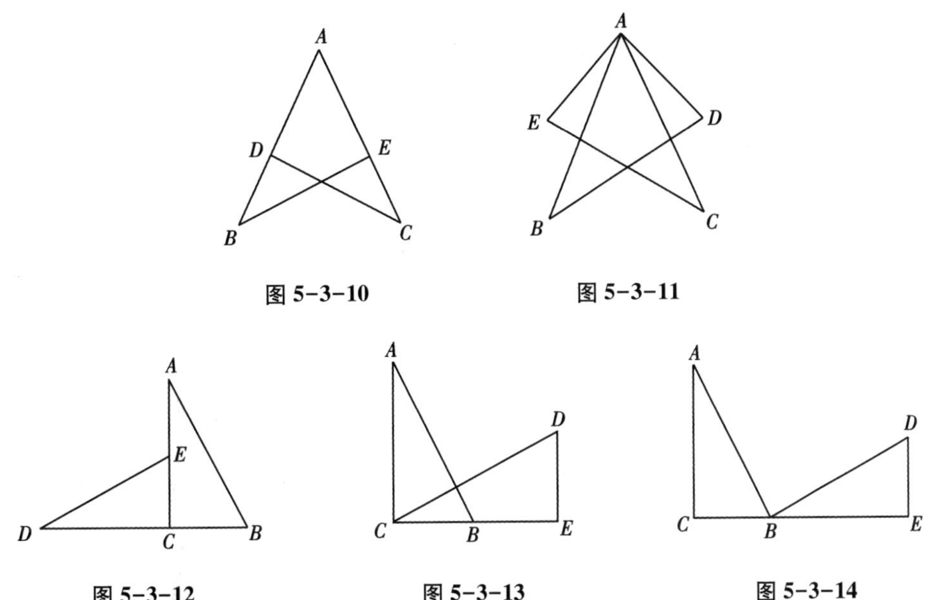

图 5-3-10　　图 5-3-11

图 5-3-12　　图 5-3-13　　图 5-3-14

两个三角形全等，就是在平面上一个三角形经过“运动”与另一个三角形叠合. 具体的“运动”过程称为几何变换. 导致两个三角形全等的变换是合同变换. 合同变换包括平移变换、反射变换和旋转变换. 复杂的全等形位置关系是由两个以上的合同变换合成的. 特别地，还渗透“等腰三角形”“平行四边形”等内容.

几何变换作为知识主题是分散安排在各个年级的，在八年级上学习“全等三角形”时，例题中两个三角形的位置关系一方面要体现对先前所学平移变换的复习，另一方面为学习轴对称变换做准备，同时还要渗透旋转变换的知识与方法. 从教学安排角度讲，这是“螺旋式上升”；从学习心理学角度看，“轴对称的准备”与“旋转变换的渗透”属于知识的“埋藏”(刘热生老师的说法). 与当前知识学习相关的后继知识作为“宝藏”被教师(教材)有意地“埋藏”于当前知识主题中，学生在后续的学习情境下受到对相似情境的刺激会不自觉地挖掘(或激活)已有的知识宝藏，如此，学生会获得惊喜的愉快情绪，在知识表征上会实现已有知识与当前新生成知识的有机结合和融会贯通. 教师只有深入理解《义务教育数学课程标准》的意蕴及教材编写“螺旋式上升”的意图，才能在教学中有意识地“埋藏”知识. “埋藏”的知识在当时的教学时段是不在考试内容之内的，且“埋藏”知识的方式是渗透式的，学生获得埋藏的知识是不自觉的，因此，知识的“埋藏”工作对教师的学科理解水平和教学水平的要求都是很高的.

5.3.2　与平行线分线段成比例及三角形相似理论有关的基本形

“不可公度问题”的发现史称“第一次数学危机”，导致几何与数的分离，使得几何学变得更加纯粹，有力推动了欧几里得《原本》的诞生.

欧多克斯为解决“不可公度问题”创立了“比例论”. 该“比例论”把可公度比与不可公度比统一了起来. 具体的做法就是将两个几何量的比表示为另两个几何量的比，这就引出了平行线分线段成比例问题和相似三角形问题，见图 5-3-15.

(1)平行线分线段成比例定理

用中位线定理探索“平行线分线段成比例”的结论，用面积法说明结论成立的合理性. 要清楚面积法的使用是不严格的，严格的证明需要实数理论.

由“平行线分线段成比例定理”可引出两个三角形相似的理论，见图 5-3-16 和图 5-3-17.

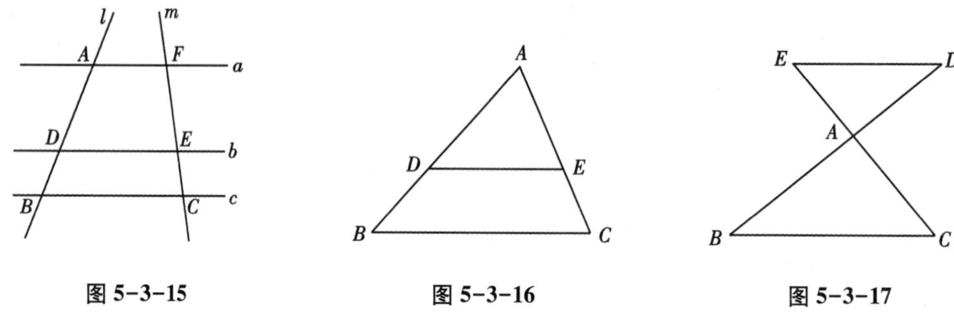

图 5-3-15　　图 5-3-16　　图 5-3-17

(2)相似三角形

将图 5-3-15 中的直线 m 向左平移，使 F 与 A 重合，如图 5-3-16 所示，$DE/\!/BC$，$\triangle ADE$ 与 $\triangle ABC$ 三个内角分别相等，且由平行线分线段成比例定理(初中教材称其为“基本事实”)可知$\frac{AD}{DB}=\frac{AE}{EC}$，进一步得$\frac{AD}{AB}=\frac{AE}{AC}$. 再过 D 点作 $DF/\!/AC$，交 BC 于 F，得 $DE=FC$，于是$\frac{DE}{BC}=\frac{FC}{BC}=\frac{AD}{AB}$，则有$\frac{AE}{AC}=\frac{DE}{BC}=\frac{AD}{AB}$. 该图形常被称为“A 字形”. 此时，将图 5-3-15 中的直线 m 继续向左平移，使 E 与 D 重合，或图 5-3-16 所示的$\triangle ADE$ 绕 A 点旋转 180°，均可得到图 5-3-17 的形式(只是字母做了调整)，这也是常见的两个三角形相似的一个基本形，常被称为“X 形”.

再看图 5-3-18 所示的问题图形，由 $BD\perp AC$，$CE\perp AB$，得$\angle AEC=\angle ADB=90°$，又有$\angle A$ 共用，得$\triangle ABD\backsim\triangle ACE$，于是有 $AE\cdot AB=AD\cdot AC$.

由 $AE\cdot AB=AD\cdot AC$，再加上$\angle A$ 共用，得$\triangle ABC\backsim\triangle ADE$，见图 5-3-19. 也可由$\angle A$ 公用，及$\angle ADE=\angle ABC$，知$\triangle ABC\backsim\triangle ADE$，得 $AE\cdot AB=AD\cdot AC$. 这也是圆的“割线定理”所示的基本形，常被称为“反 A 字形”. 该图形结构也可看作由图 5-3-16 变化得来.

将图 5-3-19 中的线段 DE 向下平移至如图 5-3-20 所示的图形，由$\angle ACD=\angle ABC$，$\angle A$ 共用，得$\triangle ABC\backsim\triangle ACD$，得到 $AC^2=AD\cdot AB$；反之，由 $AC^2=AD\cdot AB$，可得到$\angle ACD=\angle ABC$ 成立. 图形 5-3-20 常被称作“子母图”，也是“切割线定理”的基本形.

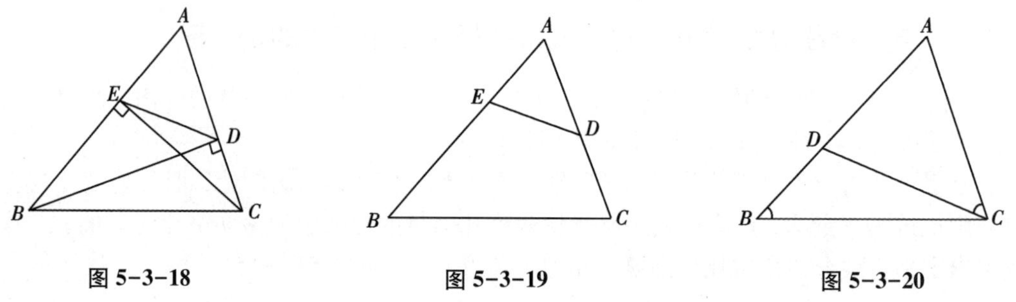

图 5-3-18　　图 5-3-19　　图 5-3-20

将图 5-3-19 中的$\triangle ADE$绕A旋转 180°得到等同于图 5-3-21 所示的图形结构，此图形的语义是$\angle D=\angle A$，通过对顶角相等得到$\triangle OAB\backsim\triangle ODC$，得到$OA\cdot OC=OB\cdot OD$，本图形常被称为“反 X 字形”，该图形也是与“相交弦定理”相应的基本形.

图 5-3-22 是“射影定理图”，也常被称为“双垂图”，其中含有三对相似三角形，结论内容丰富，有着广泛的应用. 将“射影定理图”中蕴含的条件减弱，只保留$\angle BAD=\angle C$，则得$\triangle ABC\backsim\triangle DBA$，得$AB^2=BD\cdot BC$. 这是“子母图”，见图 5-3-23.

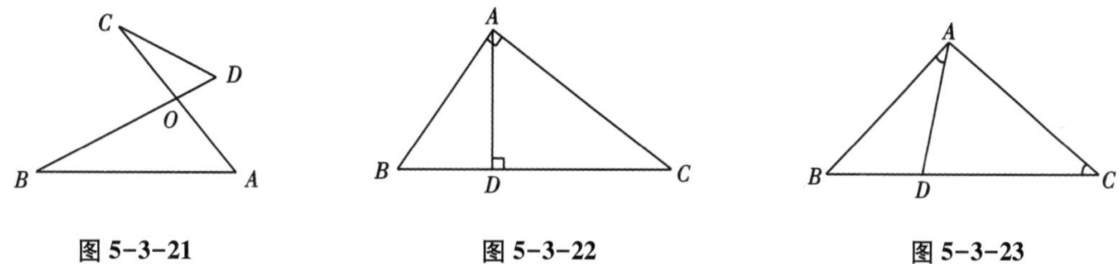

图 5-3-21　　图 5-3-22　　图 5-3-23

“旋转+相似”的图形构成动态几何问题中的基本图形结构.

在$\triangle ABC$中，$DE/\!/BC$，则有$\triangle ADE\backsim\triangle ABC$，如图 5-3-24 所示，将$\triangle ADE$绕点$A$旋转一定角度，得图 5-3-25，此时有$\triangle ABD\backsim\triangle ACE$. 同样，在$\triangle ABC$中，如果$DE/\!/AB$，则有$\triangle ABC\backsim\triangle EDC$，将$\triangle CED$绕点$C$旋转一定角度，得图 5-3-26，此时有$\triangle BCD\backsim\triangle ACE$.

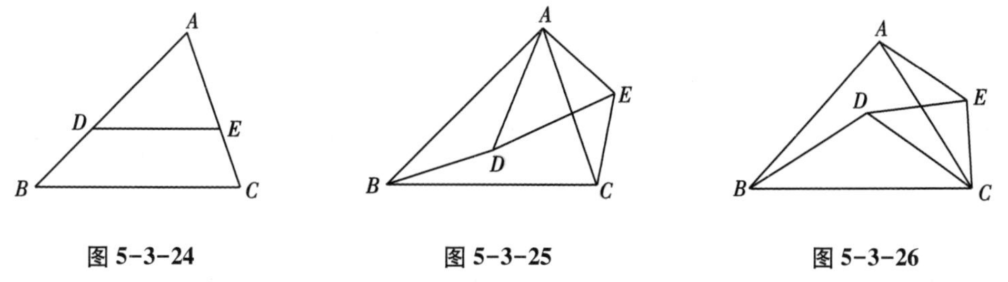

图 5-3-24　　图 5-3-25　　图 5-3-26

(3)其他的与线段成比例问题有关的著名定理

① 内、外角平分线定理；② 射影定理；③ 相交弦、割线定理、切割线定理、切线长定理(圆幂定理)；④ 托勒密定理；⑤ 张角定理；等等.

(4)解决线段成比例问题的主要方法

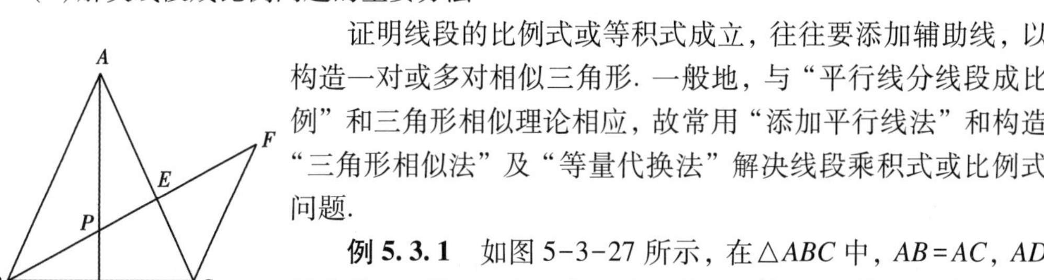

图 5-3-27

证明线段的比例式或等积式成立，往往要添加辅助线，以构造一对或多对相似三角形. 一般地，与“平行线分线段成比例”和三角形相似理论相应，故常用“添加平行线法”和构造“三角形相似法”及“等量代换法”解决线段乘积式或比例式问题.

例 5.3.1 如图 5-3-27 所示，在$\triangle ABC$中，$AB=AC$，AD是中线，P是AD上一点，过C作$CF/\!/AB$，延长BP交AC于E，交CF于F. 求证：$BP^2=PE\cdot PF$.

观察待证结论$BP^2=PE\cdot PF$，可想起“子母图”的结论及图形结构，再注意结论式中的三条线段PB，PE，PF在一条直线上，自然地，要想办法把

线段 PB“掰起来”，经观察 $PB=PC$，则问题得证.

5.3.3 工作记忆与知识组块

Baddeley 认为工作记忆指的是一个容量有限的系统，用来暂时保持和存储信息，是知觉、长时记忆和动作之间的接口，因此，工作记忆是思维过程的一个基础支撑结构. 人作为一种信息加工系统，在完成认知任务的过程中将接受到的外界信息进行加工处理，是指信息暂时储存的系统. 工作记忆可以被理解为一个临时的心理工作平台，在这个工作平台上，人们对信息进行操作，以帮助理解信息、进行选择判断，待认知过程完成后将加工后的信息放入长时记忆. 工作记忆理论源自短时记忆理论的研究，短时记忆理论(Miller，1956)认为，人在认知过程中对信息保持的时间短暂，容量有限，为 7±2 个信息单元，一旦超过这个限度，新进入的信息将“赶走”旧信息. 因此，人要利用自己的知识经验将知识信息有效地“压缩(概括)”成知识组块，使得进入工作记忆中的信息虽然知识单元较少. 知识必须经过操作性的“压缩(概括)”所成的知识组块，才能在解决问题时根据需要进行“解压缩”，使知识的某一侧面与问题情境相匹配.

在解几何题活动中，在问题情境的刺激下，图形、表达式等已知条件一时激起解题者众多已有的知识于当前，使长时记忆的知识进入工作记忆状态. 解题者要能清晰地意识到涌上心头的知识的样态，才能根据对问题情境的整体感知决定知识的调用，因此，问题情境刺激后头脑中所呈现的知识的数量、表征的多样性是进一步展开分析的基础. 工作记忆这一天然容量的限制，决定了呈现知识数量的局限性，那么，一个记忆单元内含有知识信息量的大小就显得十分重要. 特别地，在几何解题思维活动中，局部的推理论证，其起点与终点都是在对问题整个情境的充分感知下进行的，因此，工作记忆中的思维量要包括局部的推理论证所需的知识加工和对问题局面的审视以及解题活动顺序的安排和对推理活动的准确性的监控等知识的运用，所以，只有尽可能地将基础知识和常见的题型、方法等压缩成知识组块再逐级概括，为起监控、调节作用的策略性知识的运用提供工作记忆空间.

一般地，对于难题的求解，解题者遇到的“难点”若超过一个，则在考试条件下几乎不能成功解决问题. 在这个意义下已有知识的表征必须经过概括成组块形式且足够清晰，才能准确确定“难点(一个关键的细节)”是什么.

在几何解题的教与学过程中，教师要促进学习者对与概念、命题相应的基本图形和基本图形的组合所形成的图形结构进行有效的压缩从而形成一个知识组块. 如“平行线”“角平分线”“等腰三角形”三个基本图形结合在一起所形成的基本图形结构对于解决复杂问题具有基本的重要性，需要学习者有效掌握，即将其压缩为一个信息单元，以备在复杂图形结构中能够有效识别出来，以推进问题的成功解决.

下面介绍一个知识组块：“角平分线+平行线+等腰三角形”.

例 5.3.2 如图 5-3-28 所示，在 $\triangle ABC$ 中，$\angle B=\angle C$，过 A 作 $AD/\!/BC$，E 为 BA 延长线上一点. 求证：AD 平分 $\angle EAC$.

例 5.3.3　如图 5-3-28 所示，在△ABC 中，过 A 作 $AD/\!/BC$，E 为 BA 延长线上一点，AD 平分∠EAC. 求证：∠B=∠C.

例 5.3.4　如图 5-3-28 所示，在 ABC 中，∠B=∠C，E 为 BA 延长线上一点，AD 平分∠EAC. 求证：$AD/\!/BC$.

待学完等腰三角形后，上述问题可进一步深化为：在△ABC 中，AB=AC，过 A 作 $AD/\!/BC$，E 为 BA 延长线上一点，求证：AD 平分∠EAC. 从而，实现将角平分线、平行线和等腰三角形三个基本图形“压缩”至一个知识组块，在今后的解决问题过程中，解题者易于从复杂的图形结构中有效地将其识别出来.

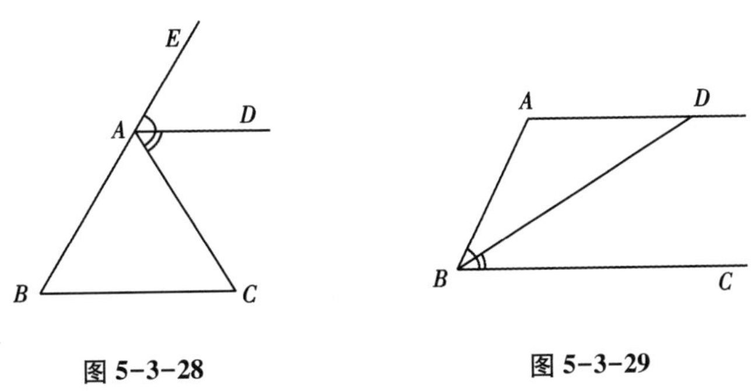

图 5-3-28　　　　图 5-3-29

上述图形的一种变化，如图 5-3-29 所示，$AD/\!/BC$，BD 平分∠ABC，则有 AB=AD.

再将上述两个基本结构图形及其几何意义结合在一起，实现更高一级的角平分线、平行线和等腰三角形的知识压缩至一个知识组块.

例 5.3.5　如图 5-3-30 所示，在△ABC 中，∠ABC，∠ACB 的平分线交于点 D，过点 D 作 $EF/\!/BC$，分别交 AB，AC 于点 E，F. 求证：EF=BE+CF.

解决本题如果能以知识组块“角平分线+平行线+等腰三角形”的视角进行审视，则思维的速度具有显著的提升，思维的长度具有显著的缩短，甚至可说思路与方法一眼可见.

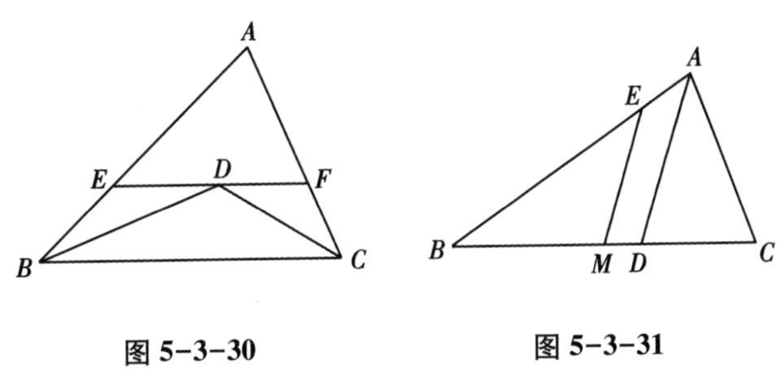

图 5-3-30　　　　图 5-3-31

例 5.3.6　如图 5-3-31 所示，在△ABC 中，AD 是角平分线，M 是 BC 的中点，作 $ME/\!/AD$，交 AB 于点 E. 求证：BE=AC+AE.

有了“角平分线、平行线和等腰三角形”这一知识组块，在结论 BE=AC+AE 需要“截长补短”方法的指引下，等腰△AEF 会迅速在头脑中生成. 特别地，该知识组块在本题解决过程中具有预见等腰△AEF 存在的作用，否则，解题者只能通过费时费力的探索，才能发现存在等腰$\triangle AEF$. 具体的解题方法如图 5-3-32 和图 5-3-33 所示.

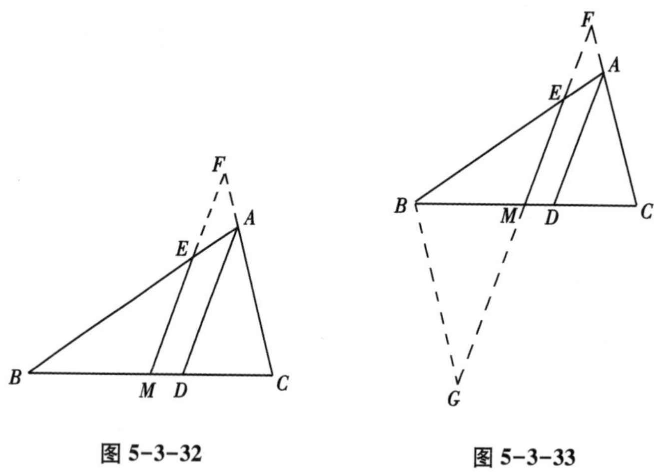

图 5-3-32　　图 5-3-33

以下介绍"双垂图"与"子母图"组块.

射影定理及基本形组块. 射影定理应用非常广泛，这由它所对应的图形便知，该图形在中学常被称为"双垂图".

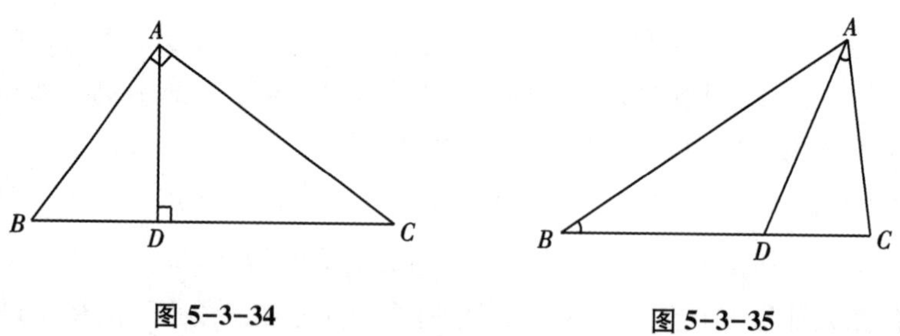

图 5-3-34　　图 5-3-35

已知 $AB\perp AC$, $AD\perp BC$，故此图又称"双垂图". 见图 5-3-34，这里面有众多的角相等，如 $\angle BAD=\angle C$，$\angle CAD=\angle B$. 由此带来的三角形相似，如 $\triangle ABD\backsim\triangle CBA$，$\triangle ABD\backsim\triangle CAD$，$\triangle ACD\backsim\triangle BCA$，可得到有关的成比例线段，$\frac{AB}{BC}=\frac{BD}{AB}=\frac{AD}{AC}$，$\frac{AB}{AC}=\frac{BD}{AD}=\frac{AD}{CD}$，$\frac{AC}{BC}=\frac{AD}{AB}=\frac{CD}{AC}$，经过整理，可得到 $AB^2=BD\cdot BC$，$AD^2=BD\cdot DC$，$AC^2=CD\cdot CB$，上述结论无论对于几何证明和几何计算都有非常大的实用价值. 另外，考虑射影定理在一个侧面上的推广，如图 5-3-35，该图常被称为"子母图". 已知 $\angle CAD=\angle B$，则有结论 $AC^2=CD\cdot CB$. 注意逆命题也成立. 将该结论及其相关结果以及典型问题的结合视为射影定理相关知识结构的扩展，从而得到新的更大的知识组块.

射影定理及其推论构成一个"知识组块"，应熟悉其应用的场合以及应用时结论的正用和逆用. 该结论是典型图形中两个三角形相似带来线段成比例等信息的压缩，对于复杂图形的分析会节省工作记忆的容量.

例 5.3.7　如图 5-3-36 所示，已知$\triangle ABC$，AD 是$\angle BAC$ 的平分线，线段 AD 的垂直平分线 EF 交 BC 的延长线于 F，求证：$FD^2=FC\cdot FB$.

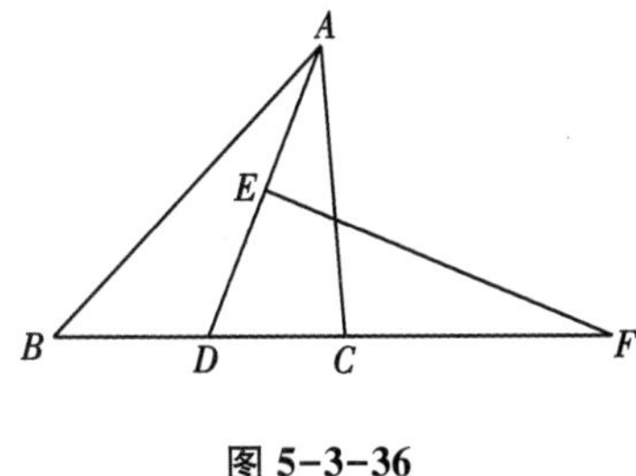

图 5-3-36

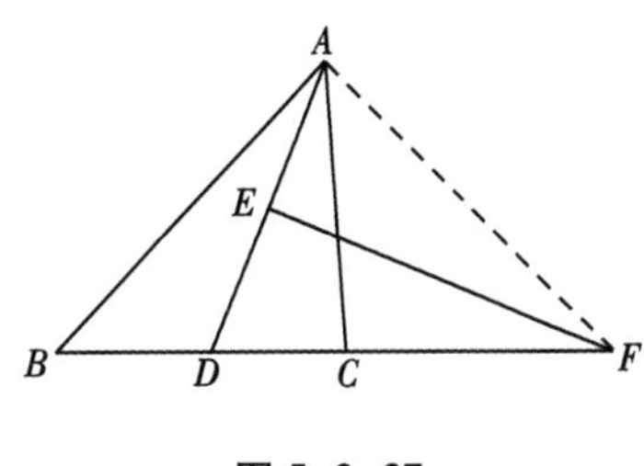

图 5-3-37

该问题的已知条件较为常见，结论 $FD^2=FC\cdot FB$ 的求证式特点十分明显，显然与线段成比例问题及平行线分线段成比例定理和三角形相似知识有关. 当前的问题在于 FD 与 FC，FB 在一条线上，因此，问题解决的关键是将 FD 移至一个合适的地方. 此时，EF 作为线段 AD 的垂直平分线就具有这样的功能，于是，连接 AF 就顺理成章了，见图 5-3-37. 这样，结论 $FD^2=FC\cdot FB$ 被转化为证明 $FA^2=FC\cdot FB$，而 $FA^2=FC\cdot FB$ 这一表达式由射影定理的推广结论可想到 $\triangle ACF$ 与 $\triangle BAF$ 相似，于是，目标转化为证明 $\angle FAC=\angle B$. 从知识组块的角度看，由 $FA^2=FC\cdot FB$ 直接与 $\angle FAC=\angle B$ 建立联系，可大大缩短思维长度.

上述分析表明，知识压缩成知识组块可以有效缩短思维的进程，因思维量的减少易使解题者把更多的注意力集中在问题求解的思路上. 否则，将结论 $FD^2=FB\cdot FB$ 转化为 $FA^2=FC\cdot FB$ 并表示为 $\frac{FA}{FB}=\frac{FC}{AF}=\frac{AC}{AB}$，再去寻找有价值的结果会给思维增加许多负荷，而增加的思维负荷会挤占掉对问题整体情境感知所需工作记忆内存，易使解题失去方向.

例 5.3.8　如图 5-3-38 所示，已知过圆 O 外一点 P 作它的两条切线，切点为 A，B，AB 与 OP 交于点 M，过点 M 的弦为 CD，连接 PC，PD，求证：$\angle OPC=\angle OPD$.

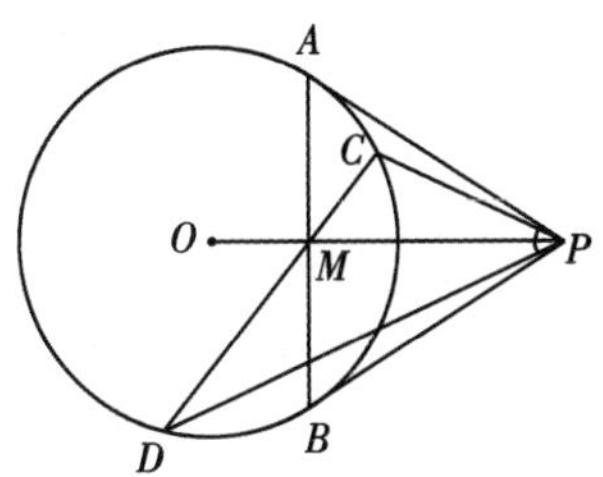

图 5-3-38

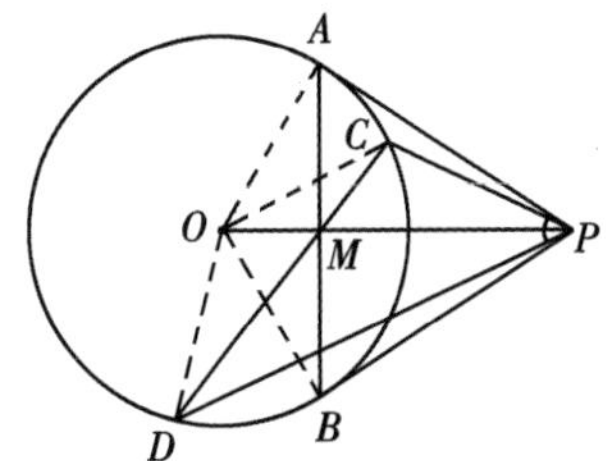

图 5-3-39

认真分析此题，可以看出问题的构成反映在图形上最底层的图形是“圆的切线长相等”所对应的图形，连接 AB 与 OP 交于 M 点之后，生成了两个射影定理图. 随着弦 AB 绕 M 点至弦 CD，于是出现了两个射影定理推广图形(即子母图). 这两种图形反映了问题中条件的变化在图形上的变化层次. 与 $\angle OPC=\angle OCM$ 相关的“子母图”中 $\triangle OCM$ 与 $\triangle OPC$ 的相似，与 $\angle OPA=\angle OAM$ 相对应的是射影定理图中的 $\triangle OAP$ 与 $\triangle OMA$ 的相似. 由此可得到前后两个图形，并意识到连接这两个图形的要点是 M，见图 5-3-39.

利用 $OA=OC$ 得到 $\angle OPA=\angle OAM\Leftrightarrow OA^2=OM\cdot OP\Leftrightarrow OC^2=OM\cdot OP\Leftrightarrow\angle OPC=\angle OCM$.

同理得到 $\angle ODM=\angle OPD$，显然 $\angle OCM=\angle ODM$，于是 $\angle OPC=\angle OPD$.

上述解法的关键在于从图形上发现问题构成的层次性，与这两个层次对应的是射影定理图及相应的“子母图”，并明确这两个层次的图形转换的具体关联方式.

与射影定理相关知识组块在解决此题的过程中所起到的作用有：一是促进了问题图形构成的层次的分辨和确认，射影定理基本图形在背景中脱颖而出自然会引起解题者的关注；二是有助于将结论中角的关系$\angle OPC=\angle OPD$转化为有关线段的关系；三是在射影定理基本图和基本结论与推广图及相应结论得到清晰表征的基础上，两角之间的相等关系在寻找新的联系方式上成为可能，即将$\angle OPC=\angle OPD$通过两个“子母图”转化为$\angle OCM=\angle ODM$，此结论经半径相等$OC=OD$这一事实而得到确认.

“知识组块”理论启示我们，解题教学活动所提供的题目要根据学生已有知识经验的水平，使新的知识与已有的长时记忆中的知识以相互联系的方式储存在一个组织有序的认知结构中，将会促进原有知识组块扩展成新的知识组块.

从宏观的角度看，待证明相等的两角在圆外，而问题的基础条件在圆上，因此，需要将圆外两角通过圆O与圆外点P的关系转入圆内，这是思维的“大观点”.

工作记忆的理论对数学解题的教与学活动有较大的意义. 工作记忆容量的有限性就决定了必须对知识进行“打包”整理，形成知识组块，以备在复杂情境中能够及时提取，并缩短解题思维进程.

5.3.4 知识组块形成(压缩)的动力与方式

对于单一的知识主题，如某一概念、定理，着眼于它们的语义表征和表象表征. 在解题的意义下，解题者需要把相关的众多概念、命题等知识组织起来，构成知识组块. 由前面问题的分析可知，有效的知识组块在解题思维活动中的作用十分明显. 值得注意的是，知识组块的组织并不是知识的简单线性排序罗列，而是以知识的主题或是知识应用的情境并考虑知识生成的理论顺序来构建知识组块的. 在此，关注这样一个问题，即为实现相关知识能构成知识组块，必须将信息(知识)进行压缩，知识压缩的动力、方式如何呢?

关于知识压缩的动力问题，从大的方面说，数学发展达到一定程度就存在一个知识梳理的问题，如利用公理化方法将欧氏几何整理成一个理论体系.

数学发展过程中，知识的推广是一个较为自然的发展方式，如勾股定理、余弦定理等，大量存在新的结果包含先前理论的情况，即新的结果概括了已有成果，已有的知识被新知识所统摄，也可以说旧知识被压缩在了新知识之中.

研究平行四边形的性质与判定定理，对于平行四边形概念而言是一个认识深入的过程，在掌握性质与判定定理之后会对概念有了更为深入的理解，这样，对平行四边形概念的理解就充满了更多的侧面细节. 于是，平行四边形概念相关知识统一在平行四边形概念之上，随着解题活动的展开，将所获得的与平行四边形相关结论一起压缩在平行四边形概念上.

几何解题活动所需相关知识压缩成知识组块的心理过程大致需要这样几个阶段：一是在解题过程中，在系列问题的牵引下，学生的思维活动针对题型、知识的调用、方法的选择等方面进行反复操作. 这里所谓反复操作是指变式训练、题组训练，也指一题多解及多题一解. 二是在问题解决逐步熟练的过程中，意识到题型、知识、方法运用过程中所带来的舍弃差异后概括出相对不变的东西. 如题型渐变中所体现出的不变的本质，知识与方法在变化了的各种样态中所体现的不变的知识的本质. 这一进程是从经验操作转换为符号和表象的操作，这是进行压缩前的准备工作，是去粗取精的抽象概括过程. 这一阶段最为重要，应该明确的是，要把题型、知识、方法视为变量，安排题组训练时，要保证两个变量没有大的变化，以使其中之一的变量的变化得以充分显现，使解题者意识到变化中不变的东西，即舍弃了有差异的非本质属性，保留某种意义上无差别的本质属性，也只有留下事物变化中不变的特征才能降低原活动过程的信息量，也才有可能实现信息的压缩. 如题型在渐变中存在不变的问题结构，例如由费马点问题引出的系列问题等. 知识在变化的问题应用中保持组合关系不变，如等腰三角形、角平分线、平行线总在一起. 三是再将上述活动进一步对象化，即转身将其视为整体，最后压缩成一个图式，形成一个与此类问题相关的知识组块.

如何确定学生在解题活动结束后的反思已成功实现了相关知识的压缩？通过与学生交流，可以看出学生是否将解题活动的实际步骤归纳出应有的次序，直至缩略为较少的几个步骤或环节，最后将思路的进程压缩为一个“一言以蔽之”或“一眼可见”的东西，从而实现对问题的求解达到直觉水平的认知. 学生解后的反思需要教师以提问或其他交流方式加以引导.

从应试角度看，解题者不仅要具备解决问题所需要的基础知识与方法，还要注意题型是否熟悉的问题. 由于考试中的解题活动存在时间的压力，因此，解题活动要求解题者的知识与方法要事先进行合理的组织，才能在解题时具有效率. 现在教师与学生均十分重视题型知识，这说明应试解题活动需要在短时间内对问题情境作出合理的判断，以便能尽快地输出准确的运算和推理. 在这个意义下可以说，组织好的知识量越大越好. 但解题者创新能力的展现是需要时间去面对陌生问题情境进行诸多不确定的探索的，如何能保证留有这部分时间更需要常用知识的压缩了.

以下面系列问题为例，分析相关题型知识、解题方法的压缩过程.

例 5.3.9　如图 5-3-40 所示，已知$\triangle ABC$中，$\angle ACB=90^\circ$，$CD\perp AB$，垂足为D，求证：$\angle A=BCD$.

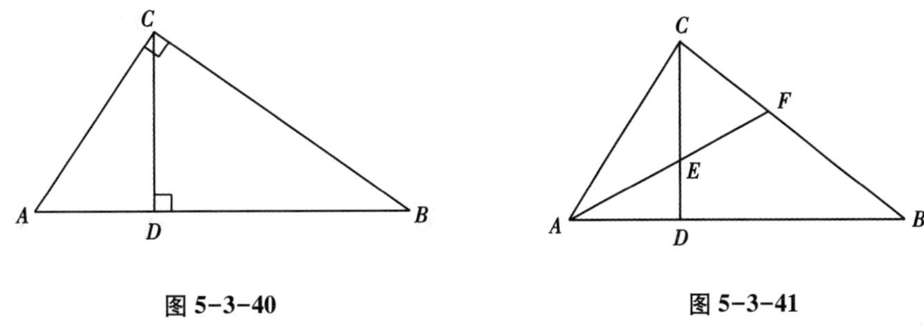

图 5-3-40　　　　图 5-3-41

“射影定理”图是构成复杂问题的基本图形，其中含有丰富的关于角和线段成比例等关系，本题结论是应该熟知的已获得压缩后的知识.

例 5.3.10　如图 5-3-41 所示，已知$\triangle ABC$中，$\angle ACB=90^\circ$，$CD\perp AB$，垂足为D，AF平分$\angle CAB$，交CD于点E，交CB于点F. 求证：$\angle CEF=\angle CFE$.

本题是在“射影定理”图基础上增加了一个“角平分线”从而形成稍复杂的结构.

例 5.3.11　如图 5-3-41，已知$\triangle ABC$中，$\angle ACB=90^\circ$，$CD\perp AB$，垂足为D，AF平

分$\angle CAB$，交CD于点E，交CB于点F. 求证：$CE=CF$.

例 5.3.12 如图5-3-42所示，已知$\triangle ABC$中，$\angle ACB=90°$，$CD\perp AB$，垂足为D，AF平分$\angle CAB$，交CD于点E，交CB于点F，作$FG\perp AB$，垂足为G，连接EG. 求证：四边形$CEGF$为菱形.

有了"$FG\perp AB$，连接EG"，使得角平分线性质定理得到了运用，并且角平分线的对称性也得到了体现，最后再加上菱形的判定条件可使问题得到解决.

待学完了等腰三角形知识点之后，可由例5.3.10顺势提出新的结论，见例5.3.11. 进一步学完菱形知识点后，可给出例5.3.12. 从解题"思维长度"的角度看，如果从例5.3.9出发"距离"例5.3.12的结论需要跨越例5.3.10、例5.3.11题结果. 若能从5.3.11的结论出发，至例5.3.12的解决只有一步之遥. 从"知识迁移"的角度看，知识迁移的"距离"越远说明解题者的思维能力越强，但同时也说明解题者解决本问题时的认知基础层级较低，从应对考试来讲是不合适的.

如果解题者能有序存有上述问题及其解法，那么，成功解决下一题就很有可能了.

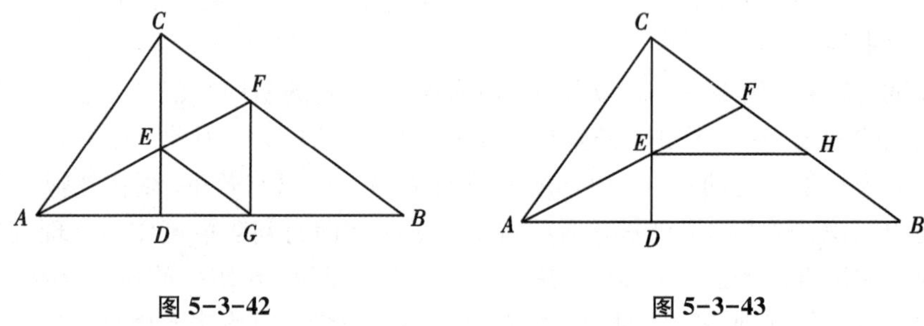

图 5-3-42　　　　图 5-3-43

例 5.3.13 如图5-3-43所示，已知$\triangle ABC$中，$\angle ACB=90°$，$CD\perp AB$，垂足为D，AF平分$\angle CAB$，交CD于点E，交CB于点F，过E作$EH/\!/AB$，交BC于H. 求证：$CF=BH$.

对知识的理解和解题能力的形成，特别是提出问题等于培养思维创造力、批判精神等教学方式都是需要时间的，需要学生持久地专注于一个问题，这才有可能是有理解、有深度的学习. 应试的一个能力要求是解题速度要快，即审题、计算与推理要做到又快又准，这自然需要解题者平时接触的题型要多要有代表性，解决问题的方法要领会，还要近乎熟练地运用. 研究性学习能力与应试能力提高训练两者的共性和差异是什么？两者能否协调和如何协调是一个值得思考的问题.

5.3.5 拓展性知识

几何理论是由公理和初始概念依据形式逻辑对几何研究对象展开研究所获得的新的几何概念和命题的总和. 历史上，不同时期的几何学家发现了众多几何命题，中学几何教学内容出于教育性的考虑只能选择那些更基础更有广泛应用价值的概念与命题. 与教材中的定理相比，其他的几何命题因其几何意义不够基本而被编排为教科书中的例题习题或散落在其他教学参考书和文献中. 以此观点来看，教材中的例题习题都具有定理的"属性"，对于一般的几何题也是如此.

所谓"拓展性知识"，是指在中学数学解题意义下，以典型问题为研究对象，寻找构成典型问题的基本结构，将其中内容丰富、结构稳定，在解题活动中多种问题情境下具有稳定应用的条件结构，以命题的方式概括下来所获得的有别于教材中的概念、命题等的知识. 具体也可指将一道题视作“定理”，作为解题者认知结构中有别于教材中的定理的以待在新的问题解决中作为思考用的“定理”. 拓展性知识也常被称作“二级结论”.

一道题就是一个命题(定理)，解题后可以将此题的结论视为已知结果，以作为求解更为复杂问题时思考的解题依据，如正方形中的45°角问题，这一结论作为已知的知识对于求解其他问题是有辅助作用的. 又如三角形的重心把中线分成2∶1的结论原本就是平面几何中重要的结论，虽然教科书没有将其视作定理，但教师可以选择该定理作为例题习题，并指出它的意义是对重心性质的刻画.

解题者要不断积累上述类似的知识，并在对某研究对象的刻画意义上归纳这些知识. 以上这些拓展性知识，解题者要将其与教材上的基础知识结合起来组织成知识组块. 如此，可使解题思维过程缩短，有利于解决有一定难度的问题. 解题活动过程中知识与方法运用的心理顺序与答题纸上呈现的推理展开顺序是不同的，甚至完全相反. 对于解决中等难度的问题，优秀学生的“思维过程”远低于书写呈现的步骤长度，优秀的学生能够区别思维活动与外在呈现的书写过程不同；从工作记忆的角度讲，拓展性知识的运用实现了知识的“压缩”，优秀的学生善于使用大量的拓展性知识使其思维过程大幅度缩略.

对于优秀学生，补充以下知识是有益的，如“射影定理”“弦切角定理”“相交弦定理”“割线定理”“切割线定理”等. 教师可将这些定理当作练习题用，指导有学习能力的同学将这些习题视作“定理”就可以了.

5.3.6　知识理解的层次

教材中的教学内容大致是按照几何理论结构次第展开的，相应的教学活动自然是逐步深入的，学习者对一个几何概念的理解是一个逐步接受加工的过程. 如角平分线这个概念，七年级上开始接触，逐步在平行线框架下运用，再次到八年级学习三角形的内角、外角平分线及角平分线的性质定理和判定定理，直至等腰三角形中的“三线合一”以及特殊四边形和圆中的体现与运用. 因此，对角平分线的理解就涉及过程与层次的问题，这需要教师要有全局的系统认识，才能在教学中层次清晰地体现，从而有助于学生获得角平分线知识的合理建构.

以“角平分线理解”为例，分析知识组织的层次.

(1)单纯地平分一个角，得到两个相等的角

七年级上所讲的角平分线的意义是角平分线平分一个角，得到两个相等的角. 值得注意的是垂线也是角平分线，垂线平分平角.

例5.3.14　如图5-3-44所示，已知A，O，B在同一直线上，OC是任意一条射线，OM，ON分别为$\angle AOC$，$\angle BOC$的平分线，求证：$\angle MON=90°$.

七年级下，角平分线与平行线配合可构成若干基本形，其中角平分线的意义不变，此时，学生只关心“两个角相等”或“其中一个角等于整个角的一半”.

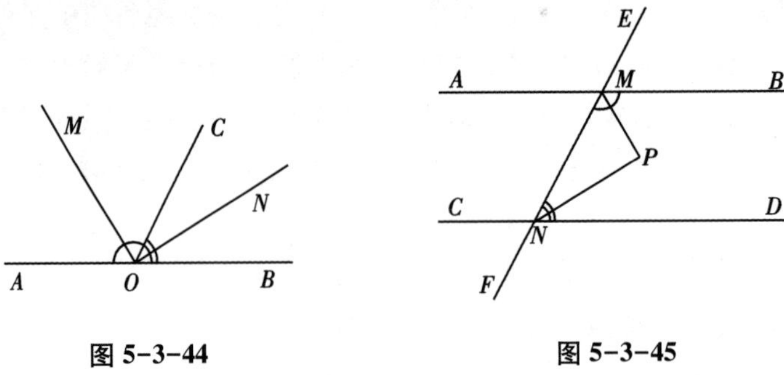

图 5-3-44　　图 5-3-45

例 5.3.15　如图 5-3-45 所示，直线 $AB // CD$，直线 EF 与直线 AB，CD 交于 M，N，$\angle BMN$ 和 $\angle DNM$ 的平分线交于 P 点，求证：$\angle P=90°$.

例 5.3.16　如图 5-3-46 所示，BD，CD 分别是 $\triangle ABC$ 的两个外角 $\angle BCE$，$\angle BCF$ 的平分线，试探索 $\angle BDC$ 与 $\angle A$ 之间的数量关系.

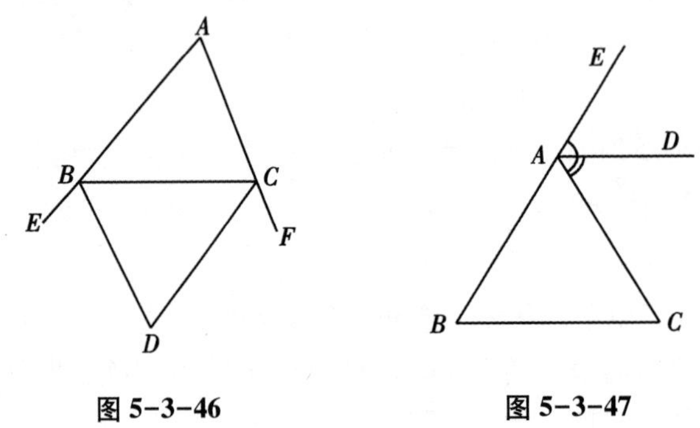

图 5-3-46　　图 5-3-47

例 5.3.17　如图 5-3-47 所示，在 $\triangle ABC$ 中，$\angle B=\angle C$，过 A 作 $AD // BC$，E 为 BA 延长线上一点，求证：AD 平分 $\angle EAC$.

解决上述两题需要将三角形内角、外角的平分线与三角形内角和定理配合使用，此时角平分线的应用只与“平分一个角”有关.

(2)角平分线的性质定理和判定定理

“角平分线的性质定理与判定定理”的教学，教师要注意学习者需要在方法和观念上进行转变. 一方面，注意“角平分线(包括两条垂线段)”的对称感，这是学完“轴对称图形”知识后所研究的具体的轴对称图形；另外，增加了一种“两条线段相等”的判别方法. 尤其要引起重视的是，“角平分线的意义”不仅是关乎两个角相等，更与线段相等有关系，也就是在遇到“两个角相等(角平分线图形结构)”的条件时要及时想到(产生式)“两条(垂)线段相等”；反之，要想证明“角平分线”就需要想到角分线的判定条件中所需要的“两条(垂)线段相等”.

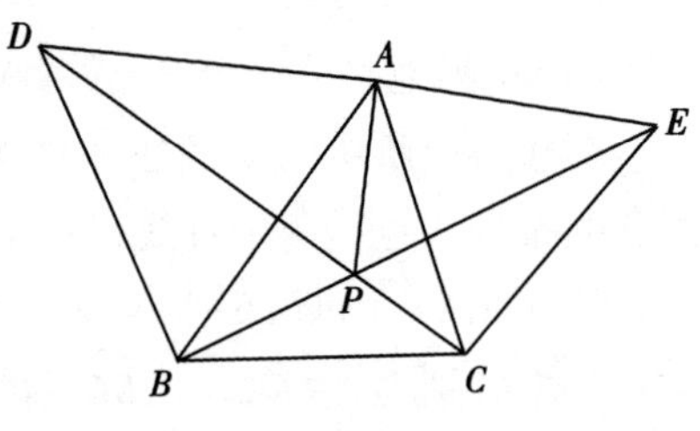

图 5-3-48

例 5.3.18　如图 5-3-48 所示，已知 $\triangle ABC$，$AB=AD$，$AC=AE$，且 $\angle BAD=\angle CAE$，CD 与 BE 交于点 P，连接 AP. 求证：① $CD=BE$；② PA 平分 $\angle DPE$.

例 5.3.19　如图 5-3-49 所示，在 $\triangle ABC$ 中，BP，CP 分别是 $\triangle ABC$ 的外角平分线，求证：AP 平分

$\angle BAC$.

证明　方法如图 5-3-50 所示. 成功地解决本题，要求学生对角平分线的理解要从“单纯地平分一个角”过渡到“角平分线的性质与判定定理”上来.

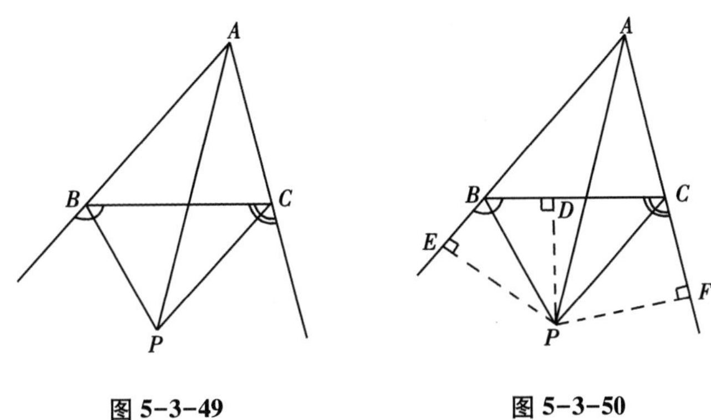

图 5-3-49　　图 5-3-50

例 5.3.20　如图 5-3-51 所示，已知$\angle ABC$的平分线与$\angle ACB$的外角平分线交于 D 点，$\angle BAC=80°$，求$\angle CAD$的度数.

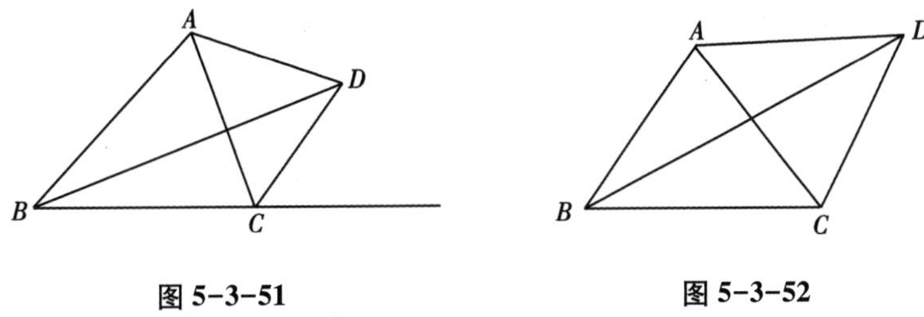

图 5-3-51　　图 5-3-52

例 5.3.21　如图 5-3-52 所示，已知$\angle BAC=80°$，$\angle ACB=40°$，$\angle CAD=50°$，$\angle ACD=70°$，求$\angle DBC$的度数.

例 5.3.22　如图 5-3-53 所示，OP 平分$\angle AOB$，PM 垂直 OB 于 M，$\angle OAP+\angle OBP=180°$. 求证：$OA+OB=2OM$.

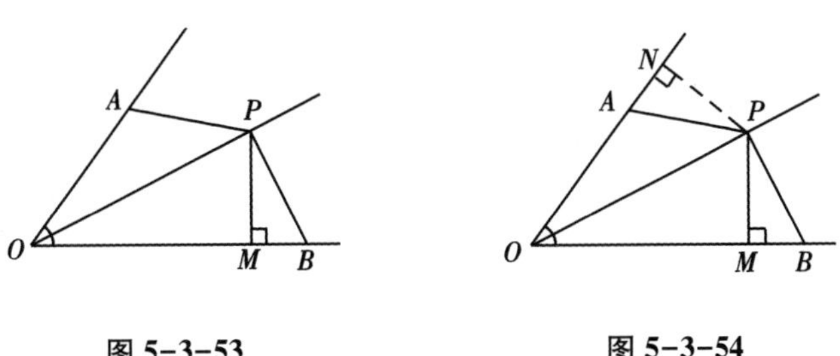

图 5-3-53　　图 5-3-54

解法见图 5-3-54.

(3) 与等腰三角形有关的角平分线

例 5.3.23　如图 5-3-55 所示，在$\triangle ABC$中，$AB=AC$，过 A 作 $AD // BC$，E 为 BA 延长线上一点. 求证：AD 平分$\angle EAC$.

上述图形的一种变化，如图 5-3-56 所示，$AD // BC$，BD 平分$\angle ABC$，则有 $AB=AD$.

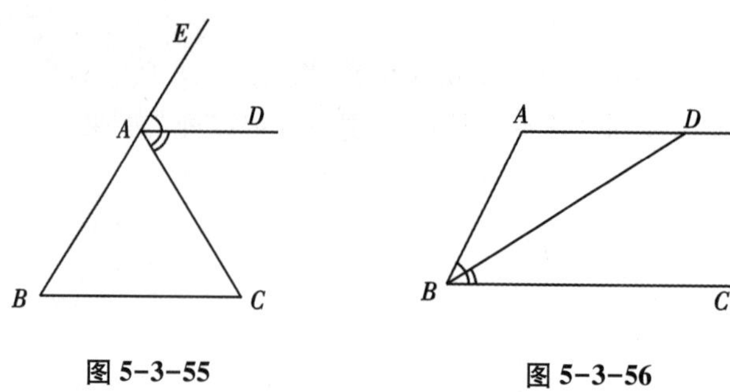

图 5-3-55　　　　图 5-3-56

如此，可将角平分线、平行线和等腰三角形三个基本图形压缩成一个知识组块. 该组块的应用前面已有介绍.

学习完轴对称和等腰三角形、等边三角形后，角平分线带来对称感. 特别值得注意的是：垂线也是角平分线！因此，垂线也常引起翻折.

例 5.3.24　如图 5-3-57 所示，已知∥ABC 中，BD 垂直$\angle BAC$ 的平分线于 D，且$\angle ABC=3\angle C$. 求证：$AB+2BD=AC$.

例 5.3.25　如图 5-3-58 所示，已知$\angle BAC$ 的平分线交 BC 边于 D 点，且$\angle B=2\angle C$. 求证：$AB+BD=AC$.

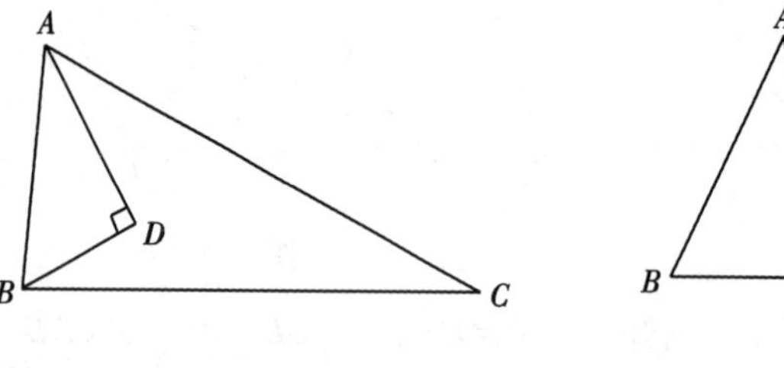

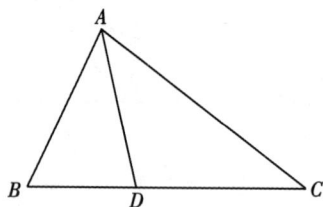

图 5-3-57　　　　图 5-3-58

例 5.3.26　如图 5-3-59 所示，已知$\triangle ABC$ 中，$AB=AC$，$\angle A=100°$，BD 平分$\angle ABC$ 交 AC 于 D. 求证：$BC=BD+AD$.

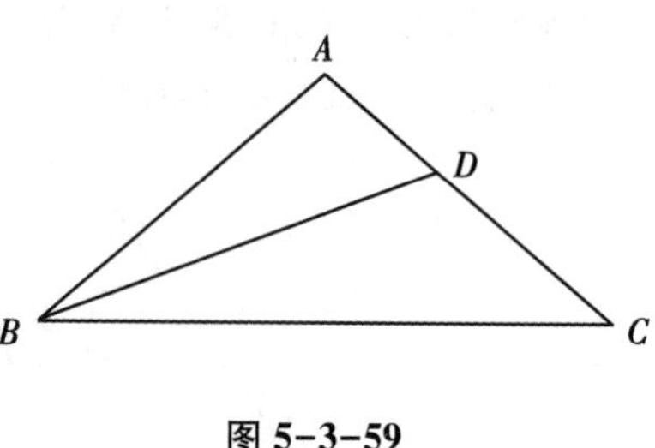

图 5-3-59

作$\angle BDC$ 的角平分线 DE，见图 5-3-60，由 $AB=AC$，$\angle A=100°$，$\angle ABD=\angle CBD=20°$，$\angle C=40°$，则$\angle C=2\angle CBD$，根据例 5.3.25 结论，得 $BD=CD+CE$. 再由$\triangle ABD\cong\triangle EBD$ 得 $AB=BE$，于是 $BC=BE+CE=AB+CE=AC+CE=AD+CD+CE=AD+BD$.

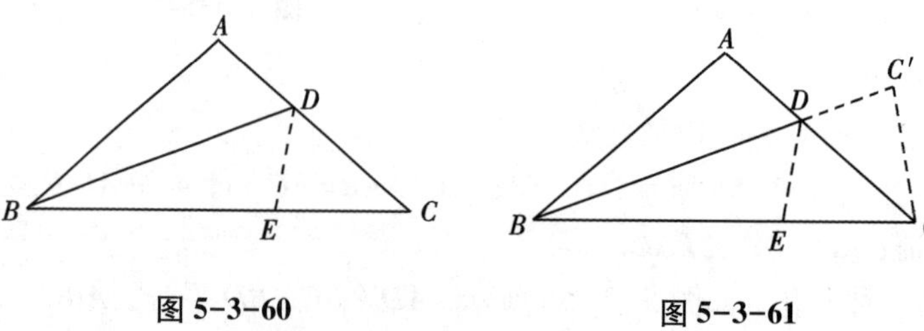

图 5-3-60　　　　图 5-3-61

也可延长 BD 至 C'，使 $BC'=BC$，而 $BC'=BD+DC'$，接下来的目标是证明 $AD=DC'$. 通过 $\angle BDC$ 的角平分线 DE 可以得到 $AD=DE$，同时，由 $\triangle CDC'\cong\triangle CDE$ 得 $AD=DC'$，见图 5-3-61，则 $AD=DC'$，于是 $BC=BD+DC'=BD+AD$，则问题得证.

例 5.3.27　如图 5-3-62 所示，已知 $\angle D=90°$，$AD\parallel BC$，M 是 CD 的中点，MA 平分 $\angle BAD$. 求证：MB 平分 $\angle ABC$.

该图形结构(附加语义)含有丰富的内容，如可继续提问 $AD+BC=AB$ 等，这与高中抛物线焦点弦问题密切相关，见图 5-3-63 和图 5-3-64.

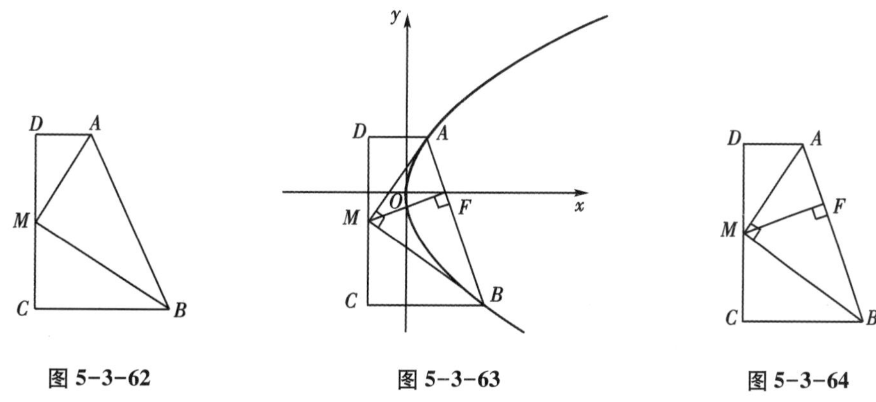

图 5-3-62　　图 5-3-63　　图 5-3-64

在解题过程中，遇到角平分线，可以自角平分线上的某一点向角的两边作垂线段，利用的思维模式是三角形全等变换中的“翻折”，所考知识点常常是角平分线的性质定理和判定定理. 角平分线可引出一般的图形对称性，如例 5.3.23、例 5.3.24、例 5.3.25 所体现的翻折过程. 另外，垂线是平角的平分线，也具有对称的特征，因而也常常与“翻折”相伴.

(4)圆周角的角平分线

如图 5-3-65 所示，OP 平分 $\angle AOB$，$\angle OAP+\angle OBP=180°$，这个图形结构含有两个基本形，一个是角平分线结构(隐含两条垂线段)，另一个是 O，A，P，B 四点共圆结构，结论是 $PA=PB$. 类似地，有图 5-3-66 所示的 A，B，P，C 共圆结构，其中 AP 平分 $\angle BAC$，结论是 $PB=PC$.

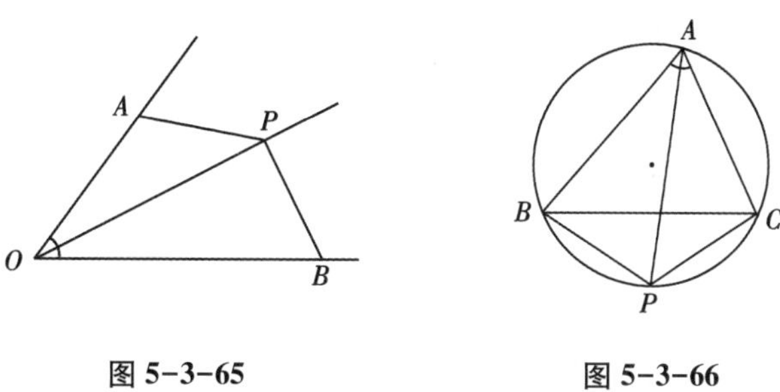

图 5-3-65　　图 5-3-66

对角互补的“四点共圆”图形结构在四边形问题中也很常见. 待学完勾股定理后可解下面问题.

例 5.3.28　如图 5-3-67 所示，$\angle B=\angle D=90°$，且 $AD=DC=\sqrt{10}$，$AB=2$. 求 BD 的长.

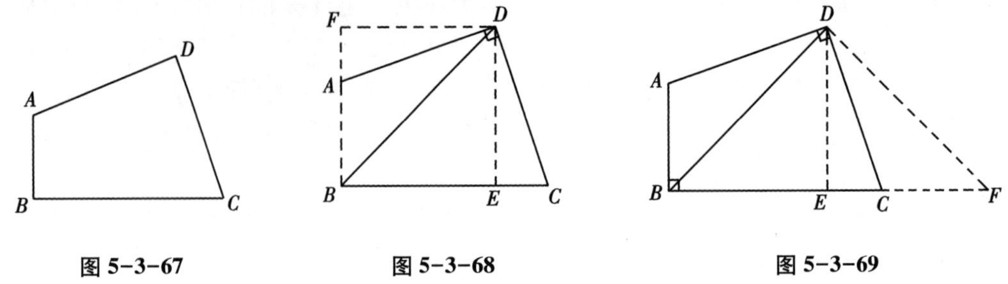

图 5-3-67　　图 5-3-68　　图 5-3-69

解法见图 5-3-68. 也可以将△ADB 绕 D 点逆时针旋转 90°，使原来的图形转化为等腰直角三角形，见图 5-3-69.

例 5.3.29　如图 5-3-70 所示，在△ABC 中，∠C=90°，∠ABC 的平分线交 AC 于点 E，过点 E 作 BE 的垂线交 AB 于点 F，⊙O 是△BEF 的外接圆.

① 求证：AC 是⊙O 的切线；② 过点 E 作 $EH \perp AB$ 于点 H，求证：$CD=HF$.

图 5-3-70

上述分析启示，几何知识是密切相关的，反映在习题间的关系上也是如此，教师要清楚其中演变的过程，教师的知识结构需要按照理论及相应的习题发展路径进行合理的组织，还要注意知识表征方式及内部结构的关联关系.

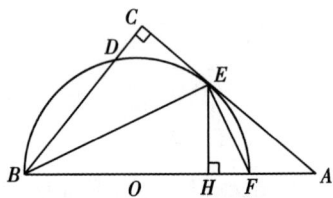

教学要着眼于知识应用的变化能力的培养，即知识迁移. 途径之一即变式训练. 其意义不言而喻，关键是如何选题，这需要综合考虑训练的目的，并分析系列练习题所蕴含的知识、方法和图形结构等再进行选择、编组.

在知识、方法与问题的产生、发展的演化上，教师要有所了解，并落实到学生的解题活动中，才能有助于学生内化成自己的合理的问题图式结构.

5.4　解平面几何题常用的方法、思路与策略

解平面几何问题离不开基础知识(几何概念、命题及其有效组织)和推理技能的掌握，更需要掌握知识运用的方法和解题策略的运用以及确定宏观层面的解题思路.

5.4.1　解题方法与解题思路

一般来说，解题方法是指在解决问题时针对特定的问题结构所采取的与之相应的技术手段. 所谓“技术手段”指的是如“倍长中线”“截长补短”等针对已经得到定型的问题结构或局部的已知条件和结论所采取的有序的操作行为. 解题方法也可以指较为宏观的解题计划和步骤，是解题计划所确定的由局部的解题方法的实施所组成的有序操作活动.

从认知心理学的广义知识观角度看，数学方法是在面对一定的问题情境时心理上关于如何使用知识的知识，是在解决问题时解题者心理运行的选择、调用概念和命题等知

识的一套规则，规则的运行说明方法性知识的表征是产生式表征的.

解题思路是指宏观的解题思维路线，是将已知条件和结论联系起来的操作活动所遵循的顺序. 对于解题者而言，解决简单的问题所采用的方法即可视为确定解题思路，即方法的运用包含了确定解题思路，而确定解题思路就意味着方法的选择和运用. 对于较难的问题，确定解题思路依据的是由若干解决其中部分条件所采用的方法所形成的有序组织，其中的方法是处理若干局部条件的手段，是解题思路的节点.

解题策略是宏观的解题活动的方法、路线的概括，解题策略一般包括“手段-目的分析法”“顺向加工”策略以及“逆向加工”策略等.

从认知心理学角度看，解题方法的运用、解题思路的探寻和解题策略的运用均属于策略性知识的运用. 按哲学家波兰尼的说法，隐性知识是嵌入在情境中的，策略性知识即波兰尼说的隐性知识. 策略性知识是对内起调控作用的知识，是根据问题情境决定此时此刻运用什么知识的知识.

解题方法的学习与运用不能离开特定的数学理论知识. 解题方法源自数学理论的构造方式，如平行四边形在构造上可看作由“对边平行”“对边相等”“一组对边平行且相等”及“对角相等”“对角线互相平分”等方式组成，如果构成几何题的基础图形是平行四边形，则需考虑其外部结构“四边”和内部结构“对角线互相平分”等. 或者说，一个数学概念，从定义的角度看，定义并没有具体地揭示概念内涵的各个侧面，因此，相应的性质命题和判定命题就是对概念各个侧面的进一步认识. 在问题解决过程中，方法的运用就是根据问题情境中局部细节的提示选择某个概念的某一侧面结论与其他概念的某一侧面进行匹配，建立起逻辑连锁关系. 理论上，数学家在探索数学问题和构建数学理论时着眼于从简单到复杂、由特殊到一般而展开，符合人们对事物的一般认识过程. 新的概念、定理是建立在先前的概念、定理基础上的，自然地，它们的定义与证明必然由先前的概念和定理所决定，推而广之，一般的数学问题的解决多将其转化成先前已得到确认的定理或已解决的问题(亦可看成定理). 因此，解几何题的方法可以从问题构成的角度去寻找，将复杂的问题结构拆解为基本的与已知的概念、定理相应的图形结构，利用基础知识的学习过程中所获得的方法去解决问题. 要防止讲解几何解题方法的神秘化倾向，要明确方法的获得源自几何知识的构造方式，在常规的概念、定理教学中突出方法的运用与获得. 再如，遇切线时要将圆心与切点连上，这是切线的定义所决定的. 如果圆内有一相交弦所成的角的问题，则需将该角转化为圆心角和圆周角，这也是圆的构造方式和圆理论知识所决定的.“倍长中线”方法是由平行四边形的“一半”向平行四边形的“完形”所形成的.

类似“倍长中线”“截长补短”等方法属于“强方法”，有着较为明确的操作方式，因此易被师生所接受. 但需引起注意的是“弱方法”，或说“弱的策略”，对应于思想、解题策略，由于其具有内隐性和操作对象的模糊性且又难以表述，故不易为学生所重视，甚至不会将其视为知识或学习对象.

关于解题思路的探寻途径(或方法的使用、辅助线的添加)，建议考虑以下几点：

① 在问题的已知条件引导下，通过完善基本图形结构，引出辅助线. 这里所说的

“基本图形结构”是与几何基本概念、命题密切相关的，思考解题路线时要紧密联系基本图形结构中蕴含的几何性质. 如已知圆作为问题的基本图形，那自然要考虑半径、圆心角和圆周角等，其辅助线的添加通常与相关定理有关，是对相关定理所对应的基本图形的完善. 又如已知条件中给出“半个”角平分线性质与判定定理图形或等腰三角形残缺的图形，可考虑“完形”的方法，即用辅助线来完善图形. 可以这样理解，几何知识中的概念、命题所对应的图形视为标准的图形，而问题中所给的图形相对于标准的图形而言是残缺的，那么引入辅助线的动机就是使不完善的图形完善起来. 这一“完形”动作是带有知觉的，是带知觉的表象与几何知识的语义密切结合所完成的.

② 如果已知条件中的线段和角的位置关系欠佳，可采用几何变换的方法. 使用“倍长中线”方法的动机是中线和两边这三条线段是由一点发出的，这样位置关系的三条线段不易处理，只有通过“倍长中线”(形成中心对称图形)使之移至一个三角形中才便于处理，因为在几何中大部分知识是关于三角形的. 当然，“倍长中线”也可看作对于平行四边形的“完形”.

③ 将已知条件和结论“表示”出来.“表示”的意思是将已知条件和结论用图形、符号表达式等等值语言进行重新表述，即将问题进行转换，再寻求问题的解决. 或者寻求已知条件的必要条件和结论的充分条件，再寻找新的条件和新的结论的新的连接关系，即形成新的较之原问题简化的问题.“截长补短”方法也是基于将问题结论中线段“和差倍半”关系“表示”出来的考虑，其实，“等量代换”方法也是属于“表示”的方法.

④ 消点法. 几何问题是构造性的，问题的图形可以看成一个动态的点线的生成过程.“消点法”是从解构的角度出发，将后面产生的点用先前的点表示出来，逐步归结为最初的基本形和基础条件. 该方法是由张景中院士提出的，意在实现几何定理的机器证明. 消点法对于几何证明而言是极为深刻的，但从所观察到的教学情况来看似乎还没有被多数师生接受.

⑤ 从产生式(组)的角度激发出解题思路. 如，若想证明两条线段相等，需要什么条件？把两条线段分别放入两个三角形里，通过这两个三角形全等得证. 如果这两个三角形不全等就“改造”一个三角形，或利用“垂线封口”同时改造两个三角形使之全等. 或者将这两条线段放在一个三角形中，通过判定该三角形是等腰三角形而得证. 再考虑如平行四边形对边相等、平行四边形对角线互相平分或利用其他几何定理证明.

⑥ 模式识别方法. 通过“模式识别”，将已有的解题经验包括方法、策略运用于当前问题，这是解决问题的有效方法.

对于学生而言，解题目的是训练其思维能力，如果学生自己能找到解题的方法或概括出解决一类问题的方法是最为理想的. 若学生没有在问题解决过程中概括出解题方法，教师也只能引导学生自己主动获得方法. 解题方法、思路和策略由于其作为策略性知识的属性难以直接以言语的方式告知学生，只有通过变换问题情境，给学生提供尝试使用方法、策略的机会，才有可能使学生获得策略性知识. 具体地讲，就是把那些在解题思想方法上具有相似或相关的内容，用变式的形式串联起来，在变化中求不变，从变式中领悟数学思想方法的真谛. 因此，教师要选择恰当的探究点，创设问题情境或进行题组教学，使学生有机会亲身经历选择、判断、计划和题型的概括与识别等过程，这是获得策略性知识的恰当途径.

（1）构造三角形法

例 5.4.1　如图 5-4-1 所示，已知$\triangle ABC$，$\angle BAC=90^\circ$，$AB=AC$，D 是边 AC 上的中点，连接 BD，作 AF 垂直 BD 交 BD 于 E，交 BC 于 F，连接 DF. 求证：$\angle ADB=\angle CDF$.

证明　两个角相等有多种办法，常用的是两个三角形的全等与相似. 就本题的图形而言，由于有"D 是边 AC 上的中点"这一条件，故可考虑利用两个三角形全等来证明. 显然$\angle CDF$ 可放置在$\triangle CDF$ 中，$\angle ADB$ 明显需安置在一个有待构造的三角形中. 有待构造的三角形必须含有$\angle ADB$，且需保留线段 AD，再与$\triangle CDF$ 相比较，可知需在 A 点附近作出$\angle DAG=\angle C=45^\circ$，这样，辅助线 AG 就应运而生了，见图 5-4-2.

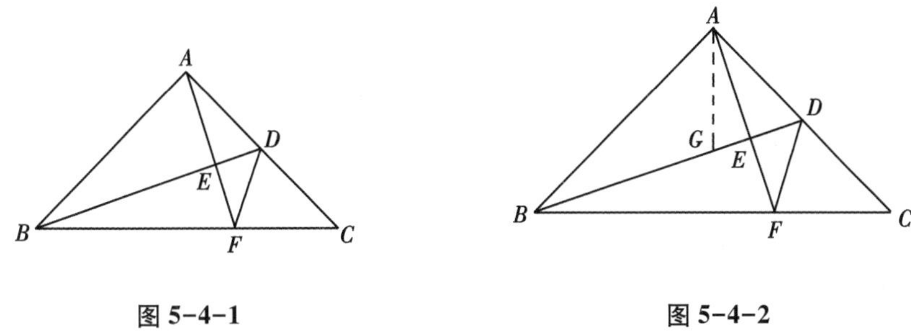

图 5-4-1　　　　图 5-4-2

证明几何问题引辅助线是一个难点. 常见一些学生在图形中盲目连线，以期恰好撞到辅助线，这显然是不恰当的，即使偶尔管用，但终究不是有效之法. 一般来说，引辅助线还是有规律可循的，有经验的解题者对问题结构所反映的图形结构关系十分敏感，易于发现其中未联系上的潜在的关联关系，就像"完形"思维那样，直接填补上结构联系的空缺. 如果所给图形如等腰三角形、正三角形、等腰直角三角形、正方形等，其图形较"正"，其中有大量的角相等和线段相等的条件，则常用三角形全等的证明方法. 辅助线添加的目的常常是构造出全等三角形，为了获得两个全等的三角形，需要调整角与线段的位置关系，也常用几何变换的方法去思考添加辅助线. 本题的证明，添加辅助线 AG 的目的是构造出与$\triangle CDF$ 全等的$\triangle ADG$，而 $AG=CF$ 这一中间结论的获得需要证明$\triangle ABG\cong\triangle ACF$.

本题也可以将等腰直角三角形补全为正方形，见图 5-4-3.

显然，$\triangle ABD\cong\triangle ACG$，这两个三角形在正方形中的位置关系是常见情形. 再具体通过$\triangle CDF\cong\triangle CGF$ 来实现$\angle ADB=\angle AGC=\angle CDF$.

此题有一变化：如图 5-4-4 所示，已知$\angle ABC$，$\angle BAC=90^\circ$，$AB=AC$，D 是边 AC 上的点，满足 $AD=CE$，连接 BD. 作 AF 垂直 BD 交 BD 于 F，交 BC 于 G，连接 GE 并与 BD 的延长线交于 H. 求证：$HD=HE$.

该问题的结论实质是较之前面问题仍有$\angle ADB=\angle CEG$ 结论成立. 如果把前面的例题作为已知问题，则后面问题的解决就是一个模式识别的过程.

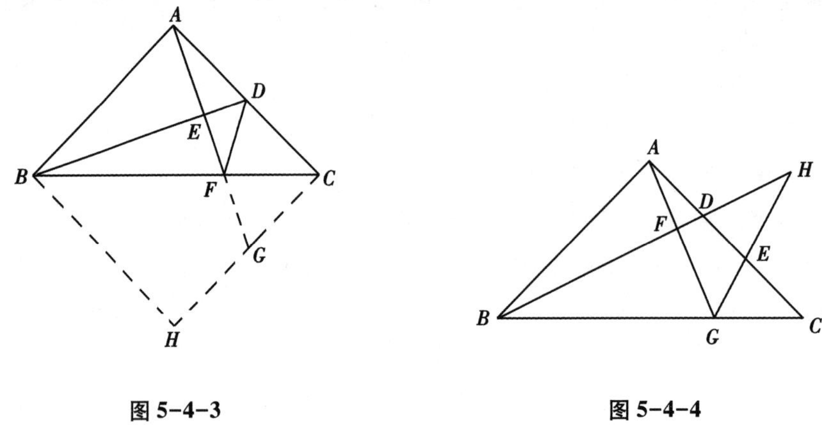

图 5-4-3　　图 5-4-4

(2)截长补短

证明两条线段的和等于另一条线段，常常使用截长补短法. 截长法即为在这三条中最长的线段上截取一段使它等于较短线段中的一条，然后证明剩下的一段等于另一条较短的线段. 补短法即为在较短的一条线段上延长一段，使它等于最长的线段，然后证明延长的这一线段等于另一条较短的线段. 证明两条线段差等于另一条线段，只需把差化成和来解决即可.

关于线段和差倍半问题可用“截长补短”方法，其背后的深刻原因是“不可公度问题”的出现使得形与数分离. 在几何证明中，由于线段没有度量(没有长度)，故只能将有关线段转移到一条线段上，通过转化为两条线段相等来证明，即归结为两个三角形全等的证明. 对于角的问题的处理，也是如此.

例 5.4.2　如图 5-4-5 所示，在$\triangle ABC$中，AD是角平分线，$\angle B=2\angle C$，求证：$AB+BD=AC$.

具体证明方法采用“截长补短”法，辅助线引法见图 5-4-6 和图 5-4-7. 证明略.

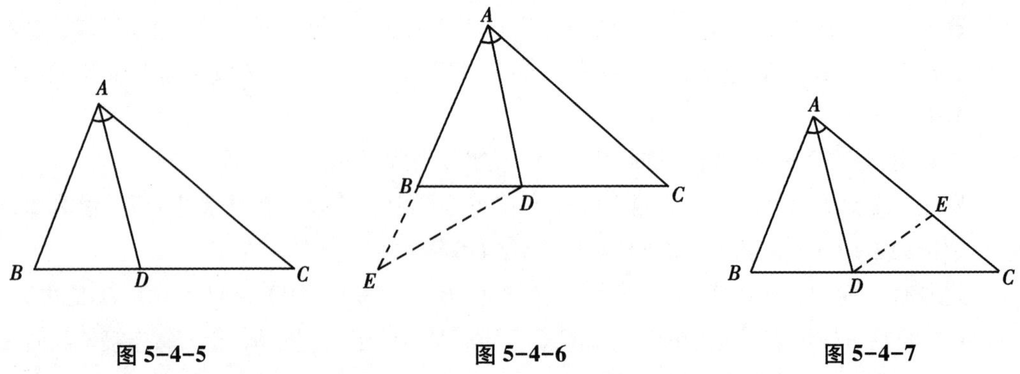

图 5-4-5　　图 5-4-6　　图 5-4-7

(3)与中点有关的解题方法

“倍长中线”是解决平面几何问题常用的方法. 显然，不能满足于方法的记忆和运用，还要领会方法产生的动机.

一般来说，如图 5-4-8 所示，在△ABC 中，AM 是 BC 边上的中线，在以此为基本结构的问题中，问题解决的关键在于三条线段 AB，AC，AM 的位置关系不好，即这三条线段是从一点 A 出发的“背靠背”情形，没有关于此种情形的知识而只有关于三角形的知识. 如果实现了“倍长中线”，即延长 AM 至 A' 使 $A'M=AM$，连接 $A'C$，于是，有关线段的位置关系得到调整，即将由一点出发的位置关系不好的三条线段调整至△ACA'中，则有关三角形的知识就可以得到运用了，见图 5-4-9.

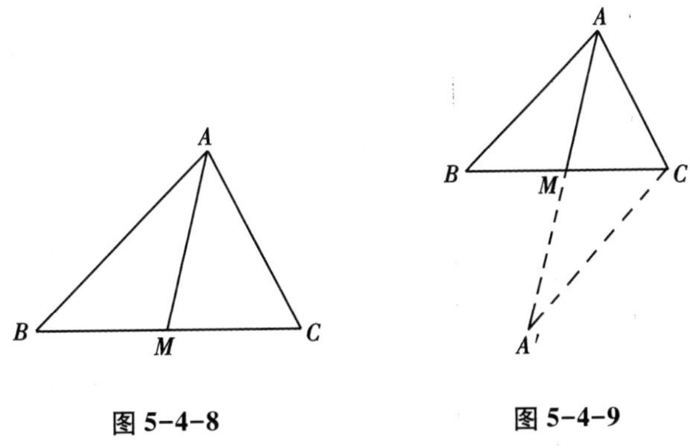

图 5-4-8　　图 5-4-9

例 5.4.3　如图 5-4-8 所示，已知△ABC，AM 是 BC 边上的中线，求证：$AB+AC>2AM$.

对于“倍长中线”，可以将这个动作看作三角形“完形”至平行四边形，也可看作利用几何变换将△ABM 绕 M 点旋转 180°得到中心对称图形，实现了线段 AB 位置调整到 $A'C$的位置. 见图 5-4-9.

例 5.4.4　如图 5-4-10 所示，已知△ABC，D 是 BC 边上的中点，E，F 分别是 AB，AC 边上的点，且 $DE\perp DF$. 求证：$BE+CF>EF$.

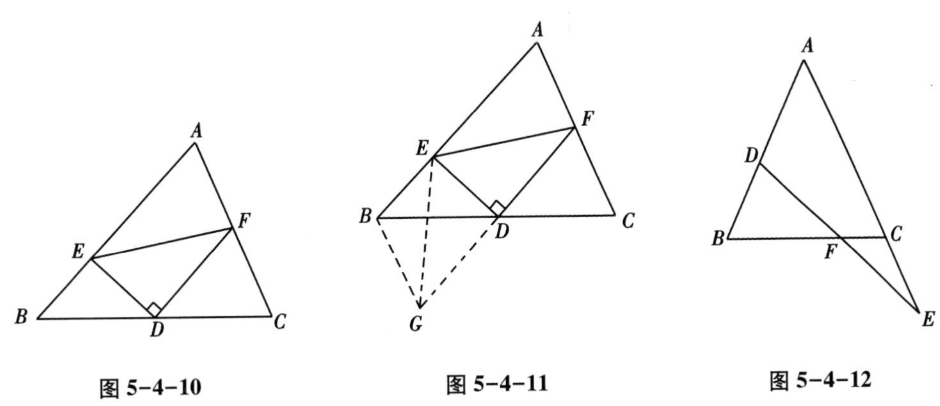

图 5-4-10　　图 5-4-11　　图 5-4-12

本题的解法如图 5-4-11 所示. 在此，“倍长中线”的目的是实现将分散的三条线段 BE，EF，CF 集中在一个△BEG 中.

例 5.4.5　如图 5-4-12 所示，已知△ABC，$AB=AC$，D 是 AB 边上的点，点 E 在 AC 的延长线上，且 $BD=CE$. 求证：$DE=FE$.

这是一道典型的例题，具体做法是构造全等三角形，构造方法有三种，见图 5-4-13、

图 5-4-14 和利用垂线“封口”的图 5-4-15.

就证明两条线段相等而言，本题的结论有其特殊性，即一条线段被平分而有别于其他两条线段相等的情况. 因此，需要把它单独列出来加以讨论. 利用三角形全等来证明一条线段被平分，实质上是利用辅助线在该线段两侧构造两个全等三角形，即在总体上构成平行四边形，这相当于中线倍长的一个“完形”的动作.

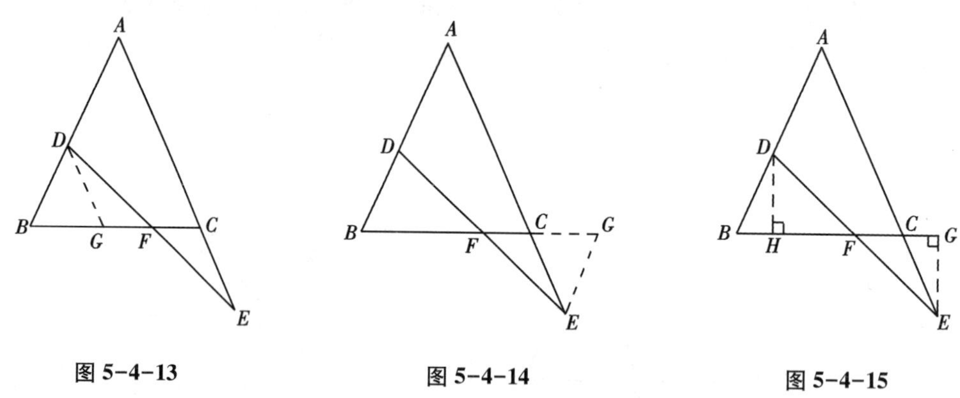

图 5-4-13　　图 5-4-14　　图 5-4-15

上述解法分析也启示我们，证明一条线段被平分问题的方法是将这条线段作为“完形”成平行四边形的一条对角线. 如图 5-4-16 所示，条件有 $\angle B+\angle BCE=180°$，且 $BD=CE$，DE 与 BC 交于 F，求证：$DF=FE$.

这时，作 $DG/\!/CE$ 交 BC 于 G，即将 BD 变成 DG，则将问题转化为平行四边形 $DGEC$ 这一常见图形结构了. 见图 5-4-17.

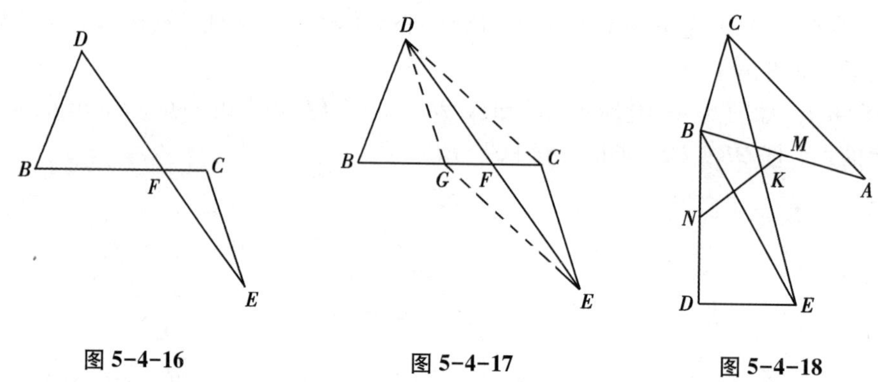

图 5-4-16　　图 5-4-17　　图 5-4-18

例 5.4.6　如图 5-4-18 所示，已知 $\angle ABC=\angle BDE=90°$，$BC=DE$，$AC=BE$，$M$，$N$ 分别是 AB，BD 的中点，连接 MN 交 CE 于 K. 求证：$CK=EK$.

问题的解法如图 5-4-19 所示，透过问题的表面，可以看到问题的实质，如图 5-4-20 所示，已知 $\angle ENM+\angle CMN=180°$，且 $EN=CM$，CE 与 MN 交于 K. 求证：$CK=EK$.

解法如图 5-4-21 所示，显然，该问题的图形结构与图 5-4-16 所示问题的图形结构相同.

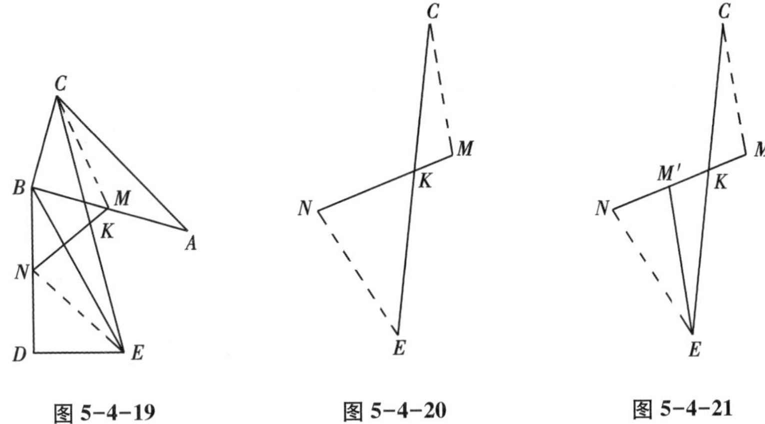

图 5-4-19　　图 5-4-20　　图 5-4-21

解决问题的方法本质上是由知识理论的构成方式引起的. 因此，不宜简单地在解题中去挖掘方法，更要在概念、命题的教学中去体现与挖掘方法.

问题中如果有中点，即使没有明确给出中线仍可考虑“倍长中线”方法，如中位线定理的证明.

如图 5-4-22 所示，DE 是 $\triangle ABC$ 的中位线，求证：$DE /\!/ BC$ 且 $DE=\dfrac{1}{2}BC$.

解法如图 5-4-23 所示.

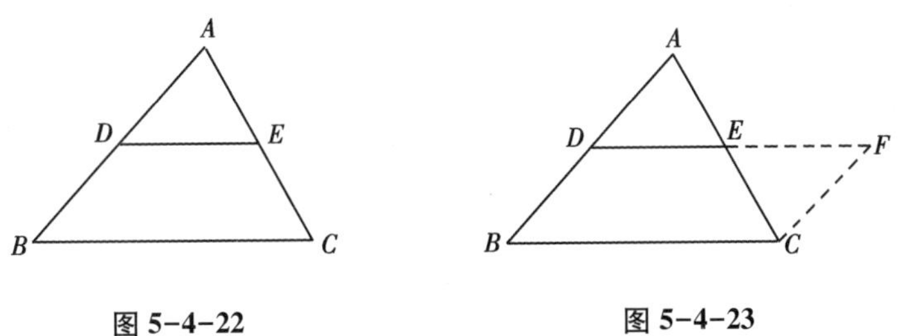

图 5-4-22　　图 5-4-23

(4)“一线三等角”图形结构的处理方法

如图 5-4-24 所示，已知正 $\triangle ABC$ 中，$\angle APD=60°$. 此种图形结构是典型的“一线三等角”结构，其中三个角 $\angle B=\angle APD=\angle C$. 一般来说，$\angle APD=60°$的位置在几何图形中是不易处理的，借助“一线”$BC$ 两端的 $\angle B=\angle C$，可以将 $\angle APD=60°$的两边 PA 和 PD 转化到两侧的 $\triangle ABP$ 和 $\triangle PCD$ 并通过它们之间的相似得到处理.

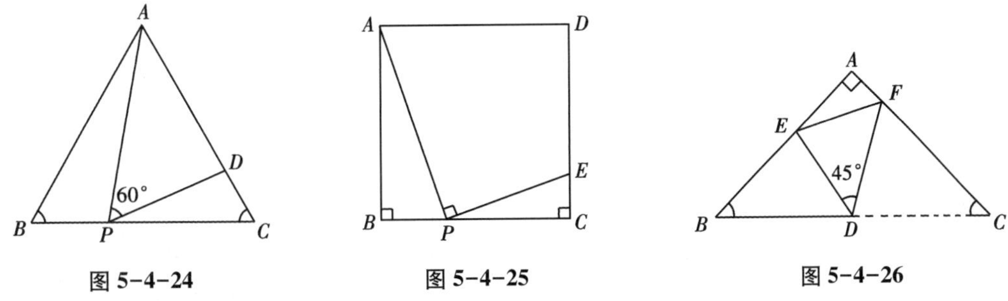

图 5-4-24　　图 5-4-25　　图 5-4-26

如图 5-4-25 所示，对于正方形 $ABCD$，P，E 分别在边 BC，CD 上，且 $PA\perp PE$. 由于三个角 $\angle B=\angle APE=\angle C=90^\circ$，则这个图形结构也是典型的“一线三等角”结构. 图 5-4-26 所示也是“一线三等角”结构的常见情形.

例 5.4.7 如图 5-4-27 所示，已知等腰 $\triangle ABC$，$\angle A=90^\circ$，D 在 BC 边上，且 $CD=2BD$，若在 AB 边上存在一点 M，使 $\angle DMC=45^\circ$，则 $\dfrac{AM}{AB}=$________.

在本题的图形结构中，$\angle DMC$ 的顶点 M 在边 AB 上，$\angle DMC$ 与边 AB 的位置关系要借助“一线三等角”结构实施转化. 对于 $\angle DMC=45^\circ$，一侧有 $\angle B=45^\circ$，为“完形”“一线三等角”结构，需要在 $\angle DMC$ 的另一侧构造出一个 45° 角，具体做法如图5-4-28 所示.

例 5.4.8 如图 5-4-29 所示，正方形 $ABCD$，$DE=2AE$，F 是 CD 的中点，$CG=5BG$，在线段 BE 上确定一点 M，使 $\angle GMF=\angle MBG$. 则 $\dfrac{EM}{EB}$ 的值为________.

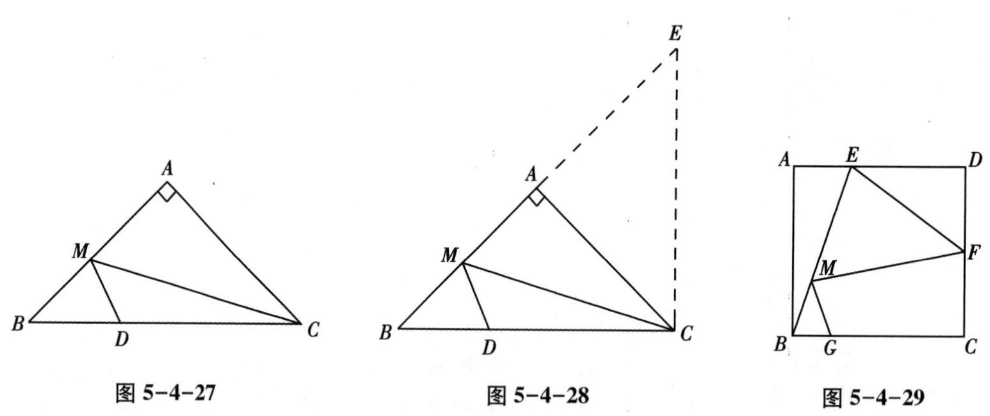

图 5-4-27　　图 5-4-28　　图 5-4-29

例 5.4.9 如图 5-4-30 所示，已知 $\triangle ABC$，$AC=BC$，$\angle C=120^\circ$，$AC=9$，点 D 在 AC 上，且 $AD=6$，点 E 是 AB 上一动点，连接 DE，将线段 DE 绕点 D 逆时针旋转 30°得到线段 DF，要使点 F 恰好落在 BC 上，则 AE 的长是________.

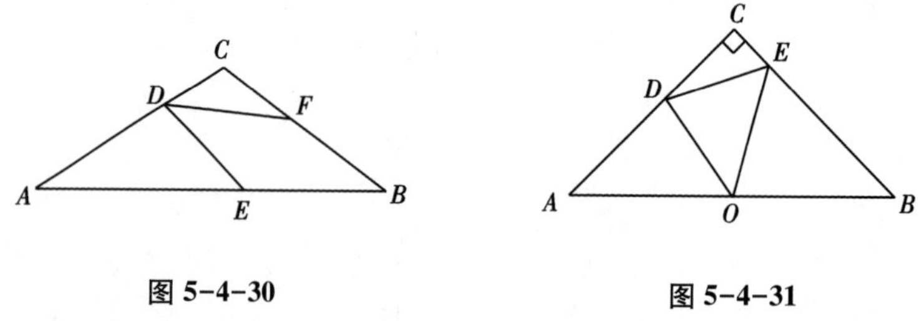

图 5-4-30　　图 5-4-31

例 5.4.10 如图 5-4-31 所示，已知 $\triangle ABC$ 中，$AC=BC=2$，$\angle C=90^\circ$，O 是 AB 的中点，将 45°角的顶点置于点 O，并绕点 O 旋转，使角的两边分别交边 AC，BC 于点 D，E，连接 DE. ① 求证：$\triangle AOD\backsim\triangle ODE$；② 设 $AD=x$，试用关于 x 的式子表示 DE.

例 5.4.11 如图 5-4-32 所示，已知点 $A(4, 6)$，将点 A 绕原点 O 顺时针方向旋转

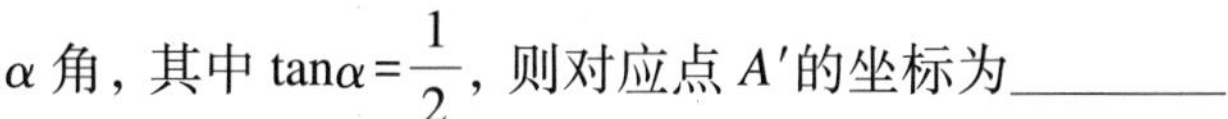

α 角，其中 $\tan\alpha=\dfrac{1}{2}$，则对应点 A' 的坐标为________.

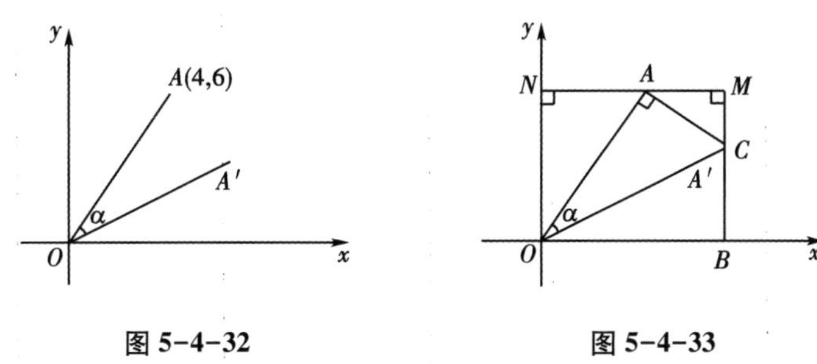

图 5-4-32　　　　图 5-4-33

解决问题的具体做法是过 A 点作 $MN/\!/x$ 轴，再作 $AC\perp OA$ 且满足 $\tan\alpha=\dfrac{AC}{OA}=\dfrac{1}{2}$，如图 5-4-33 所示，通过点 C 可确定 M 和 B 点，注意到 $\angle MNO=\angle M=\angle OAC=90°$ 是“一线三等角”的图形结构，自然可通过 $\triangle ANO$ 和 $\triangle CMA$ 的相似（或使用勾股定理）来确定 C 点坐标，再进一步求出 A' 坐标. 这是代数几何综合题中处理“线段旋转”和“与角的计算”有关的问题所惯用的方法.

“一线三等角”图形结构具有广泛的应用，尤其是直角坐标系中的几何问题计算往往采用“一线三等角”图形结构相应处理方法从而实现斜线段（角）在计算上的“改斜归正”的目的. 直角坐标系中不与坐标轴平行（垂直）的线段不妨称为“斜线段”，斜线段的计算实质上是利用勾股定理的计算，故常将线段的端点向坐标轴作平行线（或垂线）从而构成直角三角形而得到计算. 在此，不仅要掌握可操作的方法，同时，也要深刻理解产生方法的根源.

5.4.2　几何变换方法

在初中几何教学和高中数学竞赛中，常用的基本几何变换是合同变换和相似变换.

合同变换包括平移、旋转和反射，其中反射是最基本的，其他两种变换都可用两个反射变换表示出来. 相似变换是位似变换与合同变换合成的.

几何变换刻画的是图形的“运动”，合同变换给出了两个全等形由此及彼的具体运动方式，因此，几何变换通常用来改变图形中若干线段和角等图形的位置关系. 一般来说，在平行四边形中常出现平移变换，在有角平分线和垂直（特殊的角平分线）情况下常用反射变换，而在等腰三角形、等边三角形、正方形中常用旋转变换.

几何变换是处理平面几何问题的一个相当得力的工具. 与传统方法所不同的是，它不是从结论入手，而是反过来从条件入手，先抓住图形的某一几何特征（如平行四边形、正三角形、等腰三角形、正方形、圆、中点等）实施某个几何变换. 有的看似较难的平面几何问题，通过一个几何变换，其结论便一目了然. 因为实施某个几何变换后，只要找出已知图形上的某些元素（点、线段、直线等）的对应元素，则原来的几何图形即重新改组，原来分散的条件即相对集中，从而达到化繁为简、化难为易的效果，这就大大地缩短了处理平面几何问题的思维过程.

(1)应用平移变换解题

一般来讲，对于含有平行四边形的平面几何问题，可以沿着平行四边形的某一边平移，使平行四边形的一边与其对边重合，就有可能使问题得到解决. 但这有一个前提，即问题中平行四边形的条件必不可少. 如果将问题中平行四边形的条件去掉，则作平移变换就有可能导致失败. 另外，有些问题尽管表面上没有平行四边形的条件，但有可能隐含了平行四边形.

应用何种变换解题要根据问题的图形结构特征，一般来说，以平行四边形为基础的图形结构本身自带平行线，自然容易利用平移来实现原有局部图形的位置改变.

例 5.4.12 如图 5-4-34 所示，设 P 为平行四边形 $ABCD$ 内部一点，证明：$\angle BAP=\angle PCB$ 当且仅当 $\angle PBA=\angle PDA$.

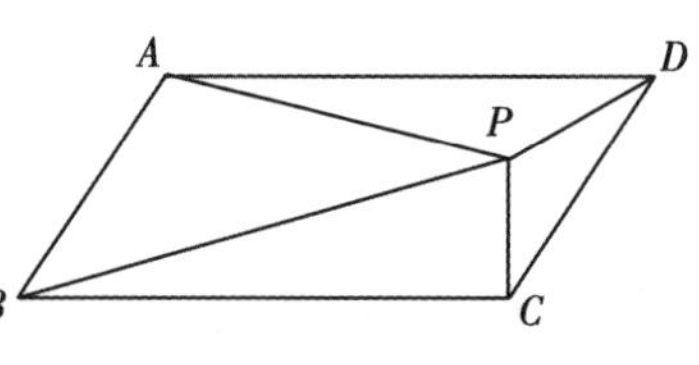

图 5-4-34

本题的基本结构是平行四边形，在此基础上有点 P 及线段 PA，PB，PC，PD，并给出条件 $\angle BAP=\angle PCB$. 注意到条件 $\angle BAP=\angle PCB$ 在位置关系上不理想，因此需要调整 $\angle BAP$ 或 $\angle PCB$，使其位置关系趋向合理. 角的位置调整需要合适的途径，在此，由于图形结构的基础是平行四边形，因此，考虑用平移方法是自然的.

证明 如图 5-4-35 所示.

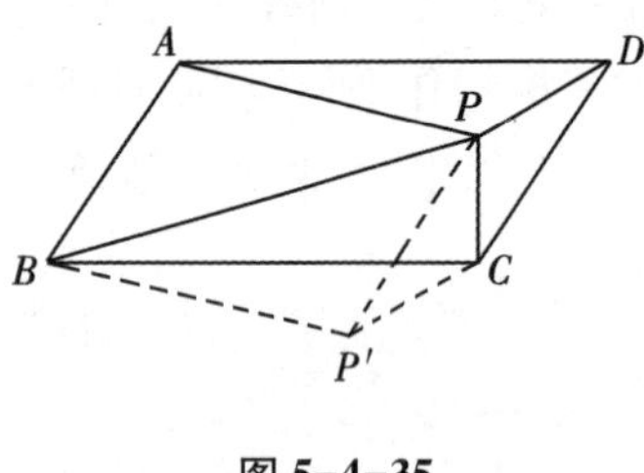

图 5-4-35

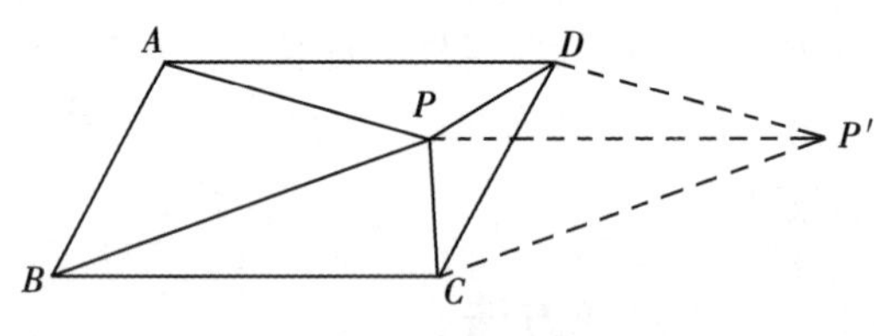

图 5-4-36

作变换，将 $\triangle ADP$ 沿 AB 平移至 $\triangle BCP'$，则 $\angle BCP'=\angle ADP$，且四边形 $ABP'P$ 为平行四边形，所以，$\angle BAP=\angle PP'B$，$\angle PBA=\angle BPP'$. 于是，$\angle BAP=\angle PCB \Leftrightarrow \angle PP'B=\angle PCB \Leftrightarrow B$，$P'$，$C$，$P$ 四点共圆 $\Rightarrow \angle BPP'=\angle BCP' \Leftrightarrow \angle PBA=\angle ADP$.

也可作变换 $\triangle ABP \to \triangle DCP'$，如图 5-4-36 所示，推理过程大致同上.

(2)利用反射变换解题

例 5.4.13 已知锐角 $\triangle ABC$ 的外接圆半径为 R，点 D，E，F 分别在边 BC，CA，AB 上，求证：AD，BE，CF 是 $\triangle ABC$ 的三条高的充分必要条件为：$S=\dfrac{R}{2}(DE+EF+FD)$，其中 S 是 $\triangle ABC$ 的面积.

在解平面几何中线段求和不等式问题时，如果使用综合法，需要将线段转化为折线，再“捋直”，即将折线与线段进行比较. 转化途径常采用翻折(反射)和旋转方法，如费马点问题的解决方法.

证明 令 $DE+EF+FD=l$，如图 5-4-37 所示，设点 D 沿 AB 翻折至 D_1，点 D 沿 AC

翻折至 D_2，则 $AD_1=AD=AD_2$，$D_1F=DF$，$D_2E=DE$，$\angle D_1AD_2=2\angle BAC$，显然，$AD\geqslant h_a$（$BC$ 边上的高），于是(其中用到了正弦定理)：

$D_1D_2=2AD_1\sin\angle BAC=2AD\sin\angle BAC\geqslant 2h_a\sin\angle BAC=\dfrac{ah_a}{R}=\dfrac{2S}{R}$，从而 $l=D_2E+EF+FD_1\geqslant D_1D_2=\dfrac{2S}{R}$，即 $S\leqslant\dfrac{R}{2}l$. 等式成立当且仅当 $AD=h_a$ 且 D_1，F，E，D_2 四点共线时. 而当 $AD=h_a$ 且 D_1，F，E，D_2 四点共线时，有 $\angle BD_1A=\angle AD_2C=90°$，见图 5-4-38，$\angle D_2D_1A=\angle AD_2D_1=90°-\dfrac{1}{2}\angle D_1AD_2=90°-\angle BAC$，所以，$\angle BD_1F=\angle ED_2C=BAC$，但 $\angle BD_1F=\angle FDB$，$\angle ED_1C=\angle CDE$，所以 $\angle FDB=\angle BAC=\angle CDE$. 于是 A，F，D，C 四点共圆，A，B，D，E 四点共圆. 从而有 $\angle CFA=\angle CDA=90°$，$\angle AEB=\angle ADB=90°$，即 $CF\perp AB$，且 $BE\perp AC$.

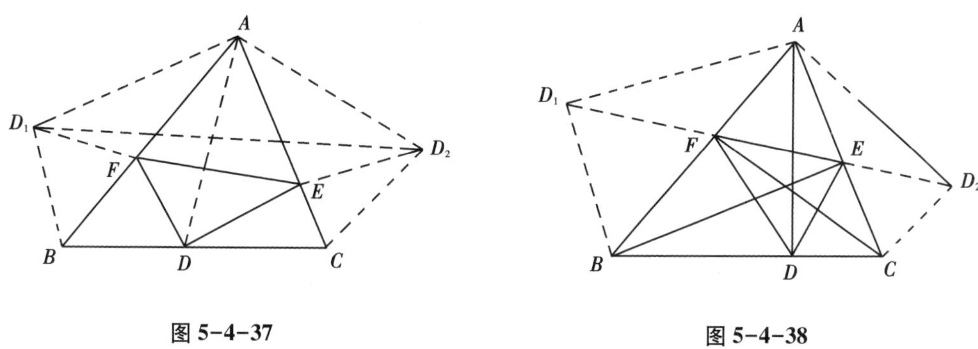

图 5-4-37　　　　图 5-4-38

因此，AD，BE，CF 是 $\triangle ABC$ 的三条高；反之，当 AD，BE，CF 是 $\triangle ABC$ 的三条高时，显然有 D_1，F，E，D_2 四点共线，且 $AD=h_a$. 因此有 $S=\dfrac{1}{2}Rl$，故 $S=\dfrac{1}{2}Rl$ 的充分必要条件是 AD，BE，CF 为 $\triangle ABC$ 的三条高.

如果将非直角三角形的三高线的垂足所构成的三角形称为原三角形的垂足三角形，则有锐角三角形的三边是其垂足三角形的三外角平分线.

本题的命制取材于著名的法格乃诺(Fagnano)问题，张景中先生的著作《教育数学探索》中有详细论述：设 $\triangle DEF$ 的三个顶点分别位于 $\triangle ABC$ 的三边上，则 $\triangle DEF$ 称为 $\triangle ABC$ 的内接三角形. 试在锐角三角形的一切内接三角形中，求出周长最短的三角形. 结论是，垂足三角形的周长最短.

例 5.4.14　如图 5-4-39 所示，已知 $\triangle ABC$，$\angle ACB=90°$，$AC=BC$，以 CB 为斜边向外作等腰直角 $\triangle ABC$，在 $\triangle ABC$ 内有 $\triangle BOC$ 外接圆的一段圆弧. E，F 分别为 AB，AC 边上的动点，M 为圆弧上的动点，如果 $CB=2$，则 $\triangle EMF$ 周长的最小值为________.

本题的编拟同样源自法格乃诺问题，解法也基本相同，如图 5-4-40 所示.

例 5.4.15　如图 5-4-41 所示，点 E，F 分别在正方形 $ABCD$ 的边 BC，CD 上，已知 $\angle EAF=45°$. 求证：$BE+DF=EF$.

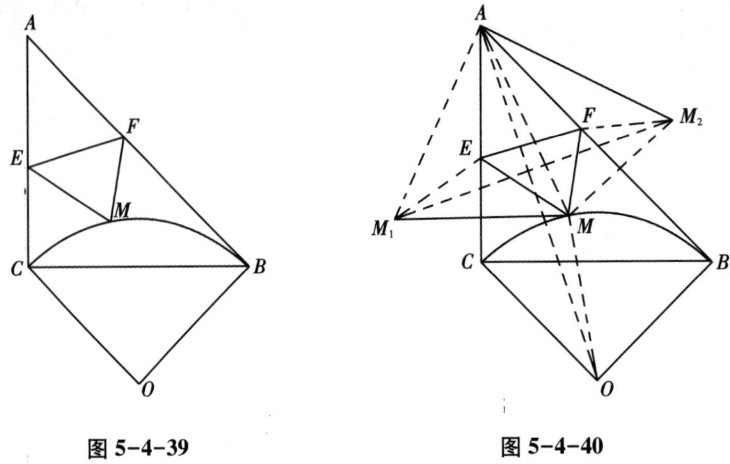

图 5-4-39　　图 5-4-40

本题还反映了“翻折”问题，在反射意义下，看此题的发展，可按下列设计问题.

例 5.4.16　如图 5-4-42 所示，正方形 $ABCD$，E 为 CD 边上一点，且 $\frac{DE}{EC}=\frac{1}{2}$，将 $\triangle ADE$ 沿 AE 翻折，得 $\triangle AEF$，EF 的延长线交 BC 于 G. ① 求 $\frac{BG}{GC}$ 的值；② 若将正方形 $ABCD$ 的边 BA，BC 置于坐标轴上，点坐标 $B(0, 0)$，$D(3, 3)$，E 为 CD 边上一点，且 $E(3, 2)$，将 $\triangle ADE$ 沿 AE 翻折，得 $\triangle AEF$，求 F 的坐标.

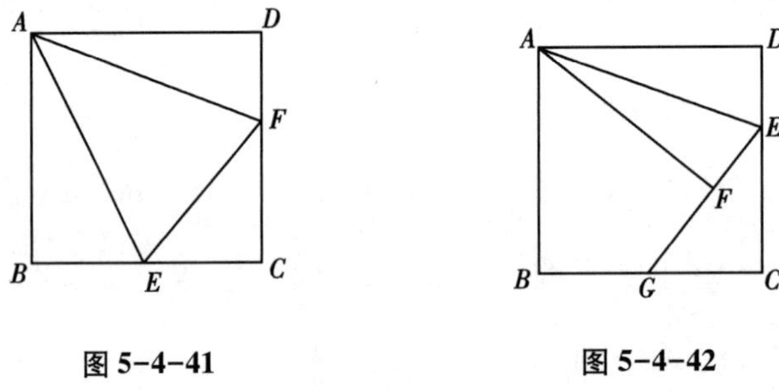

图 5-4-41　　图 5-4-42

本题的构成源于反射(翻折)，其生成的问题结构与例 5.4.15 问题结构相同.

① 折叠问题(反射变换)实质上是轴对称变换问题. 它的对称轴是对应点的连线的垂直平分线，折叠前后图形的形状和大小不变，位置有变化，对应边和对应角相等.

② 对于折叠较为复杂的问题可以通过画图，画出折叠前后的图形，这样便于找到图形之间的数量关系和位置关系.

③ 在矩形(纸片)折叠问题中，重合部分一般会是一个以折痕为底边的等腰三角形.

④ 利用折叠所得到的直角和相等的边或角，设要求的线段长为 x，然后根据轴对称的性质用含 x 的代数式表示其他线段的长度，选择适当的直角三角形，运用勾股定理列出方程求解.

例 5.4.17　如图 5-4-43 所示，现有一张边长为 4 的正方形纸片 $ABCD$，点 P 为正方形 AD 边上的一点(不与点 A，D 重合)，将正方形纸片折叠，使点 B 落在 P 处，点 C 落在 G 处，PG 交 DC 于 H，折痕为 EF，连接 BP，BH. ① 求证：$\angle APB=\angle BPH$. ② 当点 P 在边 AD 上移动时，$\triangle PDH$ 的周长是否发生变化？并证明你的结论. ③ 设 AP 为 x，四

边形 $EFGP$ 的面积为 S，求出 S 与 x 的关系式，试问 S 是否存在最小值？若存在，求出这个最小值；若不存在，请说明理由.

(3)利用旋转变换解题

上述问题的解决，采用了旋转的方法. 以下是从旋转的角度产生的动态几何问题.

例 5.4.18　如图 5-4-44 所示，点 E，F 分别在正方形 $ABCD$ 的边 CB，DC 的延长线上，且 $\angle EAF=45°$. 求证：$BE+EF=DF$.

本题是由例 5.4.15 变化得来.

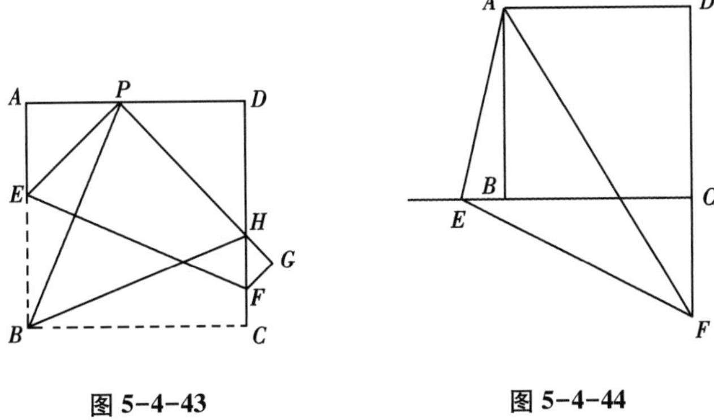

图 5-4-43　　图 5-4-44

例 5.4.19　如图 5-4-45 所示，四边形 $ABCD$，将顶点为 A 的角绕着顶点 A 顺时针旋转，若角的一条边与 DC 的延长线交于点 F，角的另一条边与 CB 的延长线交于点 E，连接 EF. 若四边形 $ABCD$ 为正方形，当 $\angle EAF=45°$时，有 $EF=DF-BE$. 请思考如何证明这个结论(只思考，不必写出证明过程).

例 5.4.20　如图 5-4-46 所示，如果在四边形 $ABCD$ 中，$AB=AD$，$\angle ABC=\angle ADC=90°$，当 $\angle EAF=\dfrac{1}{2}\angle BAD$ 时，EF 与 DF，BE 之间有怎样的数量关系？请写出它们之间的关系式(只需写出结论).

例 5.4.21　如图 5-4-47 所示，如果四边形 $ABCD$ 中，$AB=AD$，$\angle ABC$ 与 $\angle ADC$ 互补，当 $\angle EAF=\dfrac{1}{2}\angle BAD$ 时，EF 与 DF，BE 之间有怎样的数量关系？请写出它们之间的关系式并给予证明. 若 $BC=4$，$DC=7$，$CF=2$，求△CEF 的周长(直接写出结果即可).

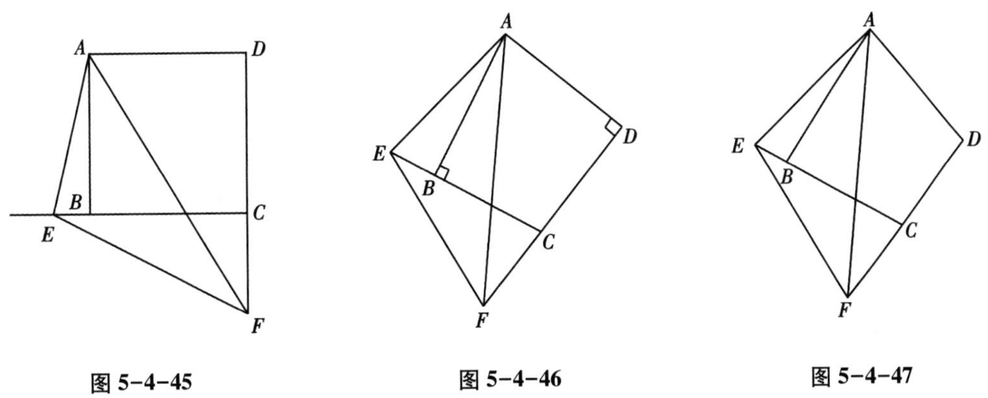

图 5-4-45　　图 5-4-46　　图 5-4-47

例 5.4.22 如图 5-4-48 所示为正方形 $ABCD$，将正方形 $ABCD$ 绕 A 点旋转，得到正方形 $AEFH$，FH 交线段 BC 于点 Q，FH 的延长线交线段 CD 于点 P，连接 AP，AQ. ① 求$\angle PAQ$ 的度数；② 判断线段 BQ，PQ，DP 之间的数量关系，说明理由；③ 若$\angle BAQ=\angle QPC$，求$\dfrac{PQ}{AB}$的值.

此题的命制显然源自于例 5.4.15. 该题是平面几何的一道名题. 从数学研究的角度看，对于一个数学命题，可以研究它的逆命题，也可以从各个角度探讨该问题的诸多可能的结构特征. 几何解题教学活动常常对某一典型问题进行各种变式训练，教学的价值取向过多地着眼于题型和方法，这似乎不如研究一个具有“不变量”和“不变性”的命题作为出发点为好.

例 5.4.23 如图 5-4-49 所示，点 E，F 分别在正方形 $ABCD$ 的边 BC，CD 上，且$\angle EAF=45°$，AE 与 AF 分别与 BD 交于点 M 和点 N. 求证：① $BM^2+DN^2=MN^2$；② $AM\cdot AE=AN\cdot AF$；③ $EF=\sqrt{2}MN$.

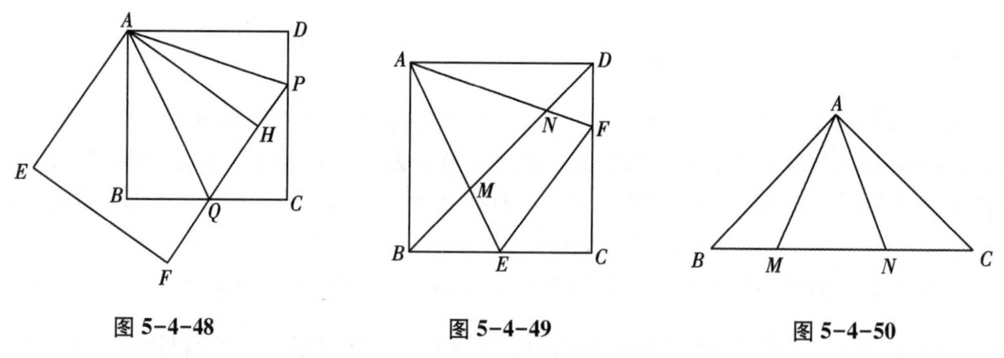

图 5-4-48　　图 5-4-49　　图 5-4-50

根据①的结论 $BM^2+DN^2=MN^2$，可以设计如下问题.

如图 5-4-50 所示，已知$\triangle ABC$，$\angle BAC=90°$且 $AB=AC$，M 和 N 是边 BC 上的两点，$\angle MAN=45°$，其中 $BM=3$，$CN=4$，求 $S_{\triangle AMN}$.

例 5.4.24 如图 5-4-51 所示，已知在正方形 BC 中，P 是边 BC 上任意一点，E 是边 BC 延长线上一点，连接 AP，过点 P 作 $PF\perp AP$，与$\angle DCE$ 的平分线 CF 相交于点 F. 连接 AF，与边 CD 相交于点 G，连接 PG. ① 求证：$\angle PAG=45°$. ② 当 P 是线段 BC 的中点时，求$\dfrac{DG}{GC}$的值. ③ 若 $AB=2$，问当 BP 取何值时，$PG/\!/CF$？④ 在 AB 上是否存在一点 M，使四边形 $DMPF$ 是平行四边形？说明理由.

例 5.4.25 如图 5-4-52 所示，正方形 $ABCD$ 的内接$\triangle AEF$，$\angle EAF=45°$，AE，AF 交对角线 BD 于 G，M. 求证：

① $AF=GF$(或 $AM=ME$)；

② $FG\perp AE$(或 $EM\perp AF$).

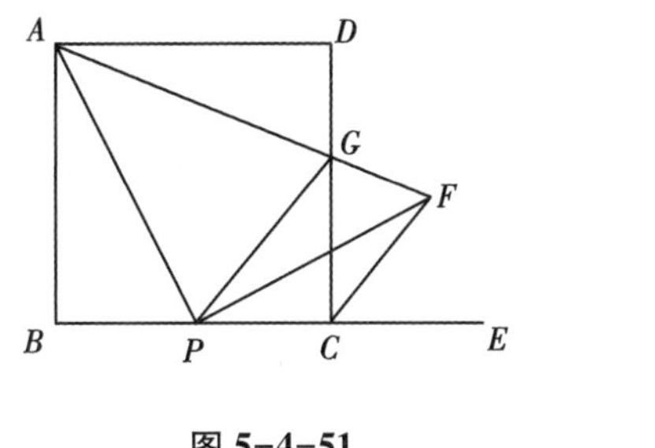

图 5-4-51

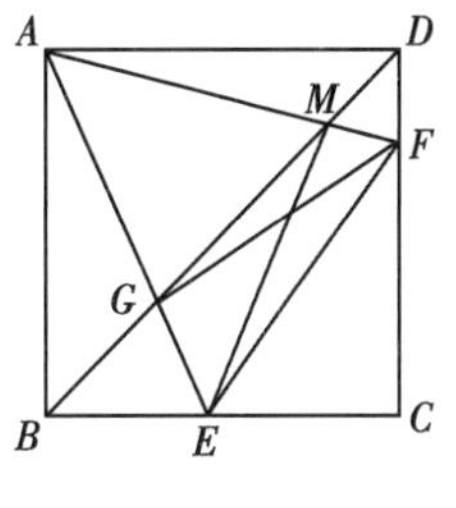

图 5-4-52

例 5.4.26　如图 5-4-53 所示，在正方形 $ABCD$ 中，点 M，N 分别在 AD，CD 上，若 $\angle MBN=45°$，求证：$MN=AM+CN$.

例 5.4.27　如图 5-4-54 所示，在四边形 $ABCD$ 中，$BC/\!/AD$，$AB=BC=CD$，点 M，N 分别在 AD，CD 上，若 $\angle MBN=\frac{1}{2}\angle ABC$，试探究线段 MN，AM，CN 有怎样的数量关系. 请写出猜想，并给予证明.

例 5.4.28　如图 5-4-55 所示，在四边形 $ABCD$ 中，$AB=BC$，$\angle ABC+\angle ADC=180°$，点 M，N 分别在 DA，CD 的延长线上，若 $\angle MBN=\frac{1}{2}\angle ABC$，试探究线段 MN，AM，CN 有怎样的数量关系. 请直接写出猜想，不需证明.

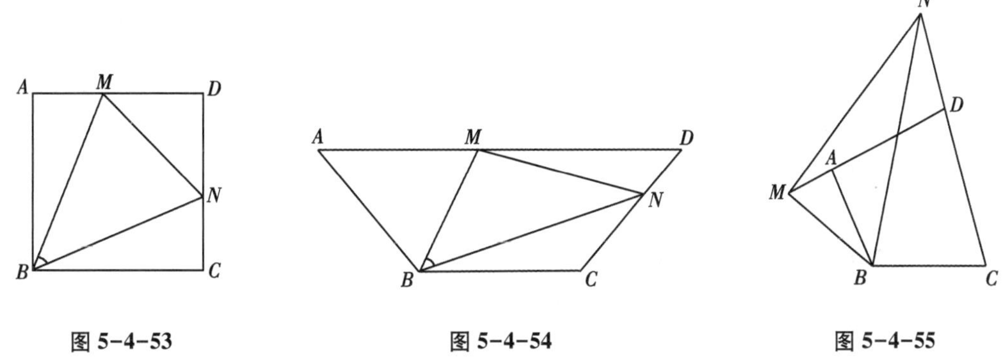

图 5-4-53　　图 5-4-54　　图 5-4-55

几何变换是调整问题图形中局部图形位置关系的手段和途径. 以下几道题的条件存在一个共性，即三条线段是由一点出发的“背靠背”情形，如同三角形的中线和两边的位置关系，这在几何问题中是线段位置关系不理想的情形. 初中几何知识主要是关于三角形的知识，故需要把这样的三条线段调整至一个三角形中才能有利于问题的解决.

例 5.4.29　如图 5-4-56 所示，在等腰 Rt$\triangle ABC$ 中，$\angle CAB=90°$，P 是 $\triangle ABC$ 内一点，且 $PA=1$，$PB=3$，$PC=\sqrt{7}$. 求 $\angle CPA$ 的大小.

例 5.4.30　如图 5-4-57 所示，设 P 为等边 $\triangle ABC$ 内一点，如果 $PB^2+PC^2=PA^2$. 求证：$\angle BPC=150°$.

例 5.4.31　如图 5-4-58 所示，正方形 $ABCD$ 内有一点 P，且 $PA=1$，$PB=2$，$PC=\sqrt{7}$. 求正方形 $ABCD$ 的面积.

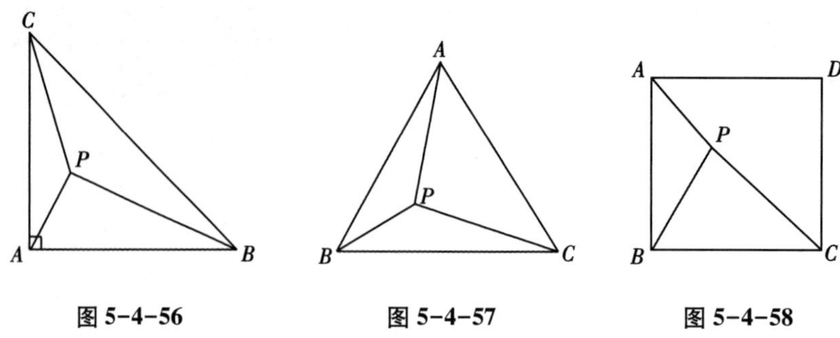

图 5-4-56　　图 5-4-57　　图 5-4-58

例 5.4.32　如图 5-4-59 所示，$\triangle ABC$ 是等边三角形，$AB=\sqrt{7}$，点 D 是边 BC 上一点，点 H 是线段 AD 上一点，连接 BH，CH，当 $\angle BHD=60°$，$\angle AHC=90°$ 时，$DH=$ ________.

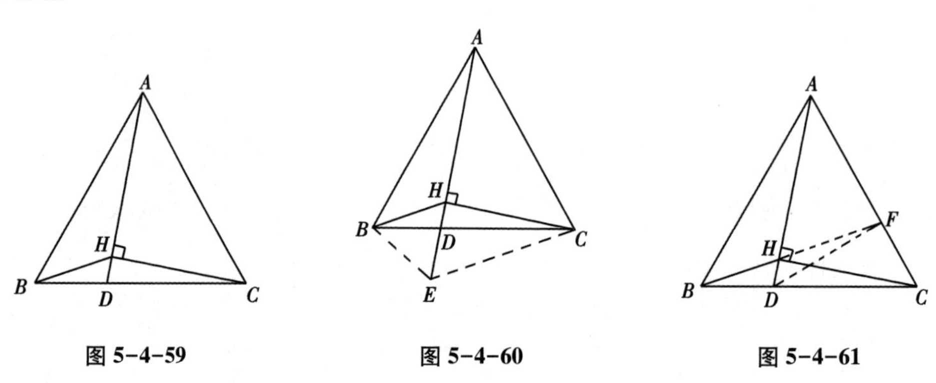

图 5-4-59　　图 5-4-60　　图 5-4-61

本题如果去掉线段 DH，则得到一个常见的图形结构：已知 $\triangle ABC$ 是等边三角形，$AB=\sqrt{7}$，$BH:CH:AH=1:\sqrt{3}:2$，求 $\angle AHB$ 的度数. 但有了线段 DH 后，情况就变得复杂了. 从应试的角度看，陌生的问题有个令解题者感到陌生的外壳，运用策略性知识脱去外壳，即看出本题的实质性结构是正三角形内有“背靠背”的三条线段，则进入常规问题求解套路，具体解法如图 5-4-60 所示. 本题解法也可选择其他路径，如图 5-4-61 所示，由 $\angle AHF=\angle ACB=60°$，得知 H，D，C，F 四点共圆，于是有 $DF\perp AC$，得 $CF=\dfrac{1}{2}CD$，又知 $BD=CF$，再由 $BD^2=DH\cdot DA$ 可得 DH 的值.

在初中几何教学和高中数学竞赛中，最基本的几何变换是合同变换和相似变换，合同变换包括平移、旋转和反射，而相似变换中的位似变换需另外明确.

(4)应用位似变换方法解题

例 5.4.33　如图 5-4-62 所示，已知 B 为圆 O 外一定点，A 点在圆 O 上运动，若线段 BA 上有一点 M，且 $AM=2MB$，设圆 O 半径为 1，$OB=3$，求 OM 的最大值.

本题的解决是位似变换的单一应用.

例 5.4.34　如图 5-4-63 所示，设四边形 $ABCD$，若 O 为其对角线交点，AD，BC 交于点 E，AB，DC 交于点 F，过点 O 作 AB 的平行线 OH 交对边 DC 于点 G，交 EF 于点 H. 求证：$OG=GH$.

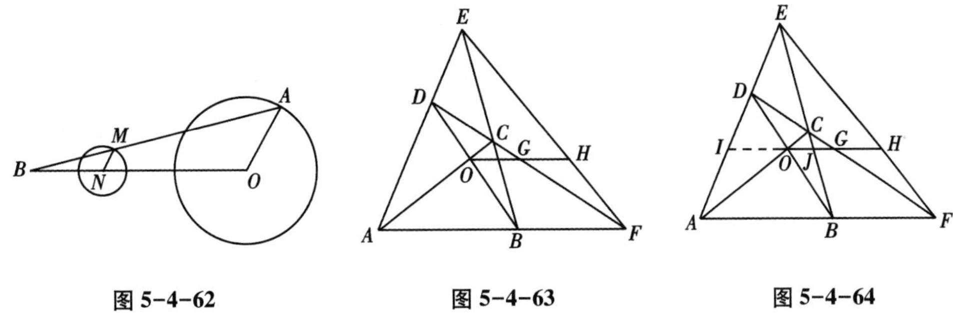

图 5-4-62　　图 5-4-63　　图 5-4-64

本题中设有平行条件，提供了多个位似中心，由于位似变换是一种特殊的相似变换，从平行线分线段成比例定理和三角形相似角度考虑也是合理的.

证明　如图 5-4-64 所示，假设 OH 交于 BE 于点 J，并延长 HO 交 AE 于点 I.

若选择点 E 为位似中心，$\frac{EJ}{EB}$为位似比，则有$\frac{IJ}{AB}=\frac{JH}{BF}$，即$\frac{IJ}{JH}=\frac{AB}{BF}$.

若选择点 C 为位似中心，$\frac{CJ}{CB}$为位似比，则有$\frac{OJ}{AB}=\frac{JG}{BF}$，即$\frac{OJ}{JG}=\frac{AB}{BF}$，于是$\frac{LJ}{JH}=\frac{OJ}{JG}$，得$\frac{IJ-OJ}{JH-JG}=\frac{IO}{GH}=\frac{AB}{BF}$.

再选择 D 为位似中心，$\frac{DO}{DB}$为位似比，则有$\frac{IO}{OG}=\frac{AB}{BF}$，所以$\frac{IO}{OG}=\frac{IO}{GH}$，从而 $OG=GH$.

例 5.4.35　如图 5-4-65 所示，已知圆 O 半径为 1，B 为圆 O 外一定点，$OB=3$，$\triangle ABC$ 为等腰直角三角形，当 A 点在圆 O 上运动时，求 OC 的取值范围.

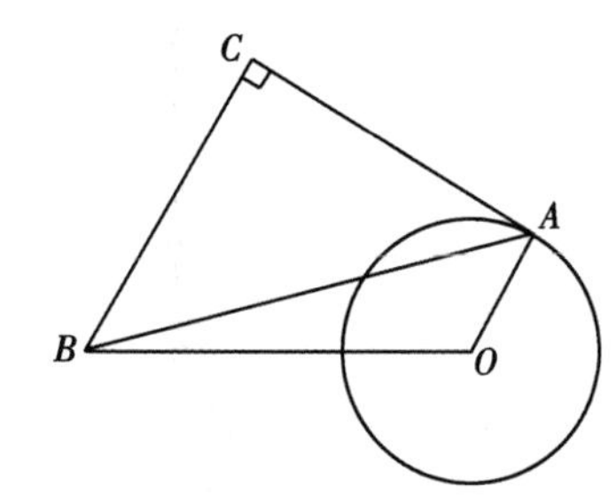

图 5-4-65

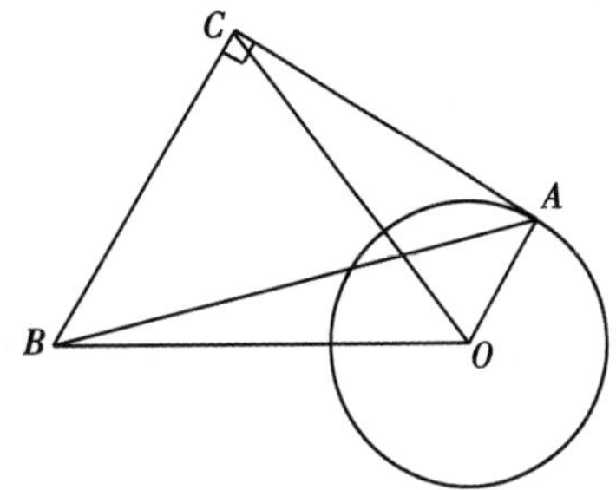

图 5-4-66

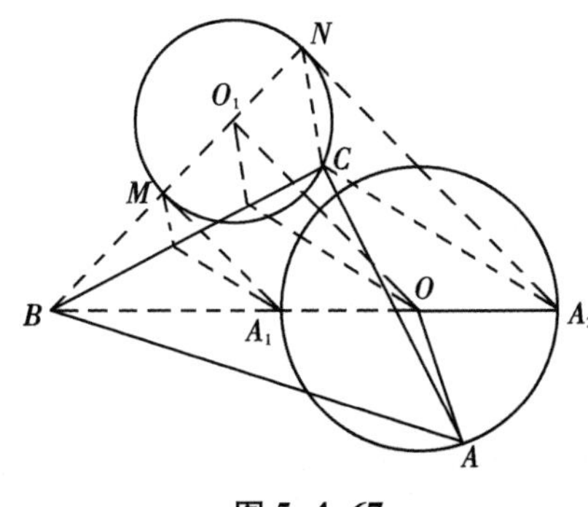

图 5-4-67

合同变换和相似（位似）变换能保持同素性，即将线段变成线段，圆弧变成圆弧，这也是常说的“瓜豆原理”，因此，可以猜测 C 点的轨迹是个圆. 本题的解决，首先要确定 A 点在圆 O 上的初始位置，也就是确定了 C 点的初始位置 M；其次确定最终位置 N，这样可以确定 C 点轨迹圆心 O_1 和直径 MN，使问题得以解决. 图 5-4-66、图 5-4-67 清楚地表明了其中蕴含的位似变换.

5.4.3 平面几何问题的图形结构与消点法

平面几何问题是由条件、结论及相应的图形构成的. 平面几何问题求解的思考方式需要将已知条件和所求结论标在图上，即将文字、符号语言与图形语言紧密地结合起来. 把已知条件、结论的含义及解题过程中所用到的概念、命题的含义与图形结合在一起，称此时的图形为图形结构. 从平面几何定理角度看，定理总是在刻画某种几何图形结构的意义，如“平行四边形对角线互相平分”刻画的是平行四边形内部结构特征等. 类似地，一般的几何问题总是在反映图形中角或线段的“不变性”和“不变量”等特征，即几何问题通过图形结构反映其内在的几何意义. 这样，就可以将问题的呈现看作图形结构生成的过程，通过分析问题图形结构中的子结构及其关联方式认识其几何意义，同时获得解题的合理思路.

张景中院士为解决机器证明几何定理问题而发明了“消点法”. 消点法的基本思想是，从几何问题图形生成的构造性过程出发，将图形中的点按生成的顺序的逆序进行消点，即将最后的点用先前的点表示出来，逐次进行消点直至归结为最初的基本图形上的点. 可以理解为几何题的图形（包括图形上所附带的语义）是构造性的而且是逐步生成的，而解决问题是反向的、逐步解构性的.

因为产生消点法的最初动因是用来解决几何定理机器证明问题的，其消点过程自然具有机械性特征，是可严格执行的算法. 将消点法运用于具体的几何解题过程中，重要的是要掌握消点的思想，而不是僵化执行消点的算法. 人的思维与机器工作是有区别的，人的思维具有概括性，在此，可将消点法做引申. 可以将几何问题看作几何图形逐步生成的结果，既可看作逐步生成的点也可看作新生成的图形结构. 将问题结构概括为由若干基本图形结构组成，将消点活动改作逐层消去子结构活动. 这样既保留了消点法的机械性特征，又符合人的思维活动特征（概括性）.

例 5.4.36 如图 5-4-68 所示，已知正方形 $ABCD$ 中，延长 AD 到 E，使 $DE=AD$，再延长 DE 到 F，使 $DF=BD$，连接 BF，交 CE 于 M，交 DC 于 N. 求证：$MD=MN$.

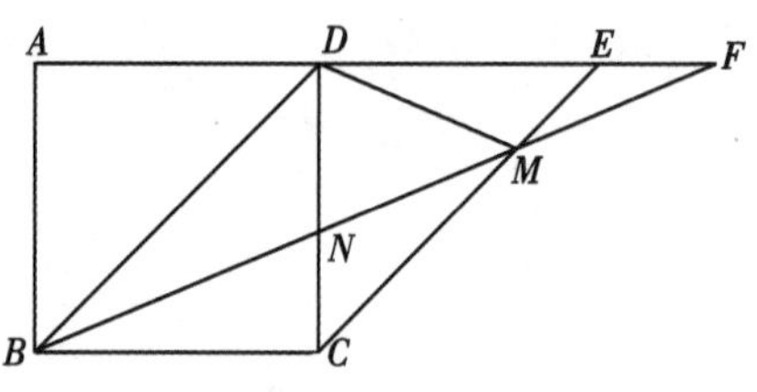

图 5-4-68

从本题的图形生成过程来看，重要的是 M 点，而 M 点是由 CE 和 BF 控制的，自然地，M 点的作用（使得 $MD=MN$）是由 CE 和 BF 的来历决定的. 看 E 点，由“延长 AD 到 E，使 $DE=AD$”可知 $CE /\!/ BD$. 再看 F 点，由“再延长 DE 到 F，使 $DF=BD$”可知 BF 平分 $\angle CBD$. 以“角平分线+平行线+等腰三角形组块”的“眼光”观察图形，可知 $CM=CB=CD$，因为平面上 M 点需要两个条件才能控制住，所以需要再加上 $\angle MCD=45°$这一条件，这样就有 $\angle MDC=67.5°$，到此可认为 M 点的任务完成了. 下一步分析 N 点，N 点是 BF 与 CD 的交点，借助上面的分析可知 $\angle MND=67.5°$，于是问题得以解决.

例 5.4.37 如图 5-4-69 所示，已知正方形 $ABCD$，E，F 分别为 AB，BC 边上两点，且 $EF /\!/ AC$，在 DA 延长线上取一点 G，使 $AG=AD$，EG 与 DF 交于 H. 求证：$GH \perp DF$.

本题最后一个字母是 H，求证自然是与最后一个字母有关，H 点是由 EG 与 DF 决定的，这时需要看 G 点是如何产生的，如此，问题进一步转化为关注 $AG=AD$ 和 DF 上所承载的信息. 由于 H 点与 EG 有关，则顺势注意到$\triangle AGE$ 和$\triangle CDF$ 的全等问题，得到$\angle G$ 和$\angle ADF$ 的互余关系，使问题得证.

例 5.4.38　如图 5-4-70 所示，已知 P 是平行四边形 $ABCD$ 的对角线 BD 上一点，连接 AP 并延长，交 BC 的延长线于 F，交 CD 于 E. 求证：$PA^2=PE\cdot PF$.

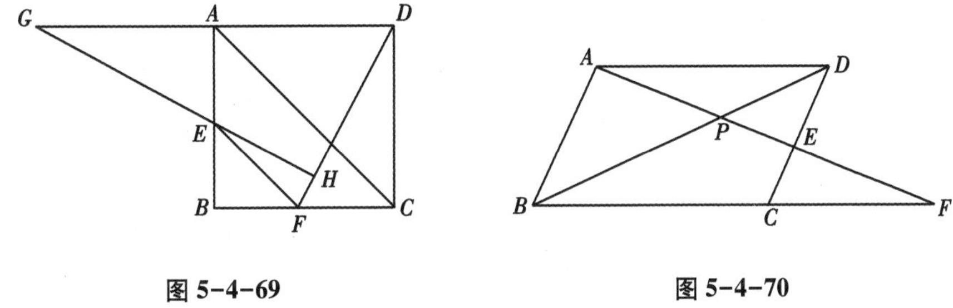

图 5-4-69　　　　图 5-4-70

本题从生成的角度看，结论中的点 E 和 F 是最后产生的，从消点的角度需要把 PE 和 PF 分别表示出来，显然有$\frac{PE}{PA}=\frac{PD}{PB}$，$\frac{PF}{PA}=\frac{PB}{PD}$，这样就将 PE 和 PF 转化为先前的平行四边形四个顶点了，至此，问题得以解决.

分析问题图形结构中的子结构及其关联方式，反映在具体的问题中，这种关联方式涉及条件的转移、图形结构的改造等与解题活动密切相关的方式方法.

例 5.4.39　如图 5-4-71 所示，在四边形 $ABCD$ 中，$\angle ABC=\angle BCD$，点 E 在边 BC 上，且 $AE/\!/CD$，$DE/\!/AB$，作 $CF/\!/AD$，交线段 AE 于点 F，连接 BF. ① 求证：$\triangle ABF\cong\triangle EAD$；② 若 $AB=9$，$CD=5$，$\angle ECF=\angle AED$，求 BE 的长.

本题是两个相似的等腰三角形“手拉手”的图形结构，这两个相似的等腰三角形是通过▱$AFCD$，BF 关联在一起的. ②新增的已知条件是“$AB=9$，$CD=5$，$\angle ECF=\angle AED$”，注意到所求的 BE 和条件“$AB=9$”在等腰$\triangle ABE$ 上，“$CD=5$”在等腰$\triangle EDC$ 中，条件“$\angle ECF=\angle AED$”有沟通这两个等腰三角形的作用. 解题的一个合理的思路是将条件“$CD=5$，$\angle ECF=\angle AED$”通过两个等腰三角形子结构的关联方式转移到等腰$\triangle ABE$ 中. 具体地，$CD=AF$，$\angle AED=\angle BAE$，这时，$\angle ECF$ 及“$\angle ECF=\angle AED$”中的“=”关系还没有进入到$\triangle ABE$ 内. 再分析点 F 身上的信息，由①可知，有 $BF=AD=CF$，于是$\angle ECF=\angle FBE$. 这样，$\angle ECF$“进入”了$\triangle ABE$ 内，就看到了一个“子母图”结构，即$\triangle BEF\backsim\triangle AEB$. 于是得到 $BE^2=EF\cdot EA$，则问题得以解决.

例 5.4.40　如图 5-4-72 所示，在$\triangle ABC$ 中，点 D，E 分别在 BC，AC 上，$BD=BA$，点 F 在 BE 上，$FA=FE$，$\angle AFE=\angle ABD$. ① 求证：$\angle BEA=\angle BED$；② 如图 5-4-73 所示，连接 FD，点 M 在 EF 上，$\angle EDM+\angle EDF=180°$，$AE=kDE$，求$\frac{AF}{ME}$的值(用含 k 的代数式表示).

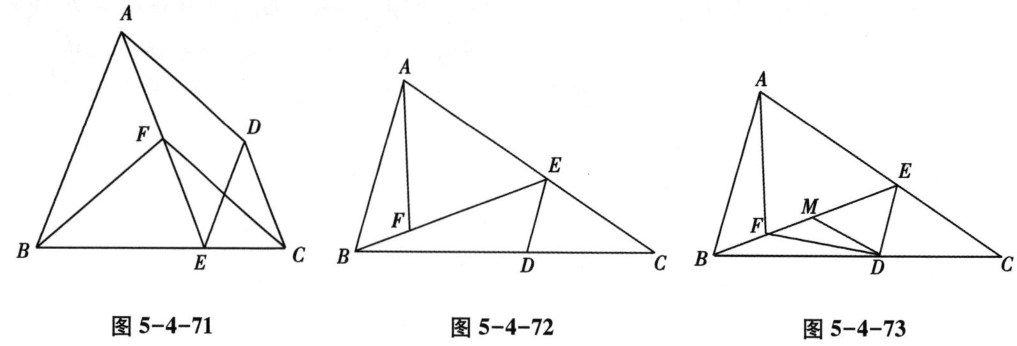

图 5-4-71　　图 5-4-72　　图 5-4-73

本题的等腰$\triangle ABD$与等腰$\triangle AFE$图形结构的关联方式是“旋转+相似”结构，相应地，自然会有$\triangle ABF$与$\triangle ADE$也是“旋转+相似”结构，这两个子结构是同时形成的，共存于问题图形结构之中，如图 5-4-74 所示. 于是，对于①，基于上述分析，容易看到$\triangle ABF\backsim\triangle ADE$，得到$\angle AFB=\angle AED$，又$\angle AFB=2\angle BEA$，可得$\angle BEA=\angle BED$.

②中，从$\angle EDM$与$\angle EDF$的位置关系看条件$\angle EDM+\angle EDF=180°$会显得有些异常，需要通过改变两个角的位置关系以显示其几何意义. 旋转变换作为方法一般运用于等腰三角形、等腰直角三角形或等边三角形、正方形上，因为有相等的边可以使图形旋转后“靠上”. 因此，可将$\angle EDF$所在的$\triangle FED$旋转至$\triangle FAN$，得到$\triangle FNE\backsim\triangle MDE$，使问题得以解决，如图 5-4-75 所示.

例 5.4.41　如图 5-4-76 所示，在正$\triangle ABC$内取一点D，使$DA=DB$，在$\triangle ABC$外取一点E，使$\angle DBE=\angle DBC$，且$BE=BA$，求$\angle BED$的度数.

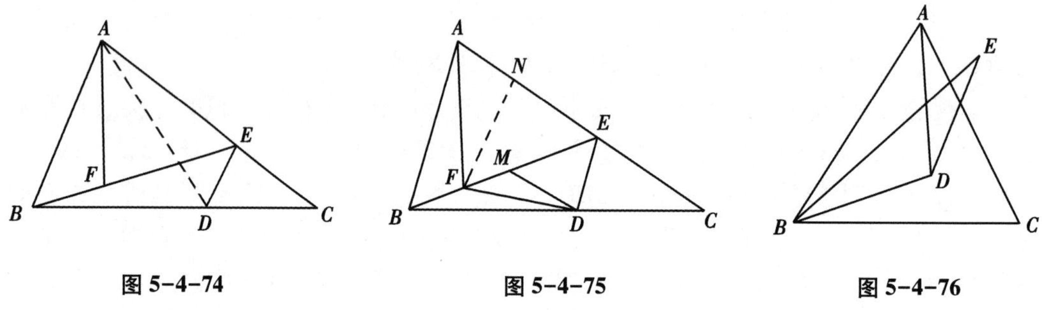

图 5-4-74　　图 5-4-75　　图 5-4-76

问题图形结构的生成过程是先有正$\triangle ABC$，后有点D即$AD=BD$，再出现E点，点E上携带的信息是$\angle DBE=\angle DBC$. 在平面上，一个点E是由两个条件确定的，在此，这两个条件是$\angle DBE=\angle DBC$和$BE=BC$. 因此，从几何图形上消去E点，就是通过$\triangle BDE\cong\triangle BDC$消去这个含有$\angle BED$的子结构$\triangle BDE$，实现将$\angle BED$转化为基础图形中的$\angle BCD$.

例 5.4.42　如图 5-4-77 所示，P是等腰$\triangle ABC$的底边BC延长线上一点，$PE\perp AB$于E，$PF\perp AC$延长线于F，求证：$PE-PF$是定值.

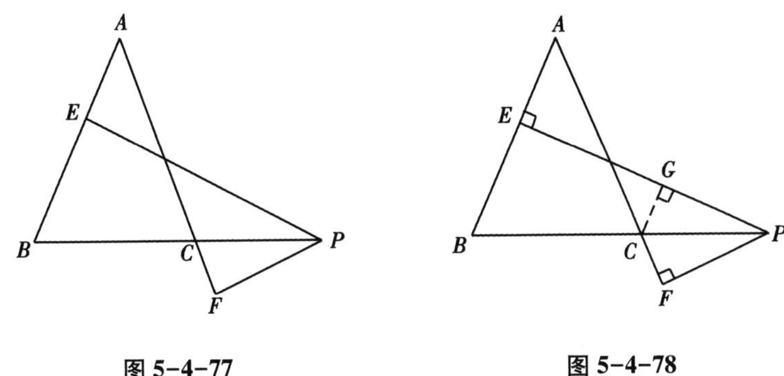

图 5-4-77　　　　图 5-4-78

该问题的图形结构(含语义)的生成过程是先有第一层的等腰$\triangle ABC$，后有第二层$\triangle ABC$底边BC延长线上的一点P，接下来再出现第三层的PE垂直AB于E，PF垂直AC延长线于F的E，F两点. 利用“截长补短”方法将PF转化到PE上，如图 5-4-78 所示，得到$PE-PF=EG$，从而消去了F，P两点. 接下来是如何将EG转化到第一层的等腰$\triangle ABC$上. 从宏观的图形结构生成的角度看，第二、三层的P，E，F三点都是动点，而问题是求定值，这里只有等腰$\triangle ABC$是固定的，故需将EG转化到等腰$\triangle ABC$的结构上，即将线段EG向下平移至腰上，从而一举消去了第二、三层的P，E，F三点. 在此，把消点法的算法性逐次消点理解为更有几何意义的逐层消去子结构似乎更加贴合解题者的几何思维习惯.

例 5.4.43　如图 5-4-79 所示，已知$\angle ACB=45°$，$CD=1$，P是射线CB上一点，$\triangle CPD$沿PD翻折至$\triangle C'PD$，PC'交CA于M点，$PQ\perp PD$，交CA于Q，且$QM=7MD$，求CP的长.

解决本题的关键在于M点，从图形生成的角度看，M点的出现是$\triangle CPD$沿PD翻折至$\triangle C'PD$引起的，因此，需要补全翻折这一动作的图形结构. 于是，辅助线就自然产生了，如图 5-4-80 所示. 这样就由$PQ /\!/ CC'$引出了两个基本形“X 形”结构，得到$\dfrac{QM}{MC}=\dfrac{PQ}{CC'}=\dfrac{PM}{MC'}$和$\dfrac{QD}{DC}=\dfrac{PQ}{CH}$，可求出$MD=\dfrac{3}{4}$，$QM=\dfrac{21}{4}$，这样$M$点的位置就刻画出来了，再进一步可求出$CP$的长. 上述分析和求解过程事实上消去了“$\triangle CPD$沿$PD$翻折至$\triangle C'PD$”这一结构.

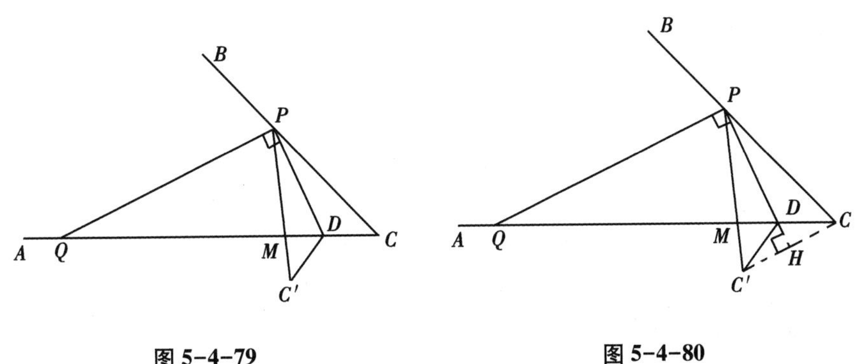

图 5-4-79　　　　图 5-4-80

5.4.4 常用的解题策略与元认知策略

19 世纪末 20 世纪初，一些心理学家首先对“问题解决”进行了研究，作了诸多阐释.

思维的产生和进行起源于有待解决的问题，这里所讲的问题(problem)是指疑难问题，不是指个人仅凭经验就可直接加以处理的问题.

什么是问题解决？由于观察的角度不同，至今仍然没有完全统一的认识. 有人认为，问题解决指的是人们在日常生活和社会实践中，面临新情景、新课题，发现它与主客观需要的矛盾而自己却没有现成对策时，所引起的寻求处理问题办法的一种心理活动. 问题解决(problem solving)就是由一定的问题情境引起，经过一系列具有目标引向性的认知操作，使问题得以解决的心理历程. 问题解决者的最初状态称为当前状态，而所要达到的目标称为目标状态.

在现实的几何教学中，教师大多强调诸如“倍长中线”“截长补短”等处理特定问题的稍具体的方法，这样的方法可称为“强方法”，而解决问题一般的策略属于“弱策略”(E. D. 加涅)，弱策略的可操作性不强，是启发性的策略，教师不易教，学生不易学.

5.4.4.1 常用的解题策略

(1)“手段-目的分析法”

手段-目的分析(means-ends analysis)是指问题解决者不断地将当前状态和目标状态进行比较，然后采取措施尽可能地缩小这两个状态之间的差异. 当问题可分成若干个各自具有目标的更小问题时，人们常常采用手段-目的分析法.

把一个问题分成若干个比较小的问题，每个小问题都有自己的目标，通过子目标的实现使问题的当前状态达到最后的目标状态. 纽厄尔(Newell)和西蒙(Simon)(1972)所设计的通用问题解决者(general problem solver)就是运用手段—目的分析编程的. 这个程序首先要评估一个问题的当前状态和目标状态，确定当前状态与目标状态之间的差别，差别一旦弄清楚，就可评判能用来减少这种差异的操作；然后选择一种操作把它应用于当前状态；接着把最新的状态再同目标状态作比较，再鉴别差异、选择操作，以此类推. 通过这种重复加工，直到目标状态实现为止. 手段-目的分析方法是人类解决问题最常用的一种策略.

对于几何的问题解决，手段-目的分析法策略的运用就是对已知条件和结论进行分析，注意两者的可能的联系. 如果用“问题空间”这个概念来刻画解题的思考过程可以这样描述该策略的运用过程，首先对已知条件进行分析，对每一个条件进行可能的推理，以新获得的推理结果与问题的结论一同构成新的问题空间. 其次，对结论进行分析，找到使结论成立的可能的条件，再将新的已知条件和新的可能的结论放在一起构成一个当前新的问题空间，随着已知与结论变形的“相对运动”直至最终使两者建立起逻辑上的连接，从而完成问题的解决.

(2)顺向加工策略

顺向加工策略是指从问题的已知条件出发，通过逐步扩展已有的信息直到问题解决的一种策略. 在看到问题时，首先是发现问题提供了什么信息，其次立即想到用哪些方法能从这些信息中推出新的信息，最后对问题中各要素的相互关系增加了解，达成问题解决.

一般来说，解题能力较强的学生对于稍简单的问题会形成居高临下的审视与把握，自然看出问题解决的路线，因此，常常会采用顺向加工策略使解题活动一气呵成. 解题能力较差者由于无法对整个问题情境充分感知与整体把握，特别地，看不到结论对解题活动的引导作用，所以也常常采用该策略.

(3) 逆向加工策略

逆向加工策略是指从问题的目标状态出发，按照子目标组成的逻辑顺序逐级向当前状态递归的问题解决策略，其主要特点是将问题解决的目标分解成若干子目标，直至使子目标按逆推途径与给定的条件建立直接联系或等同起来，即目标—子目标—现有条件.

几何证明题是事先给出所要求证的结论的，因此，从结论出发寻找可能的使结论产生的条件，然后逐步回溯至已知条件，这种思维策略就是逆向加工策略. 从论证的逻辑角度看，应称为分析法.

5.4.4.2　元认知策略

解几何题需要哪些知识与能力呢？首先，要掌握概念、命题等基础知识；其次，需要有题型知识和解决问题的方法性知识；最后，掌握解题策略和元认知策略的运用. 当然，上述知识与能力的获得方式与存储方式对于不同的学习者也存在很大的差异，自然会深刻地影响它们的运用方式.

在实际几何解题的教与学活动中，概念、命题和题型知识的运用能够得到多数学生的关注，学生会在教师的言语和板书中确认它们的存在和所起到的作用. 方法、策略这样的知识(能力)是嵌入教师和学生解题的思维活动中的，不易为学生对象性地意识到，对于学生是“日用而不知的”. 较强的解题方法，包括“倍长中线”“截长补短”等，由于其经常出现在解题活动中，学生即使不能深刻领悟和熟练运用，至少会有多次的接触而有所了解和有所运用. 对于解题策略，包括“顺向加工”策略、“手段-目的分析”策略等常用策略，学生的接受是困难的，学生难以明确意识到自己对这些策略的使用，多数情况下处于无意识状态. 在解几何题活动中难免会遇到推理和思路受阻的情况，包括无法识别基本形之间的组合关系，无法调整思路以改变解题路线，无法识别问题的整体情境选择合适的解题方法以及拟订合理的解题计划. 原因出自解题者没有自觉使用元认知策略.

元认知策略通常情况下被划分为三个方面，包括计划策略、监控策略和调节策略. 其一，计划策略，指学习者对数学学习的整体规划与安排的策略；其二，监控策略，指学习者对自身学习状态等处于警觉状态并能够及时意识到异常情况；其三，调节策略，指学习者为保持良好的数学学习效果，在行为、心理等方面作出改变.

缺少元认知策略参与的平面几何解题思维活动有如下特点：

① 对问题没有整体的认识且无法意识到“结论”对解题计划的“指引”作用，也就是无法结合图形判断问题的主要部位和首要问题，从而无法拟订合适的解题计划. ② 对

几何图形无法进行有效的模式识别，不能监测出相应基本形以及基本形的相互结合关系. 题设关键信息捕捉不准确或是运用不恰当、把握不准，抑或是无法监控得出的结论与题目背景是否相符. ③ 对解题活动中出现的异常部位无法实施有效的调节，无法同化当前问题情境且对问题作出包括解题路线的、方法策略的有效调整.

美籍匈牙利数学家波利亚(Pólya)提出的“目标意识”“接近度”“解题表”都是一种元认知意识. 目标意识指通过解题目标的确立来启示实现目标的解题手段；接近度指解题思路探索时与解题目标的接近程度的思想，例如能不能将问题重新表述使得未知量和已知量、结论和假设看上去彼此更加接近，这种认知体验则有利于调节解题的思维方向. “解题表”是波利亚经过多年解题实践的观察、思考、实践和反复修订而得到的关于解题的一张表，解题表将解题步骤分为弄清题意、拟订计划、执行计划、检验回顾四个步骤. 上述步骤可以理解为与元认知策略中的计划策略、监控策略和调节策略相一致.

(1)计划策略

①局部题设：能使用部分题设已知条件，能完整使用题设已知条件，能注意到题设中条件之间的内在联系，能意识到结论对解题计划的指引作用且制订出合理的解题计划. ②整体问题情境：能将已知条件进行标注；能将已知条件及部分推理结果标注在图上；能够根据问题情境做出合理的解题动作；对问题有整体的认识，能够进行有效的模式识别，解题计划合理. ③方法与策略：能根据已知开展解题活动，得出局部结论；能够将已知条件与图形相结合，确立一个合理的解题方法；整个推理过程较为连贯；确定明确的解题路线，解题计划合理.

(2)监控策略

①局部题设：能够锁定题干关键信息并得出局部结论，能够监察到是否完整使用已知条件，能够意识到条件间的任意组合且得出的新的模式，能将待求问题作为重要已知条件. ②方法与策略：能根据问题情境的引导做出相应的解题动作；能够借助合理的辅助线、辅助图形来推进解题活动的开展；意识到推理活动(推理方向)出现了困难；能够根据问题的整体与情境，判断所得出的局部结论的合理性.

(3)调节策略

①局部题设：能够深加工部分已知条件；能够深加工全部已知条件并得出局部结论；能够根据题目选择运用适宜的局部结论；能够同化待求问题，在当前问题下做出适当的调整. ②整体问题情境：能区分当前问题情境与已有的模式；能够结合已知条件及已有图式识别出基本图形结构，对解题思路进行调整；能够根据当前问题情境及时调节自己的解题思路；能够根据问题情境判断结论是否合理并加以调节.

5.5 平面几何解题分析与几何题的编拟

有一些几何题常被认为是典型题(名题)，所谓典型题，仿照集合理论定义自然数的说法，就是一个序列问题的条件和结论基本相同，称这些问题彼此等价. 这些题合在一起构成一个等价类，选择其中一题作为这个等价集合类的代表，那么这道题就是所谓典型题.

典型题的问题内部结构丰富，问题整体的几何意义明确（如反映某种变化的“不变性”和“不变量”的关系），解题思路需要运用多种策略，其解题方法具有综合性和代表性，能够代表一类问题的结构特征和解决方法. 对典型题的拆解有助于获得题型知识和方法性知识以及几何题的编拟方法，也是解题活动中模式识别的基础.

5.5.1　几何题的“拆解”

几何题的“拆解”指的是在问题解决之后的反思活动中的具体做法，包括对典型题的图形结构特征、解题思路与方法以及题型的概括与识别等诸多的分析，这会为解题者带来对上述相关知识的恰当表征及能力的提升.

例 5.5.1　如图 5-5-1 所示，已知矩形 $ABCD$，$\angle BAD$ 的平分线交 BC 于 E，交 DC 的延长线于 F，G 是 EF 的中点. 求 $\angle BDG$ 的度数.

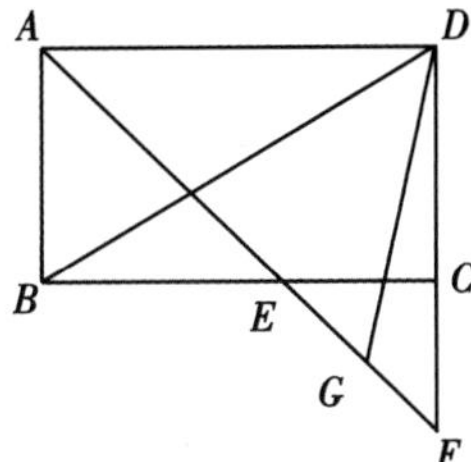

图 5-5-1

图 5-5-2

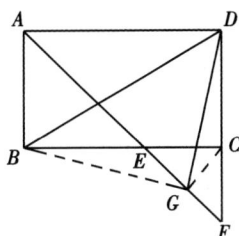

分析：① 从已知条件看，显然，角平分线、平行线、等腰三角形在一起.

② 欲求 $\angle BDG$ 的度数，关键点在 G，此时连接 BG，由此将 $\angle BDG$ 置于 $\angle BDG$ 中来考虑.

③ 在②的基础上进一步分析，由于关键点在 G，虽然求的是角，但也需对角的边基于线段来考虑，即将 GD 放入一个三角形中，观察图 5-5-2，注意到 $\triangle DGC$ 是合理的，这自然也与 $GE=GC$ 有关. 进一步考虑到 $\triangle BGE$ 起封口作用的线段 BG，自然地，会注意到 $\triangle BGE$ 及 $\triangle BGE \cong \triangle DGC$，于是 $BG=GD$，且 $\angle BGD=90°$，说明 $\angle BDG=45°$.

④ 另分析：本题的基本结构是矩形 $ABCD$，矩形的内部结构是对角线，且对角线之一的 BD 也参与其中，因此连接 AC 就显得十分必要了. 这是解决问题的“大观点”.

对结果的预计无非 $\angle BDG=45°$ 或 $\angle BDG=60°$ 两种结果，且前一种结果的可能性较大.

由 $\angle AGC=90°$，再考虑对角线 AC，设 AC 交 BD 于 O，则 $OG=\frac{1}{2}AC=\frac{1}{2}BD=OD$，下一个目标是 $\angle GOD=90°$，再由 $\angle COG=2\angle GAC$，$\angle COD=2\angle CAD$，得 $\angle BOD=90°$，于是有 $\angle BGD=45°$. 见图 5-5-3 和图 5-5-4.

上述解法是基于圆来考虑的，这对问题结构的理解就更透彻了.

例 5.5.2　如图 5-5-5 所示，已知在正方形 $ABCD$ 中，P 是边 BC 上任意一点，E 是

边 BC 延长线上一点，连接 AP，过点 P 作 $PF \perp AP$，与 $\angle DCE$ 的平分线 CF 相交于点 F. 连接 AF，与边 CD 相交于点 G，连接 PG.

① 求证：$\angle PAG=45°$. ② 当 P 是线段 BC 的中点时，求$\dfrac{DG}{GC}$的值. ③ 若 $AB=2$，问当 BP 取何值时，$PG /\!/ CF$？④ 在 AB 上是否存在一点 M，使四边形 $DMPF$ 是平行四边形？说明理由.

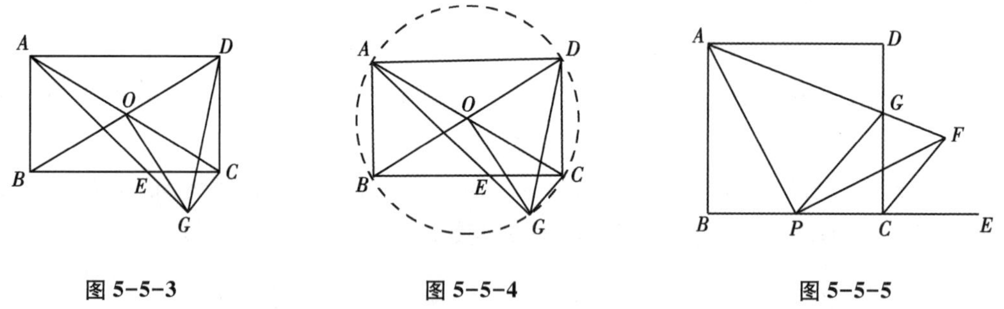

图 5-5-3　　图 5-5-4　　图 5-5-5

用动态的眼光观察图形的生成过程.

第一层结构.

例 5.5.2.1　如图 5-5-6 所示，已知在正方形 $ABCD$ 中，P 是边 BC 上任意一点，E 是边 BC 延长线上一点，连接 AP，过点 P 作 $PF \perp AP$，与 $\angle DCE$ 的平分线 CF 相交于点 F. 求证：$AP=PF$.

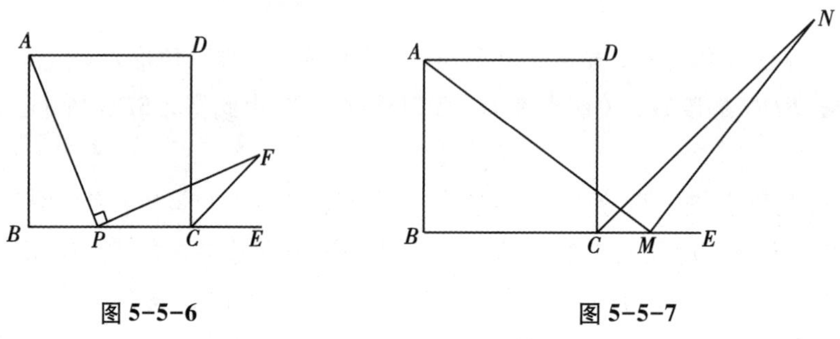

图 5-5-6　　图 5-5-7

将 P 移至 BC 边的延长线上，得到例 5.5.2.1 题的变式.

例 5.5.2.2　如图 5-5-7 所示，在正方形 $ABCD$ 中，M 为 BC 延长线上任意一点，$MN \perp AM$，CN 平分 $\angle DCE$，求证：$AM=MN$.

第二层结构. 见图 5-5-8，连接 AF，与边 CD 相交于点 G，连接 PG，结论：$\angle PAG=45°$.

例 5.5.2.3　如图 5-5-9 所示，点 E，F 分别在正方形 $ABCD$ 的边 CD，BC 上，且 $\angle EAF=45°$.

① 求证：$DE+BF=EF$；

② 如图 5-5-10 所示，若 $AH \perp EF$ 于 H，求证：AH 等于正方形的边长.

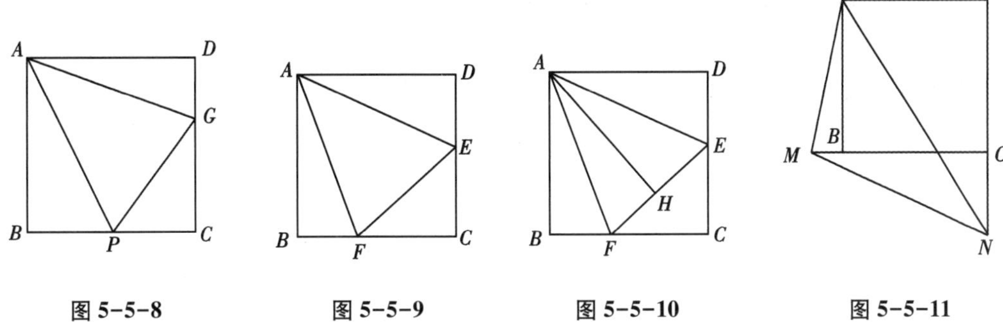

图 5-5-8　图 5-5-9　图 5-5-10　图 5-5-11

该题具有多个变式问题.

例 5.5.2.4　如图 5-5-11 所示，已知正方形 $ABCD$ 中，点 M，N 分别在 CB，DC 的延长线上，连接 AM，AN，且 $\angle MAN=45°$. 求证：$MN=DN-BM$.

第三层结构. 再连接 PG，呈现出一道典型问题，由 $\angle PAG=45°$，可得出 $BP+DG=PG$ 的结论，如图 5-5-12 所示.

见图 5-5-13，目标是四边形 $DMPF$ 能否构成▱$DMPF$ 的问题，需要运用的知识是平行四边形的判定定理. 从图形生成的角度观察该四边形各边的位置相对于背景的关系，考虑线段 DF 出现较晚且与 PF 相比位置不佳，即可知要点在于 DM 与 PF 能否平行且相等. 由 $PF=AP$，可知要保证 $DM=PF$ 只需考虑 $DM=AP$ 的问题，于是又唤醒一道常见的习题.

例 5.5.2.5　如图 5-5-14 所示，正方形 $ABCD$，点 M，P 分别在 AB，BC 上，且 $AP\perp DM$. 求证：$AP=DM$.

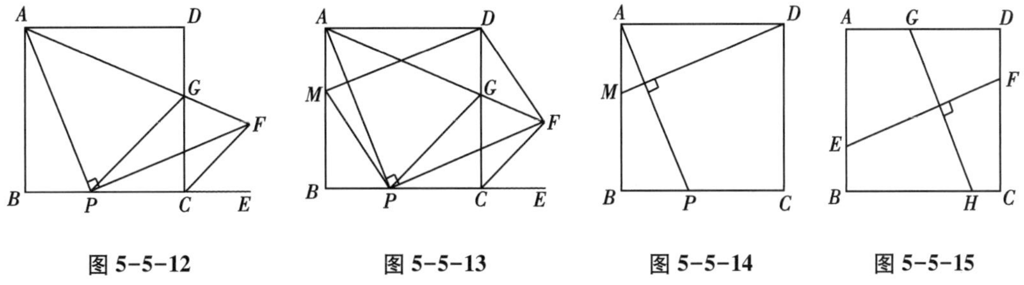

图 5-5-12　图 5-5-13　图 5-5-14　图 5-5-15

该题的一般情况可以参考下面问题.

例 5.5.2.6　如图 5-5-15 所示，正方形 $ABCD$，E，F，G，H 分别在 AB，CD，AD，BC 上，且 $EF\perp GH$. 求证：$EF=GH$.

将例 5.5.2 稍作改变，将其基本图形结构置于直角坐标系中，就得到一道中考试题.

例 5.5.2.7　如图 5-5-16 所示，正方形 $OABC$ 的边 OA，OC 在坐标轴上，点 B 的坐标为$(-4, 4)$. 点 P 从点 A 出发，以每秒 1 个单位长度的速度沿 x 轴向点 O 运动；点 Q 从点 O 同时出发，以相同的速度沿 x 轴的向正方向运动，规定点 P 到达点 O 时，点 Q 也停止运动. 连接 BP，过 P 点作 BP 的垂线，与过点 Q 平行于 y 轴的直线 l 相交于点 D. BD 与 y 轴交于点 E，连接 PE. 设点 P 运动的时间为 t(s).

① $\angle PBD$ 的度数为________，点 D 的坐标为________（用 t 表示）.

② 当 t 为何值时，$\triangle PBE$ 为等腰三角形？

③ 探索 $\triangle POE$ 周长是否随时间 t 的变化而变化？若变化，说明理由；若不变，试求这个定值.

观察下面的问题是如何编拟的.

例 5.5.3 如图 5-5-17 所示，已知正方形 $ABCD$ 中，点 M，N 分别在 CB，DC 的延长线上，且 $MN=DN-BM$，连接 AM，AN.

① 求证：$\angle MAN=45°$；

② 如图 5-5-18 所示，过 D 作 $DP\perp AN$ 交 AM 于点 P，连接 PC. 求证：$PA+PC=\sqrt{2}PD$.

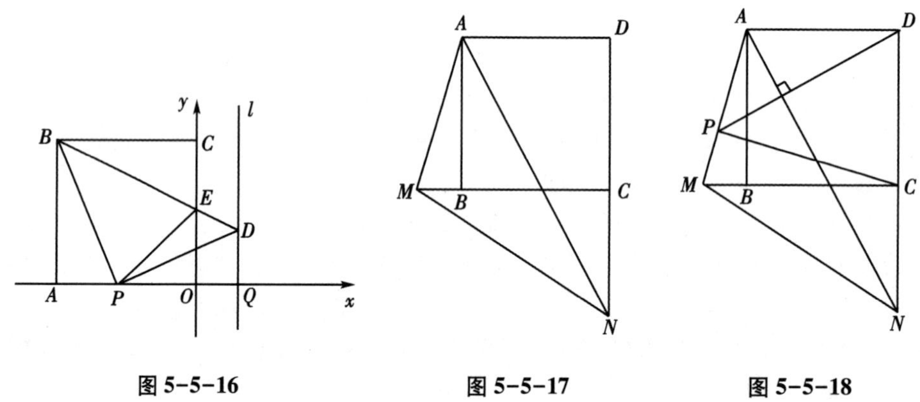

图 5-5-16　　图 5-5-17　　图 5-5-18

如图 5-5-19 所示，连接 AC，此时 A，P，C，D 四点共圆. 本题第②问所涉及的问题结构与结论实质上是如下问题的一个变化.

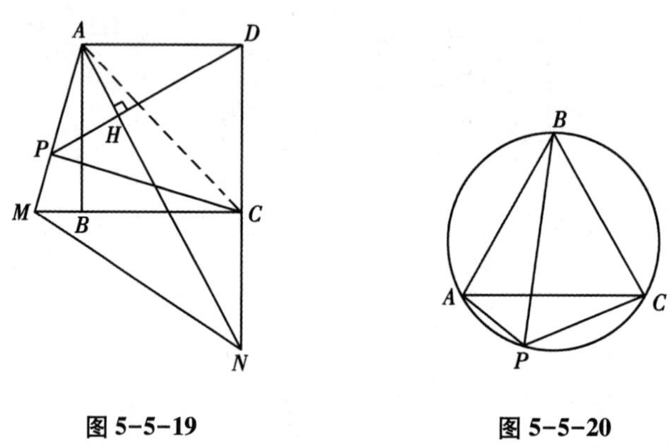

图 5-5-19　　图 5-5-20

例 5.5.3.1 如图 5-5-20 所示，P 是等边 $\triangle ABC$ 外接圆上的一点. 求证：$PB=PA+PC$.

例 5.5.3.2 如图 5-5-21 所示，P 是等腰直角 $\triangle ABC$ 外接圆上的任一点. 求证：$PA+PB=\sqrt{2}PB$.

证明与上述问题解法类似，将 $\triangle BAP$ 旋转至 $\triangle BCP'$，如图 5-5-22 所示，得到等腰直角 $\triangle PBP'$，则有 $PA+PC=PP'=\sqrt{2}PB$，问题得证.

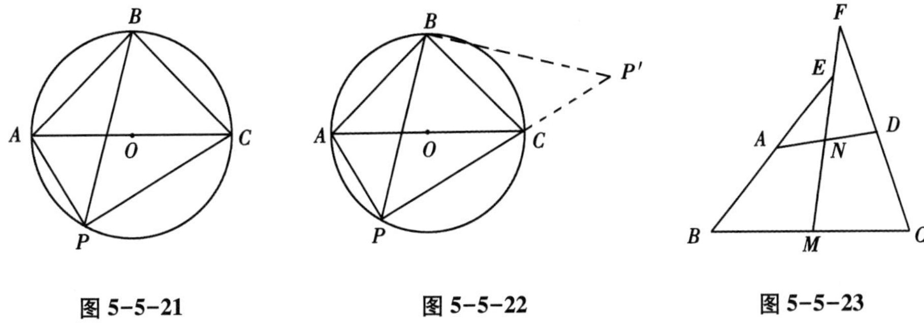

图 5-5-21　　图 5-5-22　　图 5-5-23

例 5.5.4　如图 5-5-23 所示，已知四边形 $ABCD$，M 是 BC 的中点，N 是 AD 的中点，$AB=CD$. 求证：$\angle BEM=\angle F$.

证明思路分析如图 5-5-24、图 5-5-25、图 5-5-26 所示.

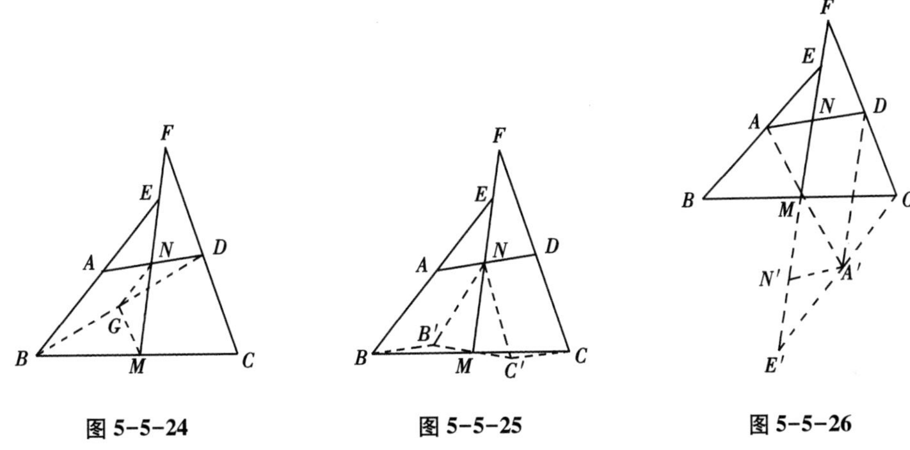

图 5-5-24　　图 5-5-25　　图 5-5-26

拆解上面问题的结构，可得到下面系列问题即子结构，教师需要知道这些问题是构成复杂问题的基础，在例 5.5.4 的视角下审视下面问题的教学意义.

例 5.5.4.1　如图 5-5-27 所示，在四边形 $ABCD$ 中，$AD=BC$，点 E，F，G 分别是 AB，CD，AC 的中点. 求证：$GF=GE$.

例 5.5.4.2　如图 5-5-28 所示，已知 $AB=CE$，D 是 BC 的中点，求证：$\angle BAD=\angle E$.

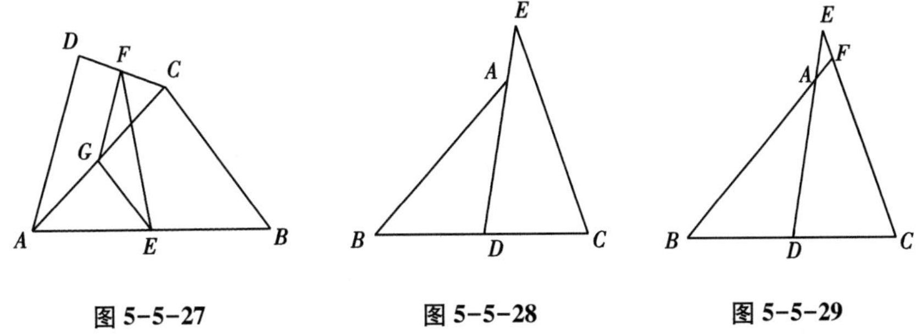

图 5-5-27　　图 5-5-28　　图 5-5-29

例 5.5.4.3　如图 5-5-29 所示，已知 $AB=CE$，D 是 BC 的中点，求证：$AF=EF$.

例 5.5.4.4　如图 5-5-30 所示，已知 AD 是 $\triangle ABC$ 的角平分线，M 是 BC 的中点，$ME/\!/AD$. 求证：$BE=AC+AE$.

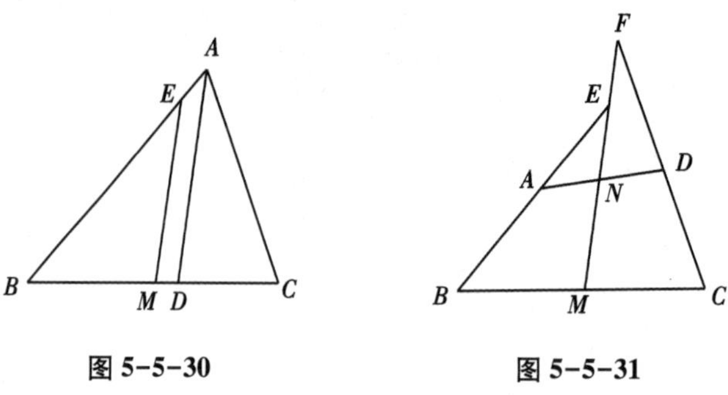

图 5-5-30　　图 5-5-31

例 5.5.4.5　如图 5-5-31 所示，已知四边形 $ABCD$，M 是 BC 的中点，N 是 AD 的中点，$AB=CD$，求证：$AE=DF$.

例 5.5.5　如图 5-5-32 所示，已知正方形 $ABCD$，$AN=CM$，BD 上的点 E 满足 NE 平分 $\angle DNM$，且 $EF\perp MN$ 于 F，试问线段 MN 与 EF，AD 有什么关系？

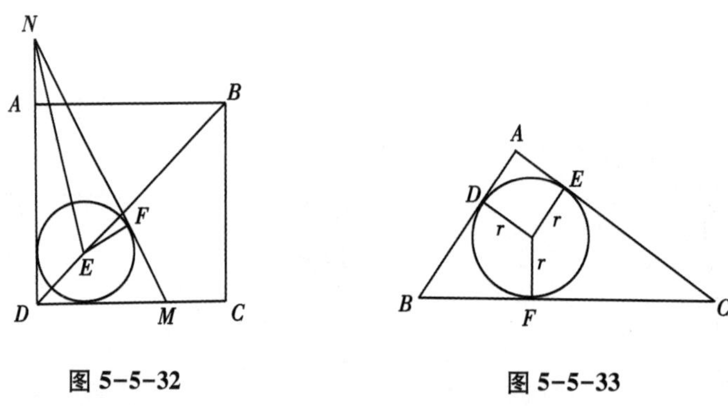

图 5-5-32　　图 5-5-33

由条件 $AN=CM$，再配合结论所求，使得解题的注意力集中在 Rt$\triangle NDM$ 上. 其中，NE 是 $\angle DNM$ 的平分线，考虑结论中三条线段关系的关键在于 EF，而 EF 的关键在 E，注意到 DE 也是角平分线，这样，就问题从中拆解出下面的基本问题.

Rt$\triangle ABC$ 中，$BF=BD=AB-AD=AB-r$，$CF=CE=AC-AE=AC-r$，如图 5-5-33 所示，于是，有 $BF+CF=AB-r+AC-r=BC$，得 $r=\frac{1}{2}(AB+AC-BC)$.

对照此题的局部图形 Rt$\triangle NDM$，自然有 $MN=DN-r+DM-r$，其中 $r=EF$，又 $DN+DM=AD+AN+DC-CM=2AD$，于是有 $MN=2(AD-EF)$.

5.5.2　模式识别与几何题型的概括

信息加工心理学对知觉的研究主要涉及模式识别. 一个人确认他所知觉的某个模式是什么，并将它与其他模式区别开来，这就是模式识别.

平面几何解题思维活动的首要思维动作就是模式识别，即使用解题者已有的问题图式与当前问题的结构特征进行识别与匹配.

5.5.2.1　模式识别

模式是指由若干元素或成分按一定关系集合而成的刺激结构或刺激的组合. 模式识别是指人把输入刺激的信息（模式）与长时记忆中的信息进行匹配，并辨认出该刺激属于什么范畴的过程. 模式识别过程一般经历分析、比较和决策三个阶段.

一般地说，模型是具体化的模式，模式是模型的抽象化. 数学的每个概念、定理、公式都可看作模式，一般的典型题也是一个模式，用模式的眼光看问题较模型而言更具一般性、普遍性. 识别就是辨别，分析当前问题与心中激活的多个问题在已知条件、结论和问题结构特征方面的共性和差异，将当前问题与识别后头脑中选择的问题较为准确地对应起来.

模式有简有繁，复杂的模式可看作由多个简单的子模式组成. 认知心理学家西蒙指出："人们在解决问题时，大多数是通过模式识别来解决的，首先要识别眼前的问题属于哪一类，然后以此为索引在记忆储存中提取相应的知识，这就是模式识别. "

信息加工心理学有几种假说. "原型说" 认为，在模式识别过程中，外部刺激只要与原型进行比较，只要两者有最近似的匹配，即可将该刺激纳入此原型所代表的范畴，从而得到识别. "特征说" 则认为，在模式识别过程中，人们是根据刺激的一些重要特征以及它们之间的重要关系来识别的. 在问题解决过程中，确实存在问题表面形式识别和原理水平的识别，这反映解题者解题水平的高下.

模式识别是主体将新问题的模式与自身的认知结构中固化的关系或结构进行最佳匹配的过程. 模式识别是一个产生式的动作，当前问题的刺激是"如果"，解题者所作出的反应是"那么".

5.5.2.2　平面几何解题教学意义下的模式识别

数学是充满模式的，所有数学概念、公式、定理、法则等都可看作数学模式. 美国数学家斯蒂恩(Steen)认为"数学是关于模式的科学". 在此意义上说，从对问题模式及模式识别的研究角度出发研究数学解题思维活动，可以有助于深入理解学生在解题活动中的思维性质，从而为改善解题教学提供基本依据.

现代心理学研究表明，当主体理解数学问题之后，要辨别问题的所属类型，确定该问题所涉及的认知经验结构系统，以便与已有的知识经验发生联系，这一思维活动便是模式识别.

在解题过程中，主体通过正确识别模式，就可以迅速地缩小搜索的范围，从而向做出问题解答迈出决定性的一步. 因此，在中学数学解题教学中，应关注典型题及其衍生出的系列问题的教学，通过变式训练以及对知识的逐级概括，逐渐培养学生的数学解题模式识别能力.

(1)知识的情境性与模式识别

模式识别需要判别问题的情境，在问题情境刺激下激活心里相应的已有模式，对于问题中局部的模式识别需要激活的是概念、命题(模式). 因此，需要知识的表征自带情境，只有知识附带的情境与问题的整体情境及局部情境相匹配才能有效地保证模式识别活动的顺利进行.

从心理学的角度来看，"情境" 表现为多种刺激模式、事件和对象等. 情境不仅能激发问题的提出，而且能为问题解决提供相应的信息和依据. 数学情境是产生数学概念、发现数学问题、提出数学问题和解决数学问题的背景和前提.

数学教材中的数学概念、命题都是以明确的文字符号表达的，置于教材中突出的位置. 学生对数学知识的文字符号形式的重视远胜于知识导入情境及分析论证过程，这极易导致学生数学知识表征缺乏情境性. 从知识的心理表征角度看，无论几何知识还是代数知识都需要表象表征，因为知识的外在表达形式都是对具体图形、图象的概括性表达. 表象本身就具有概括性和情境性，只有知识具有情境性才能有与问题的情境产生合理匹配的可能. 也就是，人们常说数学概念教学而不说成定义教学，有其深刻的原因. 概念是思维形式，是数学研究的对象，是数学思维的基本构件，为了交流不引起歧义，需要用专业的语言符号将其本质含义固定下来，称为下定义. 值得注意的是，概念的内涵是十分丰富的，而定义只是选择了其中的一个角度，这个角度与其他角度的描述是等价的. 例如，平行四边形概念，它有着丰富的内涵，教材用“对边平行”来定义，这与作为命题的其他描述是等价的. 也正因为下定义只有从一个角度对概念进行刻画，才有其他诸如性质命题和判定命题等必要条件和充分条件的研究. 每个功能、命题都是模式，自身都包括抽象的语义和相应的图形(表象)，其生成过程也都包含情境，而概念、命题的关联方式使之生成新的模式和情境.

数学概念、命题的获得过程，在某种意义上是一个逐步远离问题情境的抽象概括过程，是逐步对象化的思维过程. 在这一过程中，学生由置于问题情境之中的过程性存在状态出离而变为学生与概念、命题的对象化思维状态. 学生经抽象概括后得到的知识是包括最初问题情境的，是抽象的过程性和抽象的结果的统一体，因此说，数学知识既是抽象的模式又含有其生成之初的问题情境. 问题情境不仅是在教学意义下催生数学新概念新命题的土壤，也是概念、命题表征时的情境.

数学的定义、命题及表达的符号在不同的具体情境中会有不同的含义. 数学方法论中讲到，数学概念、命题的语义转换是实现化归的数学基础. 如同一般语言一样，只有在文本的整体情境中才能理解一个词语的确切含义，因此，也只有通过不同的具体问题情境发现数学知识的不同含义，才能达到对一个数学知识的深入理解. 关注数学知识不同表征方式的教学目的是为了从不同角度刻画同一事物的不同本质，挖掘同一本质不同环境条件的不同侧面以便在不同的问题情境中得以灵活调用. 因为数学解决问题无非是计算推理，其实质是将已知条件和结论建立起逻辑意义上的连接，而在连接过程中涉及一系列概念定理的适当变形. 所谓变形就是对一个概念定理的本质所进行的不同侧面的表征，而不同的侧面都具有不同的表象和表达形式，也将对应不同的应用情境，自然也要求其本身具有情境性. 若干个概念定理之间的连接必须借助外在表达才能反映其本质，这一外在表示即概念定理的心理表征中的符号形式，正是一连串反映概念定理本质含义的不同侧面形式的符号表征连接在一起构成了问题解决的全过程.

从数学知识应用的角度看，问题总是具体地变化着的，而相对于问题而言，解题者的知识是有限的. 解题者如何将知识应用于新的问题情境，关键在于认知结构中的知识在表征上已具有与待解决问题类似的情境，使得解题者针对头脑中的问题与当前问题情境在结构等差异方面能够做出明确的区分. 在运用知识时，是由对问题情境的刺激激发相应的知识，而如此动作需要解题者的知识具有相应的情境. 只有实现知识情境与问题情境的恰当匹配，才能使学生在运用知识时及时处于“上手状态”(海德格尔). 当前的问题情境是相对于从课本中所获知识的“第二情境”，学生对“第二情境”的辨析能力源于首次获取知识的问题情境整体感知和抽象过程充分经历. 解题成功的可能在于两者的差异不会超越解题者的思维跨度. 如果解题者对某一具体知识的内在结构及其表示仅限于很少的场合有过应用体验，而新问题情境与以往的知识表征形式差距很大，解题者对新问题的理解就不充分，模式识别就难以进行，先前的知识及应用知识的经验就不能应用于当前的问题情境.

解题经验表明，解题者的知识不应简单地按照课本上知识发生顺序和逻辑关系来进行组织，而应以典型的问题情境为线索将相关知识组织起来. 当然，较高水平的模式识别是依据原理进行的，在此，原理不仅是简单指教科书中的数学概念、命题，也指对一些典型题概括的结果. 由于教学过程是循序渐进的，学生容易形成概念、命题的线性排列，或将知识以知识主题为线索组织起来. 但在实际解决问题过程中，知识的应用可能是跨主题的、综合性的，是以问题模式为主题的，这就要求解题者要在解题的学习过程中不断充实调整自己的知识结构以适应不同的问题情境.

如等腰三角形、角平分线、平行线三位一体的知识块，解题者对此知识的表征必须具有情境性，否则就不能应用.

几何推理活动是建立在对问题情境的判断上的，这完全需要在策略性知识运用的前提下才能实施. 通过模式识别后对相关知识选择与调用，这时的所有推演都是为了将意义不明的条件及其关系显现出问题情境所需要的有明确几何意义的关系.

在教学过程中注重变式，可以促进学生的思维向多层次、多方向发散，帮助学生在问题解决的过程中寻找类似问题的思路、方法，有意识地展现教学过程中教师与学生数学思维活动的过程，从而促使学生所获知识的情境性生成.

模式识别是静态的问题图式，其受当前待解决问题的刺激而做出的反应，这是一个产生式动作，如图 5-5-34 所示.

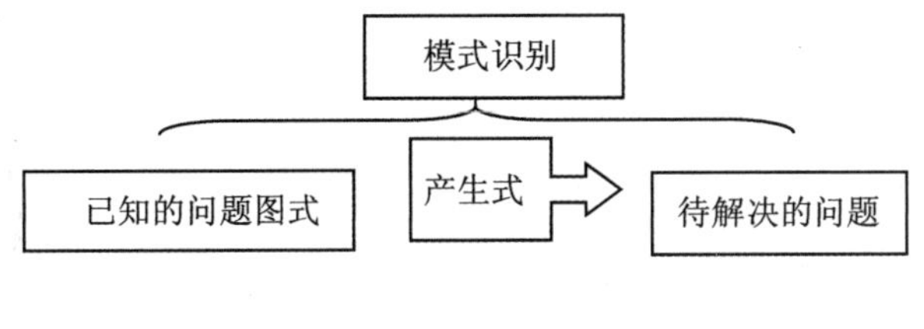

图 5-5-34

(2) 如何才能做到有效的模式识别

在几何解题过程中，要做到有效的模式识别，首先要求大脑储存大量的模式，仅存有课本上的定义、定理、公理、公式等模式是不够用的. 从解题速度和解题难度的角度看，从课本知识出发抵达复杂的问题模式知识迁移的距离较远，如果模式差异较大，模式识别就会有困难，自然对方法性思维要求较高. 因此，要把定理之外具有定理特点问题、或从定理引申出来的基本问题视作定理（模式），也纳入到原有认知结构中储存起来，这就是说要注意积极积累模式. 这样在解决问题时，就有可能识别出问题中包含的一些基本模式. 模式识别是否有效，同问题的复杂程度有关，也与解题者是否具备与之相关的有益的模式有关. 就几何问题模式而言，是否为常规图形，是否夹杂无关因素或缺乏有关因素，是否有图形交错重叠或隔开等，这些都会给模式识别带来不同程度的影响. 因此，要正确而迅速地进行模式识别，需要提高对问题的概括能力，善于舍弃非本质因素，摆脱无关因素的束缚和干扰，将有关因素组织起来，从不同的角度和各种关联中进行考察并抽取与模式有关的本质特征.

(3)如何培养学生的模式识别能力

培养学生模式识别能力的做法：① 讲概念、命题和问题背景；② 寻找命题的等价表示，或变更问题的条件、结论；③ 一题多解与多题一解，多题一解尤其有意义，用“一解”的视角去审视“多题”；④ 变式训练(题组)；⑤ 引导学生概括题组问题结构、所用知识和方法的共性，并注意概括的层次性；⑥ 解释典型题的数学意义；⑦ 将课本题、练习题、中考真题结合起来分析以寻找它们的共性.

通过变式训练培养学生解题的模式识别能力. 在教学过程中注重变式，可以促进学生的思维向多层次、多方向发散，帮助学生在问题解决的过程中寻找类似问题的思路、方法，教师要有意识地“暴露”教学过程中教师与学生数学思维活动中模式识别的过程.

万变不离其宗，教师在教学过程中要通过对问题从不同角度、不同层次、不同情形、不同背景做出有效变化，使其条件或形式发生变化，而本质特征不变. 这个问题的“本质特征”就是对系列问题形成模式的概括，也是概括后的模式识别运用的过程. 所以，变式不是盲目的变，应抓住问题的本质特征，遵循学生认知心理发展，根据实际教学目标需要进行变式. 实施变式训练应抓住思维训练这条主线，恰当地变更问题情境或改变思维角度，培养学生的应变能力，引导学生从不同途径寻求解决一类问题的方法，促进模式识别能力的形成.

对一道题适当的演变、引申、推广，不仅能提高学生的应变能力、探索能力，还能激发学生的思维广阔性、发散性，使学生从不同的角度去观察问题、思考问题，从而提高学生思维的整体性、严密性，培养学生解题的模式识别能力. 数学题是千变万化的，只靠“类型+公式”的方法是不够的，而数学考查的重要目标是能力考查，尤其是掌握数学思想和运用数学方法的能力，而掌握这种能力必须具备一定的模式识别能力，提高这一能力的有效方法就是进行变式训练.

训练的素材. 对于“全等三角形问题”而言，有利于下一步学习角平分线定理、等腰三角形定理和平行四边形定理的图形以及反映翻折和旋转关系的图形是训练的好素材；同时，所用的图形要反映平移、翻折、旋转这三种合同变换. 如下面几道题可用于学习“全等三角形”的训练.

例 5.5.6 如图 5-5-35 所示，点 D，E 分别在 AC，AB 上，且 $AB=AC$，$BD\perp AC$ 于 D，$DE\perp AB$ 于 E，BD 与 CE 交于 F. ① 求证：$EF=DF$；② 求证：$\angle BAF=\angle CAF$.

在学习“全等三角形”意义下，本题含有多个基本形结构，$\triangle ABD$ 与 $\triangle ACE$ 是翻折关系，$\triangle ABF$ 与 $\triangle ACF$ 关于 AF 对称，$\triangle AEF$ 与 $\triangle ADF$ 是翻折关系也是角平分线性质定理基本形，如果再连接 BC 或 ED 则得到等腰三角形等.

本题可以设计成由简单到复杂的系列问题，使学生获得题型知识并运用题型知识解题即模式识别.

例 6　如图 5-5-36 所示，已知 $AB \parallel CD$，$AB=CD$. 求证：$AD=BC$.

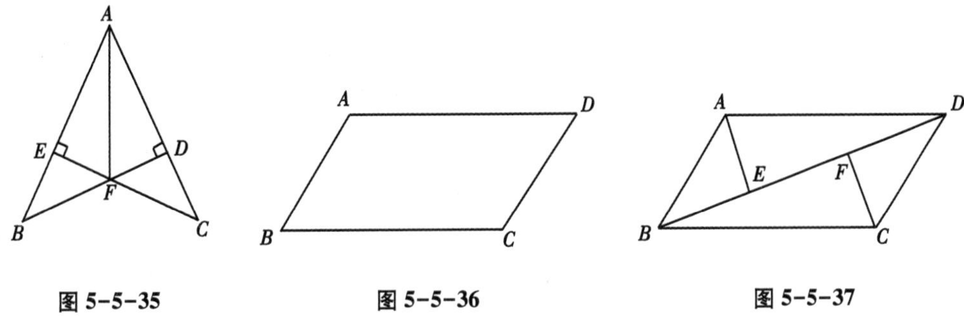

图 5-5-35　　图 5-5-36　　图 5-5-37

例 5.5.6.1　如图 5-5-37 所示，已知 $AB \parallel CD$，$AD \parallel BC$，$AE \perp BD$ 于 E，$CF \perp BD$ 于 F. 求证：$AE=CF$.

变式训练的目的具体包括以下几点：

① 在知觉水平上熟悉图形，熟悉几何对象（概念）的性质和判定与图形的匹配；

② 逐步增加思维的负荷和层次，提高知识的概括能力；

③ 领会解题方法和策略；

④ 获得题型知识，形成问题图式；

⑤ 为以后学习几何知识作铺垫；

⑥ 知识的组织，涉及知识表征、内部结构的关联关系；

⑦ 知识应用的变化能力的培养，实现知识在陌生情境下的高通路迁移.

促进学生几何解题模式识别能力提高的主要途径是变式训练，其意义不言而喻，关键是如何选题，首先要确定训练的主题如知识、方法、图形结构等. 解题的一层是知觉水平上熟悉定理的基本图形. 二层是获得题型知识，与之相应的是要让学习者自发地意识到构成问题的整体图形结构及其各种子结构（基本形）的关联关系. 只能通过不断做题，不断感知，最终获得对系列问题整体结构特征知觉水平意义上的理解. 三层是获得更具概括性的思想方法，领悟几何问题解决中蕴含的研究问题的行为方式及几何意义的价值判断.

（4）几何题型的概括

学生获得几何题型就是形成解决一类问题的问题图式. 问题图式的获得可从问题结构特征进行概括，也可从解题方法出发进行概括. 一个有益的概括方式是从几何研究的角度把系列问题看作已有几何知识按几何研究逻辑的展开所进行的拓展，即将问题的本质特征紧紧依附在已有知识和原理上.

平面几何的题型知识是对以几何定理或典型问题为核心展开的相关系列问题的共同结构特征进行概括所得到的综合表征. 问题的已知条件、结论以及相应的图形，共同构成问题的结构，对系列问题结构的概括可获得相应的题型知识.

解题活动的基本思维动作是模式识别，即解题者在头脑中搜索出与当前问题结构相应的先前已得到解决的问题并将此问题的解题方法运用于当前问题. 根据问题结构特征的相似性进行搜索实现有效模式识别，可以看作题型知识的运用.

题型知识的获得源自问题解决后的反思活动对问题结构及其解法所进行的概括. 概括的含义包括两个方面：一是将单个问题或若干问题的结构特征抽取出来表述出其所具有的若干子结构及其关联方式，形成具有一定几何意义的概括性问题结构；另一方面是将所抽取出的结构运用于同类问题的解决中. 鉴于解题活动中模式识别的意义，可知上述概括活动对于提高解题能力自然是有重大意义的. 以应试为目的的解题教与学活动往往追求在短时间内获得大量题型，导致过分注重解题数量，对问题题型的概括必然过多地关注单纯形式上的问题结构特征，难以将可能有关联的问题有机地联系起来，这不仅会增加学习者的负担，还会使学生形成机械套用模型的不良解题习惯. 对于好的几何题目结构特征的辨别，除了需要解题者具备丰富的解题经验外，还需要具有一定的理论素养，这关乎题型的概括方式与程度. 如理解平面几何是研究几何变换下不变性和不变量问题的学科，那么一道几何题如果具有较为基本的结构而结论反映的是不变的性质和不变的量的关系，则可视该问题为较好的问题.

对问题结构具体的概括过程，一个可取的方式是将问题结构拆分成与几何基本理论相应的子结构，其中各部分的子结构的联络方式也是属于几何基本理论的. 如子结构是“角平分线”和“等腰三角形”，联系的方式是“四点共圆”或“旋转”，如此才有利于解题者将各个问题结构特征的共性压缩在一个有几何意义的结构上，从而有利于明辨题型之间的相关性.

下面，通过几个例子来说明题型知识的获得与运用.

例 5.5.7 如图 5-5-38 所示，已知 OP 是 $\angle MON$ 的平分线，$PA \perp OM$ 于 A，$PB \perp ON$ 于 B，求证：$PA=PB$.

这是角平分线的性质定理. 已知条件和结论连同图形在内可视为一个基本的问题结构，下面问题是其衍生出的结果.

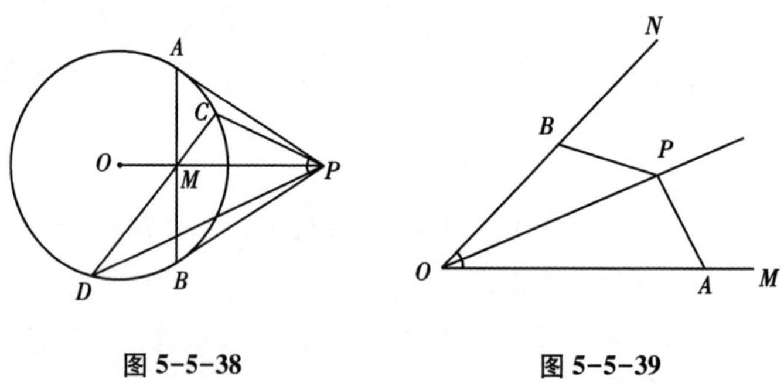

图 5-5-38　　图 5-5-39

例 5.5.8 如图 5-5-39 所示，已知 OP 是 $\angle MOON$ 的平分线，A，B 分别是 $\angle MON$ 两边上的点，满足 $\angle AOB+\angle APB=180°$. 求证：$PA=PB$（也可求证 $OA+OB$ 为定值）.

该问题结构包括“角平分线性质定理”和“等腰三角形（$\triangle PAB$）”两个子结构，这两个基本结构是通过条件“$\angle AOB+\angle APB=180°$”联系在一起的. 根据该问题的证明方法可以将其看作角平分线性质定理问题的一个变化. 根据条件 $\angle AOB+\angle APB=180°$ 可知四边形 $OAPB$ 是一个对角互补的四边形，即 O，A，P，B 四点共圆. 虽然初中平面几何没有四点共圆的判定知识，但不妨碍从圆的角度分析此题，即将互补条件换作四边形内接于圆.

例 5.5.9　如图 5-5-40 所示，已知圆内接 $\triangle ABC$，圆上的一条弦 AP 平分 $\angle BAC$，连接 PB，PC，结论是 $PB=PC$.

为了使学生进一步熟悉例 5.5.8 的问题结构，可以设计如下问题.

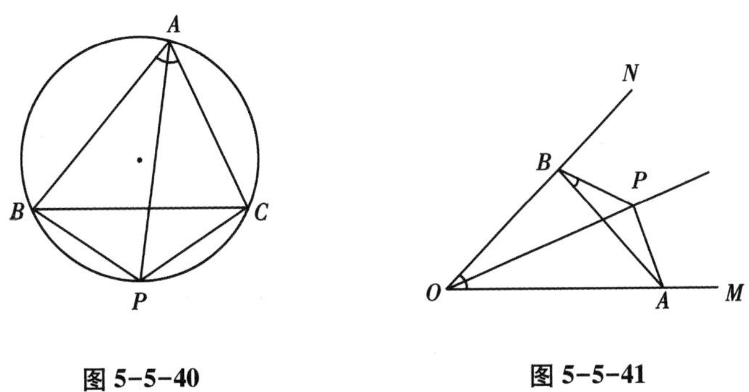

图 5-5-40　　　　图 5-5-41

例 5.5.10　如图 5-5-41 所示，已知 OP 是 $\angle MON$ 的平分线，A，B 分别是 $\angle MON$ 两边上的点，且 $OA\neq OB$，$\triangle APB$ 满足 $PA=PB$. 求证：$\angle PBA=\angle AOP$.

此题也可以换种提法，如图 5-5-41 所示，已知 $\angle MON=50°$，OP 是 $\angle MON$ 的平分线，A，B 分别是 $\angle MON$ 两边上的点，且 $OA\neq OB$，$\triangle APB$ 满足 $PA=PB$. 求 $\angle PBA$ 的度数.

例 5.5.11　如图 5-5-42 所示，已知 $\angle MON$ 内有 $\triangle PAB$，其中 A，B 分别是 $\angle MON$ 两边上的点，且 $OA\neq OB$，$\triangle PAB$ 满足 $PA=PB$，连接 OP，$\angle ABP=\angle BOP$. 求证：OP 是 $\angle MON$ 的平分线.

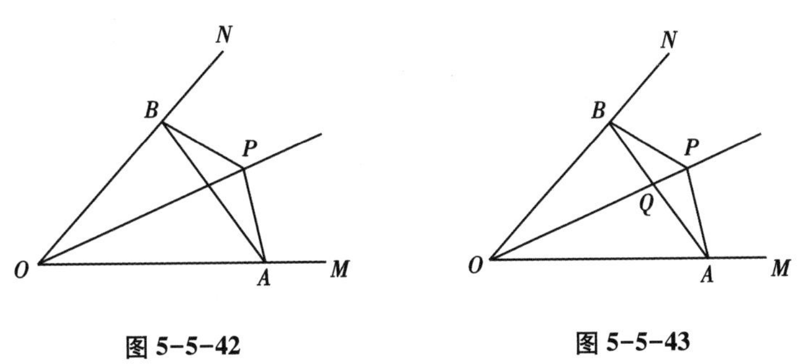

图 5-5-42　　　　图 5-5-43

本题是例 5.5.10 的一个变式，利用三角形相似可获得一个简单的证明. 设 OP 与 AB 相交于 Q，见图 5-5-43，由 $\angle ABP=\angle BOP$ 可得 $PB^2=PQ\cdot PO$，又 $PA=PB$，则 $PA^2=PQ\cdot PO$. 于是有 $\angle PAB=\angle AOP$，显然，$\angle PAB=\angle PBA$，所以 $\angle POA=\angle POB$，OP 是 $\angle MON$ 的平分线得证.

例 5.5.11 的条件是由“等腰三角形”和“角平分线性质定理”合成出四点共圆结构. 将 5.5.11 换一种表达方式并利用全等的方法给出证明.

例 5.5.12　如图 5-5-44 所示，已知 $\triangle ABC$ 中，$AB=AC$，又 $\angle ABP=\angle ACB$. 求证：

$\angle APB=\angle ACP$.

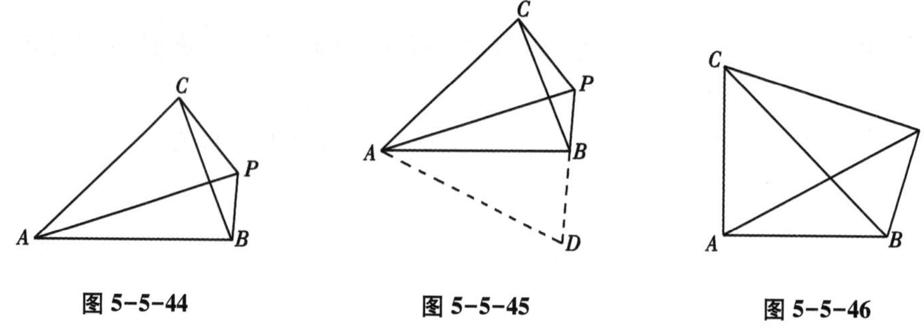

图 5-5-44　　图 5-5-45　　图 5-5-46

证明的方法是延长 PB 至 D 使 $\angle PAD=\angle CAB$，见图 5-5-45，则 $\angle D=\angle APB$，于是 $AD=AP$，则有 $\triangle ABD$ 与 $\triangle CAP$ 全等，得 $\angle D=\angle APC$，于是得 $\angle APB=\angle ACP$，问题得证.

从本题的解法中看到其中蕴含的两个等腰三角形“手拉手”结构，即等腰 $\triangle ABC$ 和等腰 $\triangle ADP$ 共点于 A，此结构也可以视作两个顶角相等的等腰三角形发生了“旋转+相似”变换所得到的，或者是看作 $\triangle ACP$ 绕 A 点旋转至 $\triangle ABD$ 得到的，这是先前问题结构的进一步概括.“手拉手”结构最早出现的是两个等边三角形的“手拉手”结构，该结构从理论上说源于三角形的“旋转+相似”结构，从应用的角度看源自费马点问题的解决.

将例 5.5.12 的条件“等腰 $\triangle ABC$”特殊化为等腰直角三角形，可得到下面问题.

例 5.5.13　如图 5-5-46 所示，已知 Rt$\triangle ABC$ 中，$AB=AC$，$\angle APB=45°$. 求 $\angle APC$ 的大小.

将例 5.5.12 题的条件“等腰 $\triangle ABC$”特殊化为等边三角形，得到如下问题，这就与一道名题例 5.5.19 基本相同了.

例 5.5.14　如图 5-5-47 所示，已知正 $\triangle ABC$，$\angle BAC$ 内有射线 AP，$\angle APB=60°$. 求证：$PA=PB+PC$.

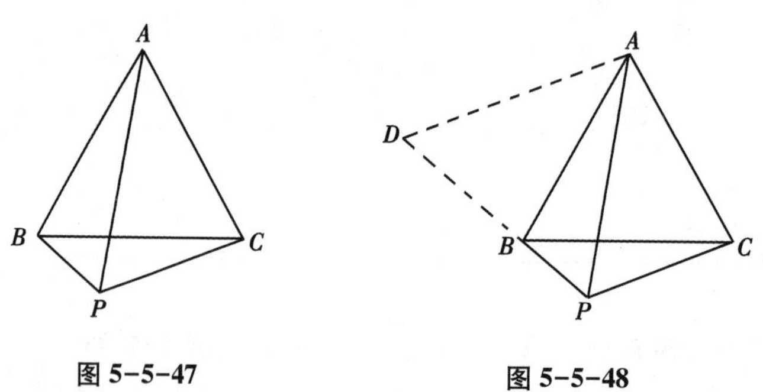

图 5-5-47　　图 5-5-48

显然，例 5.5.14 与例 5.5.12 的证法是一样的，如图 5-5-48 所示，将 $\triangle ACP$ 绕点 A 旋转至 $\triangle ABD$，即延长 PB 至 D，使 $PD=PA$，则 $\triangle PAD$ 是正三角形，得 $AD=AP$，又 $\angle BAD=\angle CAP$，得到 $\triangle BAD\cong\triangle CAP$，则 $BD=PC$，问题得证.

由于条件 $\angle APB=60°$，意指 $\angle APB=\angle ACB$，可知 A，B，P，C 共圆，其实，例 5.5.14 常见于例 5.5.15 的表达形式.

例 5.5.15　如图 5-5-49 所示，已知正 $\triangle ABC$ 内接于圆中，P 是 BC 弧上的一点，连接 PA，PB，PC. 求证：$PA=PB+PC$.

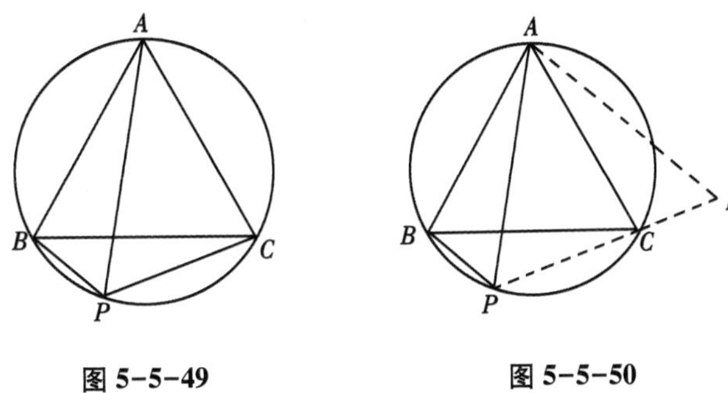

图 5-5-49　　图 5-5-50

证明方法如图 5-5-50 所示，将$\triangle ABP$绕 A 点旋转至$\triangle ACP'$，余下略. 本题具有简明的条件和结论(不变量)，是很多试题命制的源泉.

对例 5.5.8 的分析已经指出条件“$\angle AOB+\angle APB=180°$”说明 O，A，P，B 四点共圆，因此，对这一结构问题的解决，可以从圆的角度去理解问题的结构，而解决问题要落实到三角形的全等与相似上. 从题型知识的角度看，四点共圆即相应的四边形能够内接于圆，也可以将这样的四边形看作一类特殊结构的四边形，特别是在没有学习圆的知识之前. 另外，该结构与三角形的旋转密切相关，因此，也可以从旋转的角度分析此类问题.

对于题型知识，除了要注意单个问题的结构特征外，更要从单个问题出发，将与此结构特征相同或类似者联系在一起，特别地，以知识和原理为核心组织起相关问题，实现对问题结构特征的整体理解从而概括出题型知识.

例 5.5.16　如图 5-5-51 所示，已知正$\triangle ABC$，$\angle ABD=\angle ACD=45°$.

① 求$\angle ADC$的大小；

② 用等式表示线段 AC，BD，CD 三者之间的数量关系.

问题的条件是以正三角形为基础，通过条件$\angle ABD=\angle ACD=45°$得知 A，B，C，D 四点共圆，知道 DC 平分$\angle ADB$，综合来看，本题结构与例 5.5.8 类似. 因此，对条件与第②问的整体模式识别可迅速得知 $BD+AD=CD$，余下的待解决的问题是找到线段 AD 与 AC 的关系.

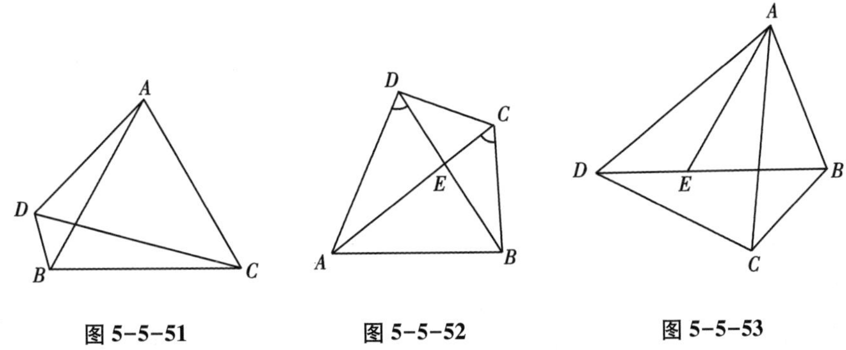

图 5-5-51　　图 5-5-52　　图 5-5-53

例 5.5.17　如图 5-5-52 所示，已知四边形 $ABCD$，AC 与 BD 交于 E 点，$\angle ADB=\angle ACB$. 求证：$\angle CDB=\angle CAB$.

本题是例 5.5.13 的一般情形，具体的证明可绕过四点共圆知识，由$\triangle AED\backsim\triangle BEC$，得到$\triangle CED\backsim\triangle BEA$使问题得证. 该证明的中间“桥梁”是借助“相交弦定理”完成的.

例 5.5.18 如图 5-5-53 所示，已知点 E 是四边形 $ABCD$ 的对角线 BD 上一点，且$\angle BAC=\angle BDC=\angle DAE$.

① 求证：$BE\cdot AD=CD\cdot AE$；

② 根据图形特点，猜想$\dfrac{BC}{DE}$可能等于哪两条线段的比，并证明你的结论.

此题是由托勒密定理证明中的一个环节即引入辅助线 AE 后“截取”而来，其问题结构显然是“旋转+相似”结构，在此有$\triangle ADC\backsim\triangle AEB$.

在“旋转+相似”意义下，稍变更一下条件，再给出托勒密定理的一个证法.

例 5.5.19 如图 5-5-54 所示，已知四边形 $ABCD$，且$\angle ABD=\angle ACD$.

求证：$AB\cdot CD+AD\cdot BC=AC\cdot BD$.

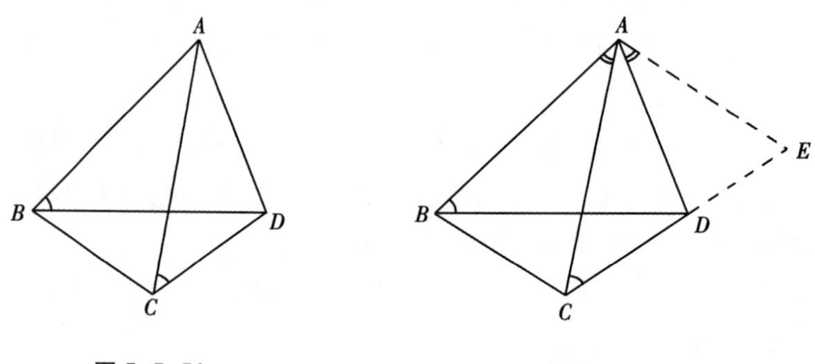

图 5-5-54　　图 5-5-55

延长 CD 至 E，连接 AE，使$\angle EAD=\angle BAC$，如图 5-5-55 所示，则$\angle BAD=\angle CAE$，又$\angle ABD=\angle ACD$，有$\triangle ABD\backsim\triangle ACE$，得到$\dfrac{AB}{AC}=\dfrac{BD}{CE}=\dfrac{AD}{AE}$. 得

$$AC\cdot BD=AB\cdot CE \quad ①$$

这显然是一对三角形“旋转+相似”结构，则必然含有另一对三角形“旋转+相似”. 再由$\dfrac{AB}{AC}=\dfrac{AD}{AE}$及$\angle EAD=\angle BAC$，知$\triangle ABC\backsim\triangle ADE$，得$\dfrac{AB}{AD}=\dfrac{BC}{DE}$. 即

$$AD\cdot BC=AB\cdot DE \quad ②$$

①②两式相减，得 $AC\cdot BD-AD\cdot BC=AB\cdot CE-AB\cdot DE=AB\cdot CD$，则问题得证.

在此，变更一下条件的目的是脱去圆，变成一个纯粹三角形“旋转+相似”问题结构，该条件还可改为四边形对角互补.

例 5.5.20 如图 5-5-56 所示，在$\triangle ABC$中，$AB=AC$，$\angle BAC=\alpha(0^\circ<\alpha<180^\circ)$，过点 A 作射线 AM 交射线 BC 于点 D，将 AM 绕点 A 逆时针旋转 α 得到 AN，过点 C 作 $CF/\!/AM$ 交直线 AN 于点 F，在 AM 上取点 E，使$\angle AEB=\angle ACB$.

① 当 AM 与线段 BC 相交时，如图 5-5-56 所示，当 $\alpha=60^\circ$时，线段 AE，CE 和 CF

之间的数量关系为________；

如图 5-5-57 所示，当 $\alpha=90°$时，写出线段 AE，CE 和 CF 之间的数量关系，并说明理由.

② 当 $\tan\alpha=\dfrac{4}{3}$，$AB=5$ 时，若$\triangle CDE$ 是直角三角形，直接写出 AF 的长.

这是一道中考真题，问题的结构与例 5. 5. 16、例 5. 5. 18 的问题结构类似，实质上是“旋转+相似”结构，该问题结构在复杂的初中几何问题中是十分常见的.

人教版八年级数学上册(2013)教材中第 33 页第 5 题已经给出了上述系列问题的初始“样例”，见例 5. 5. 21.

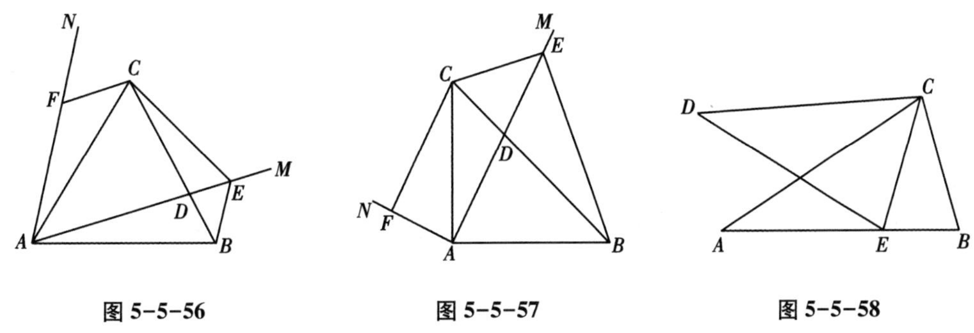

图 5-5-56　　图 5-5-57　　图 5-5-58

例 5. 5. 21　如图 5-5-58 所示，已知$\triangle ABC\cong\triangle DEC$，$CA$ 和 CD，CB 和 CE 是对应边，$\angle ACD$ 和$\angle BCE$ 相等吗？为什么？

综上所述，将该类题型概括如下，如图 5-5-58 所示.

① $\triangle ABC$ 绕$\triangle DEC$ 点旋转至$\triangle DEC$，点 E 在 AB 上，即$\triangle ABC\cong\triangle DEC$.

② $\triangle ABC$ 绕 C 点旋转至$\triangle DEC$，点 E 在 AB 上，得到等腰$\triangle ACD$ 和等腰$\triangle BCE$，且$\triangle ACD\backsim\triangle BCE$，此时还有 EC 平分$\angle BED$. 特别地，若$\triangle ABC$ 绕 C 点旋转 60°至$\triangle DEC$，得到正$\triangle ACD$ 和正$\triangle BCE$“手拉手”模型；若$\triangle ABC$ 绕 C 点旋转 90°至$\triangle DEC$，得到等腰直角$\triangle ACD$ 和等腰直角$\triangle BCE$“手拉手”模型. 上述情形都有$\angle CAB=\angle CDE$，即有 C，D，A，E 四点共圆.

③ 反之，顶角相等的等腰$\triangle ACD$ 和$\triangle BCE$ 在 C 点处“手拉手”，可看作这两个顶角相等的等腰三角形绕 C 点“旋转+相似”而成. 由此带来$\triangle CAB\cong\triangle CDE$，即看作$\triangle CDE$ 绕 C 点旋转至$\triangle CAB$ 而成，则旋转角$\angle DCA$ 等于 DE 和 AB 的夹角，知 C，D，A，E 共圆，于是有$\angle CAD=\angle CED$，则 EC 平分$\angle BED$. 特别地，$\triangle ACD$ 和$\triangle BCE$ 同为正三角形或同是等腰直角三角形，均可带来内容丰富的题型变化.

教材中的理论知识是逐步展开的，问题的发展自然也是有序的. 作为教育者，对于几何问题既要有基于理论的整体性视角对系列问题所作出的概括，又要能从教学实际出发次第展开典型问题以帮助学生获得题型知识. 教师只有引导学生对相关问题逐级概括，才能使学生获得在解题活动中进行模式识别时能够用得上的题型知识，切忌简单告知.

强调几何题型知识获得的概括方式，这样的活动在解题的教与学特别是变式训练和研究性学习中都是一个极为重要的环节. 只有关注一些有价值的几何定理和相关的例题习题，分析问题的条件结构和结论及图形所形成的对问题结构特征的整体理解，并进行充分的概括形成题型知识，才能有效促进学生解题能力的提升.

5.5.3 几何题的编拟

几何题的编拟问题，一般地，练习题的选用要考虑解题者解题活动的训练价值或者说教学目标，具体包括，为了基础知识的理解和掌握，熟悉某个题型所作的变式，为了巩固某个方法或者是明确使用某个策略.

设计试题是一项专门的技术，需要考虑测试对象的知识掌握情况及思维水平的标准，即关注评价功能.

在日常教学中，为了使学生巩固题型知识、提升方法知识应用能力，教师要考虑典型问题之间的连贯性，若没有现成的问题可用，就需要教师自己编拟. 因此，教师在积累大量解题经验的基础上要具有编拟问题的能力.

几何题的编拟方法，大多根据某个定理或例题、习题所作的推广，或者将原命题改成逆命题；或者是对一道典型题(名题)进行条件或结论的等价表示或者是“加强”(寻找某个已知条件的充分条件)或“减弱”条件和结论，或者是两个问题的组合；或者是将证明题改成计算题；等等. 值得注意的是，前面所述的几何题的编拟方法源自数学研究的提出数学问题的方式方法，因此，编拟问题时首要考虑的是几何题本身是否具有几何意义.

例 5.5.22 如图 5-5-59 所示，$\odot O$ 是$\triangle ABC$ 的外接圆，AC 是直径，过点 O 作 $OD\perp AB$ 于点 D，延长 DO 交$\odot O$ 于点 P，过点 P 作 $PE\perp AC$ 于点 E，作射线 DE 交 BC 的延长线于 F 点，连接 PF. 求证：① $OD=OE$；求证：② PF 是$\odot O$ 的切线.

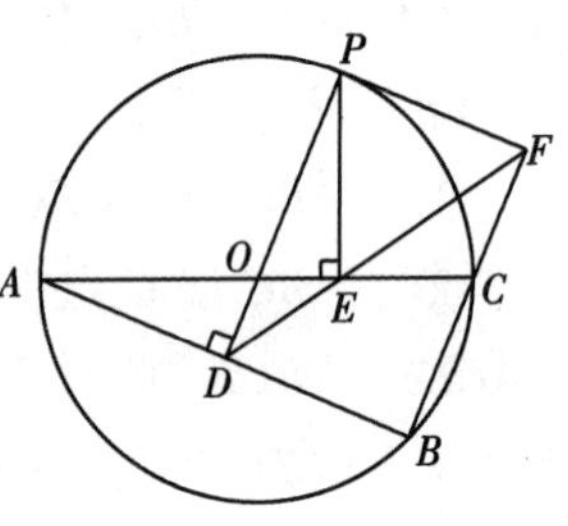

图 5-5-59

去除本题的圆，摘取矩形及其内部结构，可编拟如下两题.

例 5.5.22.1 如图 5-5-60 所示，已知矩形 $ABCD$，E，F 分别是 AD 和 BC 上的点，且 $2AE=BF$，$DE=EF$，又线段 EF 与 AC 交于 G 点. 求证：$DG\perp EF$.

例 5.5.22.2 如图 5-5-61 所示，已知矩形 $ABCD$，E 是 AD 上的点，且 B，E，D 三点所在的圆的圆心在 BC 边上，连接 AC. 求证：$AC\perp BE$.

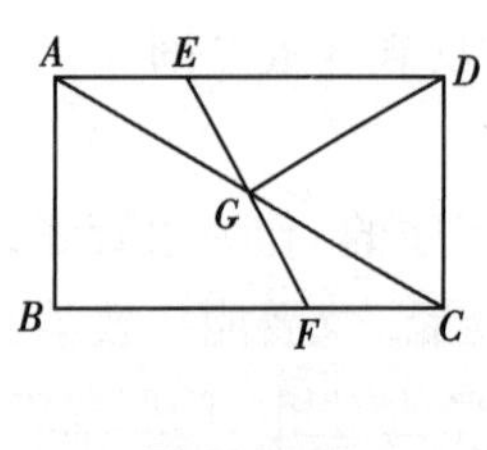

图 5-5-60

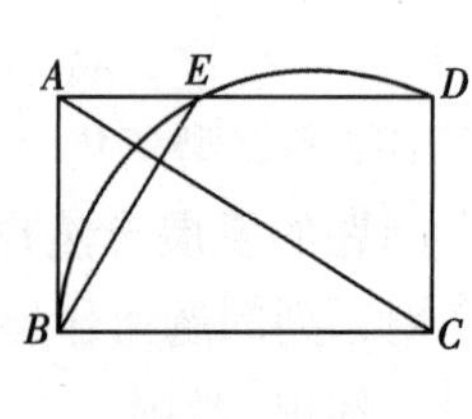

图 5-5-61

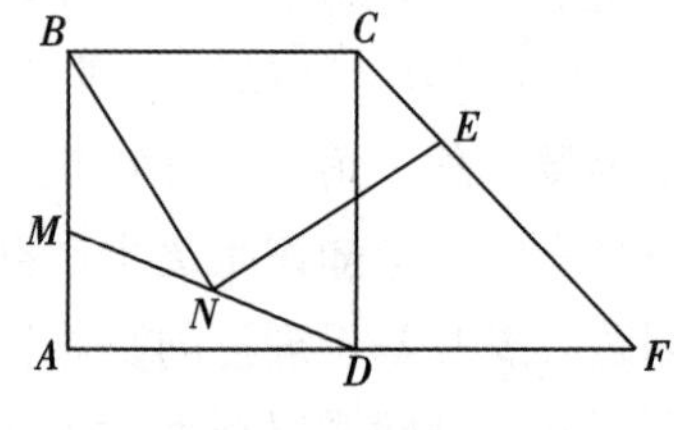

图 5-5-62

例 5.5.23 如图 5-5-62 所示，在正方形 $ABCD$ 中，点 F 在 AD 延长线上，且 $DF=DC$，M 为 AB 边上一点，N 为 MD 中点，点 E 在直线 CF 上(点 E，C 不重合)，点 M，A

不重合，$BN=NE$，试探究 BN 与 NE 的位置关系及$\frac{CE}{BM}$的值，并证明你的结论.

下面问题是根据例 5.5.23 改编的.

例 5.5.23.1　如图 5-5-63 所示，$AB=AC=2$，且 $AB\perp AC$，点 M 在以 AB 为直径的半圆上运动，以 CM 为边作正方形 $CMPD$，当点 M 从点 A 沿弧 AB 运动到点 B 时，求点 P 运动的路径长.

例 5.5.23.2　如图 5-5-64 所示，$AB=2$，点 M 是以 AB 为直径的半圆上一动点，N 为 MB 中点，点 C 是弧 AB 的中点，以 CN 为边作正方形 $CNPD$，当 M 沿弧 AB 从点 A 运动到点 B 时. ① 求点 P 运动的路径长；② 若点 P 运动的轨迹是一段圆弧或圆，请在图上确定圆心的位置.

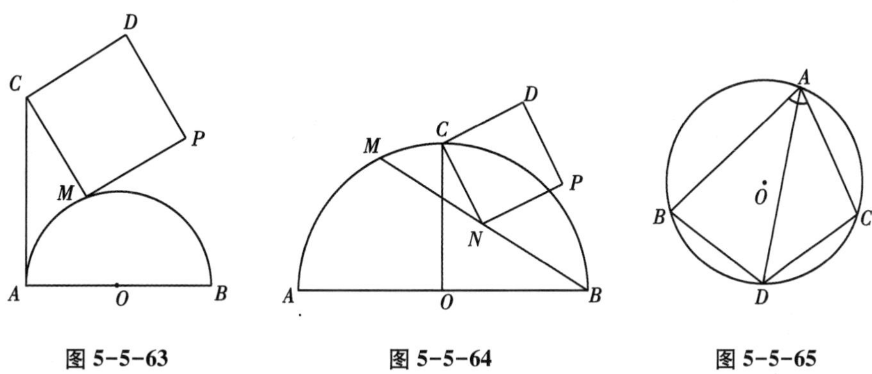

图 5-5-63　　图 5-5-64　　图 5-5-65

第②问，也可放在直角坐标系中，求弧所在圆的圆心坐标.

例 5.5.24　如图 5-5-65 所示，已知圆 O，$\angle BAD=\angle CAD$. 求证：$BD=CD$.

本题是一道较为常见的问题结构，在学习“角平分线性质定理”时出现，现在，从圆的基本图形角度看，这里有结论“同圆中相等的圆周角所对的弦相等”. 从本题出发，添加“连接 BC”就可得到系列结论.

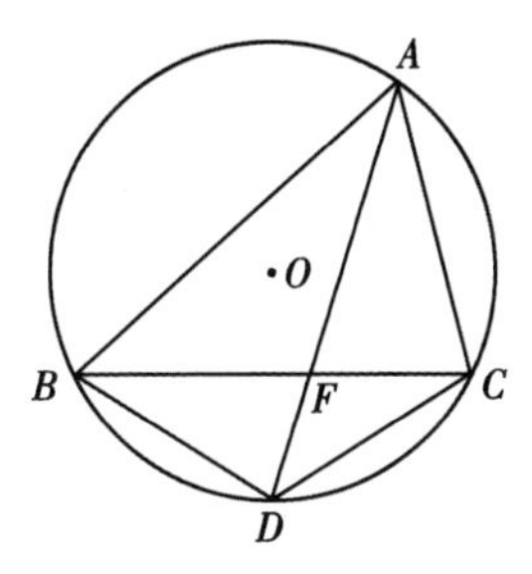

图 5-5-66

例 5.5.24.1　如图 5-5-66 所示，已知圆 O，$\angle BAD=\angle CAD$，求证：

① $\triangle BAF\backsim\triangle ADC$；

② $\triangle ACF\backsim\triangle ADB$；

③ $BD^2=DF\cdot DA$；

④ $CD^2=DF\cdot DA$；

⑤ $\frac{AB}{AC}=\frac{BF}{FC}$；

⑥ $BF\cdot FC=AF\cdot FD$.

将上述基本结论组织起来可以得到许多新的结论.

比如，由 $BD^2-DF^2=DF\cdot DA-DF^2=DF\cdot(DA-DF)=DF\cdot AF=BF\cdot FC$，这样就可以增加这样一个结论，即求证：$BD^2=DF^2+BF\cdot FC$.

如果再增加“EG 是圆 O 的切线”的条件，又可得到一些结论.

例 5.5.24.2　如图 5-5-67 所示，已知圆 O，$\angle BAD=\angle CAD$，EG 是圆 O 的切线.

求证：

① $EG//BC$；

② $\triangle GAD\backsim\triangle ADC$；

③ $AD^2=AG\cdot AC$；

④ $AD^2=AB\cdot AE$.

再结合其他三角形相似和切割线定理还可以设计出许多新的问题，得出新的结论.

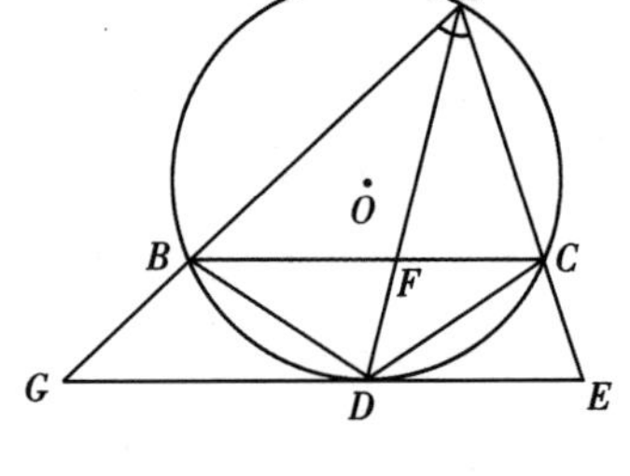

图 5-5-67

例 5.5.24.3 如图 5-5-67 所示，已知$\triangle ABC$是圆 O 的内接三角形，$\angle BAC$ 的平分线交 BC 于 F，交圆 O 于 D，过点 D 作 BC 的平行线分别与 AC 的延长线交于 E，与 AB 的延长线交于 G. 求证：

① $AD^2=AG\cdot AC$；

② $\dfrac{GD^2}{GB^2}=1+\dfrac{AC}{CE}$.

例 5.5.24.4 如图 5-5-68，已知$\triangle ABC$是圆 O 的内接三角形，$\angle BAC$ 的平分线交 BC 于 F，交圆 O 于 D，DE 切圆 O 于 D，交 AC 的延长线于 E，连 BD，若 $BD=2\sqrt{2}$，$DE+EC=6$，$AB:AC=3:2$，求 BC 的长.

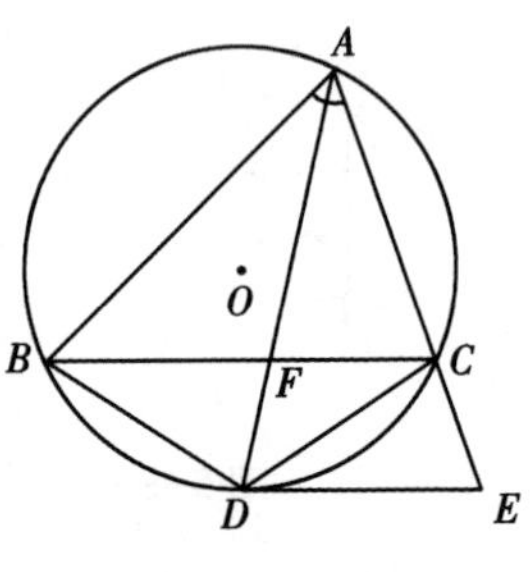

图 5-5-68

这是一道初中数学竞赛试题，显然，本题是基于例 5.5.24.1 题、例 5.5.24.2 题的问题结构设计的. 该问题除了上述所示的结论外，还可增加如$\dfrac{AB}{AC}=\dfrac{BF}{FC}$，再与相交弦定理结论 $AF\cdot FD=BF\cdot FC$ 配合使用，可得出很多结论. 总之，本题十分典型，可将与圆有关的结论很好地结合在一起，是中考和初中数学竞赛试题编拟的好素材.

例 5.5.25 如图 5-5-69 所示，点 E，F 分别在正方形 ABC 的边 CD，BC 上，且 $\angle EAF=45°$. ① 求证：$DE+BF=EF$. ② 如图 5-5-70 所示，若 $AH\perp EF$ 于 H，求证：AH 等于正方形的边长.

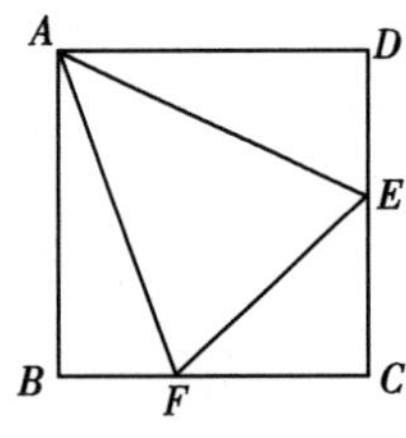

图 5-5-69

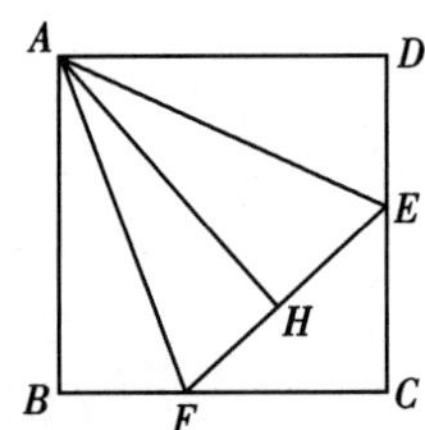

图 5-5-70

本题由于条件较为简单，即有正方形及内含一个 45°角，E，F 在正方形 $ABCD$ 边 CD，BC 上运动时，只要 $\angle EAF=45°$不变就会带来一个不变量的结论 $DE+BF=EF$.

进一步分析可知$\triangle AHE$可看作由$\triangle ADE$沿 AE 翻折得到的，见图 5-5-70，由此可衍生出与翻折有关的问题，可以看出这是一道很好的题目. 如将本问题结构置于直角坐标系中，已知 E 坐标可求 F，H 点的坐标等. 熟知上述含有结论在内的问题结构有助于解决下面问题.

例 5.5.25.1　如图 5-5-71 所示，点 E，F 分别在正方形 $ABCD$ 的边 BC，CD 上，若 $BE=EC$，将$\triangle ABE$ 沿 AE 翻折为$\triangle AEH$，EH 的延长线交 CD 于 F. 求$\dfrac{DF}{FC}$的值.

例 5.5.25.2　如图 5-5-69 所示，点 E，F 分别在边长为 1 的正方形 $ABCD$ 的边 CD，BC 上，$\triangle CEF$ 的周长为 2.

求：① $\angle EAF$ 的大小；② 点 A 到 EF 的距离.

以例 5.5.25.2 第①问为基础可以得到如下一题.

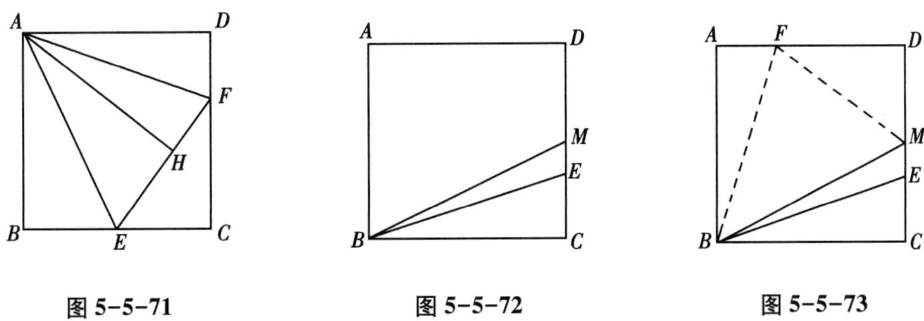

图 5-5-71　　图 5-5-72　　图 5-5-73

例 5.5.25.3　如图 5-5-72 所示，在正方形 $ABCD$ 中，M 是 CD 的中点，E 在 CD 边上，且 $CE=\dfrac{1}{3}CD$. 求证：$\angle EBC+\angle MBC=45°$.

显然，解法不难获得，见图 5-5-73. 在此，要关心的是问题的设计，即如何改编已有问题从而设计出新的问题.

例 5.5.25.4　如图 5-5-74 所示，已知$\triangle ABC$，$\angle BAC=90°$，$AB=AC$，点 M，N 在边 BC 上，$\angle MAN=45°$，且 $BM=4$，$CN=3$. 求$\triangle MAN$ 的面积.

本计算题蕴含的几何意义是有结论 $BM^2+CN^2=MN^2$，具体可通过旋转法得证.

下一道题是初中竞赛试题.

例 5.5.25.5　如图 5-5-69 所示，已知点 E，F 分别在正方形 $ABCD$ 的边 CD，BC 上，且$\angle EAF=45°$，若正方形 $ABCD$ 边长为 1，求线段 EF 的最小值.

由于此时$\triangle AEF$ 边 EF 上的高等于正方形的边长，所以，可将结论改为求$\triangle AEF$ 面积的最小值或求 Rt$\triangle ECF$ 面积的最大值.

受“相交弦定理”的启发，设计一题.

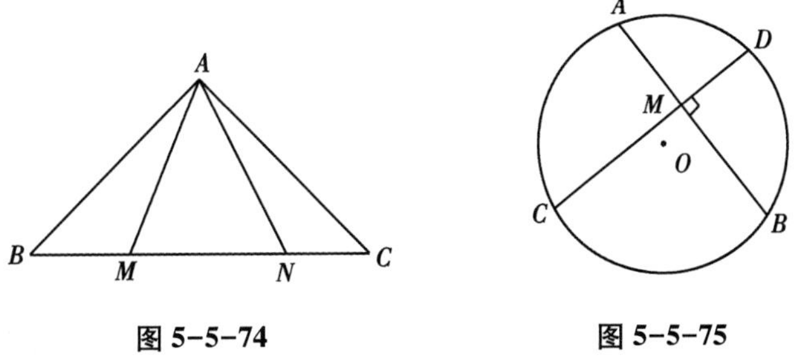

图 5-5-74　　图 5-5-75

例 5.5.26　如图 5-5-75 所示，已知圆 O 内有两条弦 AB 与 CD，且 $AB\perp CD$，交点

设为 M，若 $AM=2$，$MB=3$，$CD=3\sqrt{3}$，求圆的半径.

几何题的编拟不仅是考试命题的需要，日常教学中更能显示出它的意义. 对于学生而言，只有独立完成体现某一水平的代表性问题才能表明其所具有的问题解决实际水平. 如果学生是经教师提示才能解决某一问题，那么，教师提示那部分知识或策略恰是学生缺乏的. 这时，教师如果能针对这一问题的典型特征进行“等价性”(部分已知条件等值语言的替换，或者寻找到使它们成立的充分条件，或者改为原题的逆命题)的改变及时编拟出可供学生进一步思考用的问题，对于学生巩固和获得先前问题的题型知识、解题方法或者是元认知策略的运用等均具有特殊意义. 这也是教师几何题的储备量和命题技术及对几何学科理解水平的综合体现.

第 6 章　平面几何解题教学分析

6.1　平面几何解题教学目标分析

著名数学家及数学教育家波利亚强调指出，“中学数学教学首要的任务就是加强解题训练，掌握数学就是意味着善于解题”.

一般来说，平面几何解题教学的目标包括：

① 巩固已获得的几何概念、命题及相应的基本形结构；

② 基本图形、基本形组合及附在其上的语义（命题，命题之间的产生式组合）在问题解决中实现知觉水平上的结合、再认；

③ 学生根据问题情境中新的基本形和基本形组合关系获得新的基本图形结构；

④ 巩固或获得类似于“构造全等三角形”“中线倍长”“截长补短”“完形”等引辅助线方法；

⑤ 巩固已有的思考方法或获得新的思考方法（解题策略）；

⑥ 获得新的题型（问题图式）知识；

⑦ 综合运用已有知识、方法及解题策略，形成新的层级分明、知识与方法有机结合的综合性的问题图式；

⑧ 形成一定的几何直观能力及分析问题和解决问题的能力；

⑨ 帮助学生获得解题思维“顿悟”的积极体验.

在不同的教学阶段，面向不同的学生，每道题的教学体现出的教学目标自然会有不同. 粗略地估计，每道题用于复习近期获得的知识与方法的目标可多于一个，但也不宜超过两个. 如果问题有些难度，则难点不应超过一个.

例 6.1.1　如图 6-1-1 所示，在$\triangle ABC$中，AD是角平分线，$\angle B=2\angle C$. 求证：$AB+BD=AC$.

本题的解题教学目标中应含有如下知识的理解与运用：其一，复习三角形全等的性质与判定，这是需要熟知的基础知识和基本方法；其二，理解角平分线的对称性；其三，从结论出发的分析方法也不应成为问题解决的障碍；其四，等腰三角形的性质与判定是与问题最邻近的知识，这部分知识和方法的掌握情况直接影响问题解决的能力或接受水平. 在此基础上，学生才有能力学习新的解决线段之间的“和差倍半”关系的处理方法，即学习线段的“截长补短”法. 此时，问题分析时可直接关注$AB+BD=AC$如何实现的问题.

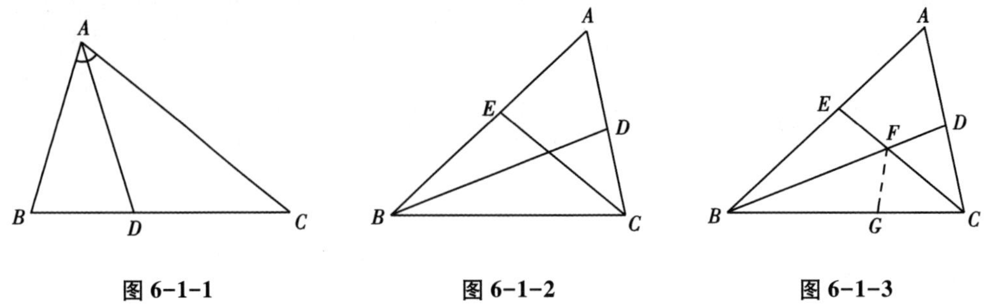

图 6-1-1　　图 6-1-2　　图 6-1-3

学生已有的相关的认知基础与当前的问题解决所需要的知识和能力(策略性知识)存在着“距离”的问题，即知识与方法的迁移水平(最近发展区)问题. 多数学生的思维水平只能从已得到巩固的等腰三角形性质与判定的知识和方法出发去接受“截长补短”方法. 如果学生未能在等腰三角形知识和方法水平上获得稳定的认识，那么他们就得从全等三角形出发，如此，客观上需要学生实现知识与方法的远迁移，受工作记忆容量的限制，这不仅难以实现，同时也会使学生的等腰三角形知识和方法的获得受到影响而更加难以定型为恰当的心理表征.

例 6.1.2　如图 6-1-2 所示，在 $\triangle ABC$ 中，$\angle A=60°$，BD，CE 分别平分 $\angle ABC$，$\angle ACB$. 求证：$BC=BE+CD$.

本题的解题教学目标可设定为巩固三角形全等和角平分线对称性的理解与运用，重点是巩固“截长补短”方法，难点是条件 $\angle A=60°$ 作用的发挥. 关于 $\angle A=60°$ 作用的发挥，可联想一道题：已知 $\triangle ABC$ 中，BD，CE 分别平分 $\angle ABC$，$\angle ACB$，BD 与 CE 交于 F 点，求证：$\angle BFC=90°+\frac{1}{2}\angle A$. 这道题启示了处理 $\angle A=60°$ 的关键是将 $\triangle ABC$ 上面的 $\angle A=60°$ 转化为与下面的 BD，CE 的夹角联系起来. 学生在思考问题时不易唤醒该题，如果此时教师直接讲解，那么，思考本题的难点就变成了“截长补短”方法的运用问题了，见图 6-1-3.

“截长补短”方法的运用与 $\angle A=60°$ 如何发挥作用这两个解题要点是需要教师在解题教学前根据学生的相关知识水平和方法运用水平以及前后的解题教学安排(问题排序和教学目标)加以认真评估的.

例 6.1.3　如图 6-1-4 所示，已知 $\triangle ABC$ 中，BD 垂直 $\angle BAC$ 的平分线于 D，且 $\angle ABC=3\angle C$. 求证：$AB+2BD=AC$.

本题的教学目标可能有四：一是辅助线的引出与对等腰三角形的“完形”能力有关；二是已知条件 $\angle ABC=3\angle C$ 的运用，即引出相应的角的推导问题；三是“截长补短”方法的运用；四是上述局部知识与方法运用的整合能力. 在此，教师需要对学生的解题认知基础进行判断来决定教学重点和难点的确定.

就初中生平面几何解题能力培养的教学要求而言，解决大部分几何题，特别是辅助线的引出与概念、命题所附带的基本形的“完形”有关. 例 6.1.3 是一个典型的例子，其中，问题的图形结构给出了“破损的”等腰三角形，而问题解决所需要的辅助线的引出是将 Rt$\triangle ADB$ 沿 AD 翻折至 Rt$\triangle ADE$，这样，将线段 AB 移至 AC 上. 这个“翻折”动作就是将“破损的”图形结构“$\triangle ADB+\triangle ADE$($AD$ 平分 $\angle BAC$)”“完形”成等腰 $\triangle ABE$

图形结构. 在平面几何解题意义上说，几何概念、命题所附带的基本形是“标准的”，问题的图形结构都是“破损的”，解决问题的方法就是将“破损的”图形结构通过添加辅助线“完形”成“标准的”图形结构，这是具有普遍意义的解题方法. 对于简单的问题结构，“完形”是在整体图形结构上实现的，对于复杂的问题结构，“完形”是通过局部结构的实现从而带动问题的解决.

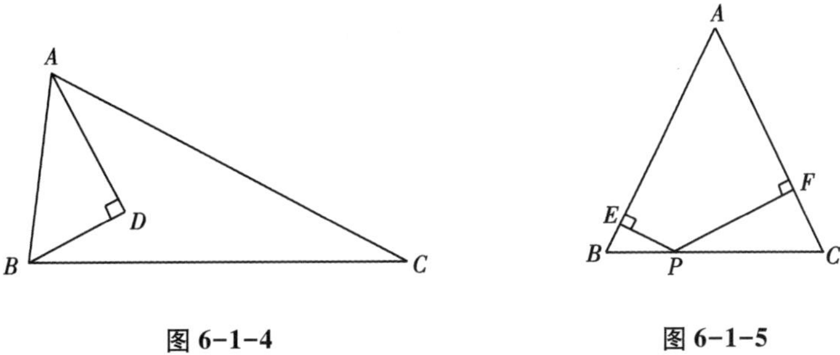

图 6-1-4　　　　图 6-1-5

例 6.1.4　如图 6-1-5 所示，P 是等腰$\triangle ABC$ 的底边 BC 上一点，PE 垂直 AB 于 E，PF 垂直 AC 于 F. 求证：$PE+PF$ 是一定值.

数学教学意义下的例题同样含有条件和结论两部分，故可看作数学命题，未给出结论也可视作命题. 对例题的重视程度自然与对数学命题的关注程度有着显著的不同. 从解决问题的角度看没有什么不同，主要的差异是命题教学要着眼于命题的使用价值，不仅要指出命题的条件结构、证明方法，尤其需要揭示出命题在数学理论内部节点上所处的位置，即揭示若干概念沟通联络的关联方式，并用例题的讲解和习题的训练来了解和巩固这一认识.

对待例题的教学，教师大多着眼于题型的识别，更多的是将注意力集中在解题思路的探寻上，而较之数学命题的教学，在对例习题问题本身内在的理论价值和外在的使用功能价值的揭示上关注不够. 如本题中的 $PE+PF$ 等于腰上的高，这是一个“不变量”，是具有定理价值的问题，在解题过程中揭示这种价值，借此体现数学研究的价值追求是极为有益的. 将例 6.1.4 进行简单的推广，得到例 6.1.5 题，可以使学生进一步理解几何命题研究的价值追求.

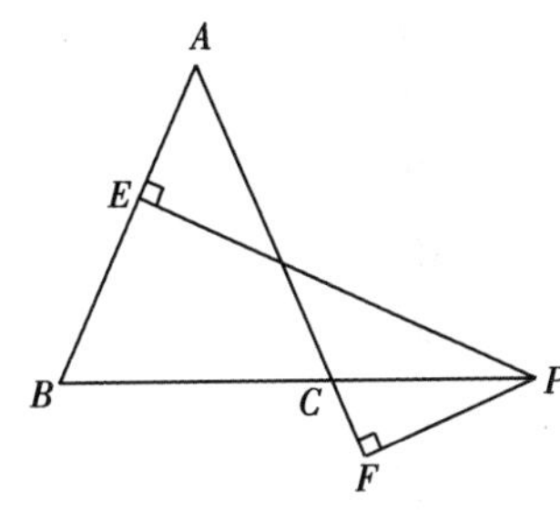

图 6-1-6

例 6.1.5　如图 6-1-6 所示，P 是等腰$\triangle ABC$ 的底边 BC 延长线上一点，PE 垂直 AB 于 E，PF 垂直 AC 延长线于 F. 求证：$PE-PF$ 是一定值.

需要指出的是，对待一些可视为定理的题目需要像定理的教学那样理解问题作为命题的整体意义，只记结论是难以在变化的问题情境中进行有效运用的，只有通过解后反思深入分析挖掘其问题结构的整体特征才能获得对该题目整体意义的理解.

学生解题能力的提升需要建立在解题经验的不断积累之上，不同的学生在不同的阶段其解题能力可能会产生实质性的“跃升”. 教师要关注学生解题能力“跃升”的时机，及时地予以肯定，帮助学生获得良好的心理体验. 解题能力的“实质性跃升”是指学生独立完成一道相对自己有一定难度的问题，并在问题解决过程中实现了对“一个关键细节”或问题情境整体理解的“顿悟”. 在心理学中，“顿悟”是解题者对当前问题作出了完整的恰当的心理表征. 此时，学生在老师的帮助下，以当前问题解决为例证，实现知识理解、方法运用、问题图式与模式识别及解题策略、元认知监控等综合性的合理使用，同时，又获得学科的学习方法以及困难的面对与突破所带来的非智力因素的积极体验.“跃升”的跨度即达到维果斯基所说的“最近发展区”，有人对部分学生在某一时段的“最近发展区”做过测量，教师可借此视角在日常教学中“平均地”观察学生解题思维活动的同时，及时确认个别学生解题思维出现“顿悟”实现解题能力的“跃升”的事实，这是教师学科理解水平的综合体现. 维果斯基认为教师要借助教学手段帮助学生达到“最近发展区”，这对于一般的班级授课制而言是需要遵循的. 同时要注意到，解题教学活动尤其是学生的解题活动其“跃升”时教师的辅助越少越好，教师要“推迟判断”(或不进行提示与评价)给学生提供独立解题实现“跃升”的机会.

6.2 平面几何解题教学过程分析

以两位教师和一位职前教师的几何解题教学为例，分析几何教学所应关注的问题，称两位教师为教师 A 和教师 B.

以下是两位教师和一位职前教师的几何解题教学实录，简单进行分析，以期从中获得启示.

例 6.2.1 如图 6-2-1 所示，在等腰 Rt△ABC 中，$\angle BAC=90°$，点 D 为 AC 边中点，连接 BD，作 $AE\perp BD$，交 BC 于 E，连接 ED. 求证：$\angle ADB=\angle CDE$.

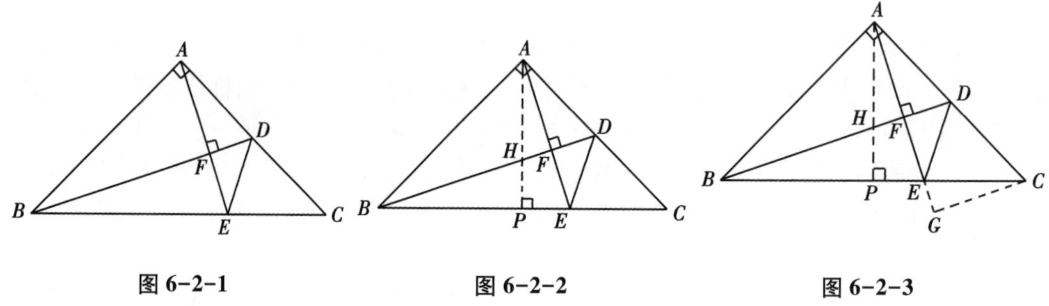

图 6-2-1　　图 6-2-2　　图 6-2-3

教师 A 的解题教学实录.

教师 A：这道题要证 $\angle ADB=\angle CDE$，在这个图中我们明确 ED 这条线段是最后出现的一条线段. ED 线上的条件比较模糊，所以 $\angle CDE$ 是处于比较模糊的状态，与 $\angle ADB$ 有关的条件比较多，它与 $\angle CAE$ 和 $\angle ABD$ 都互余，$\angle ADB$ 转化的方向比较多，所以我们要先解决 $\angle CDE$ 的问题.

教师 A 是在学生刚做完这道题的情境下开始讲授的，故而没有带领学生读题、提炼已知的过程，而是直接结合已知条件带领学生分析图形结构. 教师 A 从目标入手，点明 $\angle CDE$ 相关条件少、信息模糊，并指出 $\angle ADB$ 信息较多，给学生提供了解题的着眼点. 教师 A 在图形结构分析方面做得较好，不足之处是没有带领学生对本题类型进行预判，模式识别活动的体现有所欠缺.

教师 A：证明角相等的主要手段是全等和相似，但现在图中全等或相似的条件都不具备，所以我们在转换角的过程中需要适当作辅助线.

教师 A：作 $AP\perp BC$（见图 6-2-2），可以得到 45° 角 $\angle PAC$，$\angle PAB$，由 $\angle CAE$ 和 $\angle ABD$ 都与 $\angle ADB$ 互余，可得到 $\angle CAE$ 和 $\angle ABD$ 相等，进而得到 $\angle PAE=\angle CBD$. 另外，$\triangle AHD$ 看似与 $\triangle CED$ 全等. 要证 $\angle ADB=\angle CDE$，最初证明这两个角相等没有什么条件，作完辅助线有了 $\angle PAC=\angle C=45°$，可以猜测 $\triangle AHD$ 与 $\triangle CED$ 全等. 要证三角形全等首先要找对应点，在这里 A 点对应 C 点，D 点对应 D 点，H 点对应 E 点. 可见，我们要证明的目标就是 $\triangle ADH\cong\triangle CDE$.

教师 A 从结论出发，引导学生想办法构造一个三角形与 $\triangle CDE$ 全等，试图通过两个全等三角形来证明两个角相等. 但是教师 A 直接告知了学生辅助线的做法，虽然辅助线引出之后的作用可以被学生理解，但未能指出如此添加辅助线的原因，这在解题教学启发学生思路或暴露教师思维的意义下是不恰当的.

教师 A：全等就要找条件，首先这两个三角形有个非常明显的条件是"边等"，因为 D 是中点，所以，有 $AD=CD$；再有一组角相等：$\angle DAH=\angle DCE=45°$，就缺一个条件！所缺的条件一定不能找角，因为若有两组角相等，那么我们要证的那组角就相等了，就没必要证全等了，所以另一个条件一定是边等. $AH=CE$ 就是我们要证的新目标，见图 6-2-3.

教师 A：围绕 AH 和 CE 来找，我们发现 AH 非常有特点，它在一个直角三角形中，所以要变化 CE，将其也放到一个直角三角形中. 那么 CE 如何放到直角三角形中呢？就是过 C 点作 AE 的垂线. 所以我们要证的目标从 $AH=CE$ 变成 $\triangle AHF\cong\triangle CEG$.

确定要证明的目标 $\triangle ADH\cong\triangle CDE$ 后，教师 A 后续通过两次转化求证目标 $\triangle ADH\cong\triangle CDE$，即通过再添加一条辅助线，作 $CG\perp AE$ 的方式达到目的. 这个问题解决的层次讲解得很清楚. 此处教师 A 为了证明 $AH=CE$，选择再添辅助线，是基于一般情况下为了证明线段相等来构造三角形全等的，但在本题中无须再构造三角形，因为现有的图形结构中就具有两个全等的三角形即 $\triangle ABH\cong\triangle CAE$. 显然，教师 A 备课不够充分.

教师 A：作完垂直后，我们容易得到 $\angle HAF=\angle ECG$，依据是等角的余角相等. 我们要证 $AH=CE$，所以再找一组直角边相等就可以. 那么找哪组边相等呢？

学生：AF 和 CG.

教师 A：AF 和 CG 同样在两个直角三角形中，所以我们要证的目标又从 $AF=CG$ 过渡到了 $\triangle ABF\cong\triangle CAG$. 全等条件是：$AB=CA$，$\angle AFB=\angle CGA=90°$，$\angle ABF=\angle CAG$.

教师 A 在整个讲解过程中各环节衔接自然，能够基于学生当前认知水平及学生目前已掌握的几何知识给学生讲题. 由于未能直接抓住 $\triangle ABH\cong\triangle CAE$ 得到 $AH=CE$ 这一关键线索，使得问题解决的思维长度增加，把学生引向逻辑论证的局部细节中，失去了对问题整体结构的理解和把握. 该教师的讲解存在的主要问题是缺乏启发性，没有充分"显示"出解题思路探寻的方式方法.

教师 B 教学实录（采用同一例题）：

教师 B：当我们遇到这道题的时候，首先要粗略地读一遍题，看看这道题要让我们干什么，属于哪类题型. 这道题让我们证明 $\angle ADB$ 等于 $\angle CDE$，那我们最常用的证明两个角相等的方法是什么？

学生：全等.

教师B：也就是说要解决这道题，很有可能需要我们找到两个全等的三角形．下面我们来仔细读题．给了$\angle BAC$等于$90°$，然后又给了AB和AC是相等的，到这儿我们可以得出什么？

学生：$\angle ABC$等于$\angle ACB$等于$45°$．

教师B：那接下来再读题，还有一个条件"AE和BD垂直"，读到这里，我们来观察$\triangle ABD$，这个三角形有什么特点？

学生：这个三角形内部有两个直角．

教师B：那这两个直角会为我们带来什么信息？

学生：$\angle ABD$和$\angle CAE$相等．

教师B：为什么？理由是什么？

学生：同角的余角相等．

教师B：说得没错．由于$\angle ABD$和$\angle CAE$都与$\angle BAE$互余，我们得到$\angle ABD$和$\angle CAE$相等．这是我们通过读已知条件又获得的一个信息．

教师B先带领学生对题型进行大概判断，初步选定解题方向，接着结合本题已知条件分析已知条件能带来哪些结论，看看本题条件能否支撑最初制定的解题方向．在对题型判断后，教师B以提问的方式引导学生自主审题，通过对题中已知条件的把握、图形结构的分析，逐步推导相关结论，例如得到"$\angle ABD=\angle CAE$"这一条件，就为后面证明$\triangle ABH\cong\triangle CAE$作了铺垫．

审题时，教师已经指明总的思路是通过两个三角形全等来证明结论的成立，随后却落入了已知条件的局部细节中，即过早地关注"双垂图"结构，脱离了关于待证结论的全局性认知．

教师B：题读到这里，现在我们就来看看能否找到两个全等的三角形，进而证明$\angle ADB=\angle CDE$．首先我们来观察，$\angle CDE$所在的三角形是$\triangle CDE$，但图中$\angle ADB$所在的几个三角形明显不与$\triangle CDE$全等．怎么办？

教师的讲解、启发是非常恰当的．

学生1：想办法添辅助线，构造一个三角形与$\triangle CDE$全等．

教师B：好，那我们就来观察$\triangle CDE$以及$\angle ADB$所处位置的特点．

教师B：已知"D是BC中点"，即$AD=CD$．我们得到一组边相等．大家来看，在$\triangle CDE$中，$\angle C=45°$，也就是说我们构造的三角形中需要有一个$45°$角．辅助线应该怎么引？

选定解题方向（构造三角形全等）后，教师B将学生的注意力引导到观察$\angle ADB$的位置特点上，联系已知的"等腰三角形""中线"等特点，自然过渡到作出$\angle DAH=45°$的辅助线，易于学生理解和接受．但此处表现为教师引导为主、学生思考为辅，若能找一位优秀的学生先介绍自己的思路，教师辅助性地询问引导更多学生进入对问题的思索中就更好了．

学生2：过点A作垂线．

教师B：理由是？

学生2：$\triangle ABC$是等腰直角三角形，其中$\angle BAC$为直角，作完底边高线AP后，根据三线合一，有$\angle CAP=\angle BAP=45°$．这样就达到了我们要构造$45°$角的目的了．

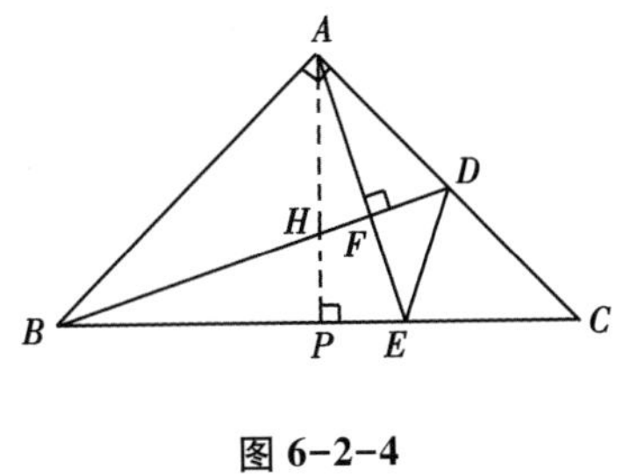

图 6-2-4

教师 B：那我们就过点 A 作 BC 边上的垂线，垂足为 P，AP 交 BD 于点 H. 见图 6-2-4.

确定证明的目标是 $\triangle ADH\cong\triangle CDE$ 后，在接下来的教学指导中，教师 B 只转化一次证明目标，得到 $\triangle ADH\cong\triangle CDE$ 需要 $AH=CE$，且并未额外添加辅助线即达到证明两个三角形全等进而证明两角相等的目的. 此处教师 B 引导学生将局部证明目标与整体图形结构很恰当地联系起来，帮助学生制定出合适的解题路线.

教师 B：作完垂线后，我们要证的目标就是 $\triangle ADH\cong\triangle CDE$. 目前我们有一组边、一组角相等，还差一个条件. 观察发现，去掉我们最终要证的 $\angle ADB=\angle CDE$，我们要么证 $AH=CE$，要么证 $\angle AHD=\angle CED$. 选哪个？为什么？

此时提问的内容是有意义的.

学生 3：我们可以证 $AH=CE$. 前面我们得到了 $\angle ABD=\angle CAE$，再加上 $AB=CA$，$\angle BAP$ 和 $\angle C$ 都是 45°角，根据“角边角”，有 $\triangle ABH\cong\triangle CAE$，所以 $AH=CE$.

教师 B：都听懂了？好的，这道题就讲到这里.

教师 B 在解题教学过程中能够照顾到班级大部分学生的听课状态，根据学生已掌握的几何知识与图形结构进行课堂教学且很好地控制教学节奏，达到了教学目的. 最后，教师应引导学生对问题解决过程进行反思，以帮助学生获得题型知识、方法性知识和解题策略知识，形成新的问题图式.

关于平面几何解题教学，多数教师运用丰富的教学经验可以有效地讲授各类解题方法，包括“倍长中线”“截长补短”等常用方法，同时解题策略也有涉及，包括“顺向加工策略”“逆向加工策略”“手段-目的策略”等常用策略. 值得注意的是如何平衡教师讲解、引导启发与学生被动接受理解这些关系，特别地，在什么环节上的启发，如何启发是恰当的和富有效率的，如何才能使学生在顾及问题的全局并在把握全局的情况下进入细节的分析与论证，即处理好思维层次的问题，这都是值得认真思考的.

再简单分析一位数学与应用数学(师范)专业的大三年级学生的解题训练实录.

例 6.2.1　在菱形 $ABCD$ 中，$\angle ABC=120°$，点 M 在 DA 的延长线上，点 E 是直线 DB 上的动点，连接 ME，将线段 ME 绕点 M 逆时针旋转 60°得到线段 MF，连接 EF，DF.

① 如图 6-2-5 所示，当点 E 与点 B 重合时，线段 AM，DF 之间有怎样的数量关系？请写出结论并给出证明.

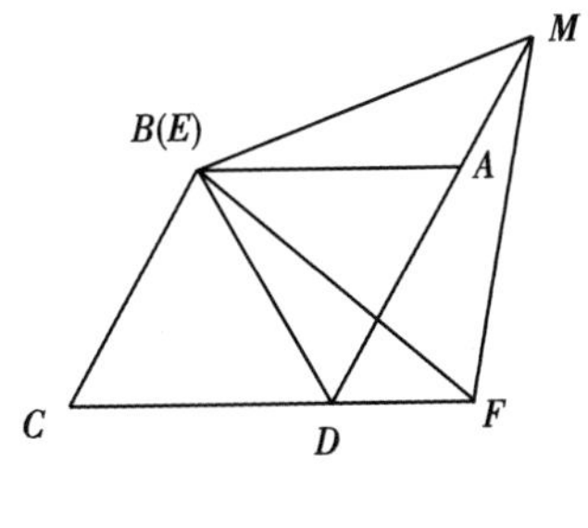

图 6-2-5

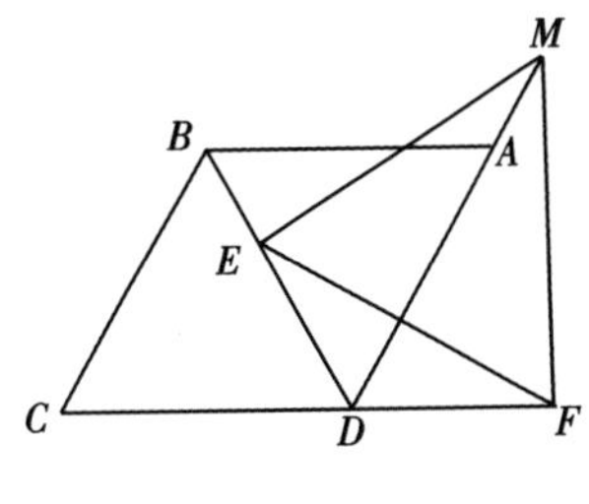

图 6-2-6

② 如图 6-2-6 所示，当点 E 在 BD 上时，线段 BE，AM，DF 之间有怎样的数量关系？请写出结论并给出证明.

讲解过程.

① 猜想：$AM=DF$.

看图，观察 AM，DF 分别在哪两个三角形里，可以看到在 $\triangle AMB$ 和 $\triangle DFB$ 中，我们可以通过题干条件，找这两个三角形全等的条件.

由菱形 $ABCD$ 中 $\angle ABC=120°$ 知，$\triangle ABD$ 是正三角形，得 $AB=BD$. 由将线段 ME 绕点 M 逆时针旋转 60° 得到线段 MF，知 $\triangle MBF$ 为正三角形，得 $BM=BF$.

又因为 $\angle MBF=\angle ABD=60°$，所以 $\angle MBA=\angle FBD$，由 SAS 可得，$\triangle AMB \cong \triangle DFB$，所以 $AM=DF$.

② 猜想：$AM+BE=DF$.

观察线段 AM，BE，DF，发现这三条线段不在一条直线上，但可以观察 AM，DF 分别在哪两个三角形里，可以连接 BM，把缺口补上，形成 $\triangle BME$ 和 $\triangle AMB$. 由题干中将线段 ME 绕点 M 逆时针旋转 60° 得到线段 MF，得知 $\triangle MEF$ 为正三角形.

于是同样可以将线段 BM 绕点 M 逆时针旋转 60° 得到线段 MH 知 $\triangle MBH$ 为正三角形. 由于旋转的三要素和基本性质，可以把以上操作看成将 $\triangle BME$ 绕点 M 逆时针旋转 60° 得到 $\triangle HMF$，所以就得到 $\triangle BME \cong \triangle HMF$，得 $BE=HF$.

接下来，由第一个问题的启示，可以很轻松地证明 $\triangle BDH \cong \triangle BAM$，得 $AM=DH$，于是 $DF=DH+HF=AM+BE$. 如图 6-2-7 所示.

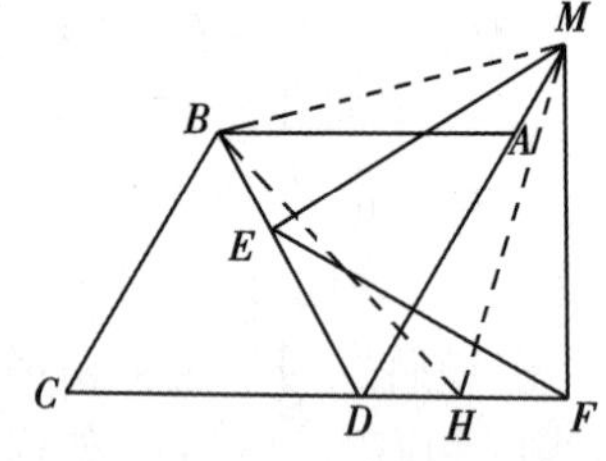

图 6-2-7

解题教学分析：本题从内容上可以看出与旋转变换有关，这就在思考方法与解题方法上不同于八年级上的两个正三角形的“手拉手”问题的解题思路. 这关乎解题教学的目标，也涉及解题的“大观点”.

从模式识别的角度看，本题是正三角形“手拉手”题型，本质上是“旋转+全等(相似)”问题. 教师要紧紧抓住“旋转变换”这一主题，用“旋转+全等(相似)”的视角去分析此题，并将这一视角贯彻解题活动始终. “旋转+全等(相似)”涉及两对三角形的全等或相似，即一对三角形成旋转关系，必然同时导致另一对三角形全等或相似，这是学生应掌握的基本知识，也是教师讲授本题的出发点.

该同学在讲授本题时，没有在问题分析中把握住“旋转变换”这一知识主题，没有突出解题的“旋转+相似”的“大观点”. 讲课的重心落在了两个三角形全等这一属于八年级上几何解题的“技术动作”上.

对于第①问，应突出本题是“手拉手”问题，本质是 $\triangle BAD$ 通过“旋转+相似”变成了 $\triangle BFM$，同时伴随有 $\triangle BDF$“旋转+全等”变成了 $\triangle BAM$；对于第②问，在目标“$AM+BE=DF$”和“截长补短”方法的引导下，教师要引导学生关注 $\triangle BAD$“旋转+相似”变成了 $\triangle BMH$，然后 $\triangle BMH$ 和 $\triangle MEF$ 也是“旋转+相似”的“手拉手”结构.

要仔细比较基于三角形全等或相似判定的观察方法与基于“几何变换”理论观察方法的不同之处，后者占用较少工作记忆，即“几何变换”对于两个三角形全等或相似的判定有信息压缩作用. 这既体现教学要求，也是考试评价要求，同时反映了教师的学科理解水平. 由于论证过程主要是通过三角形全等或相似展开的，而几何变换是一种思维方式，目前仍不是论证方式，导致个别师生受论证样式所限不能将解题和解题教学活动提升至几何变换的观察方法和思维方法上来.

一个值得注意的问题是教学用的例题是教师精心选择的典型题，所谓典型题，是类似于彼此等价的命题的一类问题的代表. 教师采用“通性通法”来讲解该例题，或说借助该例题意在展现“通性通法”，或说展现解决这一类问题的“通性通法”. 学生在听讲过程中，由于不能在较短时间的审题过程中了解该问题整体的结构特征，个别学生即使在问题解决后也不易实现对问题的整体理解，如此，学生会把教师所展示出的方法与特定的该问题建立起直接的联系，即将解题方法与问题的表面特征建立起联系，学生获得的方法就不具有通用性. 学生能不能获得解决类似问题的“通性通法”要看学生能不能在今后变化的问题情境中运用，即在随后的变式训练中获得、巩固该方法. 若学生独立地探索一道题，在不知道问题结构的本质情况下能够成功解题，说明学生探索过程所使用的方法因不具有宏观上特定的指向性而具有“通性通法”的特征. 这从一个侧面指出了学生独立解决有难度问题的教学价值所在.

上述解题的“通性通法”的传授与获得存在差异这一现象似乎具有普遍的意义，教师利用外在的语言文字讲解问题来展示方法和观念，学生易执着于问题及其教师讲解的语言文字而不易透过问题和语言文字去揣摩背后的方法和观念，如同古人说的“以手指月”，这是教与学的“方式错位”导致的师生思维上的“方式错位”. 师生的思维“方式错位”恐怕是讲授法教学方式所难以避免的.

解题教学要注意学生可能的收获，第一个层次是知觉水平上熟悉定理的基本图形. 第二层次是获得方法，与之相应的是要让学习者自发地意识到构成问题的整体图形结构及其各种子结构(基本形)的关联关系！通过连续出题，让学生不断感知图形的结构，对图形结构获得知觉水平意义上的理解，同时，获得相应的解题方法. 第三层次是理解问题本质的结构特征，获得代表一类问题的题型知识即问题图式. 第四层次是更具概括性的“关于数学”的认识，领会数学问题的意义、领悟解决问题的方法及解题活动蕴含的研究数学的行为方式及价值判断.

6.3　平面几何命题视角下的解题教学

数学命题是关于数学内容判断的语句，反映了两个以上数学概念间的联系. 一般来说，数学教学意义下的例题、习题、试题皆可看作数学命题，未给出结论也可视作命题. 教材中的命题通常是指公理、几何命题、公式、法则、定理等，自然会引起教者和学习者的重视，而对例题、习题的重视的方式、角度自然与对数学命题的关注有显著的不同. 从解决问题的角度看，要注重命题的论证过程以显示其中蕴含的思想方法，这与一般的解题活动没有什么不同. 主要的差异在于命题教学更加着眼于命题的使用价值，即不仅要指出命题的条件结构、证明方法，尤其是要揭示出命题在数学理论内部节点上所处的位置，即对若干数学概念沟通联络的关联关系. 如平行四边形性质定理，这些定理分别从平行四边形外部边与边及角与角的关系显示其特征，还要从内部结构即对角线互相平分的角度显示其特征. 同时，重要的是必须指出命题在解决问题中所显示出的功能和价值，并通过例题的讲解和习题的训练来了解和巩固这一认识.

对待例题、习题的教学，教师一般多着眼于问题的结构、结论特征的估计以及对未给出结论的结果的猜测，更多地将注意力集中在解题思路的探寻上，而较之数学命题的教学，对例习题问题本身内在的理论价值和外在的使用功能价值的揭示上常常关注不够. 其原因是多方面的，特别是在有限的教学时间内，以应试为目的的解题教学为了使学生能够在短时间内接触大量题型和掌握与题型相应的解题方法，导致难以关注数学题本身蕴含的数学意义.

数学教学也是数学传统的教学，对待例题、习题的态度与方式可借鉴数学家从事数学理论研究活动和数学应用活动的方式和价值判断. 如初中平面几何中的“手拉手”问题，对这一问题的看法可有三个层次：其一，注意到该问题有特定的问题结构和结论以及解决该问题的方法，并可以就该问题进一步发问，使学习者对该问题有较为全面的认识. 如将问题看作一个三角形外有两个正三角形，同时可形成两个静态的三角形全等. 其二，通过变式，将此类问题概括为一个“手拉手”题型，并总结主要的结论，为今后解决其他以此为背景的数学题做准备. 如将问题看作两个正三角形“手拉手”即两个正三角形“共点”，同时带来两个静态的三角形全等. 其三，将本题看作“旋转+相似”结构，即两个正三角形相似，两个三角形是动态的旋转关系. 最后，要指出该问题出自“费马点问题”，将该问题置于数学家研究的数学问题情境中，显示问题提出的理论价值和应用价值以及问题解决的方式方法.

事实上，平面几何理论是结构性的，即从不定义概念(严格说，初始概念由公理隐性定义)、公理出发，依据逻辑推理获得新的命题并将已获得的命题编织成为理论体系. 历史上看，数学家研究出大量的命题，其中有价值的命题进入了理论的核心，而教材的编写只是从中选取最基本的命题进入课本中. 因此，从中学解题教学的意义上看，教材中的定理可直接用于解题活动，其他的命题不可直接作为推理的依据. 但是，若将一些非教材中的命题，或者说将教材中的典型的例题、习题视作定理，可在解题活动中极大地缩短思维的进程. 当然，应该反对对结论的机械记忆，这不仅会增加学生负担，也容易导致学生解题活动思维的僵化，这需要教师和学生的恰当理解和把握.

从一般的问题解决方式看，模式识别也是一个重要的解题策略，有助于解题者迅速有效地抓住待解问题的主要结构特征，这又需要解题者必须掌握一些基本模式，而这些模式的获得，部分源于上述讨论所指出的一些有价值的问题. 因此，将这些有价值的问题视作定理是有积极意义的. 下面几个例子可以很好地阐释这种思路.

例 6.3.1 如图 6-3-1 所示，已知等边 $\triangle ABC$，D，E 分别是 BC，AC 上的点，且 $BD=CE$，AD 与 BE 交于点 F. 求证：$\angle AFE=60°$.

对于本题，首先要完成本题的证明工作，即完成对问题的内部认识；其次，解后的反思工作除了要关注问题中条件的结构特征，重要的是指出该结论对于今后解题的意义，即将此问题视作定理，从外部的整体的视角实现对该问题的理解，从而实现知识的压缩，进而获得一个问题模式，将来在解决其他问题时该模式会以整体的面貌被解题者识别. 例如本题对于成功解决下面问题将带来好处.

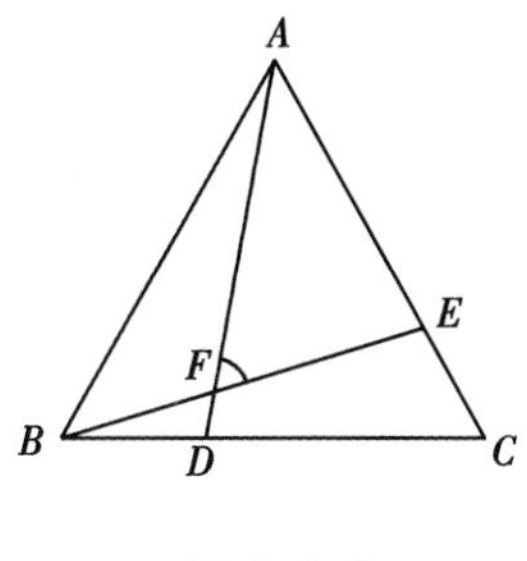

图 6-3-1

图 6-3-2

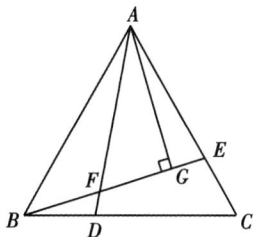

例 6.3.2　如图 6-3-2 所示，已知等边$\triangle ABC$，D，E 分别是 BC，AC 上的点，且 $BD=CE$，AD 与 BE 交于点 F，$AG\perp BE$ 于 G. 求证：$AF=2FG$.

分析该题解法时，运用“分析法”即从结论出发可以意识到问题解决的关键在于$\angle AFE=60°$，而从问题条件结构分析的角度出发，即将例 6.3.1 视为已知命题的情况下，可迅速识别出$\angle AFE=60°$，因此，可采用“顺向加工策略”快速解决本题. 这两种解题策略运用时其思维所需的容量显然是不同的.

例 6.3.3　如图 6-3-3 所示，已知等边$\triangle ABC$，D，E 分别是 BC，AC 上的点，且 $CD=2BD$，$AE=2CE$，AD 与 BE 交于点 F，连接 CF. 求证：$CF\perp AD$.

借助上一题的启发，在本题目中，由$\angle AFE=60°$出发，可迅速判断出 F，D，C，E“共圆”，此时 $DE\perp AC$ 也是一个“已知命题”，因此，可得到 $CF\perp AD$.

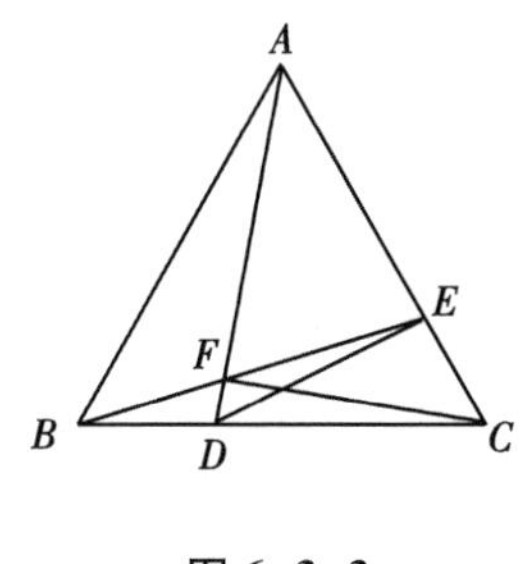

图 6-3-3

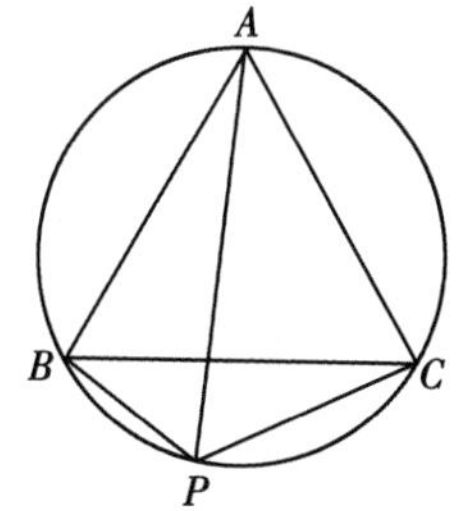

图 6-3-4

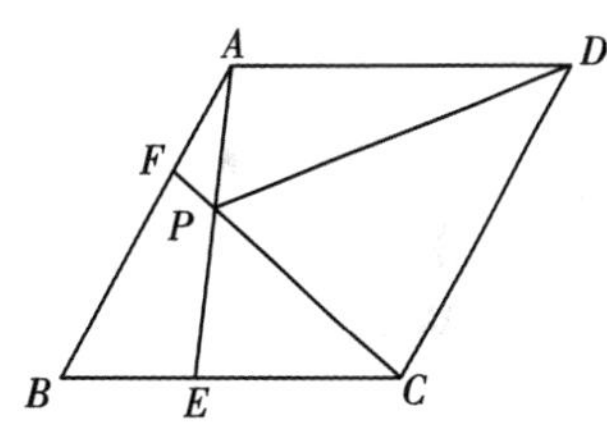

图 6-3-5

例 6.3.4　如图 6-3-4 所示，已知等边$\triangle ABC$内接于圆中，P 是 BC 弧上的一点，连接 PA，PB，PC. 求证：$PA=PB+PC$.

这是一道典型题，典型题的证明方法具有启发性，其结论也具有发展性，可以有多种变化. 换句话说，这虽然是一道练习题，对其有效掌握，可以起到定理的作用. 所以在教学中应该注意这种类型的例题、习题的教学，让学生能够以此题目为基础形成举一反三的解题能力. 本题是其背后系列问题的代表，因此，该题就具有了模式的意义.

例 6.3.5　如图 6-3-5 所示，已知菱形 $ABCD$，$\angle B=60°$，E，F 分别是 BC，AB 上的点，且 $AF=BE$，AE 与 CF 交于点 P，连接 PD. 求证：$PD=PA+PC$.

如果熟知例 6.3.1 和例 6.3.4，并将其视为一个定理或者是模式，以此模式为基础可对例 6.3.5 进行有力的识别. 将问题分为两个子结构即两个基本模式：一个与例 6.3.1 结构相同，得出$\angle CPE=60°$，另一个是进一步得$\angle APC=120°$，得到 A，P，C，D 四点所在的四边形具有与例 6.3.4 相同的问题结构. 如此，不仅有利于解题思路的迅速确定，同时由于知识组块的压缩作用可使思维过程大幅度缩减. 类似的具有很好发展性的问题很多. 其实，很多几何典型题之所以容易引起人们的关注就在于问题本身具有很好的变化性和发展性.

通过上述若干例子分析可以看出，对待例习题的教学，不仅要着眼于问题的结构、结论特征的估计以及对未给出结论的结果的猜测，更要关注例习题问题本身内在的理论价值和外在的实用价值，这对于促进学生数学能力的发展和提高教学有效性是有积极意义的.

这两个问题都是较为经典的问题，其解题方法与结果都是熟知的. 对于典型题或说名题，应尽可能地对其进行拆解，像对待定理那样从各个侧面认识它，挖掘其可能具有的结论及意义. 这是数学研究传统的方式与价值观的具体体现，一方面体现数学的文化价值，另一方面即使从数学应试的角度说，这样做也是富有效率的. 典型题及解决问题所需方法及相关知识的运用使其解题教学价值易被关注. 在此，典型题的结论作为进一步探索更复杂问题的阶梯，不妨称其为“拓展性知识”，对这样的知识也要引起注意. 如同数学推理活动的展开，定理既是前面推理所获得的结果，也是进一步推理的依据，任何一个定理都在知识的网络中具有承上启下的作用. 虽然从课程标准的角度看，概念、定理的数量是有限制的，但从解决问题的角度看，“拓展性知识”作为探索复杂问题的中间环节是极有价值的，否则，即使从工作记忆的角度讲，缺少经过有力概括的“拓展性知识”也会给思维活动的流畅性和有效性带来困难.

上述分析意在强调从数学命题教学的角度关注一些有价值的例题、习题，重在分析数学题的条件结构和结论所形成的整体理解，以促进学生解题能力的提升. 需要指出的是，一些可视为定理的题目如同定理的学习一样不能理解为简单的记忆，只记结论是难以在变化的问题情境中得到有效运用的，只能通过解后反思挖掘其本质特征再进行变式练习或开展研究性学习活动来获得. 因此，选择好的题目进行研究是解决“题海战术”低效学习的有效方法. 对于好的几何题目的辨别需要教师具备较高的学科理解水平，如理解平面几何是研究几何变换下不变性和不变量问题的学科，那么一道几何题如果具有较为一般的条件而结论反映的是问题结构中不变的性质和不变的量的关系，则视该问题为较好的问题.

6.4 元认知提示语在平面几何解题教学中的运用

在学习了解题方法与解题策略之后，大多数学生在策略的运用方面，包括例题的变式、习题的演练以促进自己的已有问题图式扩展等，所取得的学习效果却并不明显. 在实际练习过程中运用策略和实现对问题达到真正的理解是困难的. 实际解题活动中时常出现学生无法识别问题的整体情境并选择合适的解题方法以及拟订合理的解题计划，或是采用解题方法无法完成解题活动时不能够通过对自身解题活动的监控做出调节以改变解题路线的情况. 个别学生在一个复杂的几何图形结构中识别不出基本形的存在，无法看出基本形之间的组合关系.

学生已经掌握了几何的基本概念、命题和一定的推理能力，特别地，学生即使已经熟悉了解题方法和解题策略，在实际解题活动中却常常出现解题活动受阻的情况. 其原因在于解题活动中没有有效地拟订计划、执行监控和运用调节，即无法在解题活动进行的同时有效地使用元认知策略.

波利亚在他的著作《怎样解题》中给出过许多提示语，都属于元认知的范畴. 教师要善于使用元认知提示语并帮助学生内化为属于他们自己的提示语，使得学生在解题时也能善于运用提示语，这是提高解题元认知能力的有效途径. 波利亚在《怎样解题表》中提出的提示性问题除了具有普遍性外，它们也是自然的、简单的、显而易见的. 这些问题总是劝告你去做此时你该去做的合乎情理的事，而对你正要解决的特定问题并没作出具体的提示，“如果问得是地方，是时候，就可能引出好的答案，引出正确的想法，或一个能够推动解题进程的合宜的步子”. 波利亚提示语的常识性、普遍性，使得这些提示性问题对学生的帮助并非强加于人的. 通过教师的提示语，学生也可以模仿地提出类似的问题.

在各种不同的问题情境下，如果学生以各种不同的方式反复用同一个提示语追问自己，就很容易引起同样的思维活动，从而利于形成一种思维习惯. 如果同一个提示语反复地对学生有所帮助，那么他就更会注意到这个提示语，从而在类似的情况下不断地运用这个提示语. 学生如能获得一次诱导出正确念头的成功机会，通过这样的成功体验，学生就会逐渐真正领会它.

这些常识性提示语的外在语言形式似乎很普通，大多数学生对此都不能给予特别的关注. 即使对于善于解决问题且已经拥有这些自我提示方式的学生来说，他们往往不注意用明确的意识和外部语言来表达他们所获得的元认知提示语及其在解题意义下的价值. 因此，一方面学生需要学习运用波利亚的元认知提示语，培养良好的解题活动中运用元认知提示语的习惯；另一方面学生还应当从自己的体验中提炼和总结自己在解题监控中的经验和体会，形成能够使自己受用的元认知提示语. 比如有一些学生就很善于运用自己的提示语：“做这道题之前首先我应该先干什么”，“通过已知条件我觉得应该还能转化出一些隐含条件”，“解题之前我应该先把问题分析清楚再动笔”，“这道题解完之后我应该再总结一下，里面可能隐藏着一些数学思想方法”，等等. 学生在运用提示语的过程中自身的元认知知识会不断丰富，元认知体验会越来越深刻，从而促进学生自己提炼出更加适合自己的提示语，此时学生解题能力就会有本质上的提高.

在平面几何解题活动中，问题的正确解答需要基本概念、基本命题、一定的解题方法和策略作为前提条件. 具体落实到平面几何问题的解决上往往需要通过对问题整体情境的认知、基本形的识别以初步拟订合理的解题计划. 执行解题计划过程中，对于简单问题通常都能够顺利解答，而对于较难问题，解题活动往往涉及知识与方法的综合运用，这就需要学生有能力捕捉到推理活动出现的异常情况并分析问题出现的原因，即执行计划的同时需要有效地使用监控策略. 异常情况的顺利解决通常来源于学生已有的问题图式与当前问题的合理匹配和识别，即察觉异常后能够根据当前问题的情境开辟新的解题路径. 概括地说，学习几何解题不仅关系到基础知识、基本方法，还包括自我监控策略、计划策略和调节策略的运用，即离不开元认知策略的使用.

E. 加涅认为，教师要使用弱的策略来帮助学生获得专业领域内强的策略. 解题教学中教师的启发性语言的有效性取决于学生的接受水平，教师的提示语要保持在学生思维的“最近发展区”之外，引导学生的思维度过最近发展区. 教师要站在元认知策略运用的立场上引导学生解题思维的向前推进.

教师的提示语指向性过强易变成指令，从而成为学生完成某种特定思维动作的祈使句，这就不具有启发性了. 很多教师常采用“问题串”启发学生的思维，指引思考活动的进行方向，这样的“问题串”本身能否被学生内化为可运用的思维方式是值得注意的. 反之，提示语指向性过弱则使学生不知所云而不知如何展开进一步的行动. 恰当的提示语要体现出元认知的特性，促进学生进行自我监控和自我调节，即有助于学生反观自身，从自己的思维状况出发去分析解题的方向并确定所应该采取的技术动作，而不是使学生的解题思维按照教师指引的方向前进.

因此，教师的提示语应该是元认知提示语，即以对思维的监控、调节为出发点和归宿，并有利于学生内化为今后自己可使用的提示语.

例 6.4.1 如图 6-4-1 所示，已知$\triangle ABC$中，$AB=AC$，$\angle A=90°$，BD平分$\angle ABC$交AC于D，作$CE\perp BD$于E. 求证：$BD=2CE$.

已知条件能告诉我们什么？角平分线告诉我们什么？看看图形，我们是否做过类似的题？想证明结论成立需要知道什么？如何将结论中的$2CE$表示出来？

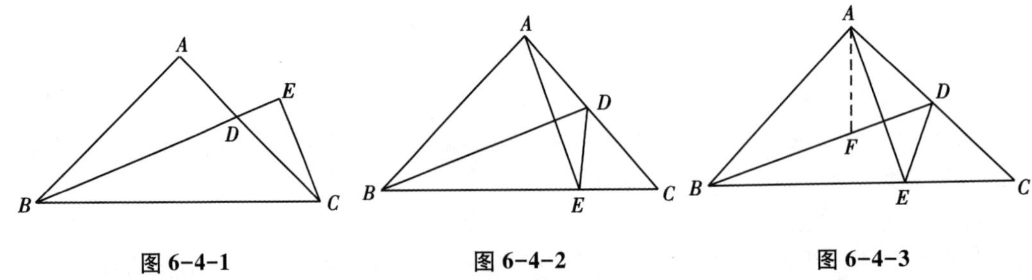

图 6-4-1　　图 6-4-2　　图 6-4-3

例 6.4.2 如图 6-4-2 所示，在等腰 Rt$\triangle ABC$中，$\angle BAC=90°$，点D是边AC的中点，且$AE\perp ED$交BC于E，连接ED. 求证：$\angle ADB=\angle CDE$.

教师的启发性语言表现为“发问”：已知条件告诉我们什么了？图形是怎么生成的？根据这两个角的位置，要想证明这两个角相等目前有什么办法？教师概括学生的说法并继续启发，一般来说，需要把它们放在两个三角形里，观察图形，放在哪两个三角形里？经观察可知，没有现成的两个全等的三角形可利用，那怎么办？对此，以往采取的是什么办法？是构造两个三角形，即留住一个，改造一个，当然，也可能两个都改造. 观察图 6-4-2，考虑一下，保留哪个？改造哪个？在改造过程中，需要注意什么？比如待求证的两个角不能动，已知的两个线段相等$AD=DC$不能动，那只能是作$\angle DAF=\angle C=45°$了，见图 6-4-3，余下略.

在解题教学或个别辅导时，教师使用元认知提示语的目的在于用较弱的策略帮助学生唤醒对相关知识的提取，特别地，推动学生在思维活动中增加数学思想方法运用的可能性，即引导学生注意调取相关知识时所面临的情境及所作出的判断和所采取的行动. 针对不同学生面对不同问题所表现出的思维水平(现象)，教师的提示语要注意保持与之相应的“临近关系”，这是教师学科素养和教学水平的集中体现.

另外，也要注意到有这样的提法——“推迟判断”和“不得提示”，教师若能判断出一道题的教学价值较高，可以不提示、不讲授，给学生留有较充分的时间(或利用课余时间)进行充分的酝酿.

心理学关于问题解决理论中有“酝酿效应”一说. 当反复探索一个问题的解决而毫无结果时，把问题暂时搁置一段时间，如几小时、几天或几个星期，然后再回过头来解决，反而可能很快找到解决办法. 这种现象称为酝酿效应. 在酝酿期间，个体虽在意识中终止了解决问题的思维过程，但其思维过程并没有完全终止，而仍然在潜意识中断断续续地进行着. 通过酝酿，最近的记忆和已有的记忆被整合在一起，弱化了心理定势的效应，并容易激活比较遥远的思维线索，因而容易重构出新的事物，产生对问题的新看法，使问题得以顺利解决.

显然，从教学角度看，一道题的完成，其目的在于学生能否独立发现解题思路(解题策略的合理运用)，是否获得了新的方法(获得高级规则)，是否对某些知识建立起新的恰当的表征而重组了认知结构，是否带来自信等因素. 因此，教师要“推迟判断”甚至是“停止判断”，创造条件给学生一个“酝酿”的机会，使其认知结构得到重建，这需要教师有过类似的解题经历.

案例：利用元认知提示语辅导学生解几何最值问题

一名初三女生对几何最值问题的求解表示困惑，教师让她带来几道她做不出来的作业题.

教师问平面几何最值问题就结论而言有哪些类型？我们手头上现有哪些工具(定理)和手段(方法)？

教师与学生共同总结几何最值问题的知识与方法：

① 就线段而言有“两边之和大于第三边”、“两点间线段最短”、“垂线段最短”、直径是最长的弦，或考虑动点轨迹求动点到定点或定直线的距离的最值，或利用代数方法表示出来再利用配方法，等等. 就纯几何方法而言，主要是局部图形的变形，特别地，将折线“捋直”，或将封闭的三角形掰成折线再“捋直”，也可利用三角知识等实现代数表示再利用二次函数等代数知识计算.

② 面积最值问题可考虑高或底边或利用等底等高实现转化，注意平行线间的距离处处相等. 对于直角三角形，可利用两直角边乘积考虑问题.

③ 关于角的不等式问题在初中似乎不多，简单的问题常采用外角定理(推论).

学生出示一题.

例 6.4.3　如图 6-4-4 所示，已知 $\angle BAD=120°$，$\angle C=60°$，$\angle B=\angle D=90°$，M，N 是线段 BC，CD 上的点，当 $\triangle AMN$ 周长最小时，求 $\angle AMN+\angle ANM$ 的值.

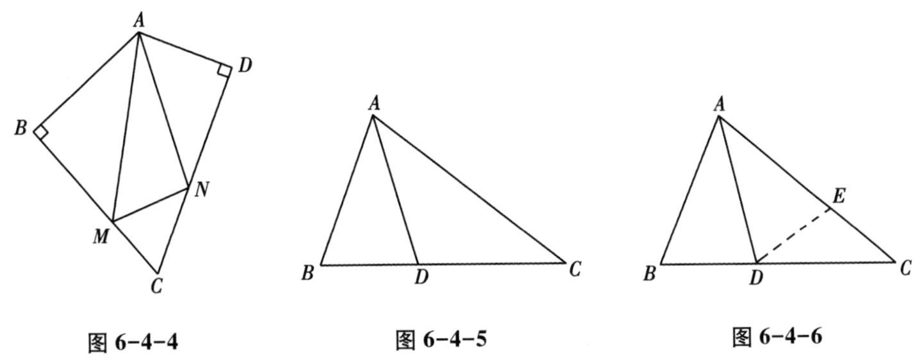

图 6-4-4　　图 6-4-5　　图 6-4-6

教师并没有直接回答她的问题，而是让她先看这样一道题.

例 6.4.4　如图 6-4-5 所示，已知 $\triangle ABC$ 的角平分线为 AD，且 $\angle B=2\angle C$. 求证：$AB+BD=AC$.

该题是学生解决过的，所以她很快给出了正确的解答，见图 6-4-6. 但她在解法中的叙述有两点不足：首先，关注于细节过程表达，着重说了“全等”“角”和“线段”的“截取”“相等”“二倍”，对“角平分线”所带来的“对称”认识不够，其认识仍局限于全等三角形范围，没有将认识提升至轴对称变换水平；其次，未能突出思路的基本动机，即对“(折线段)线段相加”的处理方法缺少解决的方法性认识，其思维活动缺乏概括性，没能体现出解题思维层次中的“一般性解决”层次.

教师：根据角平分线有“对称性”，可使左右两边互相“翻折”(反射变换).

教师的意思是顺着女生的解题思路而言的，故先讲角平分线的对称性. 再次，最为重要的是翻折的动机，即需要将折线“捋直”，即将 $AC-AB$ 转化为 $AC-AE$，见图 6-4-6. 或将 $AB+BD$ 转换为 $AB+BE$，见图 6-4-7，这是学生解法的动机. 该生可能以前做过此题，或听到老师讲述过，但“角平分线可翻折”和“折线段”的处理方法是她没有主动运用的，因为她设辅助线的方法是“作 $\angle ADE=\angle ADB$”，显然“动机”不是很简明有力. 教师的启发与讲授的着力点：一是突出折线的处理的一般性方法是“捋直”，捋直后才好比较大小与是否相等；二是实现的手段是(角平分线引起的)“翻折”.

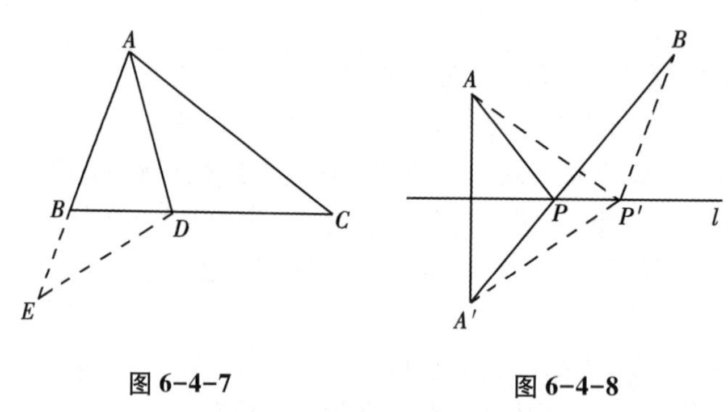

图 6-4-7　　图 6-4-8

教师又举一例.

例 6.4.5　已知直线 l 一侧有两定点 A，B，在直线 A，B 上找一动点 P，使得 $PA+PB$ 最小.

学生也很快作答，如图 6-4-8 所示.

教师问，这两道题的问题与解法的共同特点是什么？对于解决你那道题有什么启示？最后，指出本题体现的是费马光学最小作用(用时)原理.

经过一段时间的交流，学生解决了最初那个问题，如图 6-4-9 所示 . 其间，教师问她为什么“掰开” AM 和 AN，而不是 AN 和 MN?

这里也有 AM 和 AN “对称”的意思，何况那左右两个直角本身就是“对称”的.

最后，强调封闭图形线段求和的处理就是先掰成折线再“捋直”，实现这一转换(保持相应线段的相等，即运动不变性)的手段与方法是角平分线与垂直的对称性带来的翻折，“垂线”就是平角的“角平分线”!

学生又问一题.

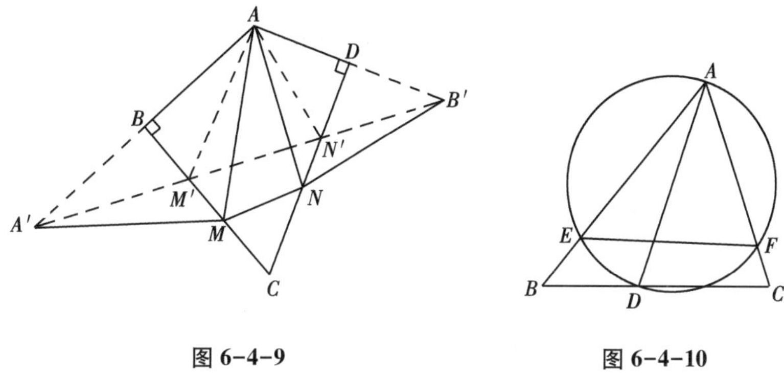

图 6-4-9　　　　图 6-4-10

例 6.4.6　如图 6-4-10，已知△ABC 中，$\angle BAC=60°$，$\angle B=45°$，$AB=2\sqrt{2}$，以 AD 为直径的圆交 AB，AC 于 E，F，求线段 EF 的最小值.

教师问：这道题求什么？

学生答：求 EF 的最小值.

教师又问：EF 与什么有关？

学生答：与 AD 有关？

教师再问：具体什么关系？

学生答：我会了.

教师接着问：听我说什么你就会了？你以后就像我这样自己问自己就行了.

教师的提问实质是元认知提示语的运用，通过这一问可以唤起学生相应的知识、方法和解题策略，学生顺着教师的提问而组织起上述知识、方法和策略，即教师的问里含有思路，学生顺着教师的问而踏上了解题思路. 然而，此思路是教师的问铺就的，此时，如果学生仅仅满足于问题的解决，她就不会在意教师的问的价值. 如果学生能惊异于教师如此寻常的一问就可解决问题，那她就可以由此转向对自己的内心即自己的思维活动过程本身的关注，即学生学会了元认知的运用.

教师提供的例 6.4.4 本身就是元认知提示语，学生解例 6.4.4 时未能注意教师借助例 6.4.4 对求解例 6.4.3 所需数学思想方法的“显示”.

6.5　平面几何题组设计

对于几何解题教学而言，无论是例题的设计，还是作业题的组织，题组设计(教学)是需要首先考虑的问题. 题目的编排方式是多样的，有的是按照题目的难易程度安排，有的是将一道难题进行拆解，层层推进. 每组题目设计的目的是为了实现若干预设的解题教学目标.

6.5.1　平面几何题组设计的理论依据

6.5.1.1　APOS 理论

美国数学教育家杜宾斯基(Dubinsky)等提出一个关于高等数学概念教学的 APOS 理论模型. APOS 理论将数学概念的学习过程分为四个阶段：操作(action)阶段，程序(process)阶段，对象(object)阶段，图式(scheme)阶段. 借用 APOS 理论尝试从一个侧面说明平面几何题组设计所遵循的依据.

操作阶段. 具体来说，所谓“操作”就是动手实践或在思维层面上对某一数学对象实施某些数学动作. 简言之，就是以一些简单的数学规则或已经形成的基本技能去操作数学对象，并且这样操作具有某种重复性. 上述具体行为过程就是操作阶段，需要注意的是操作阶段是展开后续系列思维活动的前提条件，如果没有操作阶段，后续的对象化(反省抽象)思维就缺少必要的基础.

程序阶段. 程序阶段是学生对外在操作活动或内在思维活动不断概括、整合的过程. 当“操作活动”经过多次重复而被个体熟悉后，外在的物理(肢体)操作就可以内化为一种叫作“程序”的心理操作，该“程序”是对内化后的表象所进行的心理操作. 由于表象本身具有概括性，因此，此时个体不必通过外部刺激就可以进行的表象操作就表现为内化压缩的特征，这是一个“缩略”成“序列”的过程，即去除每一次操作中的无关差异，逐步显现出不变的本质特征，进一步还可以对这一程序进行逆转以及与其他程序进行组合等活动.

对象阶段. 将先前的程序活动视为整体，进行对象化审视，此时便进入了对象阶段. 当然从程序到对象的过程，有时很自然，不需要在程序的基础上做太多额外的内化工作. 有时由于程序本身的抽象程度较高，就需要不断循环由“操作”到“程序”这样一个过程. 这里的循环不是简单的重复，而是循序渐进，一步一步加深对程序的理解. 但无论是简单还是复杂，“程序”一定是被反复主动运用才有可能压缩为对象. 对象化活动的结果就是将动态的过程压缩为静态的结构化的新的认知结构即形成问题图式.

图式阶段. 图式是有关联的认知结构. 将对象化后的结果即所形成的问题图式纳入到学习者原有的认知结构中，学习者就获得了更高级的问题图式. 当然，还伴随有知识和方法的获得引起的学生认知结构的积极变化.

6.5.1.2　APOS 理论在平面几何题组教学下的意义

平面几何题组教学是教师在几何解题教学中常用的一种方法，在此，尝试将 APOS 理论迁移至平面几何题组教学活动中，运用 APOS 理论阐释几何题组教学含义，这将有助于明确几何题组的设计原则及教学策略.

(1)题组的完成

在几何题组教学中，“操作”这一活动在整个题组教学中占主要地位，具体来说就是利用已有的或是新获得的几何知识进行解题活动. 在 APOS 理论下的“操作”，是学生按照事先已编排好的题目进行解题. 此时的解题，不单是需要完成题目，理想的情况是还需在此基础上清楚地意识到解题的思维过程，包括解题时是如何审题、如何发现解题思路、如何拟订解题计划等一切在解题活动中发生的思维活动. 这是 APOS 理论下“操作活动”的应有之义，是后续反思的必要基础.

(2)解题思维活动的缩略

在几何题组教学中也存在思维过程的压缩问题. 在几何题组教学中，如果题组是按知识点编排分组的，其教学目的就是对知识点的更好的掌握和利用，如果想获得某种证明方法，需在题组的训练中概括出相应的证明方法. 如果想认识一个复杂的图形结构，只需概括出图形结构中的基本形及其关联方式. 在 APOS 理论下题组训练过程中需要学生压缩什么内容是设计题组需要预先考虑的关键. 教师引导学生对题与题之间关系的揭示是促进整体解题思维活动压缩的基础.

(3)对象化思考

在几何题组教学中，学生成功解决最初几题，说明学生于先前已经获得一些知识与方法或基本形和题型. 在本次解题时能够完成后续问题并转过身来将解题的思维过程视作对象，即将相应的概念、定理知识、基本形及其组合、解题方法等当作对象来考虑它们在做题过程中的运用过程. 在 APOS 理论下新的基本形的获得和运用与直接运用已获得的基本形、方法等是不同的，在评价学生的解题活动中需要着重区分开.

在 APOS 理论下的“对象”是上一步骤压缩的内容，将对象化的初步结果运用在随后的解题活动中，并逐步对其去除和添加新的内容，使学生不断在心理上对其精细化，最终完成对象化.

(4)形成问题图式

问题图式在平面几何题组教学中内涵是丰富的，可以是完成整个题组教学后以系列问题为中心的概括，还包括知识点运用的领悟，也可能是对于某种证明方法的各种运用，又或是对于某个难题结构拆解的思维顺序.

心理学研究表明，问题图式有两种不同的类型：一种是以问题的深层结构为核心的问题图式，另一种是以问题的表面特征为主题的问题图式. 有研究发现还有其他的问题图式，如“以一般解题方法为核心的问题图式”和“以基本图形为核心的问题图式”. 如可以用“倍长中线”“截长补短”等方法概括问题类型形成问题图式. 以“手拉手”“双垂图”概括成问题图式在初中几何教学中较为常见.

APOS 理论在几何解题教学中的运用启示，学生问题图式的获得自然不是经过一次的反省抽象即对象化就可完成的，而是要经历多次这样的过程，同时，还要将所获得的基本形放在更复杂的图形结构中. 这些都要不断进行 APOS 这四个过程，使得学生对基本形及其组合的辨识能力越来越高，问题图式压缩度也越来越好，如此循环中，问题图式的内容层级结构会越来越丰富. 见图 6-5-1.

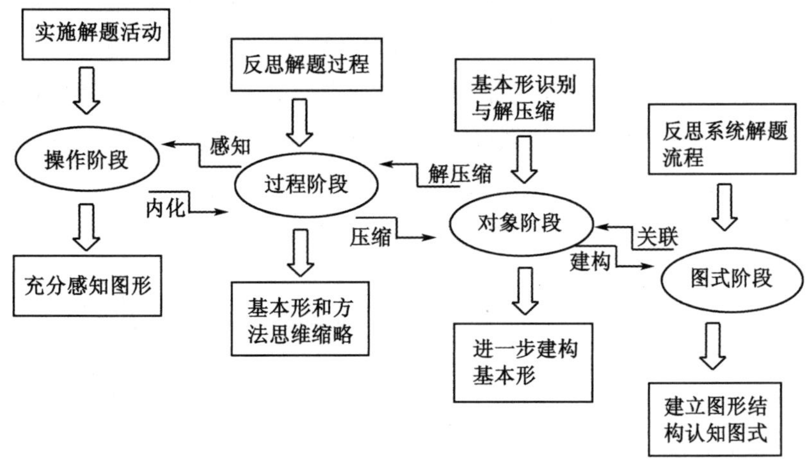

图 6-5-1

6.5.1.3　平面几何教学题组设计的一般原则

以基本形及其语义的获得为例来阐明平面几何教学题组设计的一般原则.

第一，突出基本形原则. 题目设计的意图是突出基本形及与基本形相结合的基本语义. 每道题目都是从不同的角度去反映基本形，是给学生在“过程阶段”全面抽象出基本形及其基本语义提供素材的. 基于这一原则，教师进行题组的设计时，题目的难度要适中，否则，题目较易会导致学生难以获得思维的方法，题目过难不利于对基本形的充分感知.

第二，图形与语义紧密结合原则. 所谓“语义”是指附着在基本形上的相关知识，几何中的概念、定理都对应着典型的图形. 一般而言，一个命题可以对应若干基本的图形；反之，一个图形自然也对应多种命题. 解题时，解题者需要在复杂的图形中辨别出条件所对应的基本图形，而看到基本图形需要唤醒相关的几何含义，这就要求将图形与语义紧密结合起来. 这一原则要求对所做题目的思维过程进行反思，反思活动一般从两个方面进行：首先，观察题组中的图形结构，看出系列图形都具有共同蕴含的基本形结构；其次是结合每一题的问题结构，反省各个题目的证明过程，从而发现基本形背后的基本语义之间的关联方式，再进一步完成基本语义与基本形的结合过程. 基于这一原则，教师需要注意的是，首先要让学生自己完成基本形和基本语义的压缩，不能直接告知图形中的基本形含有什么基本语义. 学生自己探索的过程实际上是充分感知图形的过程，同时也是对基本形和基本语义的结合达到直觉水平不可缺少的一个环节. 其次，教师在恰当的时候需要给学生提示，利用元认知提示语给学生“指引”反省抽象的方向.

第三，问题图形结构复杂程度递进原则. 这一原则要求将基本形置于别的图形结构中，并按照问题图形结构复杂程度的梯度设计一组几何问题. 学生利用基本形结合基本语义及其所获得的结论去“拆解”问题的复杂图形结构，从而使整个证明过程得到简化. 基于这一原则，学生可以通过基本形的寻找和其本身结论的运用使基本形和其基本语义结合得更加紧密，从而完成“基本形与其基本语义结合”的对象化.

第四，构建问题图式原则. 这一原则要求学生要建立围绕基本形的稳定的认知框架，形成问题图式，并且可以同先前所做过的几何题相联系以形成更大的问题图式.

上述分析是围绕基本形及其语义的获得而展开论述的，也可以题型知识的获得或者方法性知识的获得为主线进行题组设计，所遵循的原则与上述原则一致.

具有模式一致的问题因其知识主题的不同而散落在不同的学习阶段，这就要求教师将该模式的本质按知识主题的不同次第展开，对同一模式反复着力使学生获得模式并学会运用模式.

在开始学习三角形内角和定理时，可安排“射影定理图”(“双垂图”)来设计问题，见图 6-5-2，使学生熟悉图形并获得如$\angle BAD=\angle C$这样的结论. 再进一步加入$\angle ABC$的平分线，见图 6-5-3，求证$\angle AEF=\angle AFE$.

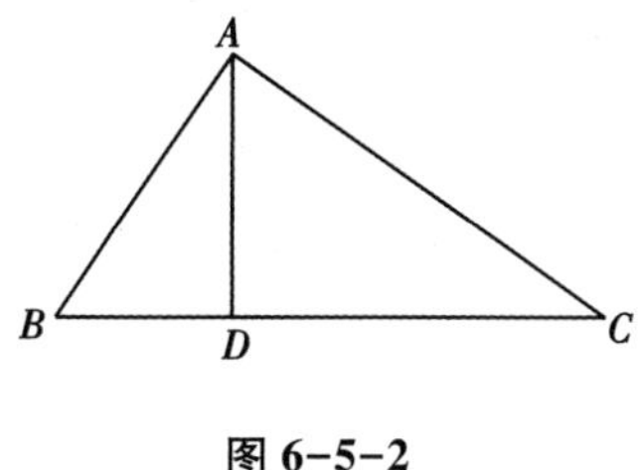

图 6-5-2

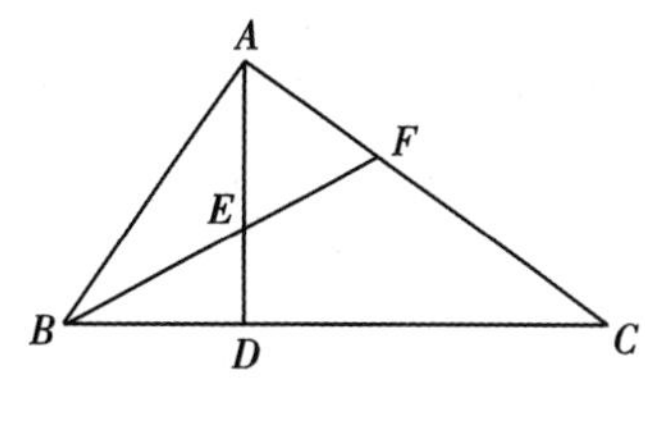

图 6-5-3

学完等腰三角形知识后可求证 $AE=AF$，或添加已知条件：过点 B 的直线与高 AD 和边 AC 分别交于 E，F 两点，且 $AE=AF$，求证 BF 平分 $\angle ABC$. 在学完平行四边形基础上进一步添加条件 $EG /\!/ BC$，见图 6-5-4，求证 $AF=CG$. 学完菱形后可加条件 $FG \perp BC$，连接 EG，见图 6-5-5，求证四边形 $AEGF$ 为菱形，等等.

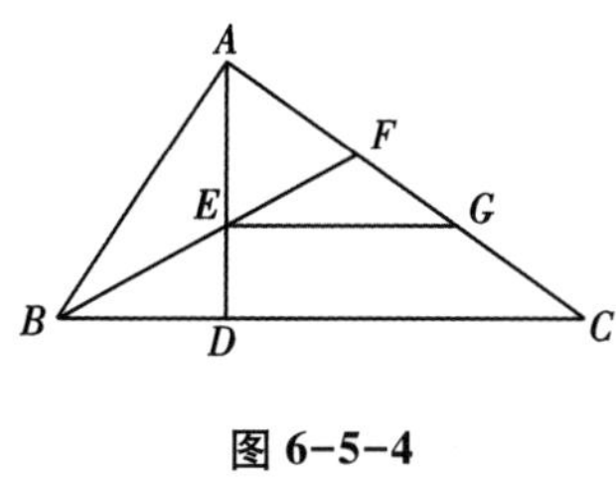

图 6-5-4

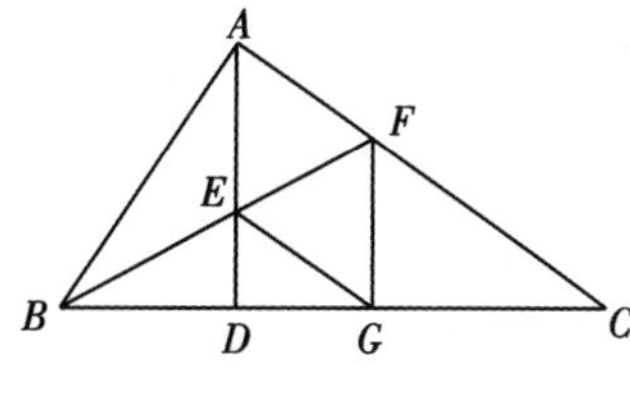

图 6-5-5

教师对几何知识既要有宏观的理论框架的认识，还要清楚几何定理次第展开的内在逻辑，以此为背景来审视习题发展性的变化规律，在日常的几何命题教学和解题教学中有意识地逐步呈现其发展过程，以此帮助学生获得有层次的问题结构所形成的问题图式.

先前在“几何题的拆解”“模式识别和几何题型概括”中所列举的例题中的部分问题在教学过程中并不是在一节课或一个知识主题下完成的，因此，不仅要关注每一道题的教学目标及其实现，还要注意在一个阶段内系列问题的教学目标及其实现.

6.5.2　基于 APOS 理论的“角平分线+等腰三角形”题组设计及其分析

6.5.2.1　角平分线定理基本形的题组设计

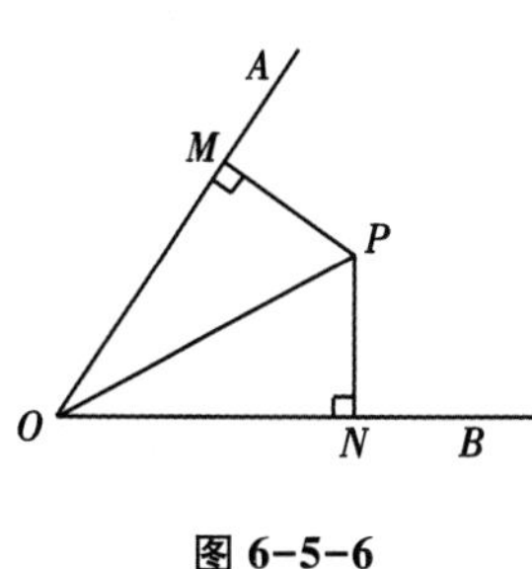

图 6-5-6

例 6.5.1　如图 6-5-6 所示，已知 OP 平分 $\angle AOB$，作 $PM \perp OA$ 于 M，作 $PN \perp OB$ 于 N. 求证：$OM=ON$.

图 6-5-6 所示的图形是一个重要的基本图形，该图形承载着角平分线的性质与判定定理的语义，也是构成复杂图形结构的基础. 因此，应该围绕该基本形设计问题以帮助学生从各个角度去认识该基本形. 该问题图形与角平分线性质定理图完全一样，条件也相同，只是结论作了一点改变.

例 6.5.2　如图 6-5-6 所示，已知点 P 在 $\angle ABO$ 的内部，作 $PM \perp OA$ 于 M，作 $PN \perp ON$ 于 N，且 $OM=ON$，求证：OP 平分 $\angle AOB$.

该问题是对“角平分线的判定定理”所作的改编，目的是使学生加深对基本图形知觉上的识别能力，并使学生对“附着”在图形之上的判定定理与该问题条件和结论的语义作细致的辨别. 还需注意的是两个角相等的判定方法是两个垂线段相等而不同于七年级判别角平分线的方法了.

例 6.5.3 如图 6-5-6 所示，已知 OP 平分 $\angle AOB$，作 $PM \perp OA$ 于 M，作 $PN \perp OB$ 于 N，且 $OM=5$，$PN=2$，求 $\triangle OPN$ 的面积.

该问题是基于“角平分线性质定理”，对角平分线两边的三角形是全等的这一对称性的设计，目的是进一步加强对基本形知觉上的识别能力，让学生对图形中的对称性与角平分线的性质定理以图形为载体连接在一起，进一步丰富基本形背后的语义.

例 6.5.4 如图 6-5-7 所示，已知 D 是 $\angle BAC$ 平分线上的一点，$DE \perp AB$ 于 E，$DF \perp AC$ 于 F，下列结论中不正确的是（　　）.

A. $DE=DF$　　　　B. $AE=AF$

C. $\triangle ADE \cong \triangle ADF$　　　　D. $AD=DE+DF$

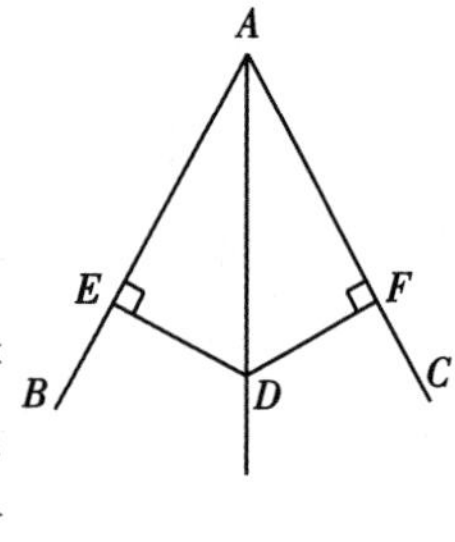

图 6-5-7

该问题是利用“角平分线性质定理”设计的一道综合性的选择题，目的是再一次强化学生对基本形在知觉水平上的识别能力，虽然没有新的内容放入基本形，但是却有促使学生进一步加强角平分线性质定理的“对称性”与图形结合的作用.

6.5.2.2　角平分线定理基本形置于其他图形之中的题组设计

例 6.5.5 如图 6-5-8 所示，在 $\triangle ABC$ 中，$\angle C=90°$，$AC=BC$，AD 平分 $\angle CAB$ 交 BC 于 D，$DE \perp AB$ 于 E，若 $AB=6\text{cm}$，则 $\triangle DBE$ 的周长是________.

将角平分线的基本形置入更复杂的图形中，其中基本形的寻找和确认是需要训练的. 该题目是将角平分线基本形放入等腰直角三角形中并利用角平分线的性质定理设计的题目，其中图形的结构是将基本形的角两边的射线变成了线段并置入一个三角形中. 问题的已知和求证与角平分线的性质定理相联系，意在培养学生通过已知条件或求证、结合题目图形发现基本形的能力.

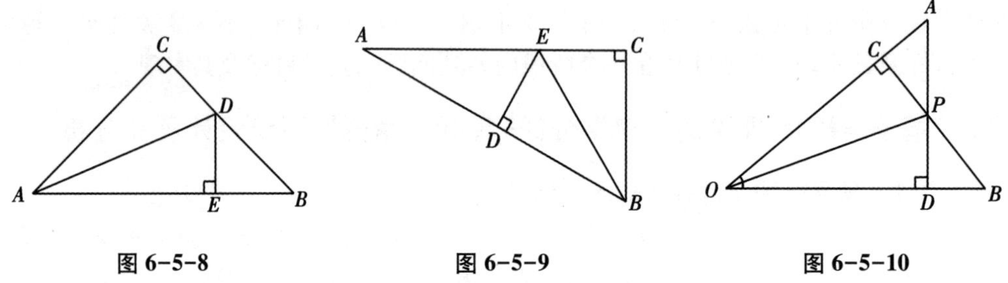

图 6-5-8　　图 6-5-9　　图 6-5-10

例 6.5.6 如图 6-5-9 所示，已知在 $\triangle ABC$ 中，$\angle C=90°$，点 D 是 AB 边的中点，$AB=2BC$，$DE \perp AB$ 交 AC 于 E. 求证：BE 平分 $\angle ABC$.

该题目中的基本形反映的是角平分线判定定理相应的图形结构. 在图形结构上此题与例 6.5.5 的区别在于把角平分线这个基本形放在了右下角的位置，给学生识别出基本图形造成一定困难. 在已知条件方面，给出的关于基本形的语义只有垂直，要求证的结论是平分角. 该题的目的是让学生从结论出发，反向思维，主动去寻找角平分线判定定理的相关语义，加强学生从已知和求证中寻找基本形相关语义的能力.

例 6.5.7 如图 6-5-10 所示，$AD \perp OB$，$BC \perp OA$，垂足分别为 D，C，AD 与 BC 相交于点 P，若 $PA=PB$，$\angle A=\angle B$，则 $\angle AOP$ 与 $\angle BOP$ 的大小关系是________.

该题目中的基本形反映的是角平分线判定定理相应的图形结构. 图形的外部结构由一个三角形变成了两个直角三角形的组合，角平分线的基本形较好地隐藏在整体的图形中，为学生从知觉水平上识别出基本形提供尝试的机会. 问题结构同样只给出垂直，并未直接给出平分角这一结论，只是要求判断 $\angle AOP$ 与 $\angle BOP$ 的大小关系. 该题目的设计目的是通过加大辨识基本形及角平分线判定定理的难度，帮助学生进一步加强在复杂情境中辨识基本图形与角平分线判定定理语义结合的能力.

该题组中三道题的图形结构变得越来越丰富，虽然图形结构已相对复杂，但并未破坏基本形的完整性，识别出基本形后的整个证明的难易度基本相同. 本题组的设计目的是培养学生在稍复杂的图形中识别出基本形的能力，同时避免证明步骤过多而分散学生的注意力，影响解后的反省抽象.

6.5.2.3　角平分线定理基本形中缺一垂线段的图形的题组设计

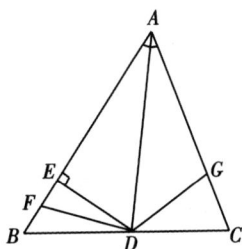

例 6.5.8　如图 6-5-11 所示，AD 是 $\triangle ABC$ 的角平分线，$DE \perp AB$，垂足为 E，$DF=DG$，$\triangle ADG$ 和 $\triangle AFD$ 的面积分别为 39 和 50，则 $\triangle EDF$ 的面积为(　　).

A. 11　　B. 5.5　　C. 7　　D. 3.5

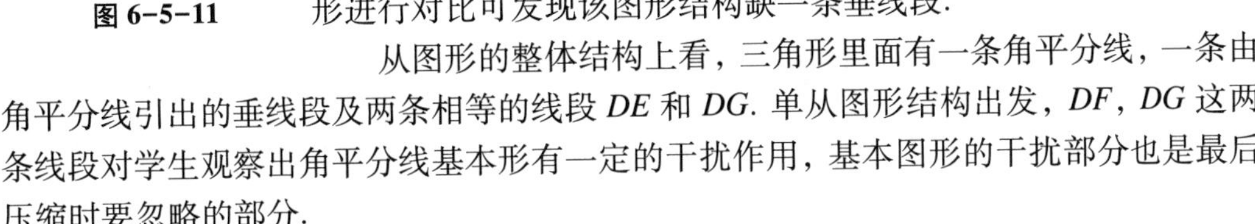

图 6-5-11

本题设计的教学目的是希望学生能够辨认缺一条垂线段的角平分线基本图形，从而获得引辅助线的“完形”方法. 学生容易发现这里面有角平分线，进一步根据已获得的完整的角平分线基本形进行对比可发现该图形结构缺一条垂线段.

从图形的整体结构上看，三角形里面有一条角平分线，一条由角平分线引出的垂线段及两条相等的线段 DE 和 DG. 单从图形结构出发，DF，DG 这两条线段对学生观察出角平分线基本形有一定的干扰作用，基本图形的干扰部分也是最后压缩时要忽略的部分.

第一个已知条件是角平分线，这一敏感度很高的基本语义对于已经完成第一组、第二组题目的学生来说是一个很好的语义刺激源. 此时，学生脑海中会浮现出角平分线的基本图形，再审视题目中的图形，基本形和其背后的语义已经以一个对象的形式显现出来，学生会很自然地想到添加一条垂线段“完形”.

例 6.5.9　如图 6-5-12 所示，已知 AE 平行于 BF，$\angle BAE$ 的平分线 AC 交 $\angle ABF$ 的平分线于点 C，过点 C 作 AB 的垂线交 AB 于点 D，已知 $CD=2$，则平行线 AE 和 BF 间的距离是________.

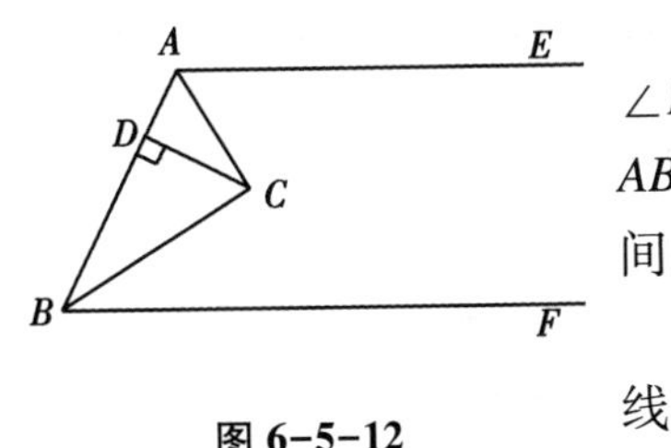

图 6-5-12

从图形结构来说，背景图形即第一层图形是两条平行线，第二层图形里存在两条角平分线. 这些都是对学生观察出角平分线性质定理基本图造成一定干扰的因素. 已知条件点出了角平分线这一基本语义，加上一条垂线段，再结合前面一题已经出现了缺一条垂线的情况，学生不难想到角平分线基本图形，但问题的难度在于学生是否能作出两条垂线段. 如果突破了这个难点，作出了两条垂线段，引出垂线段相等这一基本语义，这个问题就解决了.

例 6.5.10　如图 6-5-13 所示，已知 $\angle ABN=\angle CBN$，P 为 BN 上的一点，并且 $PD \perp BC$ 于 D，$AB+BC=2BD$. 求证：$\angle BAP+\angle BCP=180°$.

本题的图形结构不复杂，从观察出基本图形并作出辅助线(垂线段)来说，并不比前两题更难. 但条件 $AB+BC=2BD$ 的几何意义不易辨别，待作出辅助线后，情况会得到好转.

例 6.5.11 如图 6-5-13 所示，已知 $\angle ABN=\angle CBN$，P 为 BN 上的一点，并且 $PD\perp BC$ 于 D，$\angle BAP+\angle BCP=180°$. 求证：$AB+BC=2BD$.

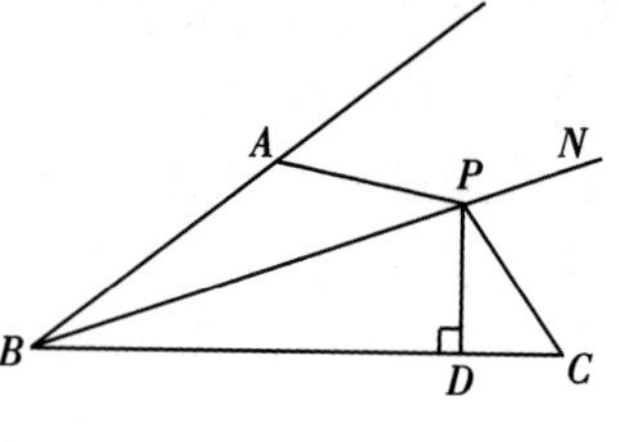

图 6-5-13

将例 6.5.10 的一个已知条件和求证结论互换，问题的图形没有变化，设计目的还是再次强化缺一条垂线段的基本形“完形”方法的应用.

完成本组题目的解题活动本身就 APOS 理论而言其实包含多重含义：首先是完成这四道题目具体的操作动作(解题思维活动)；其次在这种操作中包含着角平分线基本形这个对象的运用，即将其解压缩；再次是由第二组题目中压缩得到的一种问题图式的运用，即由完整的基本形得到启发，发现缺一条垂线段并补全. 在做例 6.5.10 的时候，认知活动已发生转变，开始期待会有缺一条垂线段的情况发生，并主动去寻找这样的图形. 如此，则表明学生已经完成对象化思维过程，即把缺一条垂线段的角平分线也变成了一个基本形. 通过此题，再次强化了这一对象性认识. 做完整个题组再反思过程，缺一个垂线段的角平分线图形已经较好地完成对象化，变成了一个基本图形结构，而缺一个垂线段的基本图形结构也被纳入到角平分线基本形中共存，而不失相关的语义和背后完整的图形结构.

6.5.2.4　角平分线定理基本形中缺两条垂线段的图形的题组设计

例 6.5.12 如图 6-5-14 所示，已知 $\triangle ABC$ 中，P 是角平分线 AD，BE 的交点. 求证：点 P 在 $\angle C$ 的平分线上.

本题组的“角平分线”图形结构中不再出现熟悉的垂线段. 图形结构以三角形为外部框架，内部只画了两条内角的角平分线. 问题的已知条件和所求结论也简单明了地指向角平分线. 本题并未设置干扰因素，目的是让学生更容易将注意力放在角平分线上. 如何引辅助线解决本题对学生来说会比较困难，相比于上组题目的想到与完整的基本形对应上就可以补齐垂线段而言，此题难度在于能否意识到需要添加垂线段的问题. 虽然学生学习了角平分线的性质与判定定理及相关解题训练，但七年级的角平分线只有平分角的意义及导角方法等在学生的认知中已成为关于角平分线的“思维定势”了，况且本题需要引两条垂线段才能实现“完形”，自然是十分困难的.

对于个别学生而言，由于角平分线上任意一点都可以向角两边引垂线段，究竟是哪一点引垂线段也是个难点. 教师可以这样设想学生解决此题“理想的”的心理过程：首先观察图形，看到角平分线，会想到“角平分线”完整的基本形. 对于角平分线图形结构，上一组题出现了缺一个垂线段的情况，是通过补齐缺的垂线段来完成的，于是想到，现在也可以补齐两个垂线段. 部分学生对在哪里着手补垂线段会有疑惑，由于题目条件里多次出现的“点 P”，教师可以引导学生过点 P 作垂线段. 此时，辅助线的出现导致完整基本形的呈现. 可以说，此题的解决已基本完成.

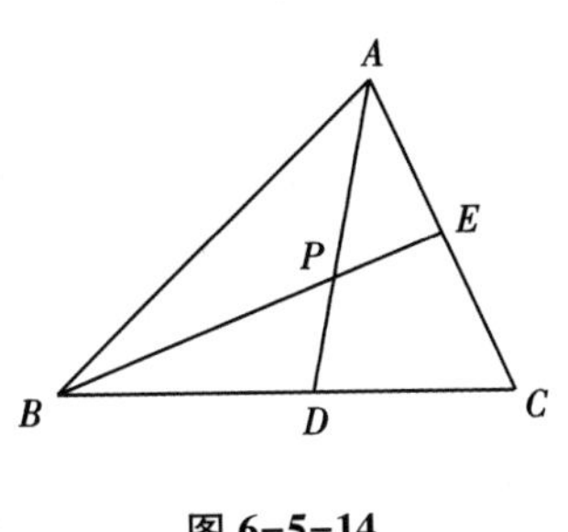

图 6-5-14

图 6-5-15

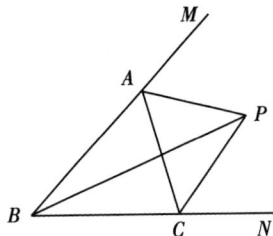

例 6.5.13　如图 6-5-15 所示，已知 AP，CP 分别是 $\triangle ABC$ 外角 $\angle MAC$ 和 $\angle NCA$ 的平分线，它们交于点 P. 求证：BP 为 $\angle MBN$ 的平分线.

本题图形结构略有变化，出现三角形的外角平分线，这是一个新的变化. 问题的已知条件和待求结论中多次提到角平分线，这些都会提醒学生联想到角平分线基本图形. 虽然有了上题作辅助线的经验，但本题需要过点 P 作三条垂线段，这对于学生也是一个难点. 证明的思路和上题类似.

从问题图式观点看，一个完整的基本形图式和缺一条垂线段的图式、缺两条垂线段的图式相结合形成了一个大图式. 由于充分经历过多个解题过程去完成一个问题图式的构建，因此，可以认为这种结合过程是一个自然的压缩过程. 当最后获得的问题图式和前面的图式相衔接时，自然发现其中图形的基本结构都是角平分线，只不过垂线段有无与多少而已.

6.5.2.5　“角平分线定理+等腰三角形+平行线”图形的题组设计

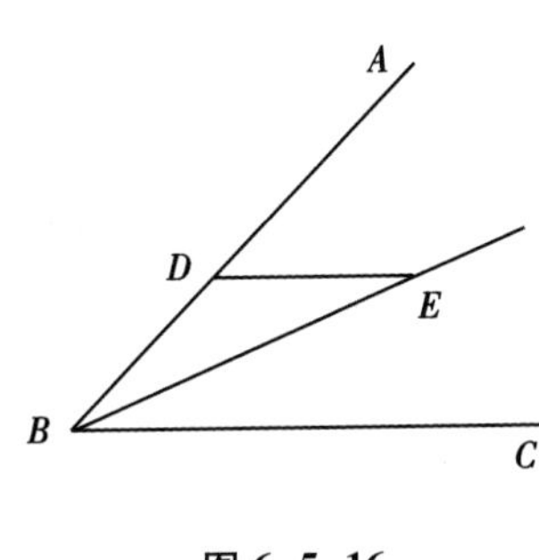

图 6-5-16

例 6.5.14　如图 6-5-16 所示，已知 $\angle ABC$，点 D 在射线 BA 上，过点 D 作射线 BC 的平行线交 $\angle ABC$ 的角平分线于 E，且 $DB=5$，求 $DE=$________.

该基本形以角平分线为基础图形，加了一条平行线，从而构成融合了平行线、等腰三角形和角平分线的基本图形结构. 由于该图形结构同样是构成复杂图形结构的基础，因此，需要围绕该基本形设计若干问题供学生解题训练用. 本题以角平分线和平行线为已知条件，证明线段相等，即以等腰三角形为结论.

例 6.5.15　如图 6-5-16 所示，已知 $\angle ABC$，点 D 在射线 BA 上，BE 为 $\angle ABC$ 的角平分线，$BD=DE$. 证明：$DE /\!/ BC$.

图形不变，将平分角和线段相等(等腰)作为已知条件，平行作为待求结论. 设计目的是使学生以基本形为载体，发现基本形中的角平分线和等腰三角形可以推出平行线这样一个基本语义的逻辑关系，并借此进一步在知觉水平上熟悉基本形.

例 6.5.16　如图 6-5-16 所示，已知 $\angle ABC$，点 D 在射线 BA 上，$BD=DE$，$DE /\!/ BC$，试证：BE 是 $\angle ABC$ 的角平分线.

图形结构依旧没有发生变化. 以角平分线作为待求结论，其余两个作为已知条件，设计目的同样是从另一个角度来了解基本形.

上述三道题目，从三个角度揭示出基本形中的“角平分线”“平行线”“等腰三角形”这三个基本语义的逻辑关系. 由于三道题的图形结构没有变化，学生自然会对图形与语义的结合在知觉层面上愈加熟悉. 再通过解后的反省抽象，学生不仅对图形在直观水平上熟悉，而且在“角平分线”“平行线”“等腰三角形”这三个基本语义及其逻辑关系方面获得了较为全面的理解. 在此情形下，学生获得这个图形结构的特定意义.

这组题目的解题训练目标是将“角平分线”“平行线”“等腰三角形”三个基本图形结构“压入”到一个图形结构中，获得一个新的问题图式.

就这三道题而言，采用同一个图形，且证明的难度都不大，学生在操作过程中不会因为证明具体的题目而花费太多的精力，其目的是当学生反省时从图形上更容易发现问题的根本特征，有助于学生最终完成基本形的压缩而获得新的问题图式.

将附着在基本形上的语义并入新的图形结构从而压缩成一个整体，这样的过程一定要让学生独立完成. 这三道题都围绕一个图形，图形的重复是有意义的重复，甚至这样的重复也是必需的，条件与结论的不同赋予图形以不同的意义. 关于这三道题的解题过程是怎么压缩为一个整体的问题图式，存在着两个问题：首先，学生做完题目时，反省什么，用什么提示语提示学生从刚刚结束的解题活动中选取恰当的角度去反省抽象；其次，反省抽象的各个步骤在这组题目中分别代表什么内容，反省抽象活动是如何将基本语义压入基本形使基本形具有意义的.

在完成解题后通过反省抽象将基本语义压入基本形这一思维活动本身是一个过程，可以看作赋予这个图形意义的过程. 当完成意义的赋予，基本形就成了一个对象，上述系列过程就变成了与图形相关的语义相结合的一个静态的模式，即获得一个新的问题图式. 待有新的问题情境刺激，就转化成为模式识别动作，即“如果…，那么…”后相关的结论(语义)就随之而来了.

6.5.2.6 “角平分线定理+等腰三角形+平行线”图形的综合运用题组设计

例 6.5.17 如图 6-5-17 所示，四边形 $ABCD$ 中，$AD /\!/ BC$，过 A 点作 BD 的垂线，交 BC 于 E，BD 是 $\angle ABC$ 的角平分线. 求证：AE 是 $\angle BAD$ 的角平分线.

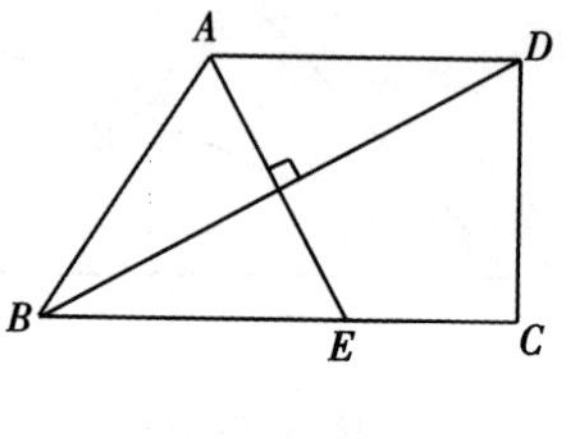

图 6-5-17

本题问题结构中出现了平行线和角平分线，但并未直接给出等腰三角形这个结论. 设计这道题的目的是想让学生通过已知条件分析图形，想到这是基本图形结构，此时的已知条件就变为了基本图形结构中蕴含的基本语义，从而使学生联想到未曾出现的一个基本语义“等腰三角形”. 该问题结构较为简单，训练的是基本形的识别，即由角平分线、平行线带来“等腰三角形”这一知识组块的运用.

例 6.5.18 如图 6-5-18 所示，在$\triangle ABC$ 中，$\angle ABC$ 和$\angle ACB$ 的平分线交于点 E，过点 E 作 $MN /\!/ BC$，交 AB 于 M，交 AC 于 N，若 $BM+CN=9$，则线段 MN 的长为________.

本题的图形结构不再与前题图形结构一致. 将基本形隐藏于三角形内部，并且存在着两个基本形. 两个基本形的被平分的角两边分别重叠于同一条直线. 这些都在基本形的识别上增加了难度. 从问题结构上来讲，与基本语义相关的已知条件只有角平分线和平行线，问题的结论上并未给出与基本语义相关的信息. 此题的设计目的是想通过加大基本形识别的难度，进一步训练学生利用已知条件结合图形识别出基本图形结构的能力.

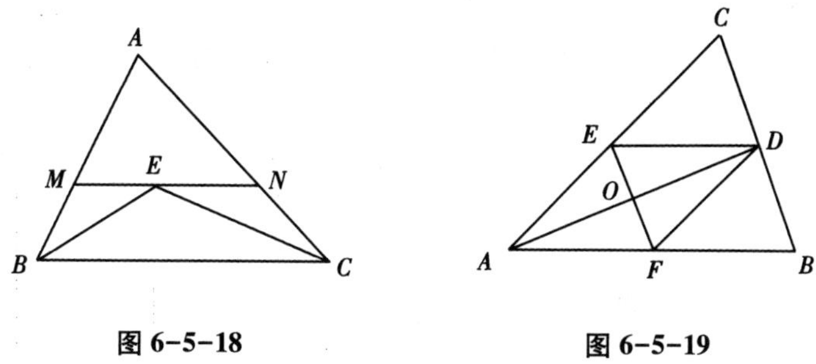

图 6-5-18　　　　图 6-5-19

例 6.5.19　如图 6-5-19 所示，AD 是 $\angle BAC$ 的角平分线，$DE /\!/ AB$，$DF /\!/ AC$，EF 交 AD 于点 O. 问：

① EF 是 $\angle AED$ 的角平分线吗？如果是，请给予证明；如果不是，请说明理由.

② 若将结论与 AD 是 $\triangle ABC$ 的角平分线、$DE /\!/ AB$、$DF /\!/ AC$ 中的任一条件交换，所得命题正确吗？

问题的已知条件中直接地给出了角平分线和两组平行线，因此，不难发现这里存在基本形这样一个事实. 但两组平行线在一个角平分线图形中出现，实际是两个基本形的复合，要从中准确地分辨出这两个基本形，并根据已知条件来得出相应语义是不易的. 因为这样重复的基本形，存在着互相干扰. 学生在辨别时，不仅进一步加强了对基本形结构的熟悉，而且加强了从高度干扰中准确辨别基本形的能力. 当然这种能力的提高一定是通过反省才能明确得到的. 此题的难度还不仅在于此，题目要求证的是另外一个角的角平分线问题，这就将又一个基本形置入四边形 $AEDF$ 中. 在学习了平行四边形后，该题目容易解决，但在八年级上阶段，学生还未学习平行四边形，而且放在基本形的题组中，解题的难度有些大，需要根据基本形并结合已知条件，将复杂图形中的基本形识别出来. 第二小问也是在反复训练这一点.

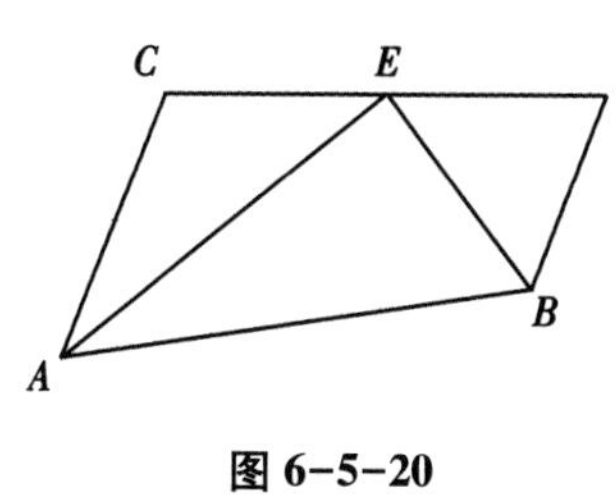

图 6-5-20

例 6.5.20　如图 6-5-20 所示，已知 $AC /\!/ BD$，EA，EB 分别平分 $\angle CAB$ 和 $\angle DBA$，CD 过点 E，试探究 AB，AC，BD 的数量关系，并加以证明.

该基本形图形上的本质结构特点有三：一是角平分线，二是一组平行线，三是待求结论. 在具体的题目中有时这三个结构特点并不一定全在图形中存在，学生能够根据现有图形结构和问题结构补全基本形是需要训练的.

6.5.3　APOS 理论下的平面几何题组教学策略

题组设计中习题的选取与编排在 APOS 理论意义下是以基本形为中心，以获得基本形及其语义为主要目标来展开设计的，当然也可以按解题方法和题型知识等为目标去进行题组设计，并按照建构的思想，循序渐进地编排题目. APOS 理论下的解题教学，学生可以系统地获得探索题目、思考题目、反省解题过程的机会.

① 在基本形的操作阶段选取的题组要相对简单，该组题目要可以从多方面揭示基本形的结构，以及全面地反映基本形的基本语义；

② 在过程阶段，要以学生为主体，教师占主导地位，以恰当的元认知提示语引导学生反思的方向；

③ 在过程的压缩环节，教师要给学生思考的空间，让学生充分经历整个压缩过程，不能直接给出相应结论；

④ 在基本形的运用上要遵循难度递进原则，基本形的识别难度、基本形结构的不完整度都要递进增加.

如果学生所面对的问题之间的关联方式不够合理，学生易陷入具体的题目中，很难有对题目本身的整体感知过程，自然就难以获得属于自己的题型概括经验，即难以形成问题图式.

上述题组分析意在反映单个题组中几何题之间的内在关联以及题组之间的递进关系，在此仅是“示例”的作用，对于不同水平的学生，单个题组内习题的数量和梯度及若干题组的数量和梯度都需要斟酌，总体上可借鉴 APOS 理论意义下几何题组设计编排的一些原则.

第 7 章　平面几何专题分析

7.1　费马点问题

7.1.1　“手拉手”问题与费马点问题

下面是一道初中常见的几何习题，常被称为“手拉手”问题，即两个正三角形有一个公共点，也常被称为“共点三角形”问题. 该问题出现的时机是在学习等边三角形之后，如图 7-1-1 所示. 其实，本题蕴含有“旋转+相似”结构，一方面有$\triangle ADC$绕A点旋转 60°后得到$\triangle ABE$，这是“旋转+全等”结构；同时，还有正$\triangle ABD$与正$\triangle ACE$的“旋转+相似”结构；另外，还有四点共圆结构.

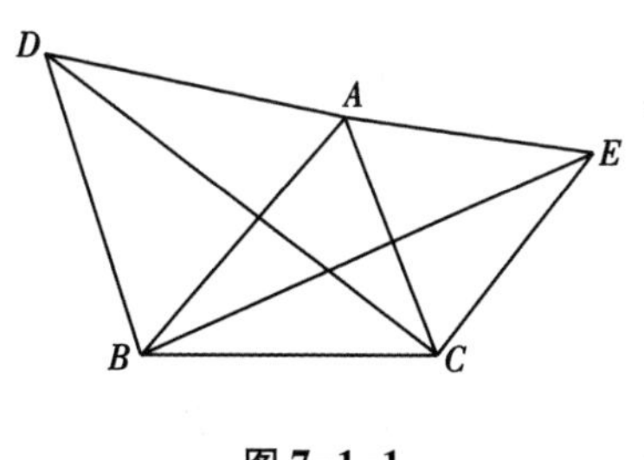

图 7-1-1

例 7.1.1　如图 7-1-1 所示，已知$\triangle ABC$，向外作正$\triangle ABD$和正$\triangle ACE$. 求证：

① $CD=BE$；

② CD与BE的夹角为 60°.

这个问题的背景是费马(Fermat)点问题.

费马点问题：如图 7-1-2 所示，已知$\triangle ABC$，问在$\triangle ABC$内能否确定一点P，使得$PA+PB+PC$最小？

本题可以赋予实际意义：已知有三个矿井点A，B，C，现需建一个运输的站点P，以便将三个矿井点的矿石集中起来运送出去，使总的运输距离之和最小，如何确定P点的位置？

解决问题的方法是，考虑到$PA+PB+PC$中的三条线段位置关系是“背靠背”的，不可能直接“相加”，常用的方法是通过旋转(几何)变换，将三条线段“展开”成折线，再“捋直”成线段.

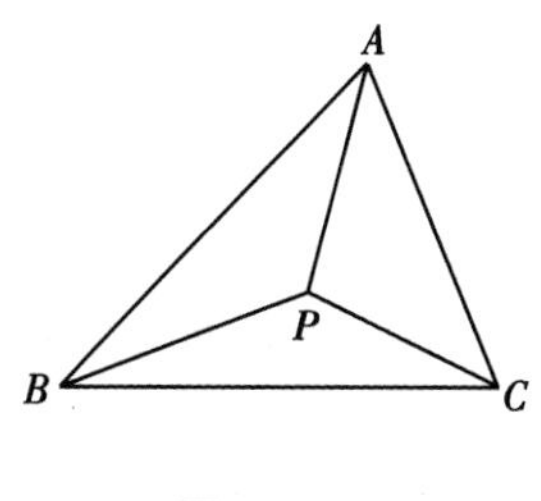

图 7-1-2

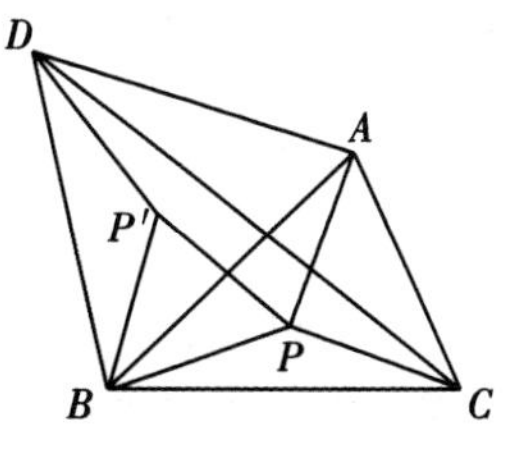

图 7-1-3

具体做法，将$\triangle ABP$按逆时针旋转 60°至$\triangle DBP'$，于是，$PA=DP'$，$PB=P'B=PP'$，则$PA+PB+PC=DP'+PP'+PC\geqslant CD$，见图 7-1-3. 这样，将$P$点选在$CD$上，并使$P'$也在

CD 上，即使得 $\angle BPD=60°$，也就是 $\angle APB=120°$，且 $\angle BPC=120°$ 即可. 当然，此时与 D 点有关. 注意到 $\triangle ABD$ 此时是正三角形，再对称地考虑作正三角形 $\triangle ACE$，可知 CD 与 BE 的交点 P 即为所求，此时，将 P 点称为费马点. 这里已含有确定费马点的作图方法.

为讨论问题方便，本题解法已事先认为 $\angle BAC<120°$，当 $\angle BAC\geqslant 120°$ 时，P 点选在 A 点处.

例 7.1.1 可增加一问.

例 7.1.2　如图 7-1-4 所示，已知 $\triangle ABC$，向外作正 $\triangle ABD$ 和正 $\triangle ACE$，CD 与 BE 交于 P 点. 求证：PA 平分 $\angle DPE$.

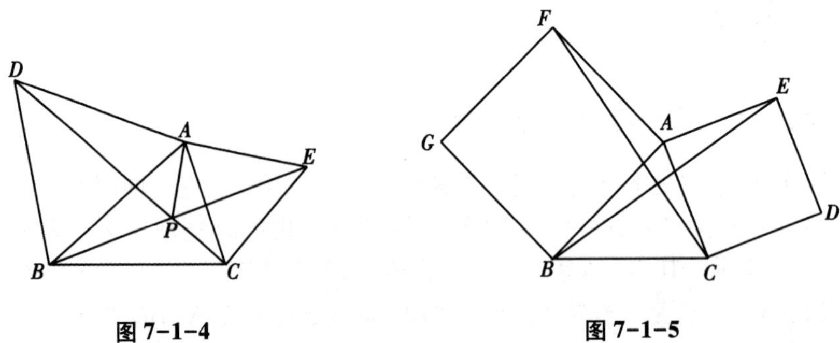

图 7-1-4　　　　图 7-1-5

将例 7.1.1 的“等边三角形”换作“正方形”.

例 7.1.3　如图 7-1-5 所示，已知 $\triangle ABC$，向外作正方形 $ABGF$ 和正方形 $ACDE$. 求证：

① $BE=CF$；

② $BE\perp CF$.

将例 7.1.1 的“等边三角形”换作“等腰直角三角形”.

例 7.1.4　如图 7-1-6 所示，已知 ABC，向外作等腰直角 $\triangle ABD$ 和等腰直角 $\triangle ACE$，其中 $\angle BAD=\angle CAE=90°$. 求证：① $CD=BE$；② $CD\perp BE$.

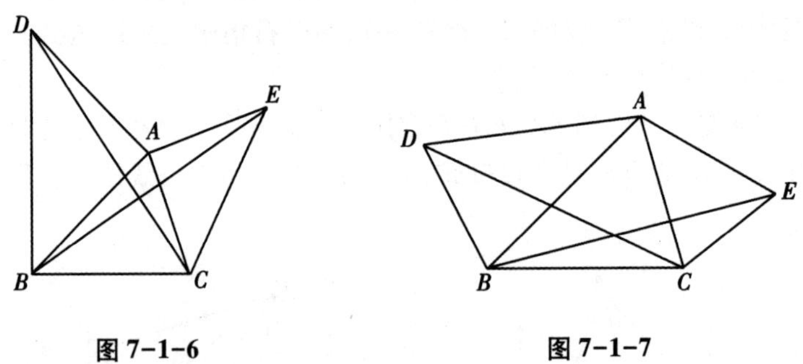

图 7-1-6　　　　图 7-1-7

例 7.1.5　如图 7-1-7 所示，已知 $\triangle ABC$，向外作 $\triangle ABD$ 和 $\triangle ACE$，其中 $AB=AD$，$AC=AE$，$\angle BAD=\angle CAE=q$. 求证：① $CD=BE$；② CD 与 BE 的夹角为 q.

由例 7.1.3 的发展，得到例 7.1.6.

例 7.1.6　如图 7-1-8 所示，已知 $\triangle ABC$，向外作正方形 $ABGF$ 和正方形 $ACDE$. 求证：BC 边上的高线平分 EF.

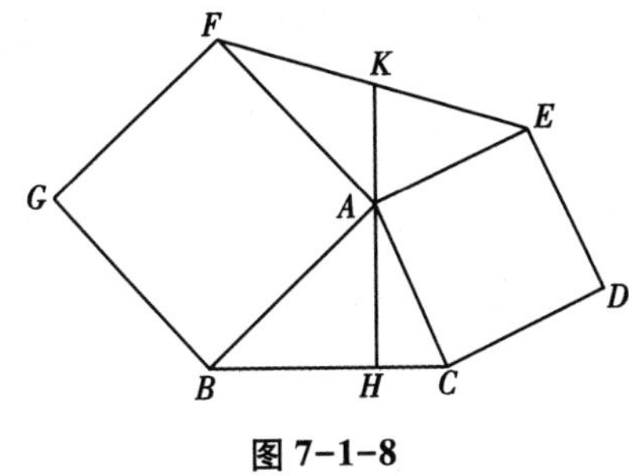

图 7-1-8

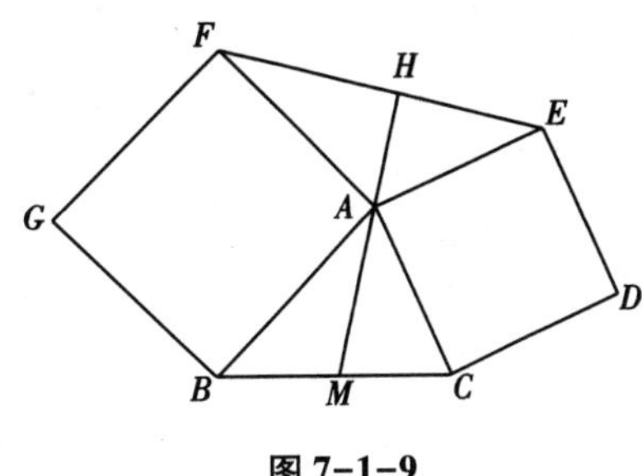

图 7-1-9

把例 7.1.6 的图形“倒”过来，见图 7-1-9. 可将问题改为：已知$\triangle ABC$，向外作正方形 $ABGF$ 和正方形 $ACDE$，AM 是$\triangle ABC$ 的中线. 求证：$AM\perp EF$.

将例 7.1.6 的 A 点“裂开”，可得一道初中数学联赛试题.

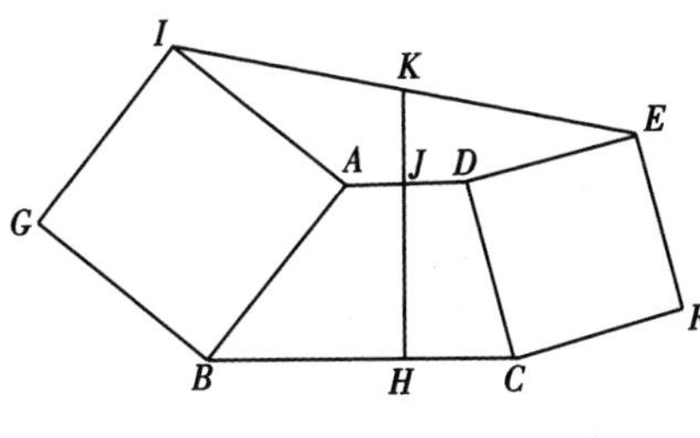

图 7-1-10

例 7.1.7　如图 7-1-10 所示，已知梯形 $ABCD$，$AD/\!/BC$，向外作正方形 $ABGI$ 和正方形 $DCFE$，过 AD 中点 J 作 AD 的垂直平分线交 BC 于 H，交 IE 于 K. 求证：$IK=KE$.

例 7.1.8　如图 7-1-11 所示，已知$\triangle ABC$，向外作等腰直角$\triangle ABD$ 和等腰直角$\triangle ACE$，M 是 BC 中点. 求证：① $MD=ME$；② $MD\perp ME$.

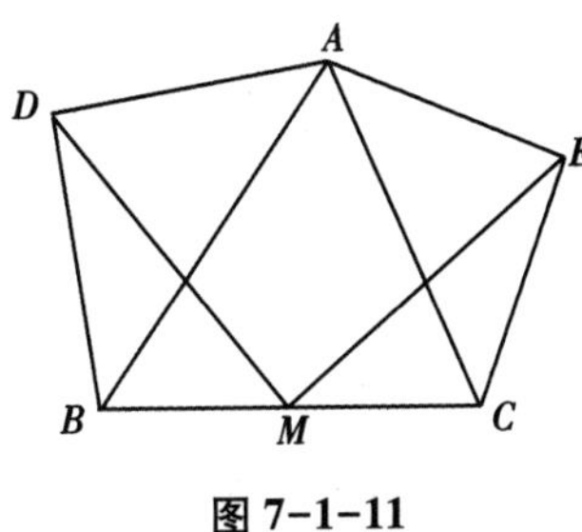

图 7-1-11

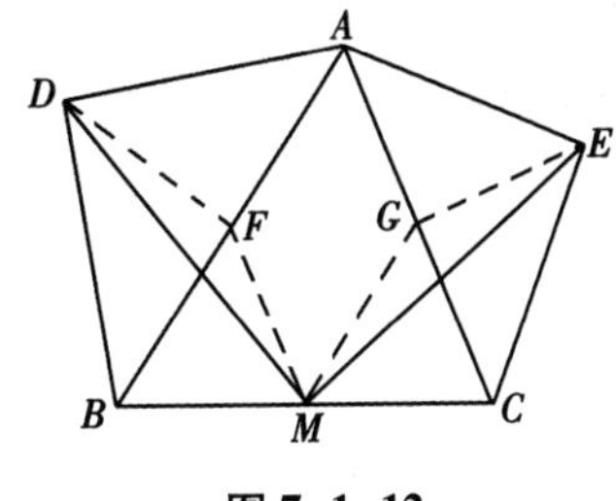

图 7-1-12

证法见图 7-1-12，取 AB 中点 F，AC 中点 G，连接 DF，MF，GE，MG，利用三角形中位线定理可证得$\triangle DFM$ 与$\triangle MGE$ 全等，使问题得证. 这道题的证法还可利用例 7.1.4 的结论，见图 7-1-13. 本题是一道初中数学竞赛题，从该解法中可以看出其命制源于例 7.1.3.

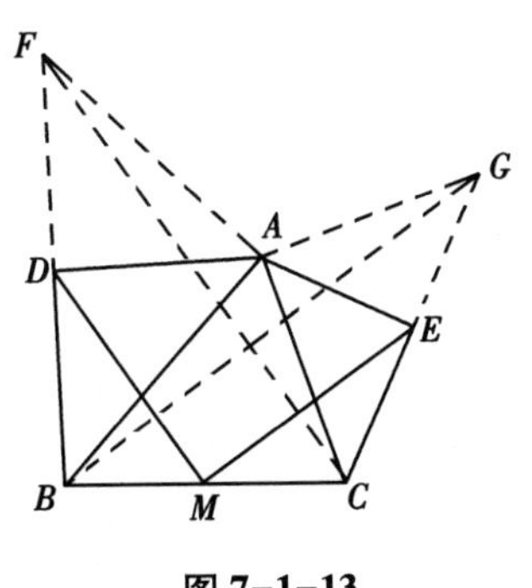

图 7-1-13

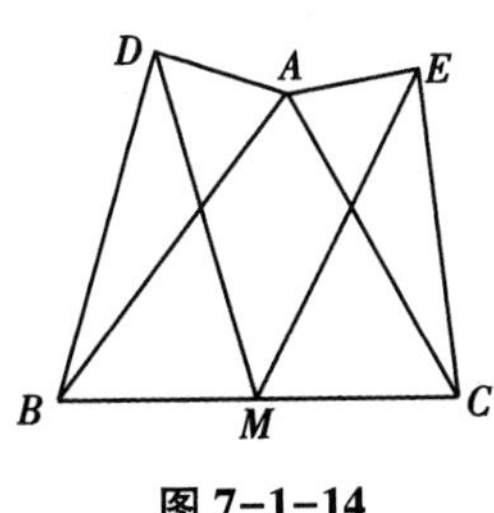

图 7-1-14

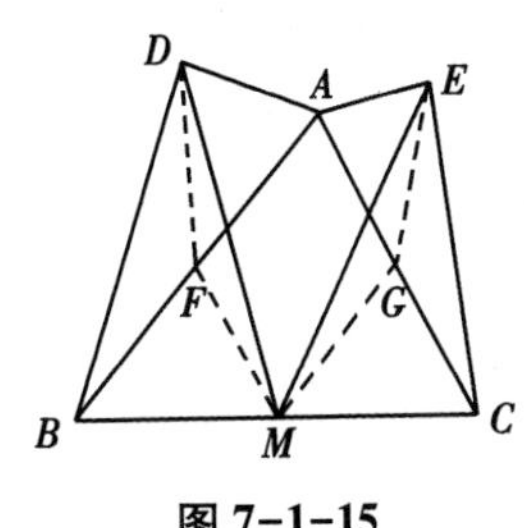

图 7-1-15

例 7.1.9 如图 7-1-14 所示，已知$\triangle ABC$，向外作直角$\triangle ABD$和直角$\triangle ACE$，其中$\angle ADB=\angle AEC=90^\circ$，且$\angle ABD=\angle ACE$，$M$是$BC$边的中点.

求证：$MD=ME$.

本题显然是由例 7.1.8 变化得到的，自然解题方法也可以继承下来，辅助线引法如图 7-1-15 所示. 在此，不仅要关注题型和解题方法问题，也要体会几何题的编拟方法.

简单变更例 7.1.9 的条件，可以得到下面问题.

例 7.1.10 如图 7-1-16 所示，P为$\triangle ABC$内一点，$\angle PAC=\angle PBC$，$PM\perp AC$于M，$PN\perp BC$于N，D是AB的中点. 求证：$DM=DN$.

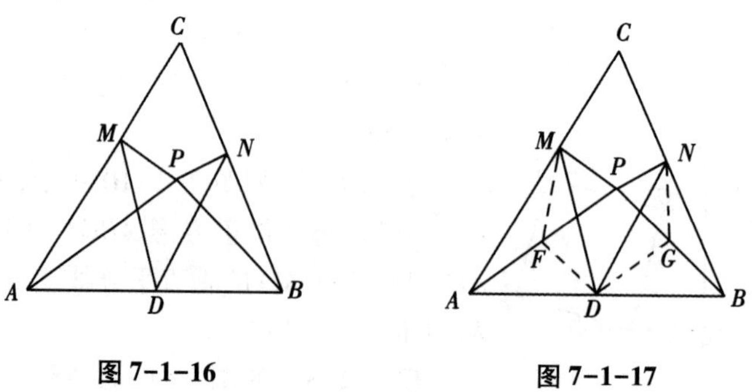

图 7-1-16　　图 7-1-17

解法如图 7-1-17 所示.

如果例 7.1.1 的$\triangle ABC$退化为线段，则得到例 7.1.11、例 7.1.12.

例 7.1.11 如图 7-1-18 所示，已知在线段BC上向同侧作正$\triangle ABD$和正$\triangle ACE$. 求证：① $CD=BE$；② CD与BE的夹角为 60°.

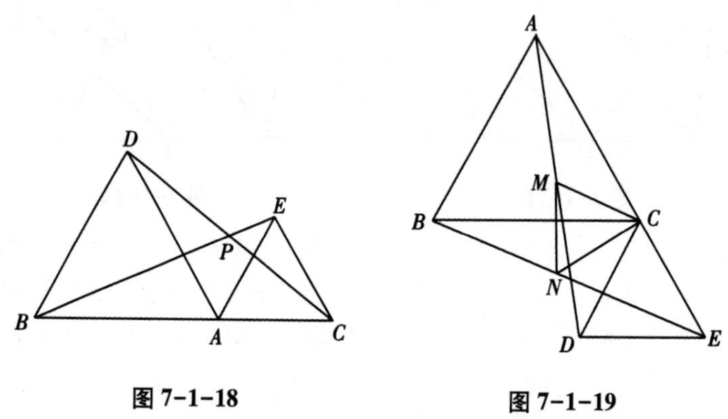

图 7-1-18　　图 7-1-19

例 7.1.12 如图 7-1-19 所示，已知正$\triangle ABC$，延长AC至E，作正$\triangle CDE$，其中M是线段AD的中点，N是BE的中点. 求证：$\triangle MNC$是等边三角形.

例 7.1.13 如图 7-1-20 所示，已知正$\triangle ABC$和正$\triangle CDE$，其中点D在AB上. 求证：① $BD=AE$；② $AE/\!/BC$.

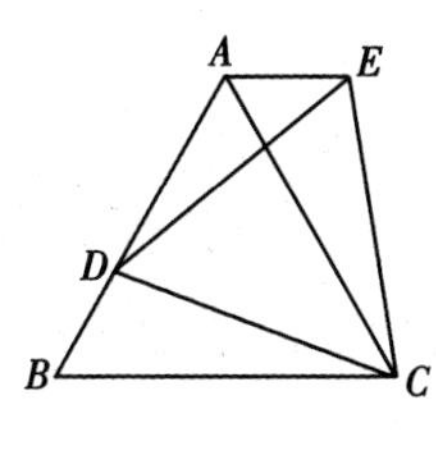

图 7-1-20

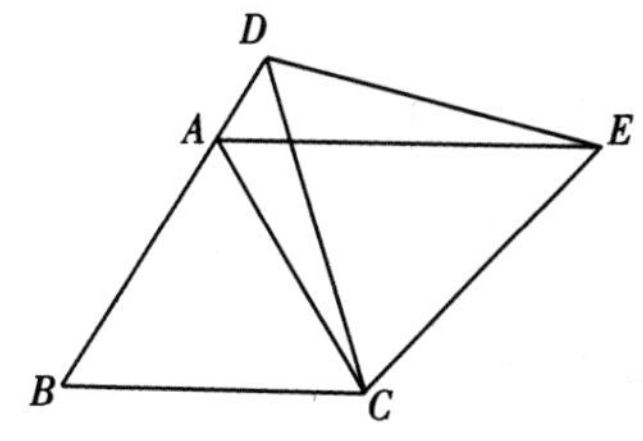

图 7-1-21

例 7.1.14　如图 7-1-21 所示，已知正$\triangle ABC$和正$\triangle CDE$，其中点 D 在线段 BA 的延长线上. 求证：$BD=AE$.

例 7.1.15　如图 7-1-22 所示，已知正$\triangle ABC$和正$\triangle ADE$，$AH\perp CE$，M 是 BD 的中点，N 是 CE 的中点. 求证：$MH=MN$.

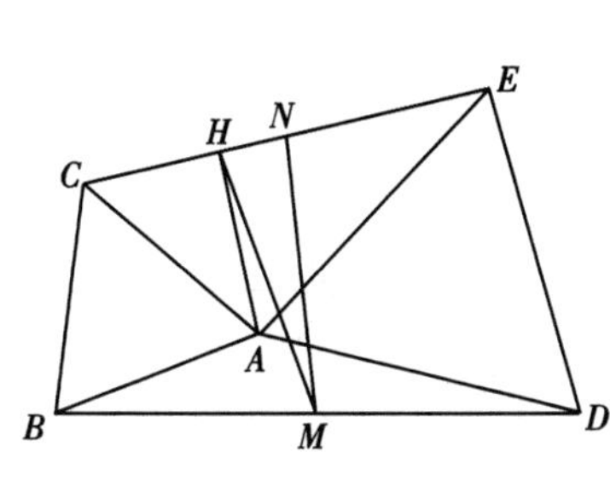

图 7-1-22

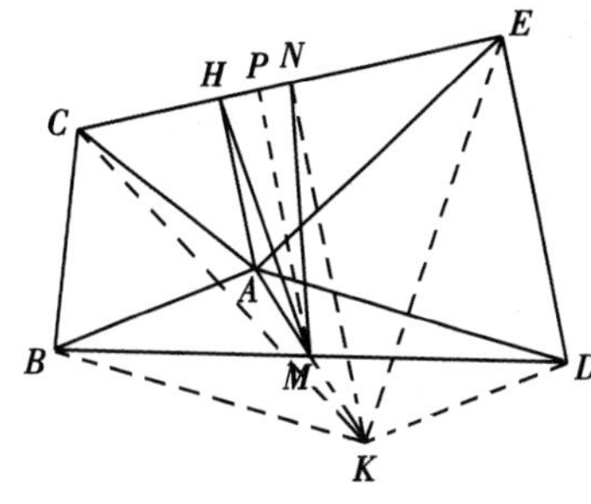

图 7-1-23

证明　连接 AM，并将中线 AM 倍长，见图 7-1-23. 这一想法源自例 7.1.6 解法的启发，这是模式识别的结果.

显然，$\triangle CBK\cong\triangle EDK$，得 $KC=KE$，再得 $KN\perp CE$，所以 $AH/\!/KN$. 又 M 是 AK 的中点，可作 $MP\perp HN$，则 $HP=PN$，所以 $MH=MN$.

由例 7.1.1 出发，进一步有下面问题.

例 7.1.16　如图 7-1-24 所示，已知$\triangle ABC$，向外作正$\triangle ABD$、正$\triangle ACE$和正$\triangle BCF$. 求证：

① $CD=BE=AF$；

② CD，BE 和 AF 三线共点；

③ $\triangle ABD$，$\triangle ACE$和$\triangle BCF$的外接圆共点；

④ 如图 7-1-25 所示，外面三个三角形的外心连线构成的三角形(此三角形被称为拿破仑三角形)是正三角形.

此题有下面的变化(推广)：

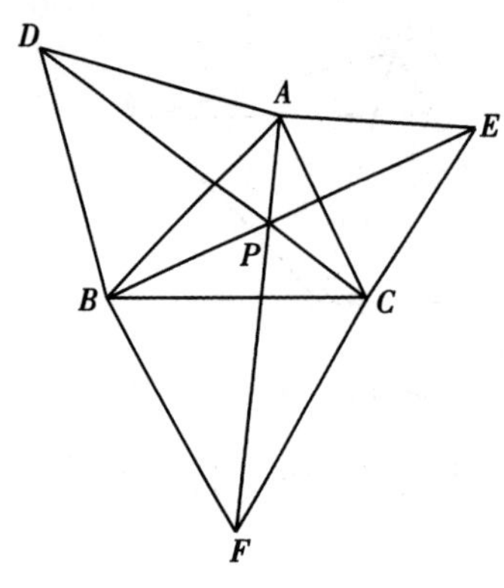

图 7-1-24

图 7-1-25

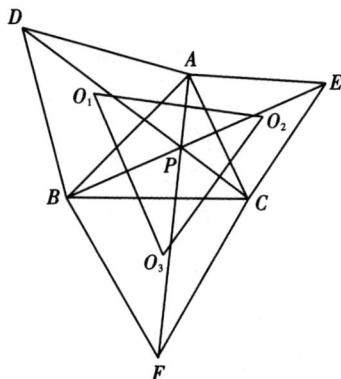

例 7.1.17 如图 7-1-26 所示，已知$\triangle ABC$，向外作彼此相似的 $\triangle ABD$、$\triangle AEC$ 和$\triangle FBC$，其中$\angle BAD=\angle CAE=\alpha$，$\angle ABD=\angle CBF=\beta$，$\angle ACE=\angle BCF=\gamma$. 求证：

① $\triangle ABD$，$\triangle ACE$ 和$\triangle BCF$ 的外接圆共点；

② CD，BE 和 AF 三线共点；

③ $AF\cdot\sin\alpha=BE\cdot\sin\beta=CD\cdot\sin\gamma$；

④ AF，BE 与 CD 围成的三角形与三个外三角形相似；

⑤ $\dfrac{PA}{AF}+\dfrac{PB}{BE}+\dfrac{PC}{CD}=1$；

⑥ 外面三个三角形的外心连线构成的三角形与 AF，BE 与 CD 围成的三角形相似.

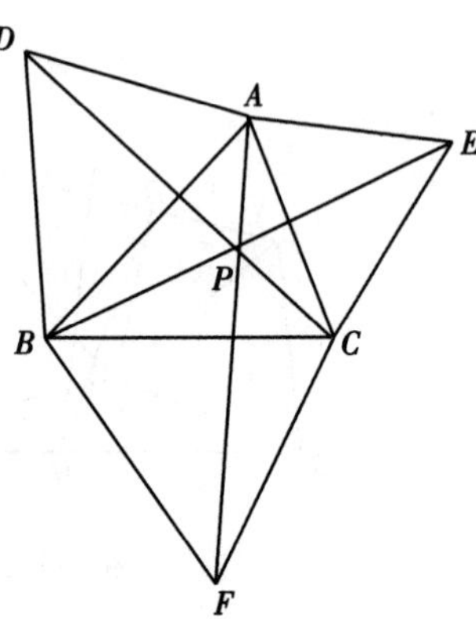

图 7-1-26

①是全俄中学生数学竞赛试题，⑤也是竞赛题，⑥中的“外面三个三角形的外心连线构成的三角形”显然是“拿破仑三角形”的推广. 围绕一道典型问题引申展开，如此思考可了解题型及解题方法. 重要的是从中了解数学试题的命制方法，更为重要的是可以从中窥见数学家从事数学研究活动的方法：提出问题、寻找解法、引申推广及对问题与方法进行价值判断.

7.1.2 费马–斯坦纳问题

7.1.2.1 费马点问题的托里拆利(Torricelli)解法

如图 7-1-27 所示，已知正$\triangle LMN$ 内有一点 P，有 $PA\perp MN$，$PB\perp LN$，$PC\perp LM$，A，B，C 为垂足，Q 为$\triangle ABC$ 内一点. 求证：$QA+QB+QC\geqslant PA+PB+PC$.

证明 以两种方式剖分正$\triangle LMN$，用面积方法证之.

$$\frac{1}{2}MN\cdot PA+\frac{1}{2}LN\cdot PB+\frac{1}{2}LM\cdot PC=S_{\triangle PMN}+S_{\triangle PLN}+S_{\triangle PLM}=S_{\triangle LMN},$$

$$\frac{1}{2}MN\cdot QA+\frac{1}{2}LN\cdot QB+\frac{1}{2}LM\cdot QC\geqslant S_{\triangle QMN}+S_{\triangle QLN}+S_{\triangle QLM}=S_{\triangle LMN},$$

则有 $MN\cdot QA+LN\cdot QB+LM\cdot QC\geqslant MN\cdot PA+LN\cdot PB+LM\cdot PC$，由正$\triangle LMN$ 边长相等，得 $QA+QB+QC\geqslant PA+PB+PC$.

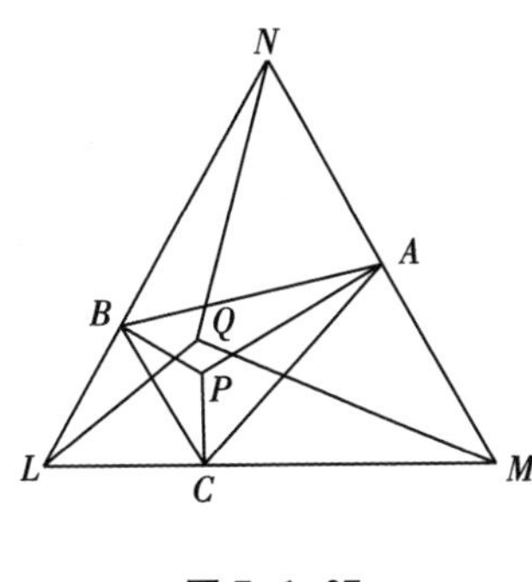

图 7-1-27

将费马点问题做如下改写：已知$\triangle ABC$，求作一点P，使得对$\triangle ABC$内任一点Q，都有$QA+QB+QC\geqslant PA+PB+PC$.

观察前面问题的条件、结论和图形，不难发现，结论只与P，A，B，C有关，而与正$\triangle LMN$无关，与三个“垂直”也无关. 因此，只需剥去正$\triangle LMN$，就会显现出$\triangle ABC$内有一点P到$\triangle ABC$三顶点距离之和$PA+PB+PC$最小这一事实. 这说明存在满足这样条件的一点P. 但P的位置是如何确定的呢？根据上述分析，由$PA\perp MN$，$PN\perp LN$，且$\angle LNM=60°$，得$\angle APB=120°$. 同理可知$\angle CPA=\angle APB=\angle BPC=120°$，说明点$P$即为所求. 上述正是对费马点问题的一种解答，该结果属于 17 世纪的托里拆利解法.

7.2.1.2　斯坦纳(Steiner)定理的证明及其启示

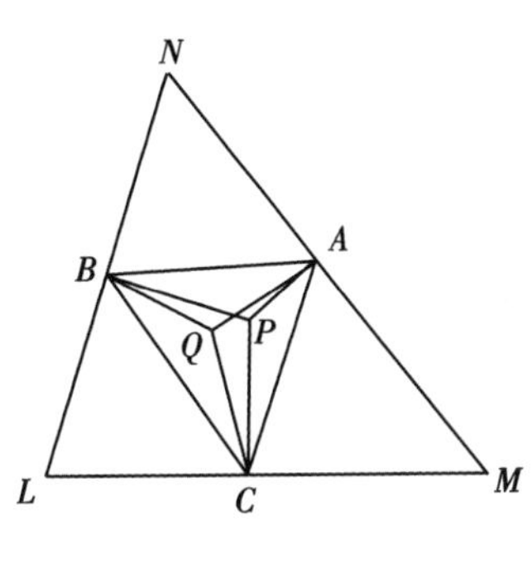

图 7-1-28

斯坦纳定理：已知P是$\triangle ABC$内一点，满足$\frac{\sin\angle BPC}{a}=\frac{\sin\angle CPA}{b}=\frac{\sin\angle APB}{c}$，又$Q$为$\triangle ABC$内任一点. 求证：$aQA+bQB+cQC\geqslant aFA+bPB+cPC$，其等号仅当$Q$与$P$重合时成立.

此问题的结论与前述问题中由面积关系所获得的不等式有些类似. 观察并分析托里拆利的证明过程，其实质就是将PA，PB，PC变成$\triangle MPN$，$\triangle LPN$，$\triangle LPM$的高，并将$\triangle LMN$以两种方式剖分，寻找与QA，QB，QC之间的关系. 由于前面问题中的$\triangle LMN$是正三角形，因此，不等式中$\triangle LMN$的边长被约去了.

过A，B，C作PA，PB，PC的垂线，分别交于L，M，N，见图 7-1-28.

由托里拆利解法得$MN\cdot QA+LN\cdot QB+LM\cdot QC\geqslant MN\cdot PA+LN\cdot PB+LM\cdot PC$. 对照结论，需将$MN$，$LN$，$LM$相应换成$a$，$b$，$c$. 根据题中的已知条件，希望前后两者对应成比例，即$\frac{MN}{a}=\frac{LN}{b}=\frac{LM}{c}$. 对于$\triangle LMN$，有$\frac{\sin\angle L}{MN}=\frac{\sin\angle M}{LN}=\frac{\sin\angle N}{LM}$. 由$P$，$C$，$M$，$A$四点共圆，有$\angle APC+\angle M=180°$，则$\sin\angle APC=\sin\angle M$. 同样有$\sin\angle APB=\sin\angle N$，$\sin\angle BPC=\sin\angle L$. 两式相比得$\frac{MN}{a}=\frac{LN}{b}=\frac{LM}{c}=k$，代入$MN\cdot QA+LN\cdot QB+LM\cdot QC\geqslant MN\cdot PA+LN\cdot PB+LM\cdot PC$中，得$ka\cdot QA+kb\cdot QB+kc\cdot QC\geqslant ka\cdot PA+kb\cdot PB+kc\cdot PC$，消去$k$，整理得$aQA+bQB+cQC\geqslant aPA+bPB+cPC$.

在此，确实看到了斯坦纳定理的条件、结论及证明方法与托里拆利解法的相承关系. 但是斯坦纳定理条件的几何意义不够明显，有进一步探讨的必要. 受前面问题解法的启发，考虑$APCB'$图形，发现通过$\triangle ACB'$可将比例等式联结起来，进而发现，满足斯坦纳定理条件的P点是$\triangle ABC$的垂心，且这样作的$\triangle ACB'$与$\triangle ABC$全等. 同时，这也为找到斯坦纳问题的一个简洁证法提供了线索.

作$\triangle APC$的外接圆，连BP交圆于B'，见图 7-1-29.

设$\gamma=\angle APB'$，$\alpha=\angle CPB'$.

已知$\angle APC+\angle B'=180°$，对$\triangle ACB'$有$\frac{\sin\angle AB'C}{b}=\frac{\sin\gamma}{AB'}=\frac{\sin\alpha}{B'C}$.

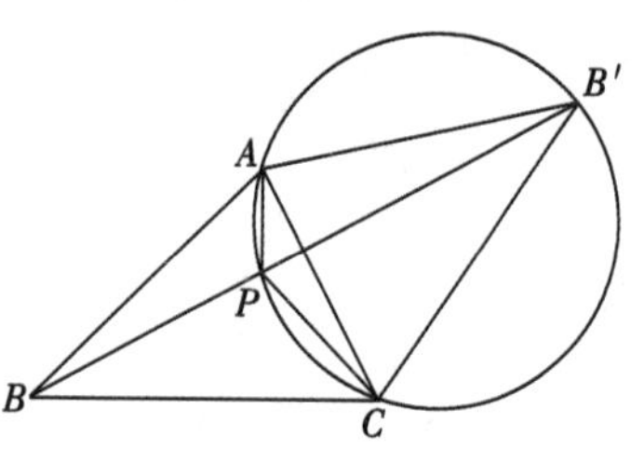

图 7-1-29

而$\gamma=\angle APB'=180°-\angle APB$，$\alpha=\angle CPB'=180°-\angle BPC$，则有$\sin\gamma=\sin\angle APB$，$\sin\alpha=\sin\angle BPC$. 与斯坦纳定理的条件相比，可得出$BC=B'C$，$AB=AB'$. 发现$\triangle ACB'$与$\triangle ACB$关于$AC$对称，进而不难看出$PB\perp AC$，可知$P$是$\triangle ABC$的垂心. 这样，可将定理改为：已知$\triangle ABC$，$P$是垂心，$Q$为其内任一点，则$aQA+bQB+cQC\geqslant aPA+bPB+cPC$.

又注意$\angle AB'C=\angle ABC$，有$\angle ABC+\angle CPA=180°$，可将此命题改为：已知$\triangle ABC$，内有一点$P$，$\angle CPA$，$\angle APB$，$\angle BPC$分别与$\angle ABC$，$\angle BCA$，$\angle CAB$互补，$Q$为$\triangle ABC$内任一点，则有$\alpha QA+bQB+cQC\geqslant aPA+bPB+cPC$.

7.1.2.3　费马-斯坦纳问题的解决

对于费马点问题，如果考虑运输成本问题等其他问题，得到费马-斯坦纳问题：

设A，B，C是三个矿井，其每日的矿石产量分别为k_1，k_2，k_3，今需选择一个地点P将三矿井每日所产矿石集中，以便统一处理后运走，问应如何选择点P才能使集中矿石所需的运输量$k_1PA+k_2PB+k_3PC$最小?

显然，费马-斯坦纳问题可看成费马问题的推广，两者具有内在的一致性.

通过考察斯坦纳定理的条件与结论及证明方法，可得到费马-斯坦纳的一个简洁证法.

一个地点的产量若超过其他两点之和，则P就选在那一点.

不失一般性，设$k_1\geqslant k_2+k_3$，总有

$k_1PA+k_2PB+k_3PC\geqslant(k_2+k_3)PA+k_2PB+k_3PC\geqslant k_2AB+k_3AC$.

否则，有$k_1<k_2+k_3$，$k_2<k_1+k_3$，$k_3<k_1+k_2$，说明k_1，k_2，k_3可构成一三角形.

设一$\triangle K_1K_2K_3$，其三边为k_1，k_2，k_3，三边所对的角分别为α，β，γ. 对于$\angle A+\alpha$，$\angle B+\beta$，$\angle C+\gamma$均小于180°的情形，结论是$\triangle ABC$内存在一点P，若满足$\angle BPC=180°-\alpha$，$\angle APC=180°-\beta$，$\angle BPA=180°-\gamma$，则P为所求.

先确定P点. 在AC边外作$\angle ACB'$，满足$\angle AB'C=\beta$，$\angle B'CA=\gamma$，$\angle B'AC=\alpha$，作$\triangle ACB'$的外接圆与BB'交于P点，P点满足条件，见图 7-1-30.

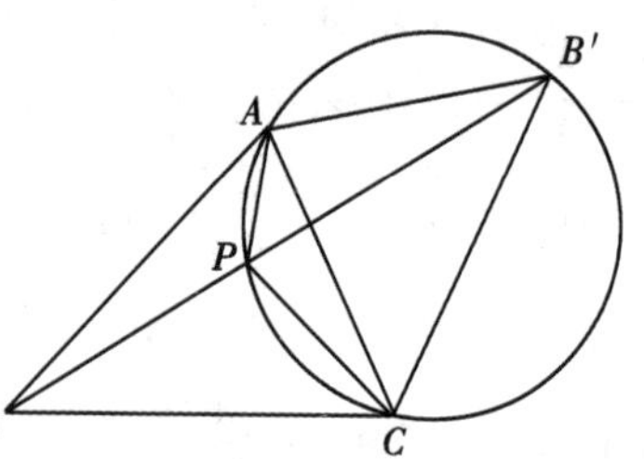

图 7-1-30

现已知P，C，B'，A共圆，由托勒密定理得$PA\cdot CB'+PC\cdot AB'=PB'\cdot AC$，由$\triangle ACB'$与$\triangle K_1K_3K_2$相似，有$\frac{CB'}{k_1}=\frac{AC}{k_2}=\frac{AB'}{k_3}$，则$k_1PA+k_3PC=k_2PB'$，则进一步有$k_1PA+k_2PB+k_3PC=k_2(PB'+PB)\geqslant k_2BB'$. 对于任意一点$O$，由托勒密不等式，可得$k_1QA+k_2QB+k_3QC\geqslant k_1PA+k_2PB+k_3PC$成立.

7.2　动态几何问题

7.2.1　与旋转有关的问题

平面几何教学内容中一个富有特色的内容是几何变换，几何变换的运用所带来的问题是动态几何问题.

所谓动态几何问题，就是在一个基本图形如正三角形、矩形和正方形基础上，一些附在基本图形之上的点、线和图形发生运动，而所谓运动专指合同变换或相似(位似)变换或两者的结合，在此运动过程中求不变的性质和不变的量以及求几何最值的问题等.

动态几何问题按解法可分为两类：一类是代数和几何结合的方法，一般地，如翻折问题常采用解方程的方法，或者是用函数的方法，解决如距离、面积最值问题或构成特殊图形及特殊的位置关系等问题；另一类是采用纯几何的综合法，此类问题常是“全等+旋转”或“相似(位似)+旋转”.

解决动态几何问题，从策略上讲，要先观察图形的运动过程. 由于图形的运动过程不易把握，一般来说，图形的“起始”加上“转折处”状态完全较能体现图形运动的整体面貌，因此，在图形运动中要着重盯住图形运动的起始位置以及运动的“转折处”状态，这是“动中取静”的方法.

例 7.2.1　如图 7-2-1 所示，已知正方形 $ABCD$ 中，E 为对角线 BD 上一点，过 E 点作 $EF\perp BD$ 交 BC 于 F，连接 DF，G 为 DF 中点，连接 EG，CG.

① 求证：$EG=CG$.

② 将图 7-2-1 中△BEF 绕 B 点逆时针旋转 45°，如图 7-2-2 所示，取 DF 中点 G，连接 EG，CG. 问①中的结论是否仍然成立？若成立，请给出证明；若不成立，请说明理由.

③ 将图 7-2-1 中△BEF 绕 B 点旋转任意角度，如图 7-2-3 所示，再连接相应的线段，问①中的结论是否仍然成立？通过观察你还能得出什么结论？

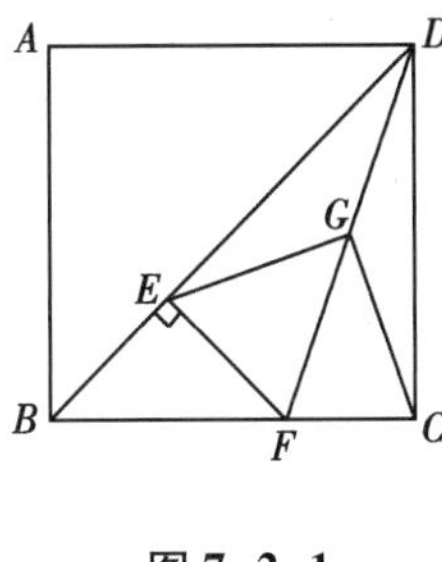

图 7-2-1

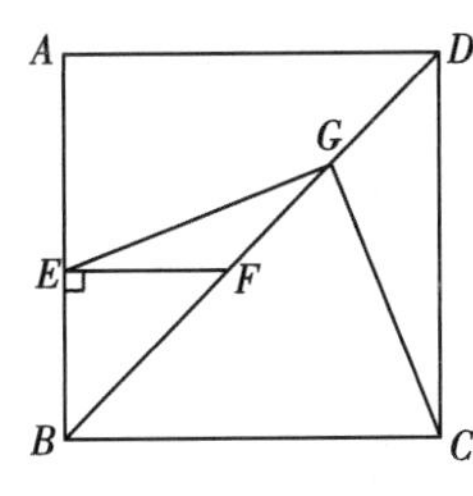

图 7-2-2

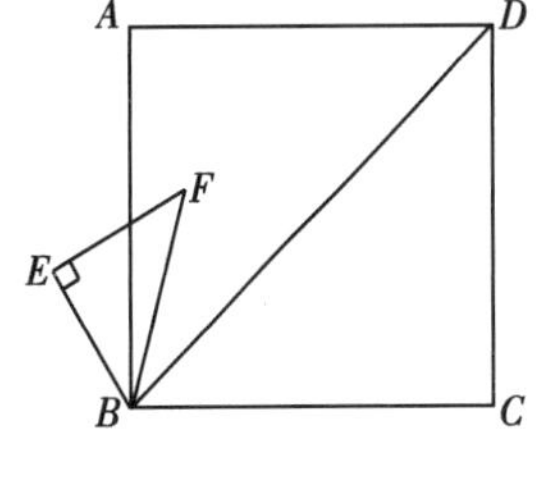

图 7-2-3

证明　① 在 Rt△DEF 中，因为 G 为 DF 的中点，所以有 $CG=\frac{1}{2}FD$.

同理，在 Rt△DCF 中，因为 G 为 DF 的中点，所以有 $EG=\frac{1}{2}FD$，则 $EG=CG$.

本题题设的基本架构是在一个正方形基础上，有一个与正方形“手拉手”的等腰直角三角形在其上发生旋转运动，运动的结果是保持有关线段的相等(不变量)和垂直(不变性). 特别地, 在平面几何图形(条件)运动中, 一个关键点是 DF 的中点 G, 这是运动(旋转)的图形等腰直角$\triangle BEF$ 与静止的背景图形正方形 $ABCD$ 的“结合部”. 一般来说, 线段“中点”关乎“对称”(轴对称和中心对称), 故在问题的设计中占有重要地位. 解决与“中点”有关的问题常常应用“直角三角形斜边中线等于斜边的一半”“中位线定理”“倍长中线”等知识与方法.

② ①中结论仍然成立, 即 $EG=CG$.

G 为 DF 的中点, 考虑“倍长中线”方法. 延长 CG 至 C', 使 $GC=C'G$, 连接 $C'F$, 由于对图形结构的感知, 可以看出 $EG\perp CC'$, 可知需要连接 EC', EC.

观察图形看出$\triangle EBC$ 绕 E 点旋转 90°得到$\triangle EFC'$, 不难证明 $EC=EC'$, $EC\perp EC'$, 见图 7-2-4, 则出现了“Rt$\triangle CEC$ 斜边中线 EG 等于斜边 CC'的一半 CG”.

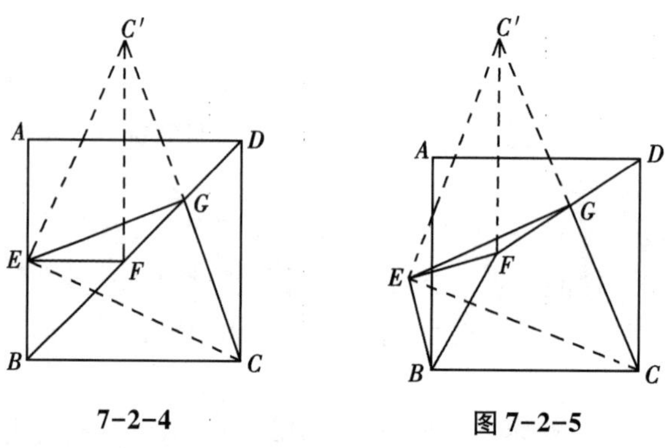

7-2-4　　图 7-2-5

③ 解法与②相同, 见图 7-2-5.

再让$\triangle BEF$ 继续旋转, 发现②的解决方法是具有一般性的, 其中“Rt$\triangle CEC'$斜边中线 EG 等于斜边 CC'的一半 CG”这一基本结构在$\triangle EBF$ 旋转变化中是保持不变的, 见图 7-2-6～图 7-2-9.

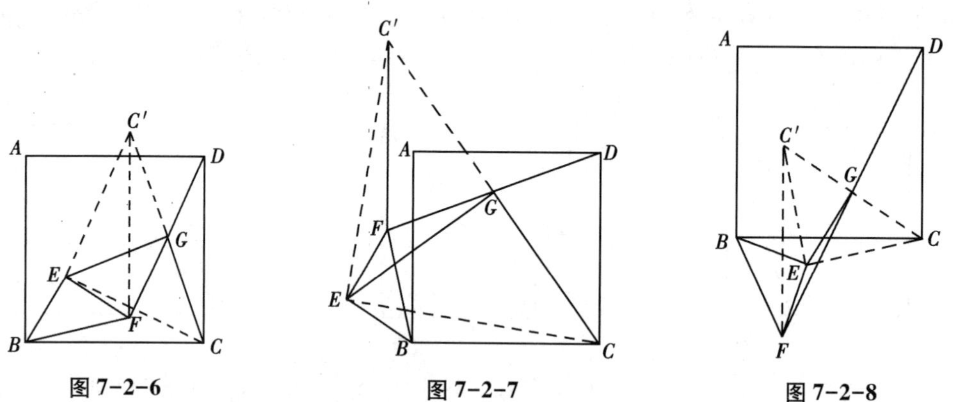

图 7-2-6　　图 7-2-7　　图 7-2-8

回看①的解法, 就①而言是自然的, 但不能迁移至问题②和③的解决中.

为了获得对问题解法的前后一致性, 以下用②的方法去解决问题①, 见图 7-2-10.

例 7.3.2　如图 7-2-11 所示, 正方形 $ABCD$ 的边长为 a, BM, DN 分别平分正方形的两个外角, 且满足$\angle MAN=45°$, 连接 MC, NC, MN.

① 求$\angle MCN$ 的度数;

② 求证: $BM^2+DN^2=MN^2$.

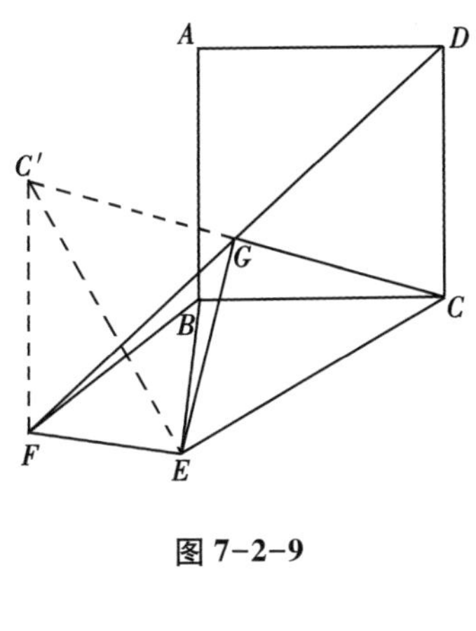

图 7-2-9

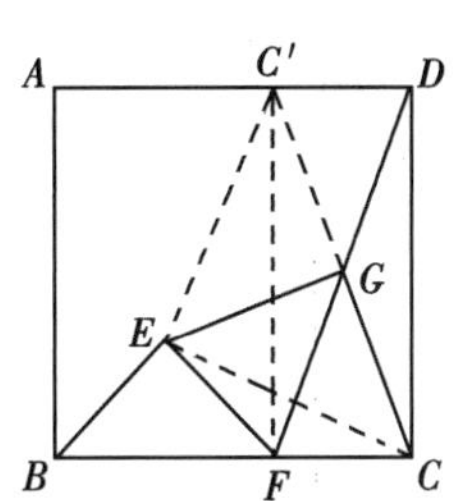

图 7-2-10

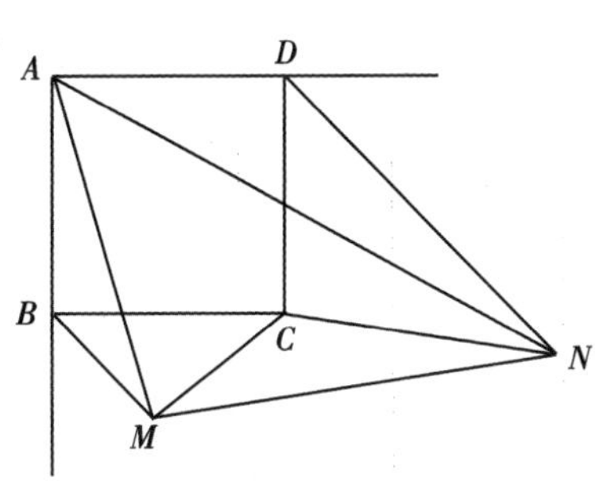

图 7-2-11

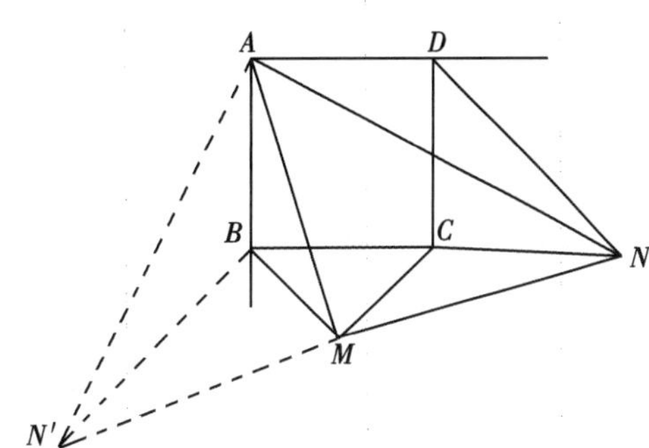

图 7-2-12

对于①，$\angle ABM=135°$，得$\angle BAM+\angle BMA=45°$，又$\angle MAN=45°$，得$\angle BAM+\angle NAD=45°$，可得$\angle BAM=\angle AND$，可知$\triangle ABM$与$\angle NDA$相似. 从此出发可进一步推知$\triangle AMN$与$\triangle DCN$相似，得$\angle ANM=\angle DNC$，则$\angle CNM=\angle DNA$.

同理，$\triangle AMN$与$\triangle BMC$相似，得$\angle AMN=\angle BMC$，则$\angle CMN=\angle AMB$.

可知$\angle CMN+\angle CNM=45°$，则得$\angle MCN=135°$.

对于②，由结论$BM^2+DN^2=MN^2$出发，可推想把这三条线段BM，DN，MN转换到一个直角三角形中，解法如图 7-2-12 所示.

例 7.2.3　如图 7-2-13 所示，在$\triangle OAB$和$\triangle OCD$中，$OA=OB$，$OC=OD$，$\angle AOB=\angle COD=36°$，连接$AC$，$BD$交于点$M$. $\dfrac{AC}{BD}$的值为________；$\angle AMB$的度数为________.

类比探究.

例 7.2.3.1　如图 7-2-14 所示，在$\triangle OAB$和$\triangle OCD$中，$\angle AOB=\angle COD=90°$，$\angle OAB=\angle OCD=30°$，连接$AC$，交$BD$的延长线于点$M$. 请计算$\dfrac{AC}{BD}$的值及$\angle AMB$的度数.

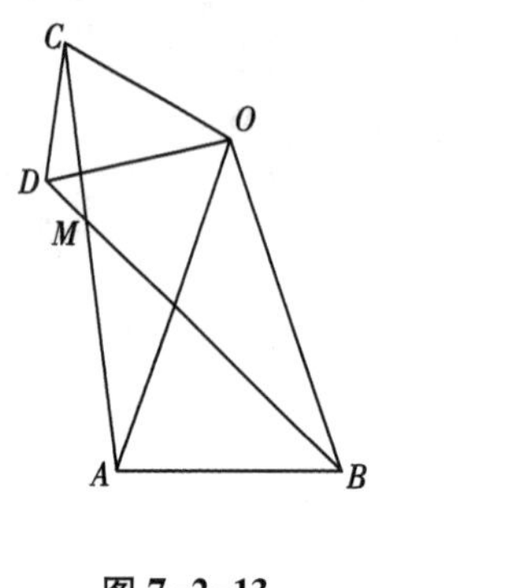

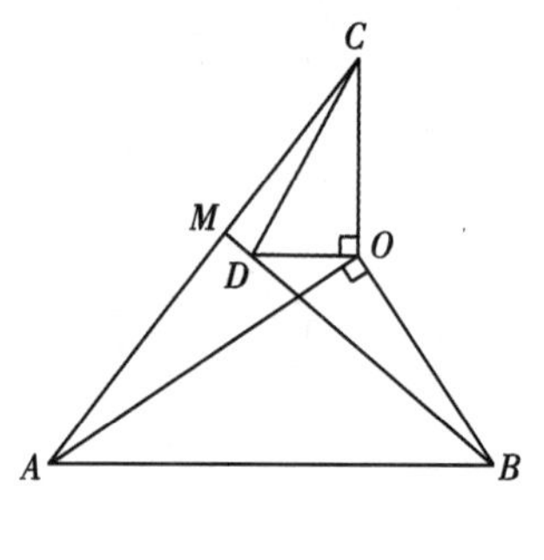

图 7-2-13　　图 7-2-14

拓展延伸.

例 7.2.3.2　在 7.2.3.1 的条件下，将 $\triangle OCD$ 绕点 O 在平面内旋转，AC，BD 所在直线交于点 M. 若 $OD=1$，$OB=\sqrt{13}$，请直接写出当点 C 与点 M 重合时 AC 的长.

例 7.2.3 问的图形结构是由两个等腰 $\triangle OCD$ 和 $\triangle OAB$ 相似生成的两个全等三角形 $\triangle OCA$ 和 $\triangle ODB$，所以 $\frac{AC}{BD}=1$，$\angle AMB$ 等于旋转 36°.

例 7.2.3.1 的图形结构是由两个等腰 $\mathrm{Rt}\triangle COD$ 和 $\mathrm{Rt}\triangle AOB$ 相似生成的两个全等三角形 $\triangle OCA$ 和 $\triangle ODB$，所以 $\frac{AC}{BD}=\frac{OC}{OD}=\sqrt{3}$，$\angle AMB$ 等于旋转 90°.

例 7.2.3.2 包括两种情形，见图 7-2-15、图 7-2-16，解法分析略.

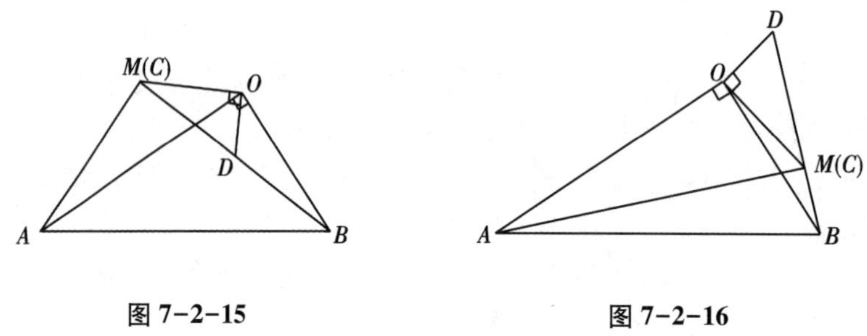

图 7-2-15　　图 7-2-16

例 7.2.4　如图 7-2-17 所示，在 $\mathrm{Rt}\triangle ABC$ 中，$AB=BC$，在 $\mathrm{Rt}\triangle ADE$ 中，$AD=DE$，连接 EC，取 EC 的中点 M，连接 DM 和 BM.

① 若点 D 在边 AC 上，点 E 在边 AB 上且与点 B 不重合，探索 BM，DM 的关系并给予证明.

② 如果将图 7-2-17 中的 $\triangle ADE$ 绕点 A 逆时针旋转小于 45°的角，见图 7-2-18，那么①中的结论是否仍成立？如果不成立，请举出反例；如果成立，请给予证明.

不难看出本题题设与例 7.2.1 完全相同，只是把题设中的基础图形由正方形改为正方形的“一半”，即等腰直角三角形.

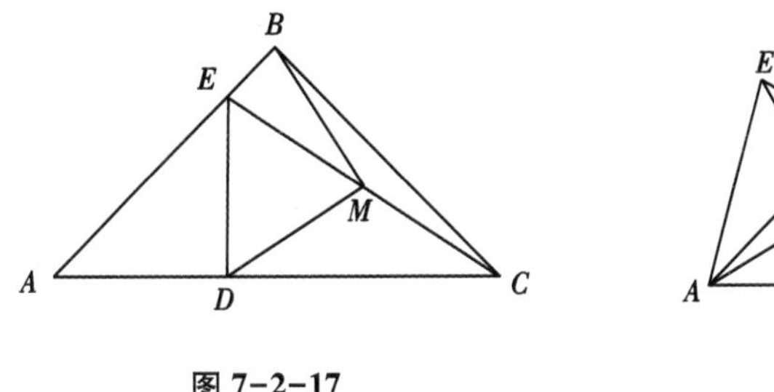

图 7-2-17

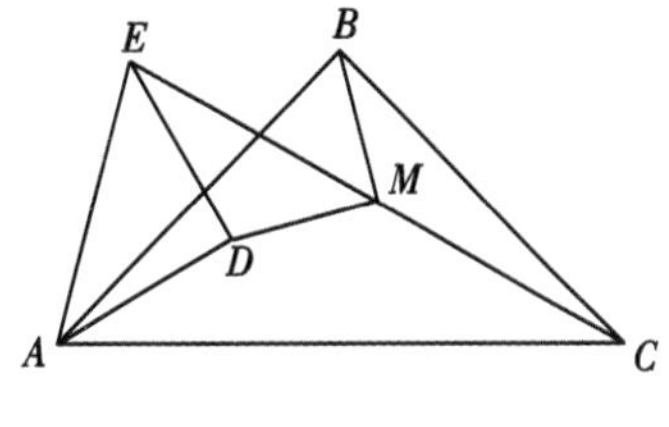

图 7-2-18

与旋转变换有关的一类典型问题是“三角形共顶点问题”，即由一个三角形绕自身一个顶点旋转而成，或两个相似三角形成共顶点的旋转结构，该图形结构属于“旋转+相似”结构，同时蕴含两对三角形相似(全等)和两对等腰三角形(也可能是等边三角形)以及“四点共圆”结构.

例 7.2.5　在平行四边形 $ABCD$ 中，点 E 是 CD 上一点，连接 AE，BE，$AD=DE$.

① 如图 7-2-19 所示，若 $AB\perp BE$，$AB=16$，$BE=8$，求$\triangle ADE$ 的周长；

② 如图 7-2-20 所示，若 $AB=AE$，$\angle EBC=45°$，点 F，G 分别是 DA 和 AB 延长线上的一点，且满足$\angle BCD+\angle FEG=180°$，求证：$AG=AF+3BC$；

③ 如图 7-2-21 所示，在②的条件下，点 P 是$\triangle ABE$ 内部一点，$CE=2$，请直接写出当 $PB+PE+\sqrt{3}PA$ 取得最小值时$\triangle PDE$ 的面积.

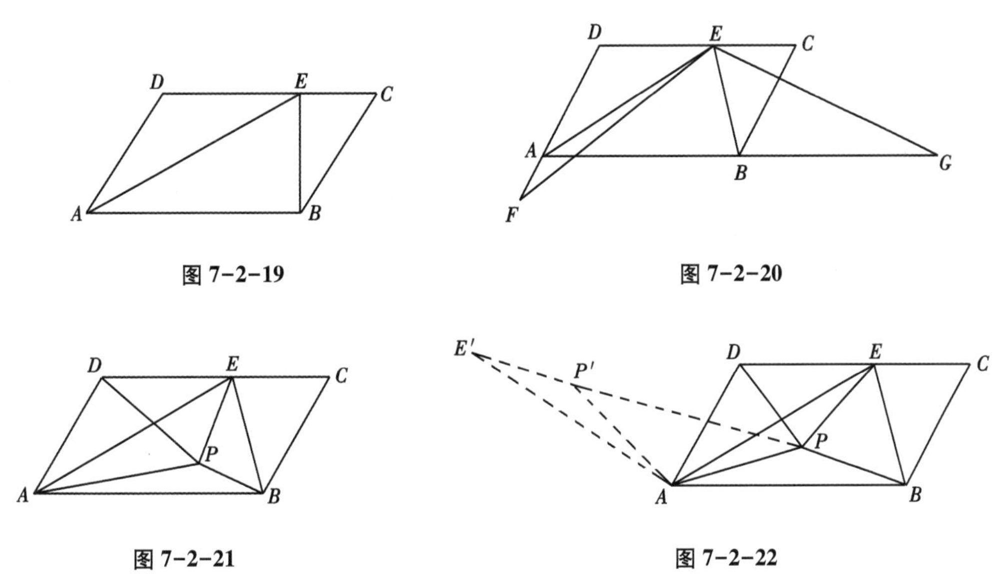

图 7-2-19

图 7-2-20

图 7-2-21

图 7-2-22

③的条件和结论是已知点 P 是$\triangle ABE$ 内部一点，$AB=AE$，$\angle BAE=30°$，$BE=\sqrt{6}$，请直接写出当 $PB+PE+\sqrt{3}PA$ 取得最小值时$\triangle PDE$ 的面积. 本题的实质是一个确定的$\triangle ABE$，点 P 是$\triangle ABE$ 内部一点，试确定点 P 使 $PB+PE+\sqrt{3}PA$ 取得最小值. 显然，本题是费马点问题的推广(费马-斯坦纳问题)，解题的方法是采用旋转的方法调整三条线段 PB，PE 和 PA 的位置关系，如果解题者熟悉费马点问题的解法，其思维活动则可迅速集中于$\sqrt{3}PA$ 的处理方法，将$\triangle APE$ 绕 A 点逆时针旋转 120°可得到 $PP'=\sqrt{3}PA$，不等式的取等条件是$\angle APE=\angle APB=150°$，此时$\triangle PBE$ 是正三角形，如图 7-2-22 所示 . 余下略.

从应试的角度看，学生学完了旋转知识，至少需要练习解决一类常规问题——三角形内三条“背靠背”线段的长度与夹角问题，在此基础上，解决“P 是 $\triangle ABE$ 内部一点，试确定点 P 使 $PB+PE+\sqrt{3}PA$ 取得最小值”问题，这个思维的“跨度”有多大？需要学生具备怎样的能力？若学生研究了费马点问题，则解决本题的难度是否会降低一些？

7.2.2 与翻折有关的问题

几何图形的折叠问题，实际是轴对称问题. 处理这类问题的关键是根据轴对称图形的性质，搞清折叠前后哪些量变了，哪些量没变，折叠后有哪些条件可利用. 所以一定要注意折叠前后的两个图形是全等的，即对应角相等，对应线段相等. 有时可能还会出现平分线段、平分角等条件.

解决图形折叠问题，要注意以下几点：

① 图形的翻折部分在折叠前和折叠后的形状、大小不变，是全等形.

② 图形的翻折部分在折叠前和折叠后的位置关于折痕成轴对称.

③ 将长方形纸片折叠后常伴随等腰三角形的出现.

④ 解决折叠问题时，通过分析图形之间对称的位置关系，可发现其中的数量关系.

⑤ 充分挖掘图形的几何性质，将其中基本的数量关系集中在一个直角三角形中，用方程的形式表达出来，这是解题时常用的方法之一.

⑥ 把一个复杂问题转化为解决过的基本问题的转化与化归思想.

⑦ 归纳与分类的思想(把折纸中发现的诸多关系归纳出来，并进行分类).

⑧ 从变化中寻找不变性的思想. 用“操作”“观察”“猜想”“分析”的手段去感悟几何图形的性质.

例 7.2.6 如图 7-2-23 所示，矩形纸片 $ABCD$ 中，$AB=10$，$AD=6$，将纸片折叠，使点 A 落在边 CD 上的 B' 处，折痕为 BE. 在折痕 BE 上存在一点 P，P 到边 CD 的距离与到点 A 的距离相等，则此相等距离为________.

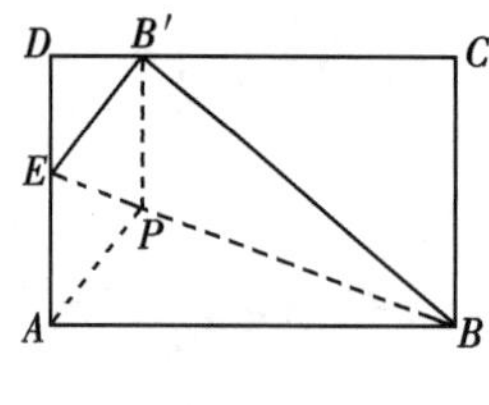

图 7-2-23

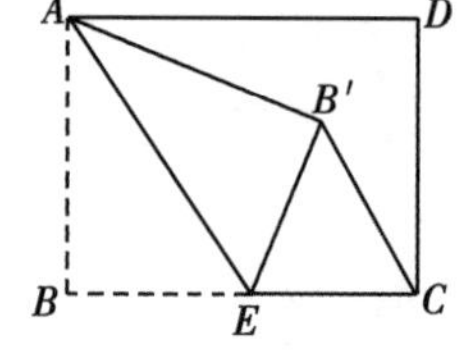

图 7-2-24

例 7.2.7 如图 7-2-24 所示，矩形 $ABCD$ 中，$AB=3$，$BC=4$，点 E 是 BC 边上一点，连接 AE，把 $\angle B$ 沿 AE 折叠，使点 B 落在点 B' 处. 当 $\triangle CEB'$ 为直角三角形时，BE 的长为________.

例 7.2.8 将矩形 $OABC$ 放在平面直角坐标系中，顶点 O 为原点，顶点 C，A 分别在 x 轴和 y 轴上，$OA=8$，$OC=10$，点 E 为 OA 边上一点，连接 CE，将 $\triangle EOC$ 沿 CE 折叠.

① 如图 7-2-25 所示，当点 O 落在 AB 边上的点 D 处时，求点 E 的坐标；

② 如图 7-2-26 所示，当点 O 落在矩形 $OABC$ 内部的点 D 处时，过点 E 作 $EG/\!/x$ 轴交 CD 于点 H，交 BC 于点 G，设 $H(m, n)$，求 m 与 n 之间的关系式.

例 7.2.9　如图 7-2-27 所示，将矩形 $OABC$ 变为边长为 10 的正方形，点 E 为 y 轴上一动点，将 $\triangle EOC$ 沿 CE 折叠. 点 O 落在点 D 处，延长 CD 交直线 AB 于点 T，若 $\dfrac{AE}{AO}=\dfrac{1}{2}$，求 AT 的长.

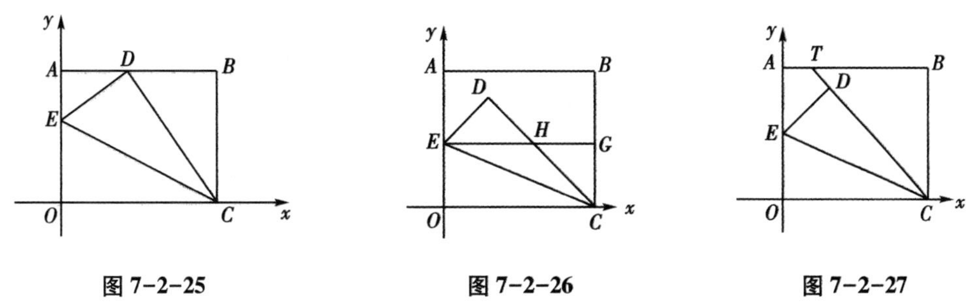

图 7-2-25　　图 7-2-26　　图 7-2-27

7.3　几何不等式和几何最值问题

7.3.1　几何不等式

7.3.1.1　有关线段不等的性质

线段公理　在连接两点的所有线中线段最短.

线段公理中的“连接两点的所有线”对于欧氏几何来说只包括线段、圆和圆弧. 其他的“线”不属于欧氏几何研究范畴，其长度是否可以定义及如何定义都是个问题.

定理 7.3.1　在同一个三角形中，任意两边之和大于第三边，任意两边之差小于第三边.

该结论属于线段公理的推论.

定理 7.3.2　在同一个三角形中大角对大边.

定理 7.3.3　在两个三角形中，如果有两组对应边分别相等，那么夹角大的对边较大.

如图 7-3-1 所示，在 $\triangle ABC$ 和 $\triangle A'B'C'$ 中，$AB=A'B'$，$AC=A'C'$，$\angle BAC>\angle B'A'C'$. 求证：$BC>B'C'$.

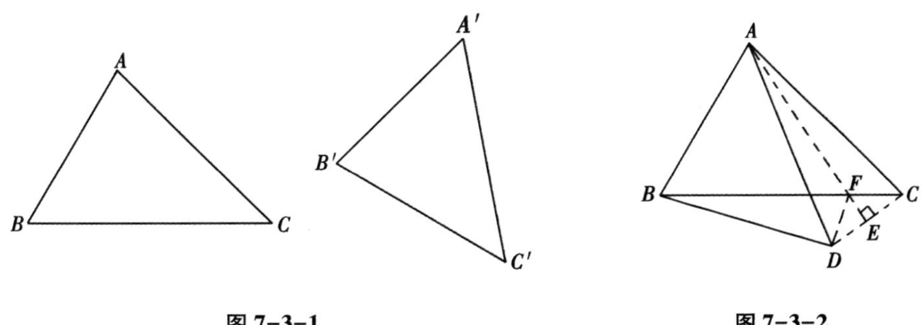

图 7-3-1　　图 7-3-2

将$\triangle A'B'C'$经合同变换（如图 7-3-2 所示，先平移再旋转）到$\triangle ABD$，连接 CD，则$\triangle ADC$是等腰三角形，作$AE\perp CD$于 E，交 BC 于 F，连接 FD. 由等腰三角形的轴对称性得 $FC=FD$，则 $BC=BF+FC=BF+FD>BD=B'C'$，从而得证.

该命题的内容俗称“大角对大边”.

7.3.1.2　有关角不等的性质

定理 7.3.4　三角形的任一外角大于和它不相邻的任意一个内角.

在中学教材中，该结论是三角形内角和定理的一个推论. 在希尔伯特给出的严格的公理系统中的“外角定理”先于平行公理的使用，作用很大.

定理 7.3.5　在同一个三角形中大边对大角.

定理 7.3.6　在两个三角形中，如果有两组对应边分别相等，那么第三边较大者所对的角也较大.

例 7.3.1　如图 7-3-3 所示，已知$\triangle ABC$的三边为 a，b，c，P 是$\triangle ABC$内任一点. 求证：$\frac{1}{2}(a+b+c)<PA+PB+PC<a+b+c$.

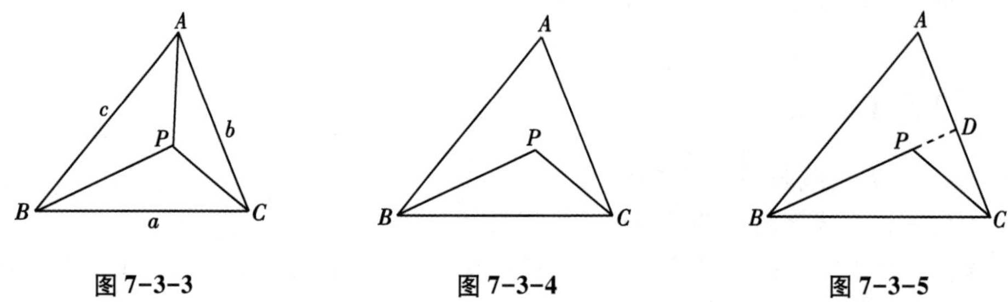

图 7-3-3　　图 7-3-4　　图 7-3-5

证明　一个教材中的结论. 已知 P 是$\triangle ABC$内任一点，则 $AB+AC>PB+PC$，见图 7-3-4.

延长 BP 交 AC 于 D.

因为 $AB+AD>BD=PB+PD$，$PD+DC>PC$，所以 $AB+PD+(AD+DC)>PB+PD+PC$，$AB+AC>PB+PC$，见图 7-3-5.

同理可证 $BA+BC>PA+PC$，$CA+CB>PA+PB$.

将上述三个不等式累加，得 $2(AB+BC+CA)>2(PA+PB+PC)$，即 $AB+BC+CA>PA+PB+PC$，即 $PA+PB+PC<a+b+c$.

又因为 $PB+PC>BC$，$PC+PA>CA$，$PA+PB>AB$，得 $2(PA+PB+PC)>AB+BC+CA$，即 $PA+PB+PC>\frac{1}{2}(a+b+c)$.

综上，得$\frac{1}{2}(a+b+c)<PA+PB+PC<a+b+c$.

例 7.3.2　如图 7-3-6 所示，四边形 $ABCD$ 的对角线 $AC\perp BD$，垂足为 O，其中 $OA>OC$，$OB>OD$. 求证：$AD+BC>AB+CD$.

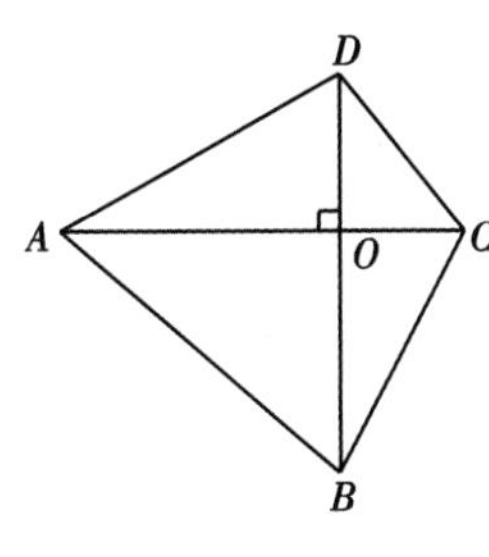

图 7-3-6

图 7-3-7

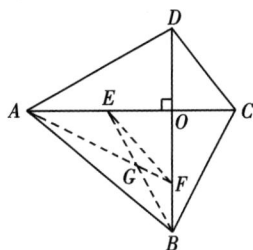

证明　垂线是平角的平分线，可引出对称、翻折.

将$\triangle BOC$翻折至$\triangle BOE$，再将$\triangle AOD$翻折至$\triangle AOF$，于是$OE=OC$，$OF=OD$，且$AF=AD$，$BE=BC$. 连BE，AF，设BE和AF交于G，见图 7-3-7.

由$\triangle OEF\cong\triangle OCD$，得$EF=CD$.

在四边形$ABFE$中，$AD+BC=AF+BE=AG+GF+BG+GE$，

又$AG+GB>AB$，$GE+GF>EF$，则$AD+BC>AB+CD$.

例 7.3.3　如图 7-3-8 所示，在$\triangle ABC$中，$\angle A=90°$，$AD\perp BC$于D，$\triangle PQR$是它的任一内接三角形. 求证：$PQ+QR+RP>2AD$.

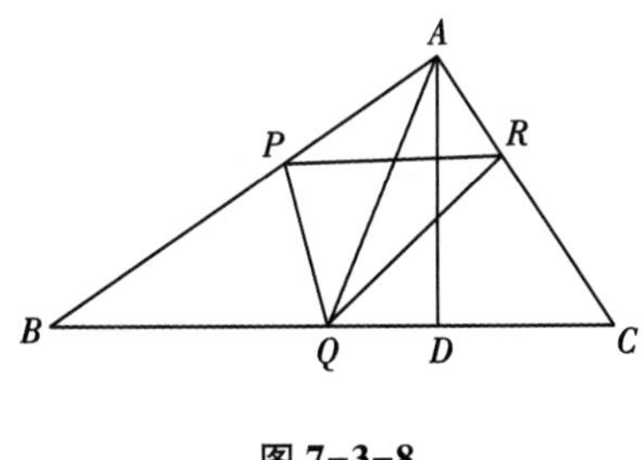

图 7-3-8

图 7-3-9

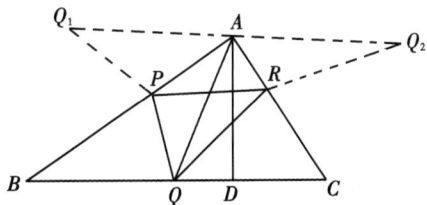

证明　求证式的左端$PQ+QR+RP$是$\triangle PQR$的周长，这三条线段是闭合的，需要打开展成折线，这是惯用的方法. 将$\triangle APQ$翻折至$\triangle ARQ$，再将$\triangle ARQ$翻折至$\triangle ARQ_2$，于是$PQ=PQ_1$，$RQ=RQ_2$，由于$\angle BAC=90°$，所以，$\angle Q_1AQ_2$等于平角，见图 7-3-9.

则$PQ+QR+RP=PQ_1+RP+RQ_2>Q_1Q_2=2AQ\geqslant 2AD$.

7.3.2　几何最值问题

7.3.2.1　最短路径问题

初中教材“轴对称”一节后面安排有一类问题，属于最短路径问题，常见的有“海伦问题”等. 解决此类问题涉及的知识有“两点之间线段最短”“垂线段最短”“三角形三边关系”“轴对称”“平移”等. 方法主要是利用对称性，具体是找对称点实现闭合图形展开成“折线”再转“直(线段)”.

问题 1：如图 7-3-10 所示，在直线 l 上求一点 P，使 $PA+PB$ 值最小.

此题是“海伦问题”，也俗称“将军饮马问题”，本题与光的反射有关，费马据此概括为“最小作用原理”.

作 A 关于 l 的对称点 A'，连 $A'B$，与 l 交点即为 P. 根据两点之间线段最短公理，得知 $PA+PB$ 最小值为线段 $A'B$ 的长，见图 7-3-11. 证明过程如图 7-3-12 所示.

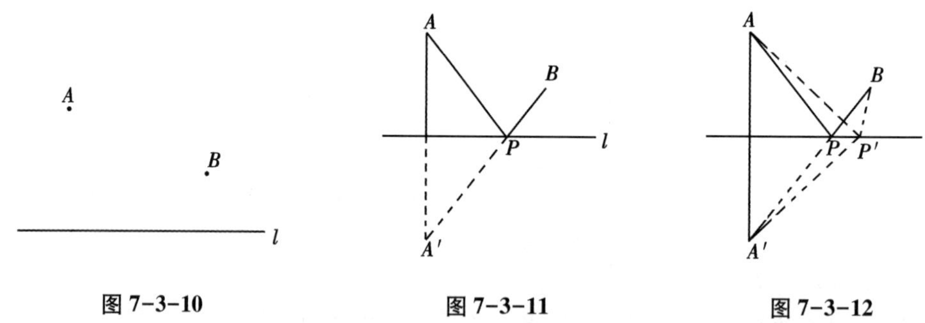

图 7-3-10　　图 7-3-11　　图 7-3-12

问题 2：如图 7-3-13 所示，在角的内部有一定点 P，在角两边的射线 l_1，l_2 上分别求点 M，N，使△PMN 的周长最小.

分别作点 P 关于两直线的对称点 P' 和 P''，连 $P'P''$，与两直线交点即为 M，N. 根据两点之间线段最短公理，得知 $PM+MN+NP$ 的最小值为线段 $P'P''$ 的长，见图 7-3-14.

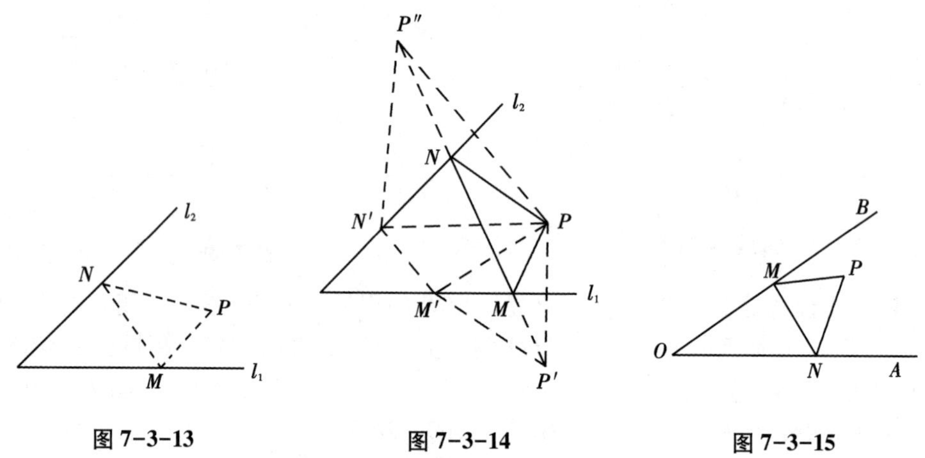

图 7-3-13　　图 7-3-14　　图 7-3-15

例 7.3.4　如图 7-3-15 所示，$\angle AOB=30°$，角内有一动点 P，且 $PO=6$，M，N 分别在射线 OB，OA 上运动，则△PMN 周长的最小值为________.

问题 3：如图 7-3-16 所示，在直线 l_1，l_2 上分别求点 M，N，使四边形 $PQMN$ 周长最小.

分别作点 P，Q 关于直线 l_1，l_2 的对称点 P_1 和 P_2，连 P_1P_2，与两直线交点即为 M，N. 根据两点之间线段最短公理，四边形 $PQMN$ 周长的最小值为线段 $PQ+P_1P_2$ 的长，见图 7-3-17.

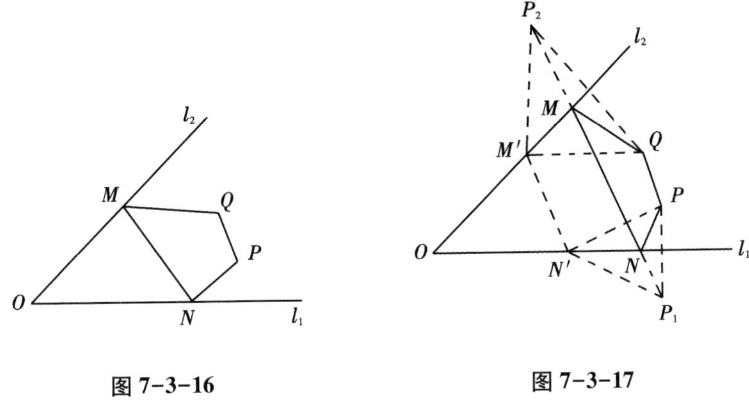

图 7-3-16　　　　图 7-3-17

问题 4：如图 7-3-18 所示，直线 $m//n$，在 m，n 上分别求点 M，N，使 $MN\perp m$，且 $AM+MN+NB$ 的值最小.

将点 A 向下平移 MN 的长度单位得 A'，连 $A'B$，交 n 于点 N，过 N 作 MN 垂直 m 于 M. 根据两点之间线段最短公理，得知 $AM+MN+NB$ 的最小值为线段 $A'B+MN$ 的长，见图 7-3-19.

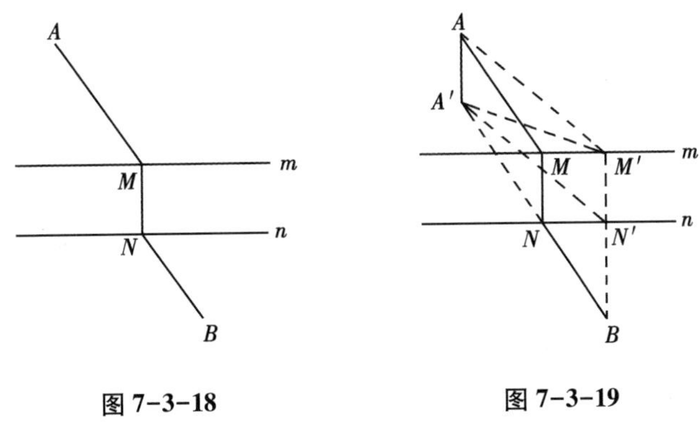

图 7-3-18　　　　图 7-3-19

问题 5：如图 7-3-20 所示，在直线 l 上求两点 M，N（M 在左），使 $MN=a$，并使 $AM+MN+NB$的值最小.

将点 A 向右平移 a 个长度单位得 A'，作 B 关于 l 的对称点 B'，连 $A'B'$，交直线 l 于点 N，将 N 点向左平移 a 个单位得 M. 根据两点之间线段最短公理，$AM+MN+NB$ 的最小值为线段 $A'B'+MN$ 的长，见图 7-3-21.

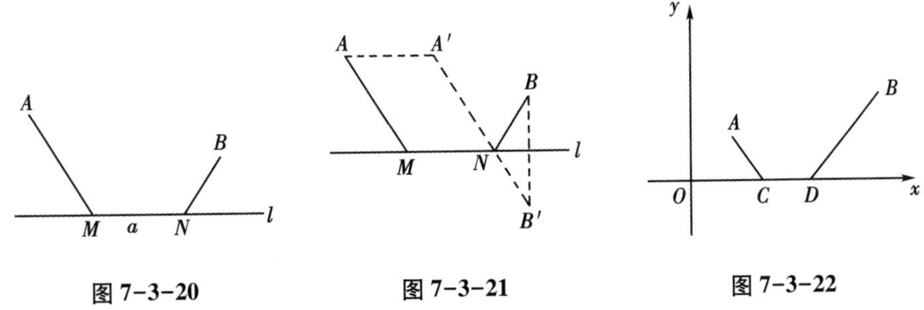

图 7-3-20　　　　图 7-3-21　　　　图 7-3-22

例 7.3.5 如图 7-3-22 所示，已知 $A(1, 1)$，$B(5, 2)$，CD 为 x 轴上一条动线段，D 在 C 点右边且 $CD=1$，则 $AC+CD+DB$ 的最小值为________，此时 C 点的坐标为________.

问题 6：如图 7-3-23 所示，点 P 在由射线 l_1 和 l_2 构成的角内，在 l_1 上求点 A，在 l_2 上求点 B，使 $PA+AB$ 值最小.

作点 P 关于 l_1 的对称点 P'，作 $P'B$ 垂直 l_2 于 B，交 l_1 于 A. 根据"点到直线距离，垂线段最短"原理，得知 $PA+AB$ 的最小值为线段 $P'B$ 的长，见图 7-3-24.

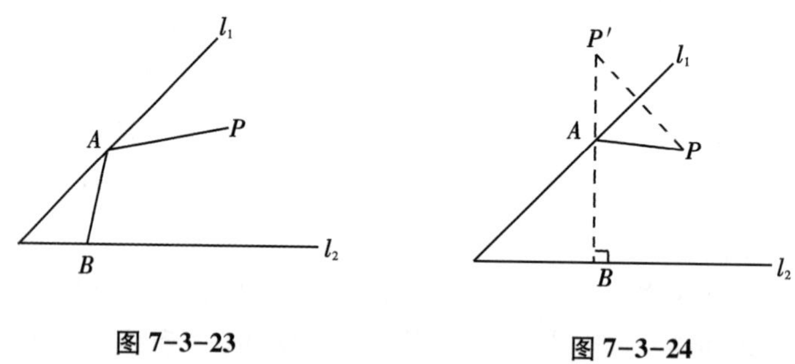

图 7-3-23　　图 7-3-24

问题 7：如图 7-3-25 所示，A 为 l_1 上一定点，B 为 l_2 上一定点，在 l_2 上求点 M，在 l_1 上求点 N，使 $AM+MN+NB$ 的值最小.

作点 A 关于 l_2 的对称点 A'，作点 B 关于 l_1 的对称点 B'，连 $A'B'$交 l_2 于 M，交 l_1 于 N. 根据两点之间线段最短公理，得知 $AM+MN+NB$ 的最小值为线段 $A'B'$的长，见图 7-3-26.

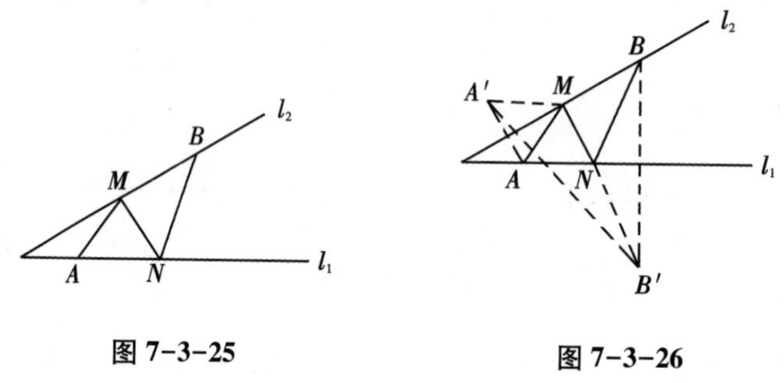

图 7-3-25　　图 7-3-26

问题 8：如图 7-3-27 所示，在直线 l 上求一点 P，使$|PA-PB|$的值最大.

作直线 AB，与直线 l 的交点即为 P. 根据"三角形任意两边之差小于第三边"，得知 $|PA-PB|\leqslant AB$，于是得$|PA-PB|$的最大值为线段 AB 的长，见图 7-3-28.

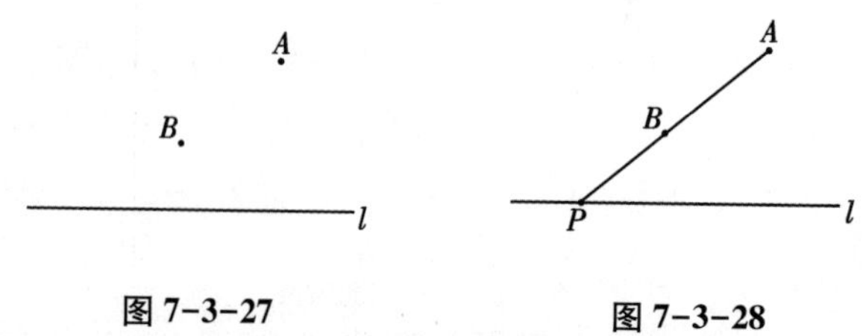

图 7-3-27　　图 7-3-28

问题 9：如图 7-3-29 所示，在直线 l 的两侧有两个定点 A，B，在直线 l 上求一点 P，使$|PA-PB|$的值最大.

作 B 关于 l 的对称点 B'，作直线 AB'，与 l 交点即为 P. 根据三角形任意两边之差小于第三边，知 $|PA-PB|\leqslant AB'$，所以 $|PA-PB|$ 最大值为线段 AB' 的长，见图 7-3-30.

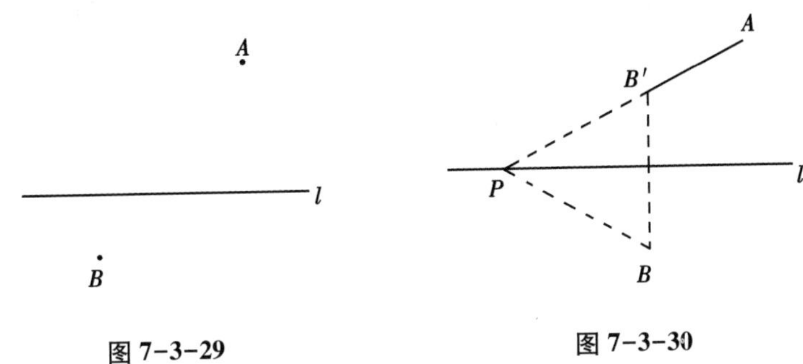

图 7-3-29　　　　图 7-3-30

例 7.3.6　如图 7-3-31 所示，在边长为 6 的菱形 $ABCD$ 中，$\angle ABC=60°$，点 E，F 分别在 BD，BC 上运动，求 $EF+EC$ 的最小值.

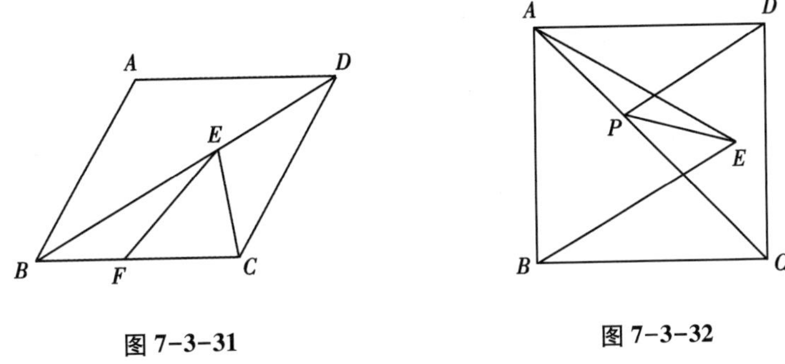

图 7-3-31　　　　图 7-3-32

例 7.3.7　如图 7-3-32 所示，在正方形 $ABCD$ 中，$AC=10$，$\triangle ABE$ 为等边三角形，点 E 在正方形 $ABCD$ 内，在对角线 AC 上有一点 P，当 P 在何处时 $PD+PE$ 的值最小？求这个最小值.

7.3.2.2　“$PA+k\cdot PB$”型的最值问题

“$PA+k\cdot PB$”型的最值问题近几年经常出现在中考试题中，该题型对于大多数学生来说是有难度的. 当 k 值为 1 时，问题转化为我们熟知的“$PA+PB$”最值问题，就可用教材中的“饮马问题”模型来处理，即可以转化为轴对称问题来处理.

当 k 取任意不为 1 的正数时，解决问题的基本路线是把 $k\cdot PB$ 表示出来，特别地，如果 $0<k<1$，将 $k\cdot PB$ 表示为 $PB\cdot\sin\alpha$，再转化为常见的几何最值问题. 如果 $k>1$，则只需将 $PA+k\cdot PB$ 转化为 $k\left(\dfrac{1}{k}\cdot PA+PB\right)$ 的形式即可.

此类问题的处理通常以动点 P 所在图形的不同来分类，一般分为两类研究，即点 P 在直线上运动和点 P 在圆上运动. 其中点 P 在直线上运动的类型称为“胡不归”问题，点 P 在圆周上运动的类型称为“阿氏圆”问题.

(1)“胡不归”问题

如图 7-3-33 所示，已知点 P 是射线 BM 上的一个动点，点 A 在射线的 BM 的一侧，连接 AP，当 $0<k<1$ 时，如何确定点 P 的位置使“$PA+k\cdot PB$”的值最小？

解决问题的关键是把“$k\cdot PB$”表示出来，将问题转化为常见的两个折线段和的最值问题，即求两个线段和“$PA+k\cdot PB$”的最值问题.

具体做法如图7-3-34所示，首先构造出$\sin\angle MBN=k$，表示出“$k\cdot PB$”，过点P作$PQ\perp BN$，垂足为Q，即确定“$k\cdot PB=PB\cdot\sin\angle MBN=PQ$”，则本题求“$PA+k\cdot PB$”的最小值问题就转化为如何确定点$P$的位置使“$PA+PQ$”的值最小的问题，如图7-3-35所示. 显然，$A$，$P$，$Q$三点共线时最小，本题得解.

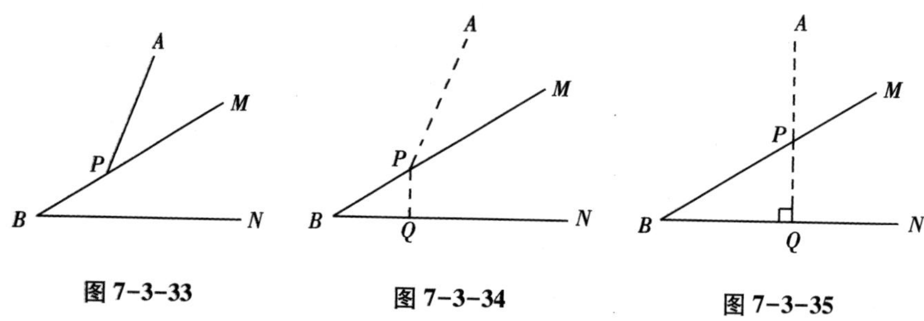

图7-3-33　　图7-3-34　　图7-3-35

有一则古老的历史故事：一个身在他乡的小伙子，得知父亲病危的消息后便日夜赶路回家，然而，当他气喘吁吁地来到父亲的面前时，老人刚刚咽了气. 人们告诉他，在弥留之际，老人在不断喃喃地念叨：“胡不归？胡不归？……”

早期的数学家曾为这则古老传说中的小伙子设想了一条路线：如图7-3-36所示，A是出发地，B是目的地，AC是一条驿道，而驿道靠目的地的一侧全是沙土地带，因为急于回家，小伙子选择了直线路程AB. 但是，他忽略了在驿道上行走要比在沙土上行走快的这一因素($v_1>v_2$). 如果他能选择一条合适的线路(尽管这条线路长一些，但是速度却可以加快)，是可以提前到家的.

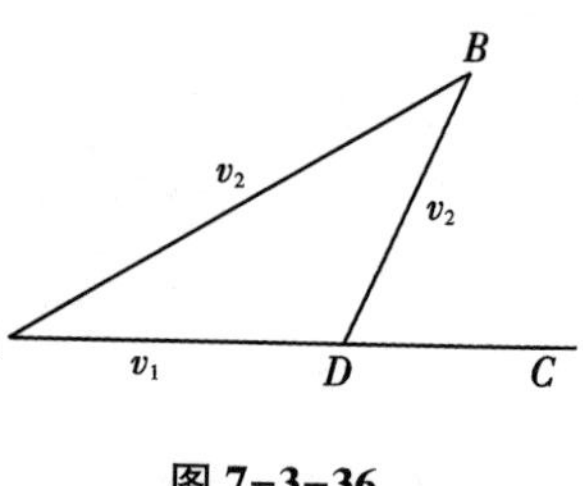

图7-3-36

那么，他应该选择哪条线路呢？显然，根据两种路面的情况和在其上行走的速度值，可以在AC上选定一点D，小伙子从A走到D，然后从D折往B，即可最快到达目的地B.

用现代的数学语言表达出来就是：已知在驿道和沙地上行走的速度分别为v_1和v_2($v_1>v_2$)，在AC上找一定点D，使从A至D，再从D至B的行走时间最短.

设总时间为t，则$t=\frac{AD}{v_1}+\frac{DB}{v_2}$，这里$v_1>v_2$，要求的就是$t$的最小值，这是一个系数不为1的最值问题，而且两个系数均不为1.

一般情况下，遇到两个系数不为1的最值问题，首先要将其转化为单个系数不为1的最值问题. 提取数值比较大的那个系数，可以使其中一条线段的系数小于1.

由$v_1>v_2$知t的表达式中的两个系数$\frac{1}{v_1}<\frac{1}{v_2}$，因而应该提取$\frac{1}{v_2}$，以保证$\frac{v_2}{v_1}=k<1$，即$t=\frac{1}{v_2}\left(\frac{v_2}{v_1}\cdot AD+DB\right)$，因$v_1$与$v_2$均为常数，这样要求$t$的最小值，只要求$\frac{v_2}{v_1}\cdot AD+DB$的最小值即可，从而问题被转化为单个系数不为1的最值问题.

求解$\frac{v_2}{v_1}\cdot AD+DB$的最小值问题的要点是将$\frac{v_2}{v_1}\cdot AD$用一条线段表示出来，使问题转

化为系数为 1 的常见的最短路径问题.

按照前面问题的处理方法，构造出$\frac{v_2}{v_1}=k=\sin\alpha<1$就行了，事实上，问题已经转化为前述的常规问题了.

具体操作如下：

如图 7-3-37 所示，过定点 A 在直线 AC 的下方构造锐角$\angle CAE=\alpha$，使其满足$\sin\alpha=\frac{v_2}{v_1}$；再过动点 D 作 DG 垂直 AE 于点 G，则$\sin\alpha=\frac{v_2}{v_1}=\frac{DG}{AD}$，从而有$DG=\frac{v_2}{v_1}\cdot AD$.

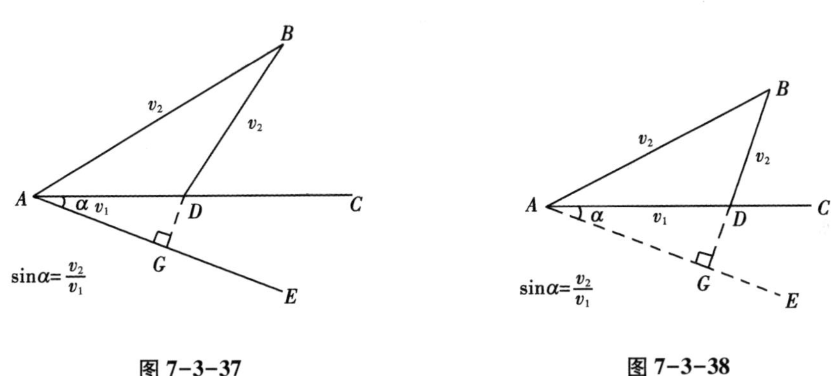

图 7-3-37　　　　图 7-3-38

求$\frac{v_2}{v_1}\cdot AD+DB$的最小值问题，就是转化为求 $DG+DB$ 的最小值问题，变成一个系数均为 1 的常规最值问题. 具体通过作角$\angle\alpha=\angle CAE$，满足$\sin\alpha=\frac{v_2}{v_1}$，即可将所谓“胡不归问题”转化为系数均为 1 的常规最值问题.

注意到构造的 AE 也是一条定射线，求 $DG+DB$ 的最小值问题，其实就是在两定直线 AC，AE 上分别找点 D，G，且 $DG\perp AE$，使 $DG+DB$ 最小.

先利用“两点之间线段最短”公理，易知 $DG+DB\geqslant BG$，当且仅当 B，D，G 三点共线时取等号；如图 7-3-38 所示，再利用“垂线段最短”公理，只需要过点 B 作 BG 垂直 AE 于点 G，此时 BG 最小，则 BG 与 AC 的交点即为所要寻找的点 D.

因而$t=\frac{1}{v_2}\left(\frac{v_2}{v_1}\cdot AD+DB\right)=\frac{1}{v_2}\cdot(DG+DB)\geqslant\frac{1}{v_2}\cdot BG=\frac{1}{v_2}\cdot AB\sin\angle BAG$，其中 v_2，AB 及$\angle BAG$均为常值，故所求时间的最小值为$\frac{AB\cdot\sin\angle BAG}{v_2}$.

思考：当 k 值大于 1 时，“$PA+k\cdot PB$”线段求和问题该如何转化呢？

例 7.3.8　如图 7-3-39 所示，在平面四边形 $ABCD$ 中，$AB=BC=1$，$AD=CD=\sqrt{2}$，$\angle DAB=\angle DCB=90°$，点 P 为 AD 中点，M，N 分别在线段 BD，BC 上，则$PM+\frac{\sqrt{2}}{2}MN$的最小值为________.

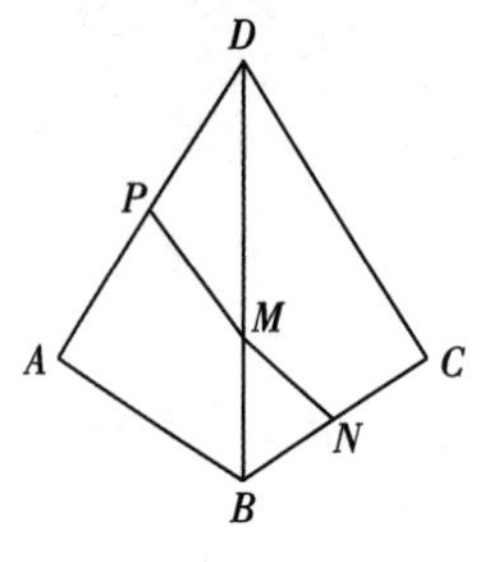

图 7-3-39

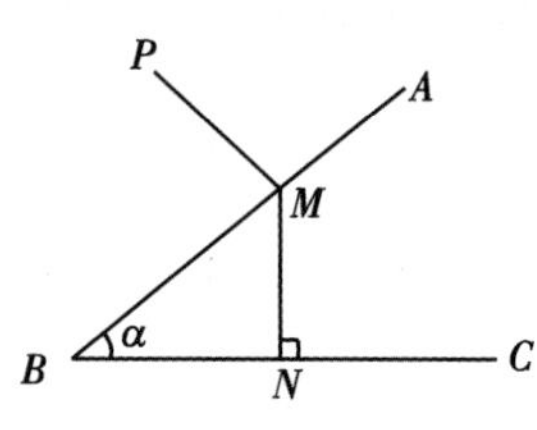

图 7-3-40

这个问题的一般形式是：

例 7.3.9 如图 7-3-40 所示，在定角 $\angle ABC$ 外有一定点 P，$\angle ABC=\alpha$（α 是锐角），M 是 AB 上动点，$MN\perp BC$，求 $PM+k\cdot MN(k>0)$ 的最小值.

该问题的一般解法如下：

作 $\angle ABL=\beta$，满足 $\sin\beta=k\cdot\sin\alpha$，则有 $MQ=\dfrac{MN}{\sin\alpha}\cdot\sin\beta=k\cdot MN$.

过 P 作 $PH\perp BL$，垂足为 L，则 $PM+k\cdot MN=PM+MQ\geqslant PH$.

例 7.3.10 如图 7-3-41 所示，一条笔直的公路 l 穿过草原，公路边有一消防站 A，距离公路 $5\sqrt{3}$ 千米的地方有一居民点 B，A 与 B 的直线距离是 $10\sqrt{3}$ 千米. 一天，居民点 B 着火，消防员受命欲前往救火. 若消防车在公路上的最快速度是 80 千米/时，而在草地上的最快速度是 40 千米/时，则消防车在出发后最快经过________小时可到达居民点 B.（提醒：消防车可从公路的任意位置进入草地行驶）

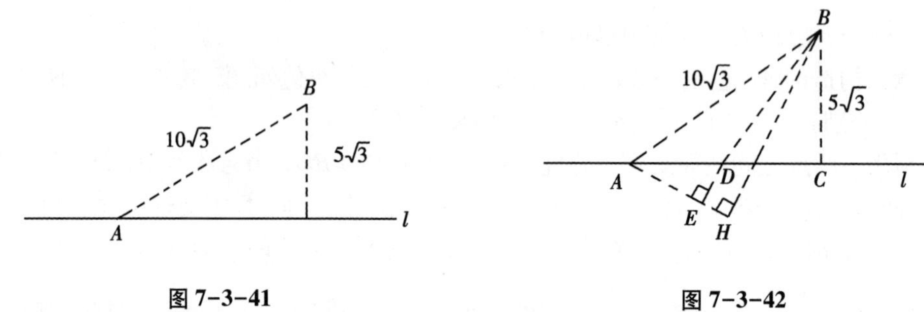

图 7-3-41　　图 7-3-42

如图 7-3-42 所示，消防车在公路上行驶的路线是 AD，草地上行驶的路线是 DB，本题的目标是求 $t=\dfrac{AD}{80}+\dfrac{BD}{40}=\dfrac{1}{40}\left(\dfrac{AD}{2}+BD\right)$ 的最小值，于是，问题的关键是求 $\dfrac{1}{2}AD+BD$ 的最小值. 具体做法首先是将 $\dfrac{1}{2}AD$ 表示出来，再将折线段 $\dfrac{1}{2}AD$ 与 BD “捋直”.

构造 $\mathrm{Rt}\triangle AED$，其中 $\angle DAE=30°$，则有 $DE=\dfrac{1}{2}AD$，再作 BH 垂直 AE 于 H，于是 $\dfrac{1}{2}AD+BD=DE+BD\geqslant BH=AB\cdot\sin60°=15$，则 $t=\dfrac{AD}{80}+\dfrac{BD}{40}=\dfrac{15}{40}=\dfrac{3}{8}$.

例 7.3.11　如图 7−3−43 所示，已知 D 为射线 AB 上一动点，$\angle BAC=30°$，$AC=2\sqrt{3}$，当 $AD=$________时，$AD+2CD$ 取最小值为________.

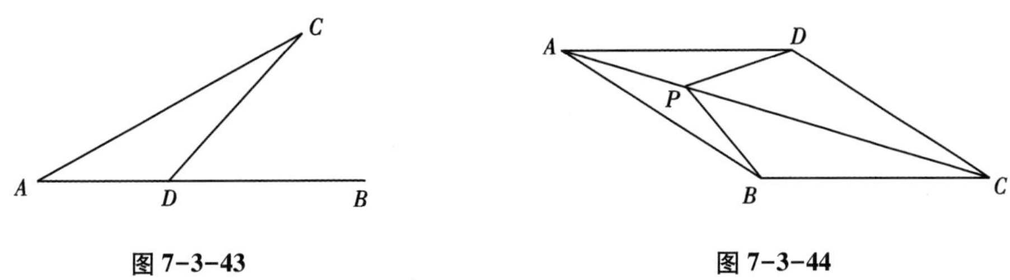

图 7−3−43　　　　图 7−3−44

例 7.3.12　如图 7−3−44 所示，菱形 $ABCD$ 的对角线 AC 上有一动点 P，$BC=6$，$\angle ABC=150°$，则线段 $AP+BP+PD$ 的最小值为________.

例 7.3.13　如图 7−3−45 所示，抛物线 $y=x^2-2x-3$ 与 x 轴交于 A，B 两点，过 B 的直线交抛物线于 E，且 $\tan\angle EBA=\frac{4}{3}$，有一只蚂蚁从 A 点出发，先以 1 单位每秒的速度爬到线段 BE 上的 D 点处，再以 1.25 单位每秒的速度沿着 DE 爬到 E 点处觅食，求蚂蚁从 A 到 E 的最短时间.

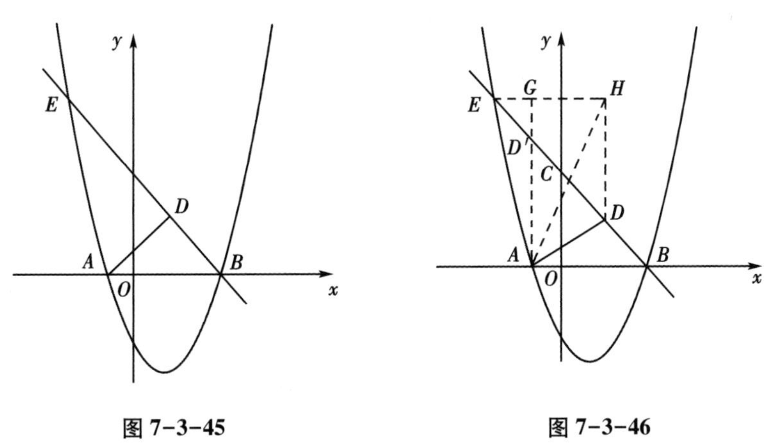

图 7−3−45　　　　图 7−3−46

解决问题的关键在于将 AD 与 $\frac{4}{5}DE$ 表示在一条线段上. 如图 7−3−46 所示，$\frac{4}{5}DE=DH$，则有 $AD+\frac{4}{5}DE=AD+DH\geqslant AG$.

(2)“阿氏圆”问题

例 7.3.14　如图 7−3−47 所示，$\odot O$ 的半径为 r，点 A，B 都在$\odot O$ 外，P 为$\odot O$ 上的动点，已知 $r=k\cdot OB$. 连接 PA，PB，则当 $PA+k\cdot PB$ 的值最小时，点 P 的位置如何确定?

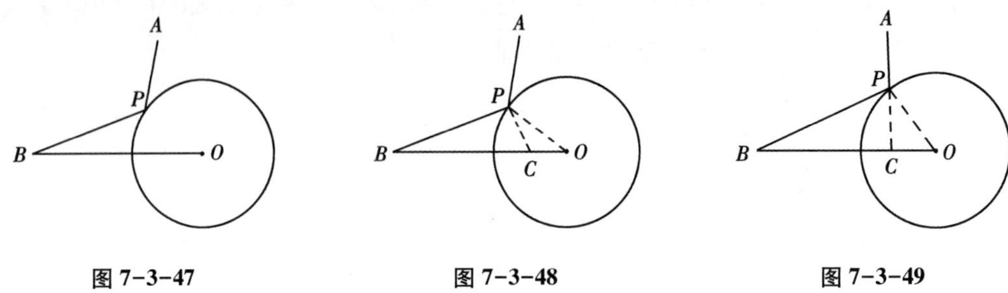

图 7-3-47　　图 7-3-48　　图 7-3-49

本题的关键在于如何确定“$k\cdot PB$”的大小，如图 7-3-48 所示，在线段 OB 上截取 OC 使 $OC=k\cdot r$，则可说明△BPO 与△PCO 相似，即 $k\cdot PB=PC$.

本题求“$PA+k\cdot PB$”的最小值转化为求“$PA+PC$”的最小值，即 A，P，C 三点共线时最小，如图 7-3-49 所示，本题得解.

例 7.3.15　如图 7-3-50 所示，抛物线 $y=ax^2+(a+3)x+3(a\neq 0)$ 与 x 轴交于点 $A(4, 0)$，与 y 轴交于点 B，在 x 轴上有一动点 $E(m, 0)(0<m<4)$，过点 E 作 x 轴的垂线交直线 AB 于点 N，交抛物线于点 P，过点 P 作 PM 垂直 AB 于点 M.

① 求 a 的值和直线 AB 的函数表达式；

② 设△PMN 的周长为 C_1，△AEN 的周长为 C_2，若$\dfrac{C_1}{C_2}=\dfrac{6}{5}$，求 m 的值；

③ 在②的条件下，将线段 OE 绕点 O 逆时针旋转得到 OE'，旋转角为 $\alpha(0°<\alpha<90°)$，连接 $E'A$，$E'B$，求 $E'A+\dfrac{2}{3}E'B$ 的最小值.

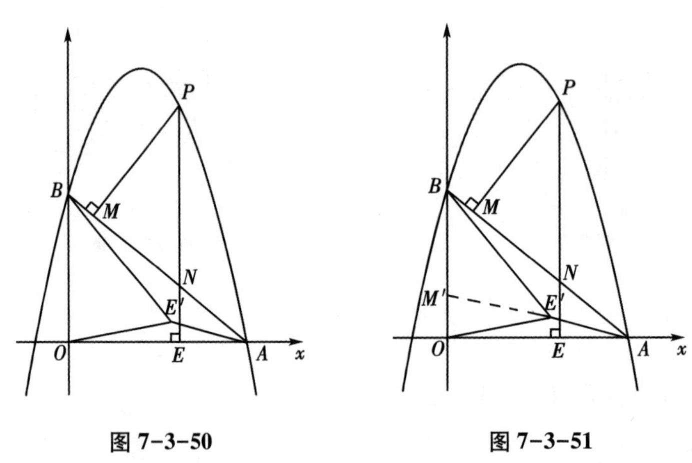

图 7-3-50　　图 7-3-51

对于③如图 7-3-51 所示，$OB=3$，$OA=4$，$OE'=OE=m=2$. 判定此题型是“阿氏圆”问题，问题的关键是将$\dfrac{2}{3}E'B$ 表示出来. 在 y 轴上确定一点 M'使 $OM'=\dfrac{4}{3}$，连接 AM'，在 AM'上取一点 E'使得 $OE'=OE$. 此时，$OE'^2=OM'\cdot OB$，$\angle E'OB$ 共用，则△$M'OE'$∽△$E'OB$，得$\dfrac{M'E'}{BE'}=\dfrac{OE'}{OB}=\dfrac{2}{3}$，有 $M'E'=\dfrac{2}{3}BE'$.

所以，$AE'+\dfrac{2}{3}BE'=AE'+E'M'=AM'=\dfrac{4}{3}\sqrt{10}$，此时 $AE'+\dfrac{2}{3}BE'$最小.

参考文献

[1] 徐章韬. 面向教学的数学知识：基于发生发展的视角[M]. 北京：科学出版社，2013.

[2] 韩继伟. 中学数学教师的教师知识研究[M]. 长春：吉林出版集团股份有限公司，2015.

[3] 李士锜. 熟能生巧吗[J]. 数学教育学报，1996(3)：46-50.

[4] 马复. 试论数学理解的两种类型[J]. 数学教育学报，2001(3)：50-53.

[5] 喻平，单遵. 数学学习心理的 CPFS 结构理论[J]. 数学教育学报，2003(1)；12-16.

[6] 郑毓信，梁贯成. 认知科学 建构主义与数学教育[M]. 上海：上海教育出版社，2002.

[7] 李士锜. PME：数学教育心理[M]. 上海：华东师范大学出版社，2001.

[8] 曹才翰，章建跃. 数学教育心理学[M]. 北京：北京师范大学出版社，2006.

[9] 张景中. 教育数学探索[M]. 北京：人民教育出版社，1994.

[10] 李士锜. 数学教育个案学习[M]. 上海：华东师范大学出版社，2001.

[11] 弗赖登塔尔. 作为教育任务的数学[M]. 陈昌平，唐瑞芬，等编译. 上海：上海教育出版社，1995.

[12] 周春荔，胡杞. 初等几何研究基础教程[M]. 北京：北京师范大学出版社，1998.

[13] 李文林. 数学史概论[M]. 2 版. 北京：高等教育出版社，2002.

[14] 伊夫斯. 数学史概论[M]. 欧阳绛，译. 太原：山西经济出版社，1993.

[15] 吴庆麟. 认知教学心理学[M]. 上海：上海科学技术出版社，2000.

[16] 张奠宙，沈文选. 中学几何研究[M]. 北京：高等教育出版社，2006.

[17] 刘热生. 学习的本质[M]. 北京：机械工业出版社，2019.

[18] 黄翔. 数学方法论选论[M]. 重庆：重庆大学出版社，1995.

[19] 钱佩玲，邵光华. 数学思想方法与中学数学[M]. 北京:北京师范大学出版社，2014.

[20] 罗增儒. 数学解题学引论[M]. 西安：陕西师范大学出版社，2004.

[21] 张景中. 新概念几何[M]. 北京：中国少年儿童出版社，2002.

[22] 朱德祥，朱维宗. 初等几何研究[M]. 2 版. 北京：高等教育出版社，2006.

[23] 张奠宙，过伯祥. 数学方法论稿[M]. 上海：上海教育出版社，1996.

[24] 柯朗，罗宾. 什么是数学？[M]. 左平，张饴慈，译. 2 版. 上海：复旦大学出版社，2008.

[25] 波利亚. 怎样解题[M]. 涂泓，冯承天，译. 上海：上海科技教育出版社，2007.

[26] 王能超. 千古绝技“割圆术”：刘徽的大智慧[M]. 武汉：华中科技大学出版社，2003.

[27] 王云生. 教师的“学科理解”能力及其提升[J]. 基础教育课程，2019(24)：72-77.

[28] 章建跃. 中学数学课改的十个论题[J]. 中学数学教学参考(中旬)，2010(1/2)：3-6.

[29] 孔凡哲，史宁中. 关于几何直观的含义与表现形式[J]. 课程教材教法，2012(7)：92-97.

[30] 李忠. 数学的意义与数学教育的价值[J]. 课程教材教法，2012(1)：58-62.

[31] 邓安邦，冯德雄. 完形、组块与平面几何教学[J]. 数学教育学报，1992(12)：89-93.

[32] 徐伟. 中学数学解题研究[M]. 沈阳：东北大学出版社，2017.

[33] 徐伟，彭艳贵. 数学命题背景下的例习题教学认识与理解[J]. 数学通讯，2021(5)：1-2，13.

[34] 仲康康. 基于 APOS 理论的初中平面几何教学的题组设计研究[J]. 鞍山师范学院学报，2018(2)：29-32.

[35] 关嘉微. 基于 SOLO 理论的初中生平面几何解题思维能力的调查研究[D]. 鞍山：鞍山师范学院，2020.

[36] 盖晓. MPCK 视角下初中教师平面几何解题教学能力的调查研究[D]. 鞍山：鞍山师范学院，2020.